廖辅叔全集

第二卷·音乐译作卷

（上册）

中央音乐学院《廖辅叔全集》编委会◎编

中央音乐学院出版社

图书在版编目（CIP）数据

廖辅叔全集. 第二卷，音乐译作卷：共 2 册／中央
音乐学院《廖辅叔全集》编委会编 . ——北京：中央音乐
学院出版社，2017. 12
 ISBN 978 - 7 - 81096 - 854 - 6

 I. ①廖…　 Ⅱ. ①中…　 Ⅲ. ①廖辅叔 - 全集②音乐评
论 - 文集　 Ⅳ. ①C52②J605 - 53

 中国版本图书馆 CIP 数据核字（2017）第 302263 号

责任编辑：肖　琳　欧阳韫

廖辅叔全集（第二卷·音乐译作卷）　　　　　　《廖辅叔全集》编委会编

出版发行：中央音乐学院出版社
经　　销：新华书店
开　　本：787×1092 毫米　16 开　印张：52. 25　字数：928 千字
印　　刷：北京京都六环印刷厂
版　　次：2018 年 2 月第 1 版　　2018 年 2 月第 1 次印刷
印　　数：1—600 套
书　　号：ISBN 978 - 7 - 81096 - 854 - 6
定　　价：1280. 00 元（五卷八册）

中央音乐学院出版社　北京市西城区鲍家街 43 号　　邮编：100031
发行部：（010）66418248　　　　66415711（传真）

第二卷编辑说明

一、本卷是廖辅叔的音乐译作卷。译著包括：研究西方音乐理论肇始的《音乐发展史论纲》《音乐与现代社会》《论现实在音乐中的反应》，萧友梅先生德文版的博士论文《17 世纪以前中国管弦乐队的历史的研究》，《瓦格纳论音乐》。以及主持编译《肖邦》一书部分章节。"译文篇什荟萃"：收集了 1930—1981 年 28 篇译文。

二、1961 年，为了纪念肖邦诞辰 150 周年，主持编译了诗人 J. 伊瓦茨凯维支传记体小说《肖邦》。为了纪念萧友梅逝世 50 周年，应上海音乐学院《萧友梅音乐文集》编辑部之邀，1989 年夏冒着酷暑将萧友梅的德文版博士论文《17 世纪以前中国管弦乐队的历史的研究》译成中文。

三、本卷所辑以首刊稿、初版本为依据校勘整理，参照部分手稿校录。

四、本卷编校以保持作者著述本来面貌为依据，严守存真慎校的准则，对文稿中明显的笔误、衍文、漏字、标点加以订正，繁体字、异体字现行规定书写。对标有原文的人名、地名、曲名译法与当今译法不同的均加了注释，因时代原因，译文中有的字、词、语言表达方式有不妥之处，因找不到原文无法核对均保持原貌。

五、有几篇译文只标注译自的外刊名，没有原作者的名字，特此说明。

目 录

（上　册）

音乐发展史论纲 ·· 梅雅尔著　1

　音乐的积极的社会作用 ····································　3

　它的历史的发展乃是社会的必然趋势 ··············　3

　附　论 ·· 23

　后　记 ·· 27

音乐与现代社会 ·· 梅雅尔著　29

　当代资产阶级音乐的衰颓 ······························ 31

　艺术家的隔离状态 ···································· 33

　群众艺术的贫穷化 ···································· 47

　危机的出路 ·· 53

　音乐生活的民主 ···································· 54

　音乐创作的现实主义 ································ 58

　译后记 ·· 81

论现实在音乐中的反映 ······················ 万斯洛夫著　83

　论现实在音乐中的反映 ······························ 85

　译后记 ·· 114

肖　邦 ····························· 〔波兰〕J. 伊瓦茨凯维支著　115

　前　记 ·· 117

肖　邦 ……………………………………………………… 118

译文篇什荟萃 ………………………………………………… 149

乐艺音乐名人轶事 ……………………………………… 151

在巴黎 ………………………………………………………… 153

介绍中国音乐新近李惟宁君的海外荣誉 …………… 160

贝多芬，一位革命家 ………………………………………… 165

雷革尔论音乐名家 …………………………………………… 167

Chopin 作品笺 ……………………………………………… 169

苏联作曲家米亚斯科夫斯基逝世纪念 ……………… 184

依照新的方式来工作 ………………………………………… 191

苏联作曲家向斯大林致敬的信 ………………………… 197

无可估量的扶助 ……………………………………………… 199

关于《巴赫全集》及《亨德尔全集》的新版 ……… 203

歌唱幸福生活的歌曲 ………………………………………… 205

歌声洋溢在勃莱腾菲尔德 …………………………………… 208

音乐的历史——奏乐的历史 ……………………………… 211

新音乐的世界观照的基础 …………………………………… 214

顾斯塔夫·马勒 …………………………………………… 217

每一点真正的音乐批评都是音乐学的建筑石料 …… 236

爵士乐和民间音乐 …………………………………………… 242

亨德尔和他的时代 …………………………………………… 248

乔治·弗里德里希·亨德尔 …………………………… 255

舒曼书简 ……………………………………………………… 264

同列宁的一次谈话 …………………………………………… 287

卡札斯回忆录补译 …………………………………………… 289

远东的阅历 …………………………………………………… 301

音乐中的“娱乐”

　　——纪念狄奥多尔·W. 阿多尔诺 ……………… 306

社会关系认识的标志

　——青年勋伯格与工人歌手运动 ………………………………… 313

妇女在音乐中的地位

　——900 年间的女作曲家 ……………………………………… 322

发声器官的构造和运动 …………………………………………… 336

（下　册）

17 世纪以前中国管弦乐队的历史的研究 ……………… 萧友梅著　341

引　言 ………………………………………………………………… 343

第一部分　中国乐队概述 …………………………………………… 347

　第一编　上古时代（约公元前 3000—公元 588 年） …………… 347

　　第一章　太古时代合奏的开始（约公元前 3000—公元前 1122 年） …… 347

　　第二章　周朝的乐队的历史（公元前 1122—公元前 220 年） …… 349

　　　A. 乐官 ………………………………………………………… 349

　　　B. 音乐教育 …………………………………………………… 353

　　　C. 乐队的种类 ………………………………………………… 355

　　　D. 音乐的应用 ………………………………………………… 356

　　　E. 若干谱例的说明与翻译 …………………………………… 359

　　第三章　从上古到中世纪的过渡时期的音乐（公元前 221 年—

　　　　　　公元 588 年） ………………………………………… 364

　第二编　中世纪（公元 589—1700 年） ………………………… 368

　　第一章　用于祭祀的乐队 ……………………………………… 368

　　第二章　世俗音乐的乐队 ……………………………………… 372

第二部分　乐队乐器概貌 …………………………………………… 397

　第一编　节奏乐器、舞蹈道具及打击乐器 ……………………… 397

　　第一章　节奏乐器及舞蹈道具 ………………………………… 397

　　　A. 乐曲开场的乐器 …………………………………………… 397

　　　B. 节奏乐器 …………………………………………………… 400

　　　C. 舞蹈道具 …………………………………………………… 406

第二章 打击乐器 ·· 409

A. 金属打击乐器 ·· 409

B. 石制打击乐器 ·· 412

C. 蒙鼓皮的打击乐器 ·· 413

第二编 吹奏乐器 ·· 418

第一章 箫 管 ·· 418

A. 箫 ·· 418

B. 横笛 ·· 421

第二章 簧片乐器 ·· 425

A. 单簧乐器 ·· 425

B. 双簧乐器 ·· 426

第三章 木制及铜制喇叭 ·· 427

第四章 带振动簧舌及斗子的吹奏乐器 ································ 430

第五章 其他各种吹奏乐器 ·· 434

第三编 弦 乐 器 ·· 435

第一章 拔弦乐器 ·· 435

A. 齐特尔型弦乐器 ·· 435

B. 箜篌型弦乐器 ·· 443

C. 琉特型乐器 ·· 444

第二章 打击弦乐器 ·· 447

第三章 摩擦弦乐器 ·· 447

结束语 ·· 449

译后记 ·· 452

瓦格纳论音乐 ·· 453

译者的话 ·· 455

艺术与革命 ·· 457

未来的艺术作品 ·· 483

一、泛论人与艺术 ·· 484

1. 自然、人与艺术 ·· 484

2. 生活、科学与艺术 ·································· 486

3. 人民与艺术 ·· 487

4. 人民作为艺术作品的制约的力量 ·············· 490

5. 抽象和时髦统治之下当代生活违反艺术的构造 ·· 493

6. 衡量未来艺术作品的标准 ·························· 497

二、艺术性的人和由他直接引导出来的艺术 ·········· 499

1. 人作为他固有的艺术性的主体和材料 ·········· 499

2. 三个纯粹人间的艺术品种的原始的结合 ········ 501

3. 舞蹈艺术 ·· 504

4. 声音艺术 ·· 512

5. 诗歌艺术 ·· 526

6. 迄今为止关于三个人间艺术品种重新结合的一些尝试 ·· 537

三、人作为使用天然材料的艺术造像者 ·············· 541

1. 建筑艺术 ·· 541

2. 雕刻艺术 ·· 546

3. 绘画艺术 ·· 553

四、未来艺术作品的基本特征 ·························· 558

五、未来的艺术家 ·· 567

艺术与气候 ·· 580

未来的艺术家行当（思想札记） ······················ 591

歌剧与戏剧 ·· 601

第一版前言 ·· 602

第二版的献辞 ·· 604

引　论 ·· 607

第一部分　歌剧及音乐的特点 ······················ 612

第二部分　戏剧以及戏剧性的诗歌艺术的特点 ···· 671

第三部分　未来戏剧中的诗歌艺术与声音艺术 ···· 738

音乐发展史论纲

梅雅尔著

版本：新音乐出版社，1953年，上海

音樂發展史論綱

梅耶尔 著

音樂出版社
一九五八年·北京

上层建筑是由基础产生的，但这决不是说上层建筑只是反映基础，只是消极的，中立的，对自己基础的命运、对阶级的命运、对制度的性质漠不关心的。相反地，上层建筑一出现后，就要成为极大的积极力量，积极帮助自己基础的形成和巩固……

　　　　　　约·维·斯大林（《马克思主义与语言学问题》）

音乐的积极的社会作用

它的历史的发展乃是社会的必然趋势

　　我们五次三番地强调过，艺术家是他的社会的补充部分，因而也就是社会的追求、创造、情绪、感觉和思维的补充部分。因此社会的每一构成部分都不仅是社会关系的结果，同时也是它的原因。艺术不仅是受人影响，而它本身也会积极地对每一种社会结构发生影响。"至于社会思想、理论、观点和政治制度的意义，至于它们在历史上的作用，那么历史唯物主义不仅不否认，恰巧相反，正是着重指出它们在社会生活和社会历史上的严重作用和意义。"① 斯大林这段论断不独对人类的政治思想，而且对艺术思想也一样重要。

　　这种人类积极的因素对艺术创作来说的确是具有决定性的意义的。社会影响的仅仅消极的接受——那就等于说，经济的和社会的关系只是自动地影响艺术（这种看法的确也曾经在音乐方面应用过）。但是除了说艺术是社会生活的积极的组成部分之外，其他说法都是不能想象的。"这种关系的变更（生产过程中，因而也是他们的精神发展过程中'人与人的互相关系'的变更——著者）并不是'自动的'，换一句话说，并不是与人类的活动无关的，因为生产关系就是在人们活动的过程中

---

　　① 《联共（布）党史简明教程》，莫斯科中文版，147—148 页。

所确定的人与人的关系。"①

音乐在社会变动中的积极作用,当它为一种直接的政治目的服务的时候,使人认识得最清楚。《马赛曲》就是音乐非常的、积极的、活动可能性的,众所周知的、出色的例子。这首历史性的、强烈的歌曲多少次直接卷入时代变动中去啊!相类似的还可以举出其他许多歌曲来,在歌德笔下那个大学生勃兰德尔眼中都不免被斥为"讨厌的歌曲!呸!政治的歌曲,丑恶的歌曲!"而归入放逐之列的,此外还有无数的军队进行曲甚至于整部歌剧,例如奥柏的《坡尔提齐的哑女》,是被认为启发了1830年的比利时独立运动的。

但是音乐的积极的社会影响所具有的更伟大的意义却是在并非直接的、显著的政治的艺术作品里面。莫差特②并不是简单"从封建的关系出来的":他的音乐并不简单是萨尔兹堡及维也纳的宫廷空气的产物。他也不仅仅是消极地受到了当时革命的资产阶级思想的启发——他本人就曾经积极地启发了他的社会周围而且(通过他的音乐)帮助了社会周围环境的形成。他在他的作品里面有许多地方也结合反对的歌词对封建关系提出抗议(参看他的《费加罗》、他的《堂璜》,他的共济会曲谱等)。更进一步他还提高了他同时人类更深刻的感觉与更自由的表情的能力,因此在克服封建关系方面他也就出了一把力,因此他就用他的音乐帮助了人类历史的向前发展,向社会生活的更高阶段,亦即是预约自由的资产阶级所宣告的阶段发展。德国文学的古典时代要是没有莫差特的人道主义及其对他同时代人的影响,那根本就是不能想象的。

无数的实例都可以说明,音乐对社会关系起着反作用,因而也就对政治的以至经济的关系起着反作用,它能够发生推动的、阻碍的或是变革的影响:作为艺术,在它的力量范围之内而且通过它的艺术条件。

在我们更进一步考察音乐家及其作品的社会机能问题亦即是积极的社会作用问题之前,首先便必须确定,与"社会机能"无关的是什么。所谓无关是指音乐的单纯、直接的形式上的应用,亦即是表面的、适应表演的方式。息格迈斯脱的著作《音乐与社会》是一本很有贡献的书,但是在"社会机能"及"实际应用"这两个概念上却犯了混为一谈的错误。这一类音乐的应用方式是指配合舞蹈的、舞台上的或演奏厅上的音乐,伴送孩子睡眠的摇篮歌,行进中的士兵歌曲等。

---

① 普列哈诺夫:《马克思主义的根本问题》,张译本,三联版,65页。

② 今译莫扎特。

艺术作品的社会机能却实在是更广泛得多：它通过各种运用形式从而产生它内容的社会性的影响。

当真正的、道地的音乐从生活描出形象，当它"对社会照起镜子来"（莎士比亚）的时候，那么它就总是作为现实的艺术地形成的秩序。我们已经认识到，真正的、道地的艺术的机能，就是通过现实的艺术的形式赶过现实的前头，而在艺术的突进因素里面就使社会的分解与自由的影象包含美学意义上的美点。通过音乐能够给人们指出前进的道路：能够使人类心理从强制、从麻木、从不平等的、矛盾的或缺陷的压迫，从人类的社会关系及其对自然的关系的必要限制中暂时解放出来，暂时解除了那种强制。人类的感情生活及思想生活能够通过音乐而接近人道主义，而更加丰富，而更加深刻，而更加高扬。那受束缚、受限制的感情生活于是就"从强迫的领域进入自由的领域"。对本身力量的信任，生活的快乐及生活的认识，人类打破自然及社会的限制的日益强大的威力的感觉——以及永远不断的对自由的追求：这一切都可以由音乐的艺术传给我们。人类可以通过音乐向前发展，而且可以得到倾向自由解放的事业的推动。

还有抗议的及社会批评的进行也可以具有艺术的结构。在社会发展的交叉点，这就是说当自身准备的决定性的阶级战斗的时代，就会有许多艺术家艺术地去组织那战斗的因素。反抗那无上威权的坏秩序及不自由就构成了艺术作品的内容。这种抗议的因素在音乐上的表现有时是猛烈的、光怪陆离的，一开头会使许多听众感觉到是支离破碎的怪相。这种情形在法国作曲家裴辽士①的作品上面就已经出现过，事实上他根本就不是有意识地提出社会性的抗议，只不过是从一种模糊的反对出发把人类的眼光转移到社会矛盾方面去。但是这并不是说，我们今天要对那些抗议的作品例如裴辽士的《幻想交响乐》否定它的美的成分！正相反，由于这部艺术作品包含了抗议而且形成了危机和战斗，我们自然不得不注意那些在现实里面存在的坏秩序与不和谐，可是同时也就看到了秩序与和谐——只要这种"不和谐"不是为不和谐而不和谐，而是的确反映了重大的社会的现实亦即是需要克服的重大的社会的不和谐，对它提出抗议。有意使人转移到它的克服的必要性：那么，我们就通过艺术的抗议与冲突的形式重新认识到秩序与和谐，预见性的、进步的、自由的、集体的机能，这一切都是我们早就看作是伟大的、真正的艺术作品的最深刻的品质。这种说法最适合用来论述 19 世纪伟大的俄罗斯作曲家的作品，尤其是穆索尔斯基，他

---

① 今译柏辽兹。

远远超过了裴辽士，真正提出了革命的抗议，在他的歌剧作品里面指出了战斗的出路。

因此，通过他的作品给人类的向前发展贡献一点积极的东西，这就是说给他的作品提供一种进步的社会机能，是永远在艺术家的可能范围之内的。

但是这种说法的意义是不是认为音乐在每一时代都是客观地为人类社会的进步发展的实现服务的呢？换一句话说：是不是音乐也可以用来服从社会退步的目的呢？

必须确定，也有一些音乐家，甚至于具有极高天才的艺术家，过去是，现在也是，拿着他们的作品走上了社会退步的创作方向。所谓情绪的、感情的、思想的世界，艺术家在他作品里面构造的世界，也可以成为反动的、逃避现实的、自私的态度和力量的表现。音乐家在他作品里面企图预先拿出来的社会紧张问题的"解决"也可以是虚伪的解决，表面的解决，客观上却更进一步帮助了社会生活的落后倾向，不管这种表面解决看起来是多么逗人喜欢，多么富于诱惑性！今天的勃鲁斯①。给现代人搬出了月宫的雅片迷梦，就是这种表面解决的例子。它在劳动的听众身上麻痹了他们积极的战斗的动力，事实上是只有劳动人民才真正能够解决得了社会问题的。说起来未免可悲，在社会落后的意义上音乐的应用实在是太方便了。

当我们更进一步考察"社会的现实"这个概念的时候，这种表面的矛盾就得到说明了。到现在为止，我们只是一般地谈到这种社会的现实，对艺术作品具有决定性的作用的而且在艺术作品里面得到反映的社会的现实。这种社会的现实却是从千万年以来就不是统一体！这个社会是阶级社会，在古代是分裂为自由人与奴隶，在中古是封建主与农奴，到了近代则分裂为企业家与工人，每一阶级都始终在追求适应他们的音乐的表现，根据他们的意旨来使用音乐。因此，音乐就跟着每一时期发生作用的阶级影响改变它的面貌——当然，有一点是绝不改变的，某一些音乐的"语言"成分例如音律就并不属于上层建筑；因为决定性的要素，艺术的内容，在它的改变中忠实地反映了历史上的阶级斗争。就在这里我们找到了音乐也可以用来为社会的落后服务的原因。我们现在就要更进一步地转向音乐的阶级机能的问题，同时我们也就重新抽出第一章的线头来（指原书第一章——译者）。

原始公社的音乐　在史前的和现在还存在着的土著氏族的原始共产主义社会里面，音乐活动是集体的，因此就是全体氏族公社的事情。阶级分化在那个原始阶段还没有发生；音乐是为氏族的整体利益服务的。一方面在社会发展的极早阶段上带

---

① 勃鲁斯，美国的一种舞曲。

准确性的发声已经成为整个氏族的大事——巫术的重要组成部分。另一方面从特定的阶段开始音乐的因素就在生产的体力劳动中发展成为辅助的要素——支持舂米、划船等的歌唱和乐曲是数不清的。伴随社会的进化，音乐就逐渐增加了共同感受的、自然成长的情感如快乐或者悲哀的艺术地形成的表现能力。因此，音乐在原始社会中的社会机能是朝着社会的而且是统一的氏族公社的发展方向的，为了作自然的主宰而进行他们的斗争。在这种方式上，从大方向看起来，它是具有一步一步地推动人类的向上发展的，亦即是进步的机能的。

可是一开始了阶级分化，阶级斗争的成分就越来越多地推到前面来了。音乐也逐渐增加了阶级分化的影响，最先得到说明的，就是它再不是为了人类社会征服自然和解放的目的由统一公社制作出来而是越来越多地由一个社会阶级制造出来，用它去影响另外一个社会阶级。

古代奴隶主统治制度的音乐　最先在奴隶制社会阶段就是这种情形，随着生产到简单农业和畜牧业的发展，随着从石器到金属武器和犁锄的过渡，人类公社就逐渐提高到了本族必需的生活资料的创造的主人的地位，他们再用不着只靠采集者及猎人活动的偶然获得过活了，渐渐地能够生产比直接满足人类需要更多的东西了，多余的生产品可以同别人的多余生产品进行交换了。"公社的产品，愈是采取商品的形式，就是说，产品中为生产者自己消费的部分愈小，用来以交换为目的的部分愈大，……那么，公社内各个社员的财产情形，也愈是不平等，旧的公社的土地领有制，也愈深刻地被破坏。"①

随着畜牧业和农业的发展，同时就必然使经济的决定地位，而且很快地就连社会的决定地位也转到男子方面去了，旧的原始公社的及母权制度的生活形式给推翻了；本来是集体财产如家畜、土地之类通过特权家族之内的父权的继承系统就变成了男子占有物，结果更变成了私人占有物，尤其是酋长和医药人员由于积累的占有物造成了他们的权力，凭借他们的权力，他们可以为了私有财产的保持和增加而蓄养奴隶。劳动的比较高级的生产量使他们可以抛弃残杀俘虏的办法，把战俘变为奴隶，为特权的上层人物担当繁重的耕地、建筑及其他种种工作。

往后就发展成一个在氏族的最强人物，军队首领或君王领导之下的统治阶层，他手上掌握着公共机关的组织权力。在原始共产主义公社里面，酋长和巫师，甚至于医药人员，定例是由全氏族选举出来的。但是在阶级社会里，酋长一职却渐渐地

---

① 恩格斯：《反杜林论》，吴译本，三联重排版，201 页。

都变成世袭了。跟王位一道发展的便是巫师世家。巫师的地位首先便是作为"上帝意旨"的传达者和解说者；可是他们却是神权从原始的公社巫术到阶级宗教的社会机能的转变的活生生的表现。现在再不是统一的氏族公社为了全体的利益和虔敬去驱除邪鬼或者召引造福的鬼魂，而是巫师的假托的权力，沟通或善或恶的鬼神，给用来威吓劳动的人民大众。另一方面则伴随君王及军队统领的日益增长的权力，祷告上帝为统治者及其家宅降祥赐福。我们听到过许多说法的关于原始自然巫术的图腾现在变成了上帝；君王就从上帝（他们这样相信）接受了他的权力，于是"部族对君王的意志低头就好比对上帝的意志一样"。① 古代的自然巫术变成了保障新兴的上层的特权和统治的工具——变成了驾驭由它统治的人民大众的工具。由于这种活动，巫师也同样取得了特权，从人民中划分出来了。"假如每一个奴隶或者农夫，工匠或者商人都能够为他们自己祈祷、读书、计算或者甚至于思想"（而且因此更进为行动），"那么，这就是对君王和巫师的权力来了致命的一击……统治阶级对于他们神秘的知识的保持也像是对于他们物质的占有的保持一样是充满了同样的妒忌的。"②

随着君王的及巫师的世袭制度的形成，艺术形式和文化形式也不歇地，虽然开头是缓慢地，向前发展，而且从其他氏族成员的文化活动中分开来，而且使它和他们脱离关系。音乐也逐渐地被部族的强人用来满足他们本身的利益，例如为了他们自己消遣的目的或者为了社会的迷惑的理由去炫示他们的权力和财富。在古代亚述奴隶已经为了这样的目的受到了音乐训练。在原始生产社会里面是全体人民一起搞音乐的，到了古代帝国里面就出现了音乐专家的队伍（最先是奴隶）：音乐家职业确定了。与那越来越加强的特权集团变成有组织的上层的结合同时，上层的音乐活动与那被他们纳入他们的思想里面的群众的音乐活动之间的区别也越来越尖锐化了。特别显明的是在那样的社会里面，一个战胜的部族把那被战败的拉去从事奴隶劳动的社会里面。由于阶级矛盾的尖锐化，统治者便必然要把被统治者纳入他们的思想里面去。这种做法不限于用物质手段，同时也用思想手段，而且主要地是通过宗教宣导。巫师的宗教宣导再不是同群众一起进行而是常常和他们分开来，结果便是反对他们。音乐于是也越来越变成具有一种神秘的，人民无从了解、无从控制的法术的意义的东西（特别显著是在古代印度）。在这种术士及其他巫师手上，音乐结果

---

① 汤孙：《古代希腊社会研究》。原书 50 页。
② 克涅普勒：《音乐小史》第七章。

便变成一种专门事业——比大众的音乐更复杂、更发展、更讲究、更做作。古代埃及的宗教性的"耶西第斯颂歌"（祈鬼颂歌）是由巫师用外国文唱出来的，亦即是用一种人民不懂的，只有巫师和酋长懂得的阿拉伯文。在古代中国以至古代希腊，音乐是用来唤起人民一定的伦理的、世界观的及政治的思想联系和认识，国家的领导者对于它的效果和决定力量是加以最严格的注意的。鲍爱蒂乌斯①指出来过，纪元前五世纪，有一个名叫蒂莫台乌斯·米列西乌斯的在斯巴达受到充军的处罚，因为他通过半音的传授，把青年弄软弱了，结果造成对严格生活的官府的斯巴达理想的脱离倾向。在古代中国甚至于有专管音乐的部长（乐正），音响、和声、曲调、乐器都编成宗教——政治象征的深思熟虑的系统，而且分门别类地注意到一切细节。古代的音律是建立思想威权的重要手段。

这样在奴隶国家里面就有为统治者服务的"官府"音乐及与它对立的下民音乐，作为人民音乐，它的作用与前者比较起来是完全两样的。究竟古代的奴隶音乐是什么样子的呢，我们只可能想象一下。好在圣经里面不独报导了巫师的及君王的奏着盛大的，显然是高度的音乐的宴会，而且还叙述了牧童的和葡萄山上的种植者及采摘者的歌唱以及被奴役的犹太人在巴比伦河边唱出来的哀歌。

斯大林指示说，从长久的各个发展时期看，奴隶制决不是妨害进化的制度，在某一个一定的历史阶段上，它还是社会进化的前提："而奴隶制度在瓦解着的原始公社制度条件下，却是完全可以了解并且合乎规律的现象，因为它和原始公社制度相比是前进一步。"②由于奴隶制度使社会的一部分人（自由人）有可能进行集中的、有计划的、科学的及艺术的工作，解决自然知识的各种问题，这种在生产力的实际状况的基础上的解决，就整个人类社会的利益说是完全必要的。因为古代奴隶统治的音乐也就并不是仅仅为反动目的服务——所谓为反动目的服务，是在奴隶制度作为社会制度看（又是在生产力改变状况的基础上）已经成为过时了的时候。特别显明的情形是在古代罗马，从西塞罗③时代至第一世纪开始前后，音乐是越来越退化，越来越为野蛮的目的服务（例如鞭打奴隶是依节奏音乐的音响进行的，那些放荡荒唐的宴会便用尖锐的笛子伴奏）。

封建的中古时代的音乐　封建主义音乐活动的特征，是在比旧的发展阶段非常提高了的标准上通过统治阶级对劳动阶级进行思想意识的影响。音乐在社会对自然

---

① 鲍爱蒂乌斯（480—525），罗马政治家和哲学家。
② 《联共（布）党史简明教程》，莫斯科中文版，139 页。
③ 西赛罗（公元前106—公元前43），罗马政治家。

限制的斗争中的原始机能虽然还能够在封建主义音乐身上认得出来，可是已经越来越不重要了。在封建的中古时代统治者的心目中音乐具有双重的阶级机能。一方面音乐像奴隶主经济时代一样，为"王公大人"的消遣以至某些封建主对其他封建主或人民的威权的炫耀服务（如宫廷的声音洪大的铜号音乐之类），另一方面却是为封建权力所不可缺少的东西，要使封建制度作为社会秩序维持下去，这就是作为这样一种制度，在通过奴隶性的农民亦即是社会的大多数人民的劳动进行土地剥削的基础上建立起来的制度。中古时代宫廷的尤其是教堂的音乐就在执行这样的主要任务。中古时代宗教的重大意义是中古人类还极强烈的自然拘束性的表现，由于当时科学、自然知识和技术的程度的低下，这种心理是完全可以了解的，于是教堂便显得特别重要，它是最大的封建的土地占有的权力，它那精神的及文化的影响特别对准了人类的阶级意识。教堂里面音乐机能在完全决定性的意义上说是社会性的：在中古时代人类心目中造成一种地上秩序（作为天意的"化身"）固定不变的意识——而这种地上秩序却是封建制度连同它那固定的、停滞的生活结构的秩序。

从音乐的社会机能产生了它的态度，它的风格和它的性格。这种音乐的社会机能就是当每一个社会的历史时代在音乐内部发展它一定的性格的特征，同其他每一个历史时代及社会结构的音乐区别开来的特征。另一方面音乐的社会机能也显示出，例如在远东的与欧洲的封建主义音乐之间，虽然显明地认得出传统的及表现手段的差异，可是仍然具有非常的决定性的共同点。这一类共同的特征，例如在格雷哥里①圣咏与许多印度的寺庙歌曲之间无疑是很容易认得出来的——在音乐的性格本身正如事实一样，比起古代的音乐理论来那是更加细致得多的曲调的分门别类和轮唱。类似的社会机能——类似的艺术表现。

中古时代末叶教堂音乐的一瞥就说明了，不管经过若干世纪的一切色调的混合和风格的转化，它显示出一个主要标志：呆滞。那些听到这些教堂合唱的中古时代后期的人，心目中正好产生那种上帝和世界的永恒性及人世关系的不变性的感觉。这些多声部的弥撒曲及经文曲，像那响动着这样歌曲的哥特式大寺院的雕梁画栋一样加上人工的枝叶横斜，随时随地穿进来，散开去，缺乏戏剧性的，常常是神秘而且出世的。凭它那内在的、超越世俗的音响美使得教堂信徒受到极深刻的感印：就在今天它的效果有时还几乎是催眠性的。尤其是中古时代结束期的音乐是一定的阶级意义上的、一定的精神——灵魂的方向的群众影响的非常主要的手段——这是它

---

① 今译格里高利。

名副其实的社会机能。当初期基督教的若干世纪，当教堂的意识形态是一种社会性的发展过程的表现的时候，当时人类的共同组织正在追求着社会生活更高的发展形式的时候，加特力的教堂音乐是积极的、进步的、充满生命的、通俗的，但是农民暴动、宗教改革及资产阶级的抬头一开始，它就越来越变成防御的、向后看的、消极的了。

少数人的音乐与多数人的音乐之间的对立，最初是在奴隶国家里面观察到的，在中古的封建国家里面也并没有减少。一方面是教堂的高度发展的经文曲及其他古老的多声部合唱曲，宫廷的奢侈音乐，恋爱歌人、吟游歌人、传奇歌人的叙事歌及抒情歌一类的所谓受过教育的贵族圈子的，常常是经过科学的细心思索得来的俗世的多声部作品，另一方面则是与它对立的，风格上完全是另外一个样子的农民、乐工及城市吹打班子的音乐，当时的器乐演奏，在教堂范围内是多方面被压制的，却由这些阶层，尤其是中古的师父歌手和乐工，在教堂外面而且常常是成群结伙地转变为反对宗教的场面。这些民间音乐节奏是质朴的，曲调是简单的，和声则是放胆建筑在人世的、充满感情的大调和小调上面，全不管那中间性的、逃避现世的教堂音调。——乐工的舞曲，农民和士兵的歌曲，城市手工人的音乐活动，师父歌手的歌曲，民间流行的神话戏和傀儡戏却具备这些特征。虽然这些人民阶层始终是信教的，但是到了中古时代的末叶，这种音乐的社会机能已经变成与教堂音乐对立的了。它不是避世的、神秘的，而是积极的、现世的、开朗的、肯定生活的。当然，在这两极之间还有许许多多的过渡现象及中间现象，可是就主要的特征来说，这种阶级分裂却是在中古音乐里面到处可以看见的，至于那些民间曲调，公元一千四百年之后越来越多地挤进了正式的礼拜的教堂经文曲及弥撒曲里面去，这就构成了一种阶级反对的因素。

但是就是封建主义音乐，尤其是教堂音乐，也不可以认为是任何时候彻头彻尾都为退化的目的服务并从这一角度来估计它的价值。正如教堂的社会作用是一个过程，决不是一成不变的，那么它的音乐的作用也是一样。当然，当封建秩序对那接近中古时代末叶迅速成长的经济的及社会的必要发展已经变得越来越狭窄，当封建主义（加上古老的天主教会）越来越陷入这样的地步，一定要对那新兴的进步的力量争辩它那过时的特权的时候，封建主义音乐也就越来越变成向后转的机能了。中古时代后期的教堂音乐所具有的逃避现世的、矫揉造作的、公式化的特征就是这样来的。

资产阶级时代的音乐　从中古时代末叶资产阶级抬头的时候开始，资产阶级的思想形式及文化形式的主要倾向就是消除封建主义的停滞性。本来资本主义的本质一开头就是（针对封建主义）发挥运动性，以闻所未闻的规模发展生产力，进行技术革命，争夺新的原料来源及销售市场，压倒对手的竞争——简单一句话：不许社会的世界秩序及内部结构维持它的现状而是不歇地改变它。自 14 世纪以来，古老的封建形式已经成为资产阶级的兴起因而也是社会的向前发展的障碍。因此，资本发展的最重要的前提之一就是资产阶级所需要的劳动者从狭小的地盘，从封建性的经济和精神的桎梏中解放出来。与此相适应就渐渐地在资产阶级身上发展了一种倾向，改变现存关系的观察方法与判断方法。"……恒久的不安定与变动，——这便是资产阶级时代与先前所有一切时代不同的特征。"① 从资产阶级的兴起所发生的音乐思想的变化，音乐练习和音乐风格的深入的改变——这些因素使人一目了然地看到了人类当封建主义的中古时代逐渐转入资本主义的近代的过渡期间总的态度的突变。社会关系的翻身，人力与自然力服从资产阶级经济利益的动员的倾向在社会生活所有精神的及艺术的活动范围里面都清楚地说明了。一种高扬的精神和灵魂的能动性与感情的潜力，强烈主观的、个人的表现自由，再加上"享受欲望"的新的中心意义，这些就是音乐活动的新的决定性的因素。复调音乐的中古形式的消除，伴奏曲调的开始统治，和声里面的强烈的表现力量，器乐的强大的高涨——音乐风格的这些现象及其他种种现象在资产阶级革命过程中都发展起来而且表现为革命的一部分。同时在音乐家的社会地位上也促成了牢固的中古行会制度的瓦解，逐渐地形成了自由音乐家的职业方式。

这些特征也刻画出了，至少是部分地，19 世纪及 18 世纪的专制主义的宫廷的音乐。资产阶级的兴起是在各个不同的国度从中古时代后期直到进入 19 世纪的一段长时间，经受了多种多样的打击、妥协和重新的挺进才完成了的。专制主义是没落的封建主义和抬头的资本主义特别是在 17 世纪与 18 世纪的现象，而且是建立在封建性的与资产阶级性的成分同时并存的局面之上的，与此相适应的是在它艺术的表现形式上发展了越来越强烈的资产阶级的倾向。不错，在那若干世纪的无数的公侯宫廷里面封建条件是非常重要的——在这些宫廷里面音乐是为某一些少数权力者的排场目的或者消遣服务的。不过话虽这样说，贵族恩主制度时代的音乐在内容方面都是强烈地表现出主观的及个性的特征的，正如上面关于初期资产阶级艺术的特性所指出来过的那样，那些为这种贵族大人工作的作曲家在这种意义上自是"时代的

---

① 《共产党宣言》莫斯科中文版，40 页。

儿子"，他们面对他们当时一切重要的精神潮流都是张开手臂的，而在 17 世纪及 18 世纪却正是力争上流的资产阶级的思想构成了决定性的社会和精神的潮流。——17 世纪及 18 世纪初期的新教教堂的音乐也显示出一种类似的二重性格。教堂音乐所具有的资产阶级影响在这一时期是彻头彻尾起了积极的、更生的意义上的作用的。

在这种（兼有方法上的一切冷酷和肮脏及目的的自私自利性）资产阶级的最先算是进步的斗争中民族性质具有担当一切的意义。资产阶级从中古时代后期到进入 19 世纪这一段时期是以民族结合的力量而出现的。"它是强大的统一的力量，它打破了封建主义的限制，把广大的群众在大工业中心里面集中起来，把乡村和城市联结起来，至于乡村，那是最先成为民族的新理想的主要代表的。因此现代民族的成立是和资产阶级民主革命密切结合的，这场革命则是消灭了封建社会的闭塞状态与分裂状态，第一次把广大的群众团结起来，为共同的理想进行共同的战斗。举例来说，依照这样的方式形成的不列颠民族是与 17 世纪的革命密切结合的，法兰西民族的形成则是与 1789 年大革命相结合的。"①

年轻的进步的资产阶级的斗争一方面针对封建性的小邦分立制度，另一方面又针对教皇——天主制度的世界主义。年轻的进步的资产阶级为了贯彻它的经济目的就需要各种人民经济的、领土的及文化的融合进一步成为民族的共同组织。因此从 16 世纪尤其是 18 世纪和 19 世纪各族人民的音乐表现就不仅仅以继长增高的程度发展民族的特性，而是音乐本身就成为一种强大的民族结合的要素。尤其是 19 世纪在他们本国民间音乐的基础上面建立起来的所谓"民族乐派"都成为重要的民族统一的进步运动——彻头彻尾是符合这些国度进步资产阶级的兴起的意义的。

资产阶级兴起时期尤其是欧洲被压迫民族在民族解放斗争的时期民族要素在音乐上所起的出色的作用，我们在捷克的音乐里面找到了动人的例子，而且不管是在 15 世纪的胡斯时代还是 19 世纪都是一样。不仅是在民间歌曲本身，就在斯美塔那、德伏乍克②、雅那切克及其他作曲家的协奏曲及歌剧音乐里面也依靠捷克民间曲调和节奏的运用表现了觉醒的民族意识。斯美塔那的《利布斯》和《达利博尔》③ 变成了民族的旗帜，直到今天仍然是这样，这些作曲家的作品作为捷克民族的全部自由战争的象征究竟到了多么高的程度，在纳粹占领期间显示得特别明显，例如斯美塔那那部伟大作品交响诗《我的祖国》当时是绝对禁止演出的，因为它总是联系着

———

① 文脱尼茨：《马克思主义与民族》，原书 9 页。
② 今译德沃夏克
③ 《利布斯》和《达利博尔》是斯美塔那的两部歌剧的名字。

民族自由的示威。

对近代历史上音乐的发展来说，民族要素是具有决定性的意义的；以后讨论到今天音乐生活的时候，还会得到更进一步的证明。

资产阶级音乐的阶级机能一开头就是两方面的——意识形态方面及直接的经济方面。只要资产阶级一天还是反对那变成社会的违反时代行程的封建主义的时候，它的意识形态的机能便是积极的、进步的，在这本书的好几处地方都强调过这一点，资产阶级音乐便也是同时充满了这种进步的意识形态的机能，为人类从封建的中古的桎梏的解放而奋斗。这种进步的社会机能广泛地决定了 16 世纪及 17 世纪无数音乐作品的性质和性格，它决定了罕得尔①及巴赫的艺术的内容，它决定了维也纳古典大师的、俄罗斯以至捷克的、匈牙利的、波兰的和斯堪的内维亚 19 世纪伟大的反封建的、自由——民族的乐派的生平作品。可是当资产阶级取得了对封建主义斗争的胜利之后便终于开始对无产阶级进行一种反动的斗争的时候，资产阶级音乐的机能也就反转过来了。它显明地丧失了它那伦理的、道德的、生产的、领导进步的力量。从此以后，许多具有资产阶级思想在资产阶级音乐企业中活动的艺术家便陷入了越来越深的窘境。他们有些人认识到——或者至少是预感到——资产阶级音乐企业的意识形态的机能越来越变成远离社会的、向后转的、仇视精神的机能了。结果音乐是用来完全直接地支持垄断资本的残酷、压迫的目的（纳粹法西斯主义）。

资产阶级音乐的直接的经济机能是商品价值的机能，它的生产是被资本家为了掠夺剩余价值滥用了。随着各国的迅速资本主义化，音乐的大量需要向资本主义成分提供了越来越多的获得利润的可能性。音乐以加强的程度具备了商品的性质，像别的每一种商品一样，音乐也可以拿来做生意。本来在封建社会里面，音乐领域也有了一种自由的商品生产。当时有三种音乐活动的主要类型：统治阶级的成员，他们自己安排自己的音乐的消遣和活动（这一类是在中古时代的国王特别是骑士中间流行）；较低等级的成员，他们被统治阶级招集在一起，用他们的音乐为统治阶级目的服务（宫廷和教堂里面）；还有下层阶级的成员，他们的音乐艺术是在他们本阶级的意义和地盘之内展开活动的。这后一种中间从中古时代中叶起有了无数的独立的乐工，他们不仅是依靠杂技和说书，同时也靠歌唱和乐器演奏"自由职业地"挣他们的生活资料。他们艺术活动的形式也就是"商品"的即舞蹈歌曲和强盗故事的自由生产。从这种情形看来，这些中古时代头发蓬松的乐工和旅行学徒的活动实

---

① 今译亨德尔。

际上就是后来音乐商品生产的先行形式。——可是资本主义的新花样却是这样的事实，上边举出来的第二种类型渐渐地把其他两种差不多完全挤掉了，不管音乐家取这种形式或那种形式的"商品生产"，结果都几乎附属到资本主义的剩余价值制造系统那里去了。代替自由乐工的地位的是职业音乐家作为资本主义的利润兴趣的剥削对象——什么剥削对象呢，不管他是"自由"的还是雇佣关系的，总之是就要摆出来了。音乐的资本主义商品性质最初的表面的表现形式是中古时代末期特别是荷兰和意大利的乐谱印刷所，过后就是 17 世纪末叶的公开"音乐会"，每一个人都可以购买音乐这种商品——交入场费。今天的音乐会生活尤其是轻易的消遣音乐主要是由私人公司组织的，他们采取这种方式依照他们的好主意去经营音乐企业。世界上那些庞大的资本主义的蓄音机公司已经集结成为一个巨大的康采恩。对于那些乐器工厂来说，资本主义经济的商品法则也同样有效，甚至于那些音乐出版社也不是为了崇高的理想的缘故来一套艺术的完美而是结算数字做了他们生产的真正杠杆。

一种对艺术陌生的、非人的冷酷压在现代音乐的商品使用上。对资本主义来说，艺术是一种没有生命的实物，一种商品价值，从这种性质上看，它同其他商品价值是没有分别的。对资本主义来说，不管是关于乐谱、乐器、唱片还是关于艺术家本身以及他们的（对它是有利可图的）创造活动，还是关于雪茄、房产或者原子弹，都是一例看待的。正如那个年老的国王米达斯，只要他手指一点，便一切都变成金子；现在的资本主义企业家也把一切都变成金钱和商品价值，只要它碰到他的生意眼——这种商品机能在利润兴趣支配之下能够使音乐达到如何完全奴隶化的地步，在某些美国广播公司播送的所谓"香皂歌剧"里面显示出了它最丑恶的面目。这些广播彻头彻尾是为某些一定的公司（主要的是香皂制造厂）广告服务的；那些听众先是受到了随便一部配乐戏剧式的连播小说的勾引，随即一段又一段地会在这些所谓"歌剧"里面得到一些装进去的歌曲，这些歌曲又灌入了广告的内容，例如象牙香皂：

你的双手会像象牙一样漂亮，

只要你用上——12——天。

资本主义依照它的意旨去组织那些公共事业：艺术家也同样被排进了利润经济的、剥削的、战争的反人民的组织系统里面去。因此，只要一个音乐家依照资产阶级的意旨进行活动，忽略了人民的事业，他就要站到人民的敌对方面去。

面对着资产阶级音乐企业的形式连同它那特权的、富裕的上层，过去有，现在也有与资本主义世纪同时存在的民间音乐。可是在人民大众的音乐生活里面却发生

15

了一种新的现象，原来这种音乐生活本身越来越明显地分裂成两种完全不同的因素。一方面创立了自己训练的、自己生产的人民大众的音乐——民歌、民间舞曲特别是战斗的劳动人民的自由歌曲。这里有意义重大的，简直是英雄性的创造——与统治的资产阶级的"正式"艺术对立。另一方面却是我们现代的乐谱印刷、蓄音片、电影和收音机使得群众音乐不能在自己的生产活动和练习方面占有压倒的优势，而是徒然被动地接受别人的音乐。千百万的人们都只能限于被动地咀嚼那些由庞大的音乐制造公司送到他们面前来的货色，特别是流行歌曲以及无病呻吟的、脂粉气的客厅音乐和咖啡馆音乐，而且规模之大，同那从古典音乐丰盛的筵席上面分给他们的几片面包屑比较起来，简直是有天渊之别了。关于群众音乐的两种倾向——主动的和被动的——以后还要加以讨论。

现在的问题是：音乐家在资产阶级社会中的地位究竟是什么样子的呢？

事实表明，阶级社会的现实是分裂的现实，在现代资本主义的阶级社会里面，资本主义的因素就是统治的因素。

在资产阶级的阶级国家的分裂了的共同组织里面，资产阶级特权的少数人手上掌握了一切王牌，不仅仅依照他们的意旨组织物质生活，而且也要同样来组织精神生活。"在每个时代中支配阶级之思想便是支配着的思想，即是这个阶级，是社会之支配的物质的势力者，同时是社会之支配的精神的势力。……构成出支配阶级的那些个人们，他们在别种事物之外也还有意识，因而也会思维；所以在他们是作为阶级而支配着的时期，在历史时期中规定着一个整范围的期间，他们要张扬到尽头，在它种事物之外也要作为思想者，作为思想之生产者而支配，而统治其时代之思想之生产与分配；因此他们的思想也就成为该时代的支配的思想，那是自明的事理①"因此艺术生活，连带也是音乐生活，作为社会精神生活的重要组成部分在它的主要面目上也就具有统治（物质的统治）势力的标志。就说中古时代音乐生活吧，不管农民或者手工业工人的艺术活动是多么结实而且充分具有历史性的意义，决定的因素却不是他们，而是骑在他们头上的统治的教堂和其他各种封建势力，类似的情形就是资本主义时代资产阶级发展到成为一种反动力量的程度，艺术企业的决定因素也不是工人和农民而是资产阶级。

阶级国家与音乐　说到这里我们一定要认识到，社会的阶级分裂造成了一种原

---

①　马克思、恩格斯：《德意志意识形态，郭译本，90—91 页。郭译"支配"，周扬译为"统治"；郭译"统治"，周译"管理"。见《马克思主义与文艺》，14 页。

因，与原始公社的音乐本来是自由、进步的机能相反，艺术家及其作品过去可以，现在也可以有利于反动的目的。

艺术家屈服于每一个阶级社会的艺术企业的意识形态及经济机能的影响之下。在意识形态上他——最先——正如社会中任何其他成员一样被统治者的思想所掌握。他的思想世界和想象世界面对着刚才说过的那种"思想的生产"的影响是宣告缴械了。

资产阶级国家是现代社会中阶级关系的表面的、法律的表现形式。它是建筑在社会的分裂状态上面的。在这种战争中资产阶级手上紧握着决定性的物质的以至精神的武器。在爷娘老家影响范围之内的传统因素已经是资产阶级精神势力的一部分，长大起来的人们的总思想，精神的教育是由资产阶级的教育机关如学校、出版社、戏院以及今天特别广泛的电台和电影领导的。就是艺术家的思想，在它的领域上他经常进行创作的思想也不断依照资产阶级思想的意旨受到数以百计的因素的影响。

阶级意识的决定作用认清楚了，如果从经济的立场出发，老板对于音乐家的活动也可以具有重要的意义。显然，这种情况的大多数都是从物质统治者方面发生的。中古时代正式的音乐活动主要的并不是前面提到过的乐工的活动，而是宫廷和寺院的雇佣关系中的固定的创作方式。新教教堂，从中古时代末叶起天主教堂也已经雇用了风琴师、乐队指挥等，他们同时也是作曲家。城市的音乐场所也有类似的情形。16世纪到18世纪的贵族宫廷除了乐队指挥和熟练的音乐师之外，也有主要职业是创作的作曲家在工作。在这一切情况之下，音乐家明确规定的、当然的任务，就是服从面包主人的意旨和利益来创作。假如一个艺术家拒绝这样做，而且试图走自己的道路或者在他的创作里面反对他们，那么结果便是艺术家的困难到来了，从申斥开头一直到撤职（只要想一想萨尔兹堡侯爵主教用什么残暴的手段对待莫差特就够了）。在资产阶级音乐企业里面老板有时是恩主，有时是学校，有时是出版家。可是资产阶级音乐企业里面的新鲜的、决定性的花样却又是另外一种——原来"老板"已经变成无形的了。作曲家在资产阶级音乐企业里面一般作为创作的根据的经济原则是资本主义的供求法则。自由创作的音乐家（资产阶级音乐创作的主要类型）必须把他生产的"商品"自行推销。这就表明，在他身上可以说得上是"自由"的创作真是微乎其微了。事情很清楚，如果他作为艺术家要取得成绩，便会什么也不生产，要生产也没有"销售市场"（除非是他有自己的生产资料，作曲只当作是一种奢侈品）。事情也同样清楚，由于这种原因，他的音乐风格、精神方向以及特性都会受到资本主义原则的最强烈的影响。虽然在资本主义音乐企业里面那个直接的老板是无形的，而且最先接触不到作曲家，可是并不会因此就比旧日的封建王侯减轻一点残暴：出版家，他不肯印行他的作品；音乐会经理，他不答应演出；资产阶级的批评，大拆其台；资产阶级的音乐听众，他们不买门票。总而言之：假如艺术家不肯屈服，整个资产阶级音乐企业便会把他推到贫困和失业的垃圾堆那里去……

18 世纪以后"自由"的作曲家职业的发展，在舒柏特的例子上面已经具体表现出来，是的确悲惨的。许多音乐家欢呼迎接了资产阶级革命，准备了资产阶级革命，因为革命答应他们从仆从生活解放出来，也从那由于贵族宫廷的职务决定了的艺术创作的狭隘性解放出来，可是到了资产阶级得到完全的政治胜利之后，事情却证明了，音乐家是从大雨躲到檐溜底下去了。到了资产阶级确实打败了封建主义之后，他就轻蔑地把他旧日的自由、人道的战斗口号一脚踢开了。他再用不着它了。在资本主义国家制度的政治上和经济上的组织者心目中，也许可以利用音乐来做一笔获得利润的生意，至于艺术家的福利和痛苦以及为了人民的缘故去创立一种伟大的音乐文化，那他们是不感兴趣的。

资本主义用来接待艺术家的不是衷心想望的自由和博爱，而是新的、更恶劣的屈辱、剥削、失业和孤独。莫差特和贝多芬当时为了艺术家的独立曾经努力奋斗过，曾几何时，代替艺术家的独立的，是只给作曲家留下了这样的"自由"选择：要就对资产阶级的利润企业屈服，要就饿死完结。

在阶级社会里面艺术家的社会机能的方向是由意识形态以至经济领导到这个地步的，到了垂死的资本主义时期，这个方向更加以土崩瓦解程度向后转了。

音乐家与社会的进步 话虽这样说，音乐家究竟不是自动机，资产阶级把它的钱币——音乐家的稿费——投进去，现成的资产阶级艺术作品就会跳出来。这种办法对那些渺小的、投机的、思想贫乏的家伙固然用得着，但是一个伟大艺术家却是一个诚实探索的、有生气的、觉醒的、观察的人。假如他接受现实而且只有现实才接受，那么，所接受的就决不是只有统治的倾向和潮流，而是全部的现实！"全部的现实"也就包括阶级社会生活中间的潜伏潮流和对抗潮流，亦即是反对的、自由的潮流。

我们回到艺术家的积极的社会作用问题方面去。

值得注意的、重要的事实是，恰好是那些伟大的艺术家，不管统治的倾向的压迫，首先就倾向自由的，指示进步的潮流，而且在他们的作品里面塑造了这一类的形象。他们的耳朵贴近了社会的变动，他们听着那些"地下的"潮流的轻微流动，他们听到了什么，他们便不肯保持沉默。我们的最伟大的人物正是这样通过他们的音乐去帮助世界观的及社会的进步，客观地为这个目的服务——这就是他们的艺术的伟大。

虽然统治的传统的和意识形态的因素是决定的势力因素，虽然艺术家也不免给那些"精神势力"骑在背上，像航海的辛巴德与海公公的关系一样，——可是社会的现实本身，阶级斗争的、压迫的、剥削的和战争的现实就常常做了最彻底的师父。对于一个能够——而且愿意观看、倾听和思想的人来说，这种社会的现实就拆穿了统治者所有的一切意识形态的装潢艺术的骗局了。一个艺术家，这就是说真正是追求真理的、胸怀坦白的艺术家总可以通过全部意识形态的绣幕认识到或者至少预感到这种主要的社会的现实，于是在他的社会现实范围之内就给他提供了可能性，通过他的艺术也依靠他的艺术依照担当未来的社会秩序的意义去决定一种事业。

因此我们除了当时统治的文化，即使是一种腐朽的例如 18 世纪的封建文化的那些决定性的特点之外，也可以找到种种充满生命力的、恰好是反对那种没落制度的特点。一大批的资产阶级的大师就以常常使人惊叹的勇气、明确性及进步思想献出了他们那些历史意义上和社会意义上都是指示前进的创造去反对封建的种种障碍。

如我们在罕得尔的作品里面所看到的，就反复构造了而且歌唱了那些资产阶级自由和民族独立的思想，不管是在他的歌剧里面还是在他的清唱剧《贝尔萨札尔》《麦卡贝乌斯》和《以色列》里面——用什么样的气魄和热情谱制了像"决不许再有战争和奴役"（《贝尔萨札尔》）这样的歌词啊！穆索尔斯基勇敢地对在沙皇制度压迫下的人民宣告："我是把人民作为伟大的人格去了解的，他们是用统一的理想去充实他们的灵魂的。"莫差特和海顿都是属于当时进步的自由共济会。贝多芬是民主主义者和共和派，他的思想始终朝着人类进步的方向——"每一种真正的发现都是一种道德的进步"。他有一次论到他的艺术创作的时候这样写。我们从他的书信及与他同时的人的报导里面也知道，在支持他的努力的生活和哲学里面是构成一个整体的。舒曼参加（1848 年）3 月前的革命活动和他那对反动学究的斗争表现在他的音乐里面，同时也表现在他的文章里面。马勒参加过第一次的工人五一游行之后，就以极大的激动心情宣称，他现在终于知道了，他的音乐应该为谁创作：为战斗的工人阶级。韦柏、维尔第、里姆斯基－科萨科夫、鲍罗廷、斯美塔那、肖邦、洛尔青以及其他许多作曲家都站在进步运动的一边。这些最伟大的作曲家的作品——从广大的历史路线上看，——常常是起了反对统治的老板的阶级利益的作用的。贵族恩主制度时代的许多作品形式上也许是有宫廷的连带关系，内容上却是进步的、人道主义的。

在伟大音乐家的生活和活动里面特别说明了他们对人民的爱，他们联系人民的迫切要求。人与人之间的团结一致的渴望，原始的人类公社理想的回响，未来的社会和谐的预告，统一的自由的人道主义的理想的追求，依照这种理想而且依靠这种理想，艺术家才能够发生作用：这些思想炼锻了声音艺术大师的作品。

巴赫的合唱音乐是他的同时代的人类的音乐意志的民主的表现，他们的苦难、生活问题和生活的快乐都由巴赫用深刻的毅力表现了出来。——莫差特接受了他父亲对他发出的意义深长的劝告："你一定要大众化！"格林卡对俄罗斯人民团体的宣告刻上了这样大书特书的字句："创造音乐的是人民；我们，音乐家，不过是把它编成曲子而已。"德伏乍克用完全纲领式的明确性说明："我要把我的生命献给人民，我们的人民艺术的繁荣和壮大。"在穆索尔斯基的歌剧里面，人民群众不仅仅是一种点缀，而是像在罕得尔的清唱剧里面一样是行动的主要人物。

许多音乐家与民歌的结合——面对着统治阶级的压迫——是他们社会性的积极、进步的态度在音乐上的主要表现；这种结合在多数艺术家如许茨和坡塞尔，巴赫和罕得尔，海顿和格鲁克直到19世纪伟大的俄罗斯现实主义者身上都显示出来。这种事实说明恩格斯意义上的艺术家的意志自由的存在：意志自由的意义就是能够用实际知识作决定。他可以就对"统治思想"奴颜婢膝的投降或为进步思想和运动的斗争两者选择其一。可是，只有当一个天才客观地为社会的和世界观的进步服务的时候，他才能够提高到真正的伟大。我们再转到"天才和社会进步"这个问题上来吧。巧妙的成就可以达到一切可能的结合与社会形式，也可以为反动服务。例如一连串新的美国荼毒心灵的电影，彻头彻尾是仇视进步的、反常心理的，同时却是连同它那惊心动魄的音乐在形式上、技术上都是弄得很巧妙的。可是这决不是真正的艺术！要想达到辽远的理想的飞扬，真正正派的、预见性的、有永久生命的、指出超越当前时代的艺术的伟大，只有当音乐家为他那时代和社会的伟大的指示前进的自由的力量确定了党派属性之后才可以。在阶级社会里面这种力量是始终为人类摆脱社会的桎梏而奋斗的；到了共产主义社会这种力量则引导人类进入越来越高级的社会的和谐和自然的征服。

这里也许还要说一句提防的话。不要犯这样的错误（这样的错误前面已经指出来过），在每一个音乐大师身上去找寻我们通常称为"政治"艺术家的东西。在许多作曲家的创作里面具有直接政治意义的作品，例如莫差特的《泥瓦匠的快乐》，裴辽士①纪念1830年7月革命的阵亡战士的《丧葬及胜利交响乐》，斯美塔那的

① 今译柏辽兹。

《利布斯》，柴科夫斯基的《1812 年序曲》之类，可是事实上却必须认清，音乐的内容是一种世界观的证明文件，因此自然就有最广义的政治性，可是并不一定要在每一部作品里面去找寻一种具体的、实际的、政治的因由，因此，无论如何要从他当时直接是政治的论点去发掘一个艺术家的社会机能，也就不是正确的。一个伟大的艺术家对于进步的政治的必然趋势并不常常是完全领会到的（虽然如所表现，他在许多场合都是这样）——对自由的、指示前进的思想的倾心并不常常等于是个别现实的政治关系的有意识的洞察（当然，正如我们以后还要看到的，这种实际情况今天已经根本改变了）。

过去提供了数目繁多的例子，说明一个艺术家主观上并没有接受世界观的进步意义，客观上却是为它服务了。恩格斯曾经举出巴尔札克来作为这一类型的艺术家[1]，类似的情形也可以在音乐的领域里找得出来。当然，那种在当时政治细目上没有正确了解的艺术家，只有在当时有了可以支持他们的进步运动的情况之下，他们才能够起进步的作用，虽然他们也许还未意识到；就说巴尔札克吧，如果没有"圣·梅雷修道院的共和英雄"[2] 巴尔札克的启蒙家的作用是不能想象的。

现实主义的艺术见解，社会内容的忠于真理的叙述，也可以在某一个在政治论点上屈服于统治者的"精神势力"之下的音乐家的作品里面发现出来。某些作曲家对于政治与经济了解得很少，只是试图现实主义地叙述事实——人类的，灵魂、精神的态度——就在这些事实里面揭露了"社会的真理"。这是有决定性的一点！（当然，到了今天，对没落的帝国主义进行决战的时代，对艺术家来说，采取主观中立的或者甚至于是落后的社会立场，客观上却在他的创作里面起一种进步作用，这种可能性是越来越不可能了；这个问题以后还会讨论到。）

反过来说，我们又要提防一种艺术家的"阶级成分"的公式化的了解。音乐家绝对不是自动机一样地从他的社会地位产生他的社会机能——也许这是比较常见的现象，可是并不是一定这样。一个艺术家对于一个阶级的附属性，亦即是他的社会出身，无疑是非常重要的，可是并不是唯一有决定性的。艺术家的意识，如我们看到过的一样，实在是由全部的社会现实决定的，并不是由一个个别的阶级意识来决定，不管它是多么强。

社会主义的音乐　"真正的艺术是人类不可分割的幸福"。英国诗人兼画家威廉

---

① 巴尔札克（1799—1850），法国小说家及社会批评家，政治上却是保王党。
② 圣·梅雷修道院的共和英雄，指 1830 年法国 7 月革命推翻查理十世的共和战士。

莫理斯这句话①。在将来的共产主义社会中将会到处得到它辉煌的实现。今天我们面前就有了社会主义的苏联的榜样，莫理斯的预言第一次成为事实。在资本主义社会里面卑劣的利润欲望歪曲了音乐的本质。音乐被滥用了，用来迷惑人，使人互相仇视，使人脱离生活。在苏联音乐则是一个统一的社会的艺术：它为一切人的幸福献出它的力量而且重新"符合它自己的使命，——提供享受"（日丹诺夫）。

在苏联，音乐帮助人达到更高的，越来越高的自由，加强人类、支持人类"打退自然限制"的斗争。在苏联，劳动人民统一的、解放了的社会已经开始以想象不到的方式改造了自然，音乐成为最美的一种任务，去歌唱，去叙述共产主义的伟大事业，艺术与生产劳动之间的矛盾已经消失了。它属于一切人。人民就是音乐创作的当事人：人民的灵魂、力量和创造意志构成了音乐的内容。在苏联社会主义文化革命的过程中无数百万的劳动大众有了可能去发展他们的音乐天才。职业音乐家的成就在艺术的成熟性和先进性上已经使其他国家所有的一切远远地落在后面。音乐的新创作取得了巨大的高涨。千百万的劳动大众全都在苏维埃作曲家的音乐里面找到了他们自己的愿望和活动的、思想和感情的表现。那一股从苏维埃人民灌输到创造性的音乐家那边去的力量是不可估量的；面对着苏维埃人民大众对于他们作品的经常热情的和积极的关切，他们的创作的可能性是不可估量的。

指引一切艺术创作的明灯，是高尔基最先指出来的远景，那就是"一种创造，它的目的是为着人类之征服自然力量，为着人类的健康和长寿，为着住在大地上的伟大的幸福，而不断地发展人类的最有价值的个别的才能"②。

在德国，我们这一代也面临着历史的任务，使千万年来由于阶级分裂而丧失了本性的音乐重新恢复为大众共有的艺术。

---

① 莫理斯：《论艺术与社会主义》，伦敦版，原书 84 页。
② 高尔基：《苏联的文学》，曹译本，新华版，58 页。

科学的本质是在于通过越来越广博的知识去促进人类社会的发展及人类对于自然的控制。

威廉·皮克

研究科学是为了改造世界。没有这个目的便一切研究都会堕落成为徒然的游戏。

录自德国统一社会党中央委员会第四次全体会议的决议

附　论

有一批这样的音乐学者，他们在认识上及工作方向上都越来越靠近马克思列宁主义的观点。也有另外一批，他们今天在言谈上及文字上都在支持全世界的反动的黑暗人物和战争贩子，根据第三种音乐科举家的见解，音乐学者的工作却是独立的、自己关起门来的、而且只是为了工作本身而工作的一种活动。下面的解说就是为这种音乐学者着想的。依照他们有些人的见解，音乐是那么神化，那么虚无缥缈，那么透明，因此，如马克思主义所表明的，说音乐能够与社会生活及其动荡与斗争发生那么具有决定性的意义的关系，光是这种思想就不免是一种亵渎。在这种人心目中，——就根本上说——对音乐始终有一种了解，正如布索尼[1]一次以极端的形式所表示的一样："也许，先要我们自己离开了地球，然后才可以找到它（音乐）"——还有汉斯力克[2]，他认为音乐是一种"又响又动的形式"，是一种"离开外来的内容而独立的、自给自足的东西，唯一……安排在音响和音响的艺术联系里面"。可是就是这样的音乐理论家，他们对于那些议论缺乏兴趣，事实上却是拜倒在一种纯粹语言学上的、统计学上的或者是抽象风格分析的音乐学说的脚下，根本上是受到了那种音乐与生活分离的意识形态的束缚。当然，我们不应该一笔抹煞，德国的音乐研究在音乐史整个广大领域上对于某些个别事实的发现、收集和澄清是有了许多宏伟的科学性的成就，可是有许多理论家却隐瞒了音乐的社会作用。

音乐与生活、音乐与社会、音乐与政治——这些物事依照数目繁多的研究专家

---

① 布索尼（1866—1924），资产阶级的钢琴家、作曲家及理论家。
② 汉斯力克（1825—1904），音乐批评家，从保守观点上去反对瓦格纳。

的意见是一点都没有关联的，因为（依照莫尔根什腾①的说法）"不许有的东西就不能有"。音乐之为艺术，就它的性质说似乎是距离世界和实体那么远，空洞的又是飘忽的，于是就真的成为哲学的唯心主义的宠儿，直到今天还始终是一切违反理性的理论空谈的闹市，据某些人看来它是神秘力量的产品，距离人类活动是远的，对人类的理解来说是可望不可即的。在斯克里亚宾、丹第、斯科特及20世纪其他音乐家心目中它是印度瑜珈派宗教意义上的一种精神寄托。另外有许多人却说是"精神"，诉诸音乐家的精神，是什么绝对的、超出人类使命之外的东西而且只有"得天独厚"的人才可以领悟：音乐的艺术作品从音乐家身上跳出来，他自己却莫名其妙，正如阿典尼从克隆尼翁头上跳出来一样。②

　　冲破这种幻梦的深林，打开一条路来，使人明白所谓"精神"、所谓"思想"要脱离人而存在是不能想象的，这种知识实在是来得太慢了。精神的活动——"音乐"是人类自己的创造，并不是从什么地方把它"放进"人心里去的。正如路克莱蒂乌斯③把《旧约》《创世记》的关于上帝依照他的本相创造了人类的原始说法倒转过来一样——原来是人类依照他们的本相创造了上帝——我们也必须认识清楚，并不是"精神"创造了人类及其一切行为，而是人类创造了他们的精神事业，而且依照他们自己的要求创造了音乐而且还要不断地继续创造。

　　精神、思想和意念并不是"在人类之前已经有过的"，也不是存在于人类之外。马克思列宁主义告诉我们（与进步的自然科学和生物学一致），思维和物质是附着在一起的，思维是一种特定的实体器官的物质（即人脑）的机能，物质（人脑）能够思维，至于思想则只是由于物质所起的作用而显现在物质（人脑）之内。一种逐渐的向上发展是从原始细胞到意识上起能动作用的人脑，从生命的原形质和最低级、最本原的微粒到感觉的和思维的器官和神经系统。这种相同的发展也是从我们原始祖先的朦胧的预感到现代人的敏锐的思想感受力的发展：这样的发展是一种历史的，一种人类社会的过程。每一种精神法则，包括艺术，包括音乐的思维，包括音乐的创作，都是这种过程的一部分，而且是与这种过程分不开的。在这种过程中音乐始终有它完全一定的、可以划分范围的机能。

　　在我们原始又原始的祖先的时代，对于超自然的、他们无法控制的势力和精

---

　　①　莫尔根什腾（1871—1914），德国讽刺诗人，多写奇闻怪事。
　　②　阿典尼，希腊神话的智慧女神，她的诞生是从克隆尼翁（宙斯）头上跳出来的。
　　③　路克莱蒂乌斯（纪元前97—55），罗马诗人兼哲学家，他的诗篇《关于物的性质》，阐发了伊壁鸠鲁的唯物论、无神论的观点。

灵的信仰曾经给予人类在生存斗争中——在他们对那含有敌意的、超出一般势力的、在人类心目中不可捉摸的自然世界的搏斗中的力量和信心。难道我们今天，面对着我们科学知识的惊人进步，反而永远相信那来历不明的幻觉的、非科学的"精灵"的概念，或者甚至于还相信巫术，不肯占有那些科学知识，不从那些科学知识去摄取那为我们思维所必需的定律？如果有人以为，人类的精神活动一定要离开社会的条件性和联系性来了解和说明，那就好比一个物理学家要撇开重力来确定降落律。

假如有人认为"历代的节奏"就是人类精神活动——音乐的发展的杠杆——难道他不是把那脱离人类独立的、科学上无从把握的、妖魔鬼怪的离奇想法的原则扯到音乐艺术的说明上来吗？或者我们就真是应该把全部宏伟的音乐史只看作是一些偶然事件的拼凑吗？

因此，把我们这位亲吻歌手额头的缪司提出来进行一次严厉的审问，就显得非常必要了。当一种社会关系的冲决性的新兴组织要在共同团体内部限制一个没落的特权统治阶层的利益的时候，这个阶层也必然会对一种意识形态的启蒙及思想形式的新构成采取防御手段。因为每一个领域的社会关系的有系统的重新考虑根本就意味着对唯心主义的思维力式的一种宣战。于是防止每一个领域的资本主义的思维方式的减弱，就是保存资本主义的利益所在。任何一个领域的社会知识都一定引到另一个领域的结论，社会的理论到社会的实践，亦即是说引到对总的资本主义社会制度的机器的积极的冲击，因此也就发生资本主义主脑对马克思主义社会科学研究的抗拒，即使是表面上比较"无害"的精神活动，如音乐研究也没有例外。

有一种反对议论是多方面的，说什么音乐的社会科学的分析妨碍了音乐的真正享受，它疏远了幻想成分，疏远了幻象，它把我们从梦想的魔力王国拖出来，投入冰冷的、残酷的现实的日光底下。可是正是历史唯物主义的艺术研究揭示了意想不到的新的艺术的享受因素！关于艺术作品的历史根源的知识，关于它所起的社会作用的知识，关于它与全部伟大的、丰富的、多样的生活的联系性的知识，对自然和社会的阻力的认识与胜利斗争的快乐的感觉，——什么新的艺术享受的泉源不会倾泻出来啊！历史唯物主义的艺术考察会使过去时代的人类连同他们的艺术重新得到生命。

人类会在我们面前复活——连同他们自己的感情世界和思想世界。我们将会了解，他们这样去感觉，去体会，去思想，去处理，究竟是如何达到的，他们又是怎样借他们的音乐表现出来，于是我们又可以为我们自己的伟大任务从这些知识汲取新的力量和新的经验。因此音乐所能表达的幻想、情绪和感觉内在性的价值不独不会受到损害，而且由于对艺术的社会关系的深入了解，更会从一切胡思乱想、疑神疑鬼的重担底下解放出来，而且这些价值才会得到充分的和大规模的发展。

依照这样的一种考察，音乐研究就不独对过去的时代及全体劳动人民的伟大音乐的真正科学的认识及真正人道主义的爱护有非常重要的贡献，就是对一种新音乐在新现实主义意义上的发展也是有非常重要的贡献的。它会为战胜蒙昧主义，为人类征服自然及社会自由越来越高的阶段的向前发展献出它的一份力量。

后　记

　　这本《音乐发展史论纲》是德意志民主共和国柏林洪博尔特大学音乐社会学教授梅雅尔博士（Prof. Dr. E. H. Meyer）新著《时代变迁与音乐》（Musik im Zeitge-schehen，Berlin，1952）的一章。梅雅尔是音乐理论家，又是作曲家，这本书依据马克思列宁主义的观点、方法，对音乐的本质、起源、发展及其与社会的关系作了一次全面的透彻的论述。荣获 1952 年度德意志民主共和国国家奖金。全书篇幅相当长，不易迅速译出，所以先将可以独立的一章提前付印，以应需要。其他各章也将采用这样的方法陆续出齐。

　　译稿力求忠实于原文，但以修养不够，译笔非常生硬，对原著者和读者都觉得非常抱歉，我诚恳地期待着同志们严格的指正。

1953 年 4 月 20 日于天津

音乐与现代社会

梅雅尔著

版本：新音乐出版社，1954年，上海

音樂與現代社會

梅雅爾著　廖輔叔譯

新音樂出版社
一九五四·上海

党啊！党啊！谁能不属于——党，党乃是万物所自出！

黑尔威希

当代资产阶级音乐的衰颓

在资本主义各国音乐受到了一种致命的高热的袭击。它刻上了资产阶级社会制度衰颓的记号。资产阶级音乐的形式、实践和生产正跟这个社会制度一齐走向没落的道路。资产阶级（以及有教养的、优裕的小资产阶级）有一个时期曾经是德国的音乐生活的担当者。他们长时期地构成了音乐会的"群众"，自己搞室乐而且具有决定性地向作曲家提出他们的要求。走过了好几十年的下坡路之后，这种"群众"今天已经消失了。资本主义担当文化的角色已经成为过去了。从资本主义遗留下来的是：破坏、战争威胁和毁灭文化的野蛮行为。音乐的革新只有在对那还算强大的、危险的资本主义的物质力量和精神力量的斗争中以及在为社会主义、我们时代的新的、进步的社会生活形式的斗争中才有可能。

在这个决战时代，在这个从资本主义到社会主义社会组织形式的过渡时期，存在着好几种社会形式；一方面是各个不同的衰亡阶级的帝国主义；另一方面则是社会主义的苏维埃联盟，以及争取实现社会主义的人民民主国家，以及进步的、民主的人民共和国的其他形式。可是帝国主义正等于艺术的没落和死亡，社会主义则意味着生命和高涨。

我们需要看一看，在今天的资本主义各国艺术的没落到处都显示出惊人的速度；同时我们也不难了解，在那些要创造未来的解放的新社会的国家，新艺术还没有立刻完成计划，而是在进行着新与旧的苦斗。在那些进步的社会主义的和民主的国家里面，艺术创作问题是有一些开始、过渡以及生长的困难的。可是这不过是大规模上升的发展范围之内的波动，这是改造时期的社会进步对社会倒退的斗争中的一些困难，它的发生是很自然的，只要能够勇敢地揭发出来，斗争下去，那是一定可以克服的。所以现在要谈的并不是这些生长的困难，而是那些帝国主义统治国家的音乐的生存危机特别是帝国主义法西斯独裁 1945 年在德国留存下来的那分灾难的遗产。在我们德意志民主共和国里面，我们正在进行彻底肃清这分遗产的残余，可是在西德却还打着纳粹法西斯遗产的牌号：而且更进一步显示出新的威胁，由于美帝国主义的影响造成了衰颓的现象。在西德、西欧和美国的多数音乐家基本上并不是比别人更坏的人，可是他们却活在更坏的精神条件和物质条件之下。下面的分析主要地就是为了指出西德各种关系的标志同时也就提供了克服的意见。

所有帝国主义统治国家当代音乐的危机可以归结到一个这样的共同母数：极端的二元性。一方面是艺术家，另一方面是群众之间的分裂，分裂到这样的深度是历史上从来不曾见到过的。艺术家与人民的分离以及受帝国主义压迫的人民大众的艺术的局限——这两种现象构成了当前帝国主义时代音乐危机的特质，也是资本主义结构所能产生的悲剧的必然结果。这是常常体察到的一种事实，那就是这两种现象不单是出自同一的根源（即在资本主义社会结构本身），而且陷入了经常性的互相影响。群众不了解，或者仅仅在例外情况之下才能了解那些近几十年来陷入越来越扩大的隔离状态的作曲家。人民强烈的、生气勃勃的音乐要求却同时受到了次等的工厂商品的哺养，这些商品又更加压低了群众的艺术趣味。群众对作曲家了解得越少，作曲家的隔离状态便越严重；作曲家在他艺术里面离开群众越远，群众便越发不了解他。看起来好像是没有尽头的循环——一方面是艺术家，在创作上处于隔离状态，因此常常是衣食不继；另一方面呢，却是人民的活生生的音乐力量变成无用武之地。一方面是为某些少数资产阶级的所谓内行的奇技淫巧或者是邪道的艺术，另一方面是为群众的消遣音乐，这些音乐水平低而且常常是诉诸人类身上最低劣的本能的。

究竟是怎样弄到这个地步的呢？

艺术家的隔离状态

音乐家 前面那几章曾经试图说明，艺术家的作用，他的创作与社会因素是如何结合的，特别是艺术家的意识在"统治思想"亦即是统治者的思想这一意义上如何受到物质的以至意识形态的影响的问题。现在首先要指出来的则是艺术家在这种影响的过程中如何越来越严重地陷入隔离状态。

专业制度精神工作者，其中包含艺术家，不管他愿意不愿意，总是服从那作为阶级社会基础的社会分工的原则的。设计（智力）工作与执行（体力）工作的划分在古代希腊就已经作为原则而存在，在现代资本主义社会里面就更加达到了惊人巨大的规模。可是随同资本主义的发展最后便建立了现代的专业制度。每一个在某一领域之内活动的专家都给日甚一日地挤进他固有的越来越狭窄的工作范围里面去，在这一工作范围之内他必须达到越来越扩大的技术的完善性。随同企业家日益增长的欲望，追求越来越扩大的生产合理化的欲望，职业活动者的眼界便越来越狭窄。劳动的人类在原始公社时期曾经具有了一种广博性，他对具有共同组织的看法是把它看作一个整体的，因此他对一切事物的积极的兴趣，不会因为它在自己直接活动范围之外便漠不关心。后来这种广博性，这种看法都消失了，此外，职业活动者为了本人和他的家庭不得不去挣他们必要的生活资料，再没有什么多余时间和精力来进行自我教育和研究以扩充他的眼界、他的知识和他的能力。他缺乏相应的客观可能性。因此便开始有了这样的人，只是专门地做他的裁缝、鞋匠、文书、教员、僧侣、科学研究者或者也做音乐家。可是裁缝这个职业在纺织商品的作坊生产以及后来的工厂生产过程中却分裂成为几十种单独职业。在今天大量生产阶段上一部分人的力量对社会生产的关系便只限于一种唯一的动作，一天又一天，从早到晚都只动这一手，另外一部分人的力量则用到一种唯一的微小的专门知识范围的过分细致的研究上面去。音乐家也走着同样的道路。18 世纪无数音乐家还可以弹奏好几种乐器而且能够在好几个部门授课，即使他在这些专门领域的某一种或那一种范围之内进行专门研究，也并不影响他多方面的发展。可是在我们这个世纪这一类的现象便成为例外了：那些职业音乐家定例是只能掌握这些专门领域的一个部门甚至于只限于唯一的特别一部分的专门化，例如在音乐学方面便不少这种情形，他可以一辈子弄他一种个别的、对整个音乐史来说是不关重要的、永远过去的若干世纪的特殊现象的纯粹语言学的研究。在美国的黄色歌曲和电影企业里面作曲家的工作是分割为好几种特殊专家的："作曲调者""配和声者""配器者"等——另一个人又给整个工作把他的名字写上去！

过去那几十年音乐家越来越发展了这一种倾向，只是看着他自己的专门领域：他的一生兴趣都集中在一点上。而且的确像古斯塔夫·马勒的一首歌里面所说的："背离世界走出来。"这样，在资本主义的社会分工及其存在现代艺术家生活里面的过度尖锐化了的形式上，就包含着艺术家对艺术、生活、人民和时代的隔离状态的重要的原因。

没有任务的创作 另外一种隔离因素就是上面已经提到过的现代作曲家的创作方式。巴洛克①大师的多数以及古典大师的一部分本来都是为一定的任务主人、目的和听众作曲的，到了罕得尔②就第一次在巨大体裁方面出现了没有任务的创作，从此以后，一直成为今天极大多数"正派"作曲家的生产方式。至于音乐家之采取这种创作方式，把他的艺术产品送到"自由市场"上去，在罕得尔时代却是进步的。因为首先就意味着摆脱封建主的圣旨的誊录，也就是艺术家创造意志的解放。可是到了资本主义不成其为进步力量的时候，作曲家就置身于一个追求利润的世界，越来越丧失掉人与人之间的思想的联系。今天艺术家根本不再认识他的群众及他作品的传达者而且什么演出、什么群众的构成，都只能依赖极高度的偶然性，结果就是一般作曲家的后退以及向内心的躲避。他们回到他们自己主观的，隔离的内在生活里面去而且死力抱住他们创作的远离社会的抽象性。

此外还要加上物质的动因。音乐家的所谓超阶级是一种鬼话，事实是，作曲家在经济上是既不属于统治的资产阶级也不属于工人阶级，而是属于小资产阶级的中间阶层，他的社会存在并不直接遵循生产过程及阶级斗争的战线，可是，如果比较仔细地考察一下，他的活动是具有两边阶级成分的。根据这种关系，作曲家与手工

---

① 巴洛克是17、18世纪欧洲艺术的一种风格标志。"巴洛克音乐"一般是指这样的一种音乐，它用注符低音、复调音乐、装饰学和结束构造以及各部分的互相对立造成综合的效果。

② 今译亨德尔。

34

业工人很有类似之处。一方面他是一种小本经营，他主要是自由职业式的"独立"而且自己进行"生产"；另一方面却也是多方面的接近工人，特别是那些熟练音乐师，可是作曲家也有可观的人数是直接被剥削的，他们出卖给乐队、戏院、爵士乐队、音乐会经理等。因此，音乐家就依照他的二重性质而且千丝万缕地和他的阶级社会结合起来，同时也像社会的其他一切成员一样受到了两个阶级的斗争的冲击和资本主义经济制度不可避免的危机及其他一切崩溃现象的冲击。

资本主义的客观经济条件堵住了每一个想"爬上去"的、不愿意只限于写作黄色歌曲的音乐家的道路。音乐，亦即是说音乐的每一种表现形式，如我们已经说过的，都具备了商品的性质。可是为了推销这种商品并从这种商品汲取利润，资本家便需要销售市场，而占公共社会人口极大多数的劳动人口就必然是销售市场的主顾，可是过去一百年间这一个正派音乐的销售市场（买票的群众）也以同样的速度一天天缩小，由于工人群众音乐教育机会的缺乏，他们就受到了参加正派音乐活动的限制，因此音乐家过去是、现在也是在经济方面反复被挤进隔离状态，挤进越来越小的知己圈子里面去。在大的公开的音乐会节目单上面排上现代正派音乐的节目永远是一种冒险因而也是一种例外。音乐会组织主要地是靠过去的制作过活，于是在资本主义国家就可以发生这种事情，作曲家找不到他作品的出版家，只好自己掏腰包出版。为了音乐创作，花了许多年的研究时间和难以数计的学费，结果却是必须自己花钱去印刷自己的音乐创作——对于资产阶级的艺术关系还有什么可说呢！正如契诃夫的剧本海鸥里面那个隔离的、无家可归的艺术家一样，社会没有提供相应的安排，今天每一个音乐家在资产阶级的音乐生活里面都有生理上和道德上趋向灭亡的危险。

意识的因素　可是把艺术家推进隔离状态去的最强的力量却是意识形态的——那种"统治的思想"，已经成为没落的资本主义时代的统治的成见。除了这些教育精神劳动者的、作为当然的"真理"继承下来的成见之外，又加上了一种"抽象艺术"的成见。所谓抽象艺术，就是远离人民和群众、仅仅是"为了艺术本身的缘故"而存在的艺术。这样一来，就取消了艺术家那最重要的、最有生气的推动力，从伟大的世界事变和时代的进步运动得到启发的推动力。除了这些成见之外，又加上一种信念，认为创造历史的只是一些"伟大人物"，人民大众则是无足重轻的，不值得艺术家看一眼的，至于世界事变更是彻头彻尾由于某些个别的"得天独厚"的人物的活动。"伟大人物"的社会条件性却赖掉了——"伟大人物"必须先从社会里出来，然后才能够影响社会，这种事实就给隐瞒了。此外还有一种意见也属于那些成见之列的，那就是认为体力生产劳动是次等的、肮脏的、没有价值的——这样一种成见虽然也可以帮助得到"合法"的一点低微的报酬，可是实际上却是忽略了这样的事实，正是社会的生产劳动使人类有可能，从原始森林中发展出来——"精神"是在劳动过程中才能够得到发展的，没有劳动根本就谈不到精神的存在。

要使一个在资产阶级思想形式中长大的艺术家摆脱这样的成见，那就意味着一场艰苦的、内心的斗争。原来这些成见之一是这样的一种信念，——艺术家从小孩子时候起就听到了的——认为资产阶级的思想形式和思想活动是唯一合法的。有些人干脆想不到，并不仅仅是它才能够包含真理，——因为他从小依照传统的资产阶级的形式去看和想。特别重要的，他又听到过一种说法，工人群众的精神努力是不充分的，艺术感觉是不够格的（因为他们是从"没有教育"的工人出来的）。轻视劳动群众及其文化要求到了极端的程度的例子表现在英吉利－印度作曲家索拉勃伊①那个家伙身上，据说他最近禁止他的作品的任何演出，为了不至于因为下等群众的倾听而丧失它的神圣性。那个没有良心，没有廉耻的全体庸俗资产阶级的偶像斯特拉文斯基也不相上下："……在艺术事业上说，人民不过是一个数字概念，我是从来不理会他们的……""广大的群众决不会对艺术有一点点贡献：他们没有能力去提高艺术的水平。假如一个艺术家有意识地要诉诸人民的感情，那他只有降低他自己的水平才可以。对我来说，重要的是倾听我的音乐的个人的灵魂，可不是一群人的集体感情。"②

艺术家由于资本主义思想势力的影响，造成了与社会隔离的重大的危险，如果有许多艺术家处于隔离状态中仍然主观地感觉得舒服或者仍然混在里面，那么，这种危险是不会减少的。"我讨厌下贱的人民，因此远远离开他"（贺拉兹）③：这句话今天还是大多数艺术家的立足点呢。这样一来，自然缩小了他们艺术思维与创作的基础，不管他们怎样吹牛，说要在"纯粹精神的气氛"里面完成最伟大的事业。托玛斯·曼已经借他的"浮士德博士"的口对他们说了："说起来可不是有点奇怪吗，有一段长时间音乐是被认为解救的药方的，实则它自己就像一切艺术一样需要解救，从那庄严的隔离状态——从那脱离教育的精华——名为'群众'的孤立状态中解救出来。这种精华不久就会没有或者已经没有了，因此艺术就快要陷入完全孤立——垂死状态中的孤立，除非它找到了人民的道路，为了说得不浪漫，也就可以

---

① 索拉勃伊，生于 1895 年。
② 见 1946 年 9 月号音乐文摘，伦敦版。
③ 贺拉兹，生于公元前 65—前 8 年，古罗马诗人，奥古斯都斯皇帝的宠臣。

说：面对人类！"①

大规模倾向商业性的黄色歌曲的音乐的大量生产一天天增加了重量。这种音乐似乎是为许多作曲家作证，说他们远离群众是做得对的。他们只看见这些扔给人民、毒害人民的大量生产的商品，却看不见群众的艺术力量，例如许多国家的工人合唱团所表现的艺术力量；他们看不见苏联人民在音乐方面发挥出来的惊人巨大的创造力。也有许多思想进步的艺术家觉得随便发给群众的音乐水平太低了，却看不到走出死胡同的道路。

事实证明，由于音乐特有的物质因素，它是极便于各种各色的抽象理论的。可是问要问个清楚，这样的看法究竟是对谁有利。一问，真相就出来了，音乐与社会的分离，历史地看起来，实际上只有资本主义玩这一套手法。原来维持这样的一种情况对它是有利的，它可以防止艺术家对人民讲话，防止他把他的全部注意力放在认识和表现真理上面去。

也许有人会提出不同的意见，因为一方面是资产阶级不了解艺术的"精华"的音乐，另一方面是高度发展的、受过高等教育的艺术家也在讨厌而且蔑视那"丑恶的资产阶级"。可是这样的一种矛盾完全是主观的。艺术家不讨厌资产阶级身上的资本家，而只是他的无知、他的庸俗、他的粗野：在对音乐的自我中心的态度上却是彼此一致的。"为艺术而艺术"——这是直到今天还始终是某些艺术家的信条。至于他们脑子里究竟是怎样想的呢，那就是"为我而艺术"。"为艺术而艺术"——这一句话里面包含艺术家对人民、对人类的多少轻蔑啊！在艺术作品的社会作用的否定这一点上说，这样的一种艺术方向是多么违反社会法则啊！即使是为艺术而艺术的音乐家也依赖传统建立起来的，传统也是他所运用的音乐资料的一部分——难道传统不是由人民、由社会创造的吗？假如一个为艺术而艺术的艺术家今天还在隐瞒艺术的社会联系性，说什么创作只是为了满足自己或者解脱自己的目的，那么，岂不是成了盗窃共同创造的精神财产的窃贼吗？岂不是成了自私自利的寄生虫吗？岂不是正如一个资本主义企业家成为盗窃社会创造的物质财产的窃贼一样的东西吗？这是作曲家的一种多么不自然的、自杀的态度啊！这是我们艺术退化的一种多么有力的证明啊！艺术正是这样的一种"精华"，正以敌友不分而洋洋得意，在今天就正是最深刻的意义上的产资阶级性与反动性。

这种道理只要你对作品本身加以考察就会一目了然的。

---

① 托玛斯·曼：浮士德博士，斯托哥尔摩版，494 页。

音乐 一切指出的因素——专业制度、没有任务的创作、资本主义经济的及思想的势力综合起来，就发生了这样的影响，使得帝国主义国家的大多数作曲家今天都在脱离生活和群众去创作。他们这种游离的精神状态在他们的艺术风格上反映得最为明显。

本书的作者决没有这种意思，想把受帝国主义支配的国家所有的当代音乐不分青红皂白，乱打一顿。整个来说，那边的音乐生活是打上了迅速没落的记号，可是也有进步的、对艺术的衰颓进行斗争的作曲家。这一类作曲家在整个 20 世纪前半期有，今天也有：阿兰·布士①、玛尔克·勃力茨斯坦②、约瑟夫·科斯玛③、哥佛累朵·佩特拉西④。及其他许多名字首先便必须提出来，除了这些结合人民及其正义事业的进步的先驱战士之外，还得再加上一批人，他们的创作至少包含有一些进步的特征和倾向。因为今天不仅是有整大队的作曲家旗帜鲜明地为劳动人民及其伟大事业积极地加入他们本国反对帝国主义的阶级斗争，也有许多作曲家加入反对美国毁灭文化的野蛮行为的民族自卫斗争，他们反对美国的黄色歌曲的毒害，反对它那惊心动魄的噱头，反对它那侵略性的，隐藏在人道的"世界公民"的假面具后面的文化的统一政策。这一类正直的人物在德国也很有相当的数目；他们认识到，今天全德意志艺术家反对美帝国主义摧残影响的共同斗争是德国音乐一个生死存亡的问题。

可是我们这里并不打算提供现代音乐包罗万象的面貌，而只是限于一些最重要的衰颓现象，这些现象是从艺术家与人民的隔离状态中产生的，是从帝国主义意识形态的影响中产生的，而且的确确是在资本主义各国生产的音乐的绝大部分打上了它的烙印。因为艺术和艺术家在那里着了迷，给赶进孤独状态中去，不知不觉地踱过去或者给压下去；许许多多杰出的人才就给这样糟蹋了或者给带到邪路上去——因为他们面对资本主义阶级社会进入垂死的帝国主义阶段的经济的压迫和"统治思想"，并不是每一个人都能够提出反抗并保持清醒的眼光和清白的行为的。

艺术家在他的作品里面再生产了社会的现实，可是在现代资本主义生活情况之下，却发生这样的危险，他不表现那本质的、伟大的现实，却只把渺小的、对整个人类并不重要的现实的一部分，亦即是适应不生产的阶级的精神状态在他的作品里

---

① 阿兰·布士，生于 1900 年，英国作曲家。
② 马尔克·勃力茨斯坦，生于 1905 年，美国作曲家。
③ 约瑟夫·科斯玛，生于 1905 年，法国作曲家。
④ 哥佛累朵·佩特拉西，生于 1904 年，意大利作曲家。

面表现出来——这就是说，客观上为退化的、垂死的资产阶级服务。这样的艺术也表现了没落的资本主义的悲观主义，因为它要轻视上升的工人阶级的乐观主义；也表现了帝国主义的资产阶级的死路一条，因为它嘲笑了无产阶级的目标明确性；它分析了害着社会肺结核走向灭亡的衰老的文化上层的透视照片，因为它要把高昂的、向前进的社会生活关在外面。

这一类型作曲家的艺术风格因此越来越抽象、越来越雕琢。事实的确是这样，在今天资本主义音乐企业里面，作曲家差不多只跟某几个独得秘传的艺术知己或同行才有话可说，因为他们也像他自己一样经历了雕琢的和脱离伟大的社会事变的道路——至于这种事变，却是发生于最壮大的社会决定性的时代，自有人类以来还不曾有过的决定性的时代！

资本主义社会的现代音乐，如果不屈从商业性的企业以免流入庸俗与浅薄，那么，便大多数是过分发展的、神经失常的、矫揉造作的，说到它的内容则只限于少数人可以了解，而且又只限于这样的人，对人类的前途并不重要的或者是与新生活的建设对立的。这种内容是不积极的，因此现代音乐总是极度难过的哭丧着脸，顾影自怜、发牢骚、嬉皮笑脸、阴森、神秘或是恶毒的夸张——一切都是消极的性质。这种顾影自怜的、陷入消极凄凉的长吁短叹的倾向，可悲的是在德国当代音乐里面表现得特别淋漓尽致。当然，现象是各色各样的，作曲家典型也是五花八门的，可是他们有一个共同点：社会的否定，缺乏对劳动人民大众的责任感。他们没有能力去认识那伟大的、本质的、向前进的社会现实并在进行与它相适应的创作。（同时他们中间却有杰出的才能！）现实的逃避，时代、世界和社会的背离——本来就是前代作曲家的名副其实的敌人。当然，我们还会看见，最近几年间有相当数目的当代作曲家在帝国主义音乐企业里面使世界的逃避发展成为侵略的虚无主义，存心反动的态度以及帝国主义野蛮力量的积极的支持。斯特拉文斯基的例子显示得最为清楚；还有一些论客例如美国人阿朵尔诺之类，硬说到今天为止，音乐只是资产阶级的产物云云。[1]（在空前盛大的苏联音乐诞生 34 年之后居然还有这样的胡说！）

有一种传播极广泛，的确是今天在资本主义各国占统治地位而且是特别危险的逃避现实、仇视内容的倾向的现象就是形式主义，同它比较起来，"为艺术而艺术"时代便不过是先行阶段。形式主义标明了这样的一种倾向，主要注意力并不向着内容而是向着形式，向着手法。于是形式与内容立刻便陷入对立状态。形式的要素病

---

[1]　阿朵尔诺：新音乐哲学，1949 年（西德）屠宾根版，86 页。

态地压倒一切：只要一提起"现代"音乐，便会在形式的、纯粹音响的或者纯粹技术的问题上谈论那完全过分的拘束性。许许多多作曲家所关心的并不是作品的"什么"而是"怎样"；它是"怎样"作出来的。它的纯粹音响性是"怎样"造成的，它的形象又是"怎样"的——这是他们认为有决定性的特点。"方法"的或者也是徒然的五光十色的或者出其不意的"音响"的无内容的动因，为了追求"独创性"而制造出来的惊心动魄的效果及震动耳朵的激荡的结构就是他们认为有指导性的特点。音乐的实在内容和精神灵魂的使命对他们来说都是毫无兴趣的，甚至于还会引起他们的讥笑。艺术上的形式主义的兴起只有在艺术家脱离人民的情况之下才有可能，而这种脱离状态在资本主义制度之下却是一天比一天来得严重的。"形式主义艺术不了解什么叫做爱人民"（肖斯塔科维奇）；它不了解也不尊重人类、社会生活连同他的丰富性和他的力量。形式主义与人民永远是陌生的。

音乐的形式主义倾向并不是新东西。只要是生气勃勃的社会推动力缺乏的地方，代表艺术的社会阶层衰颓的地方，它就总要抬起头来。那里的艺术家的创作并不是建立在一种社会人类的艺术的传达需要上而是建立在一种空虚的、抽象的结构意愿上。由于生活机能的缺乏，作曲家对他创造性的同时代的群众便说不出什么充满生命力的、值得传达的东西。例如 15、16 世纪当没落的神权封建主义时代那一大批在音乐研究上以"尼德兰的矫揉造作"出名的天主教堂经文曲和弥撒曲就是这样，类似的情形还可以举出革命前的 18 世纪那些数目繁多的没有内容的花腔咏叹调（意大利和法国）。然而就在前面提出的各个时代却有真正的大师生长起来达到了名副其实的艺术学派的高度，原因就在于他们的斗争恰恰是反对了当时统治社会的形式主义的倾向。因此他们的作品今天仍然有它的生命，至于其他那些人可就没有谁记得他了，最多是在音乐历史考古学家的专门工作里面维持着假象的存在，可是我们必须确定，在过去各世纪的音乐作品里面形式主义并不如今天作为垂死的资本主义社会现象那么广泛和危险。在上升的资产阶级反抗衰老的封建主义的数世纪长期斗争中，也许封建主义就不得不发展了形式主义。可是就在资产阶级反抗没落的封建主义的斗争世纪中间，资产阶级影响对宫廷封建（或神权）的影响尽管占上风，后者面对着当时资产阶级的进步作用有时却显得很有生气，例如尼德兰乐派的最好代表就是这样，他们也不害怕把民间曲调以至街头卖唱的东西装到他们的弥撒曲里面去，类似的情形是当蒙特威尔第和加勃里耶利时代以及后来 1750 年左右"曼海姆乐派"时代资产阶级进步因素对封建束缚的关系。18 世纪的许多音乐内容上是资产阶级的，形式上则有些地方还是封建宫廷的。今天，到了工人阶级对腐朽的资本主义进行决战的时候，在文化生活里面两个斗争阶级的影响同时并存的可能性已经成为不可能了。可悲的是这种向没有灵魂的形式主义的堕落，像晚年的斯特拉文斯基那种样子，今天却是非常普遍的，尤其是在有高度修养的音乐家中间。形式主义今天是坚决作为一点什么新的东西，作为艺术企业的一种新质量而出现的。

许多实例之一就是前面已经指出过它的特性的十二音音乐。当这个乐派在第一次世界大战前后抬头的时候，本身就显露出当时"新音制造家"的全部悲剧。他们的艺术是假革命。他们的出现，也像当时其他"现代"方向一样，主观上是作为对那被资本主义所毒害的群众趣味的无政府主义前驱卫士的叛变的，可是反过了头，客舰上首先使根本变成了对人民音乐的叛变；他们同时否定了从巴赫到勃拉姆斯的古典音乐积极的内容价值的一切。这个——否定——就是他们身上决定性的特点！提防上当，不要以为这些十二音派（正如"实在主义"形式主义、斯特拉文斯基无耻的"新古典主义"及其他什么主义一样）受到"右"的，丧失了发育机能的模仿说教者的攻击，便以为他们同疏远人民的东西划分了界限，而只是他们手段的选择有问题。玄堡①他们主观上也许是充满了对反动的学究主义的厌恶和对帝国主义压迫情况的忌恨，可是他们仅仅是改造了形式，内容却没有改变——而他们的内容却彻头彻尾是不符合人民要求的——至于他们的斗争也并不是针对着资产阶级没落的社会原因。他们打击了高热病人的呻吟，却并没有碰到他的病症。那些神经失常的和构成主义——形式主义的特征的、奇怪的混合就刻画出了玄堡音乐的性质。十二音乐曲实际上只是一种技术，那就是全篇乐曲建筑在一种八度之内 12 个半音造成的自由飘荡而且调性上互不相关的"声音序列"的变奏和重复。玄堡一些最强的最有天分的学生有一个时期曾经努力想使十二音技术得到更进一步的发展而且改变它的机能。可是今天呢，因为这套作法根本没有内容的动因。因此本来是从形式主义倾向产生的，要想不回到形式主义而另外走一条道路，那是不能想象的。对我们新的作曲家的目的和内容来说，这种无调性的十二音技术是用不上的。到了有些作曲家手上，例如美国人克申涅克，那么，它今天便只能够用到形式问题的解决上去，用到没有灵魂的作曲的花巧上去。关于数学问题的解决也许有它形式逻辑的完成，可是决不会有人承认他们艺术的内容。

这一类抽象的或者是神经失常的、虚无主义的音乐风格的勇士中间有一批是被纳粹法西斯主义轰跑了、连根拔掉了或者吓坏了，可是悲哀得很，他们提不起一点

---

① 今译勋伯格。

力量，从他们自己的经验去做正确的结论——不在他们的艺术创作上走上对反动和帝国主义斗争的道路，却仍然继续忙着他们那一套风格的抽象。

过去有人这样主张，说玄堡——柏格——威柏恩这一世代主观上是在找寻危机的出路，可是由于自我戕害、孤立无援、畏缩和隔离状态他们始终找不到，今天呢，那些秉承美帝国主义的意旨进行创作的形式主义者都是客观上传播虚无主义的野蛮学说。他们中间有些人在国际会议上写出了反对和平力量的决议，而且宣言反对新的苏维埃现实主义，因为它（苏维埃现实主义）认为形式主义是与苏维埃人的人道主义的目标不兼容而加以拒绝并进行斗争：音乐的虚无主义今天已经成为反动资产阶级手上的武器。关于他们中间那些动摇分子则听到这样的说法，说他们没有多少多余的时间去考虑决定，究竟他们是为战争和堕落服务，自己也随同灭亡好呢，还是努力争取为人类进步创作好。可是有一点是确定的，使音乐越来越古怪、越复杂、越不顺耳、越加抽象数学化，却断然不是越显得进步。也许最初那些不协和音的堆积接着又来它什么无调性，对有些人来说，当时是以技术上的进步出现的——可是就社会意义上说，却无论如何不能称为"进步"。"一般地是进步这个概念勿在通常的抽象上去把握"，马克思谈到艺术生产的关系的时候这样说。[1] 艺术之所以进步，永远只在乎它与社会的进步力量相结合。克申涅克，十二音技术的代言人，曾经告诉他的后辈说："贯穿全部音乐史直到今天，作曲家风格的演变，永远只循着一个方向，从简单的、传统的形式到复杂的、创新的表现方式的方向。当代的观察家一般都把这种改变估计为衰颓的创作力量的标志，而且斥责那些作曲家，说他们要用刺激官能的趣味或知识的投机倒把去为没落现象玩其障眼法。实则从历史的远景看，这种改变却是一种进步。"[2] 可是"革新决不是始终和进步相符合的（日丹诺夫）[3]，就说细菌战吧，这无疑是历史上的一种创新，比弓箭的战争要有复杂得多的计算条件，可是谁能够说它是"更进步"的呢？

形式主义的倾向在现代音乐创作上越来越缺乏接近人民以及值得人民宝贵的感情内容。在这一类作品里面总是缺乏大气魄的、统一的、具有说服力的甚至于可以认识的曲调；另一方面却多的是互不相关的、建立在偶然现象或纯粹形式的计算上面的和声，这些和声是并不从内在的必然趋势产生的；除此之外又常常缺乏生动的节奏感觉。至于不协和音。在古典音乐里面是作为一种越来越尖锐的激情的表现的，

---

① 马克思：《政治经济学批判导论》，郭译本，群益版，291 页。
② 克申涅克：论音乐的进步，1950 年 8 月 18 日，达姆斯塔特日报。
③ 《苏联文学艺术问题》，人民文学出版社版，114 页。

因而也就是作为丰富了感情表现的手段，现在却变成了无话可说的、一切置之不理的、一切平列的、没有感情的"无调性主义"。不协和音作为音响的共鸣在原则上自然可以作为既不是积极的也不是消极的隔离现象来评价。不协和音固然是建立在音响学、物理学种种现象上面的一个概念，可是它不仅是物理学的而且也是一个美学的因此也是历史的概念。在欧洲全音阶范围之外不协和音概念在我们思想上是陌生的；在欧洲音乐史范围之内不协和音概念过去是，现在也仍然是流行的。12世纪音乐理论上三度还是被认为不协和音的；纯四度和小七度在各个不同的时代是有条件地或无条件地被认为不协和音的。今天的和声学则一般只把小二度和大七度无条件地定为不协和的音响。可是决定性的一点却绝对不是个别的不协和的音响而是它在乐曲里面所起的作用。不协和音总是包含各种不同的调性——和声的机能的联合和激荡：这就是说它削减了机能的单义性。尖锐的不协和音在巴赫作品里面就有许多，可是归根结蒂（即使有时是转弯末角）总是要得到解决的；你想想赋格的艺术或者半音阶幻想曲及赋格曲就够了。太多互相连续的没有解决的（这就是说调性不显著的）不协和的音响的结合一定会增加认识作品的真实意义的困难，虽然某些一定的战斗动因或紧张动因的标志是很容易想象得到的。可是现代音乐那些互相连续的、机能上互不相关的没有解决的不协和的音响的定规使用却总是意味着目的倾向要素的削平，意味着一种内容的了解的困难，使人民在这些作品里面不得不看见内容的敌意亦即是只有否定和侵略——正如有些表现主义绘画的奇形怪状的客观轮廓。

调性的与机能的模糊——不管是共鸣方面、还是经过方面——决不容许损害到音乐主要的音调的性格以及主要的音调的目的倾向。

音乐是建立在紧张和松弛的经常替换上面的；各种各样的和尖锐的不协和音自然是必要的；可是决定的一点却是当你制造不协和音的时候，必须承认那个基本原则，紧张性一定要有松弛的时候。不协和音的行列一定要依照正常的方式引到调性——机能的和谐的松弛；假如一种音乐的不协和音的紧张永远只是重新接上不协和音的紧张而且永远不会松弛下去，那么，就一定只会发生神经失常、歇斯底里、支离破碎或者干脆是胡搞瞎闹的效果。这里有一点必须区别开来，那就是只使一部音乐作品的调性意义稍为模糊的不协和音（这就是说有如"不协和音的附带音符"只使调性意义发生变化或者略添颜色的音响）与调性——和声上根本不能暗示什么的不协和音之间的区别。同时还要看你究竟想刻画出什么性格。明朗的生活快乐是不能够用经常病态的不协和音表现出来的；破坏和绝望却是无疑的非常合适。音乐的安排依靠适时的调性的凑合同时承认音乐里面松弛的必要性却是"正常的"、"典型的"、符合人民要求的、健康的、人性的。由于不承认和谐的松弛原则而产生的连续不断的神经失常的高度紧张却是反常的、狭隘的、病态的、非人性的。资本主义的许多作曲家所要表现的思想,所要描绘的心理图象都是奇形怪状的、不清楚的。病态地掩蔽起来的或者干脆是嬉皮笑脸的,说不上端正的、健康的、清楚的感情表现的能力,也说不上正常的构思的能力,他们再不是像古典大师那样与"图象"取得一致,却是彼此脱节的——经过歪曲、掩蔽或者嬉皮笑脸的改头换面。无调性是一种最受欢迎的歪曲或是改头换面的手段。

无论如何无调性意味着和声学及曲调学上的一种音乐的表情可能性的惊人的缩小。一切音乐可以表现的感情生活都受到无调性的歪曲和糟蹋,连那地道的、人性的核心也给剥夺了。快乐和生活趣味、乐观主义和真情实意深入人类心理的观察——这一切都是无调性音乐无能为力的。当然,要刻画那些神经错乱和疯癫的精神状态,无调性音乐却是非常合适的,尤其是对于那些一想到原子战争使得意忘形的人便更加显得合适。

可是对退化现象的斗争还不是连因袭和迂腐也扯在一起——这一点留到后面再说。

这一类(无调性)音乐最坏的质量是故意地要亵渎人类的音乐感觉,它完全抛弃了曲调而仅是为了丑恶的缘故制造出一些咬人的音响。这样的东西——不管它如何自封为"革命"——今天是完全要毁坏一切的而且彻头彻尾是反动的。

今天劳动的平民应该是和谐生活的,今天音乐应该因此得到充实的和谐生活的衡量标准。

音乐里面那种道地的、积极的,充满生命的感情表现的决定性的意义在形式主义创作上是被忽略的或者是估计过低的;音乐作品丧失掉伟大的气派。属于这一类的还有那种惊心动魄的麻醉音乐,美国电影和音乐会的百万富翁的企业公司塞给群众的音乐。它是着眼在刺激神经的表面的而且绝大多数是一瞬间的堕落效果上的。假如一个人习惯于这样的麻醉剂,那就要妨碍他清醒的社会意识的发展。没有人会否认这种音乐的奇技淫巧——可是原子弹也有这一套呢。

许多现代音乐的另外一个悲惨的现象就是音乐的各种要素——曲调、节奏、和声与对位、动力、配器之间的恶劣关系。这些要素(特别是动力和节奏)每一种牺牲其他要素(特别是曲调)的过分强调都是常常从形式主义倾向产生的,这就是说,由于寻求某种一定的效果的目的。假如说,这类的效果(也许可以偶一为之,可是无论如何不能决定音乐的特质)是"故意"的,那么,他们就真的是在这种故意背后找寻艺术的废料。"不能"与"有意"之间的界线现在是很不确定的。有些作曲家也许是拗破喉咙的对位结构的大师，不协和音的抗议宣言的大师，动力的骇人听闻的效果以及毛发悚然的节奏的大师，可是人道的、人民性的曲调具正是指示前进的、建设性的、形式完善的音乐——他们可再也写不出来了。形式主义最后不单是破坏了艺术的内容而且——听起来好像是打他自己的嘴巴——也破坏了形式。

今天形式主义之所以是那么危险，就因为它摧残了那些最好的人才——在有些国家里面简直可以说形式主义砍掉了艺术生命的脑袋——也因为作为人民的文化因素的进一步发展的艺术创作因此完全落了空。因此过去曾经为人民贡献过正派音乐的地方，现在都成了真空地带。于是一方面给野蛮的垃圾音乐大开方便之门，美国毁灭文化的野蛮行为的恶魔及世界主义的邪说都得到广泛传播，另一方面则在形式主义的创作里面破坏了感情的、温暖的、生活的和进步的一切价值；代替它们的则是一种毒性的酸素。

还有另外一些风格现象替虚无主义倾向做了支柱。音乐上的自然主义，这就是说，为了"忠实于自然"的模仿的缘故，用音乐手段去模仿音乐性质范围以外的事物的作法，是与形式主义有血缘关系的接近的。许许多多的"交响诗"及比较新的音画式的作品都是死扣住进行模仿的材料的表面形式，并不考虑发展那实在的内容（机器噪闹音乐之类）；某些表面上是处理所谓"革命"题材而且安上了相应的题目的音乐作品也属于这一类。有两种"标题音乐"：一种是（歪曲的）只想为了表面的玩弄去模仿客观世界的事物和行程；另一种（正当的）是想以心情的感应代替这一类音画式的模仿，它要暗示出伟大的内容，正如贝多芬、穆索尔斯基及里姆斯基－科萨科夫所做的那样。当然，这种做法需要伟大的艺术手法；如果缺乏了呢，那么，所谓装腔作势的题目只可以用来遮掩艺术的无能。自然主义也就是破坏了内容因素的。

还有另外一种逃避现世倾向的现象就是逃入往古，这就是说，转入古代的精神方向。结合音乐史的肯定的传统是好的——完全转入古代精神世界去的想法却是坏的。在这一方面有些音乐科学家的活动并没有常常起着造福人类的作用。认识古代音乐，研究古代音乐，并借以丰富我们现代创作，这是非常需要而且完全具有积极意义的，可是德国的现代音乐却走得太远了。为了躲避今天重大的社会的决斗，有许多人便试图向过去的时代讨生活——主要地是向复调音乐的巴洛克时代。不管是新作品也好，民歌的改编也好，都是充满了这一类玩弄式的、不负责任的、巴洛克化的复调音乐，它不许音乐里面所有充满生命的、联系我们时代的内容抬头，反而要使内容在一切对位的荆棘丛中窒息而死。本来要把复调音乐用作表现生命结实的内容的手段是必要的、好的，可是在今天许多德国音乐里面却是每一种实在的性格和内容都给虚伪巴洛克式的形式主义，背弃社会责任和社会内容的形式主义弄得恹恹无生气了——他们有机会还要搬出教堂音阶以及拉扯上神权思想的歌词。全部的"新古典主义"倾向就有这样的和类似的现象。

许许多多所谓"民间化"歌曲（以后还要谈到它！）向神秘主义的逃避、向自己的"痛苦"的逃避、向田园——老家的感伤的逃避——一切这样的潮流实际上都从一个根源产生：由于资本主义发展所引起的无能力或者不愿意向前看以及正视生活的现实。

最后提到的那种作品也如同先前提到的那些"超现代"的作品一样，它的表现风格根本上对劳动人民是陌生的。那种巴洛克化的气派，使现代觉醒的、健康的人类无缘无故坠入鬼气森森的古代去的气派，正如十二音音乐一样，走到了风格的恹恹无生气、个性的摧残、真正内容的破坏的地步。

回避民族问题也是现代音乐逃避现实的倾向的更进一步的发现（我们还要谈到资产阶级的世界主义）。现代社会取民族组织形式的出现首先便决定了民族范围内的音乐风格的存在，同时音乐创作就作为人类的、人民的感情的表现而表示意见。超出这个范围，音乐创作就会飘浮在真空地带。可是这些对那在资产阶级范围之内进行精神活动的人来说正意味着意识的责任的认识，他们总是有意避开的。对他的人民讲话，有如雅那切克、巴尔托克、科达伊以及伏安·威廉斯曾经做过的一样，根本就是对人民讲话，对人民坦白。可是有些现代作曲家却徘徊畏缩，他宁愿躲在他那腐朽的、破旧的象牙塔里面。

关于民族要素对于现代音乐创作的意义后面还有话要说。

今天帝国主义的音乐是丧失人性的、冷酷无情的。它对劳动大众是没有一点责任感的；它是反社会的又是反民族的。它否定猛进的现实。它努力要否认人类的自然力量，要埋没人类健康的情绪、感觉和思想；它企图去赞美那些古怪的、病态的东西；它要在人类身上用尽心机去探索艺术的咒语想象，要在精神的昏迷状态中去把握这种想象："艺术吗？精神的创造活动吗？我们可怜的劳苦人类是绝对没有份的！"——它要劳动人民相信这个。他们就想这样把艺术从人民手上偷走。

在帝国主义各国有许多艺术创作家都具有最善良的愿望而且充满了人道的创作要求。上面的那些解释也许可以帮助他们认识到帝国主义音乐企业威胁到他们头上的危险，不至于忽视那些为他们到处布置的思想意识的陷阱！

群众艺术的贫穷化

　　那些把艺术家引到音乐史上的危机里面去的相同的社会状况应该对群众的艺术贫困化负责。那种与生产艺术家的消极发展平行的大众音乐的消极发展就在这里同样作一次简短的论述。

　　经济因素　资本主义国家的工人群众缺乏为音乐兴趣的迫切要求及音乐会或歌剧院的听赏所必需的经济条件。他们的工钱在绝大多数情况之下不容许他们这样做。这样摆在太阳底下的真理，即使事实有若干例外也仍然不害其为真理。一方面有这样的情形，个别的工人拿得出购买音乐会门票的钱，尤其是那些所谓工人贵族；另一方面有些地方组织了正派的古典音乐或现代音乐的廉价的平民音乐会，甚至于在资本主义国家里面也有工人组织例如职工会自己组织的音乐会，可是无论如何改变不了这样的根本事实，那就是在资本主义制度底下资产阶级和受过教育的小资产阶级构成了比雇佣工人高得多的正派音乐顾客的百分比。同样的比例也表现在乐器的购买方面，有哪几个工人买得起乐器呢！

　　都市工人人口的生活条件及劳动条件　首先必须说明，今天的大城市工业是资本主义国家的生命神经。这里制造出决定性的价值，这里是物质生产的重点以及经济的、政治的因而也是现代生活精神上划清界限的焦点。首先就是生产及布置公共社会物质生活的社会劳动压到了产业工人及类似他们的阶层头上。在过去那150年间艺术生活也与物质生活同时从乡村转入城市。在17、18世纪，某些地方就在19世纪开头的时候，德国及西方多数国家还可以产生比较古老的民歌，那些民歌主要地是结合到乡村的或者小城镇的。当时的人民生活还可以不被歪曲地表现出来，它反映了社会生活的"主要的"现实，因为人民多数是在乡间生活的，因为农民的劳动构成了社会生活和福利的生命细胞。乡村的条件多方面便利了道地大众化的音乐文化的培养。到了19世纪，随同资产阶级的抬头，城市无产阶级也以日益增加的速度作为生产力量而出现，同时也就必然在文化上、创造上、继承农民和手工业工人的遗产。可是城市工人的生活条件在许多关系上都不利于旺盛的音乐文化的发展，特别是在某种工业例如矿山或钢铁工业方面，这样的条件简直起着妨碍的作用。假如说韦尔斯（大不列颠）的碳工合唱始终是社会生活的中心组成部分，那也只是国际矿工生活中的一种特殊现象而且完全是建立在特定的地方传统上面的；因为这种奇特的半城半乡人口是居住乡间的，不管如何工业化都经营着一种与农民类似的文化生活。在欧洲及美国真正大城市的资本主义重工业中间，工人音乐的生存条件就差得远了。

时间因素　资本主义要求长的工作日：它要把工人剥削到筋疲力尽的地步。在生产性的文化创作和建设意义上的空闲时间的安排，对城市工人及类似他们的阶层来说，那有决定性的一部分是谈不到的。经过他们每一个人用尽平生气力的整天工作之后，剩下来的一点空闲时间首先便必须用作他们劳动力的纯粹生理上的恢复。工人的居住条件，他们一般的物质环境及每天工作之后筋疲力尽的程度，都增加了实闲时间任何艺术活动的困难。

活动因素　资本主义音乐生活有一个显著的特征就是城市工人及类似他们的阶层对积极的音乐活动的冷淡。这一因素的意义由于它是从前面论述的各个因素产生而且的确是向前发展的，简直可以说是一目了然，用不着再作细节的解释。今天，处在广播和电影的时代，在资本主义条件底下，对那筋疲力尽的大城市工人来说，消极地坐在那里，吸收那送到他面前来的艺术成品好比痛饮那摆在他面前的提神解渴的清凉剂一样。较之自己积极地参加活动是来得更加方便的。现代艺术媒介——广播和电影之所以成为媒介根本就是由于这种事实的结果发展起来的：资本主义体系之内的工人和雇员迟早会养成一种习惯，为恢复第二天工作的力量而"饮"这些音响。与承认广播、电影、唱片一切可能造福人类的音乐教育作用同时，也不得不认清一点，那就是它们艺术上更丰富了的机能却被资本主义故意缩小了。这种积极音乐活动的缺陷是存在所有资本主义国家里面的；资本主义在世界范围内麻痹了群众积极的音乐活动。

假如说在资本主义各国过去有过，现在也仍然有具有积极的、进步的精神的工人歌舞团，起着文化教育的作用，那就只是证明巨大的创造文化的潜伏力量，即使面对着资本主义生产的恶劣关系，也能够在文化方面自求发展。这种力量——随时随地都能够唤起来参加积极的文化工作的——当然也就证明在接近生活、力量和真实性上处于压倒资产阶级艺术的地位。首先就是由于工人级阶生活战斗的深刻性和多样性，特别是在工人歌曲方面常常创造出艺术性非常深刻的形象。

可是在资本主义国家里面这一类的运动始终只是少数人担当的。旧日那个德国工人歌手协会算是当时世界上最大的工人歌唱组织之一，但是就在它的灿烂时期，它的会员人数也从来没有超过 22 万 5 千人，这就是说大约是占德国工资生活人口总数千分之五，这个国家还一直是以它那伟大的音乐传统感到骄傲的呢！可是音乐生活积极的参加，积极的乐器演奏以及积极的歌唱却是名副其实的全民族的音乐繁荣无论如何不能缺少的前提条件。这些条件在资本主义以前的农民中间曾经在某一时期、某一地方达到相当的程度——在城市无产阶级中间就差得远了。必须声明，我们不可能因此就对农民生活唱起赞美歌，事实上那并不是什么牧歌性质的而是古老的在建封主义胚胎中长大起来的农民的艰难凄惨的生活，而且历史地看起来，社会进步是从工人阶级那边来的。刚才的说法不过是为了再度指出来，工人文化追求是在任何情况之下都是极端困难的，资本主义的各种条件是不肯让你轻易打破的。

教育因素　资本主义底下的绝大多数劳动人民的经济状况是不许可他们享受私人音乐教育或者让他们孩子去享受一分的。至于普通学校的音乐功课呢——进步人士对那种学校音乐的可悲情况的抗议是够多的，可是这一类的抗议以及改善的提议一直是碰到了一道坚壁上：资产阶级国家机器对学校音乐教育漠不关心的坚壁。积极的、繁荣的人民音乐——对资本主义国家有什么好处呢？正相反：凡是真正能够帮助提高人民文化水平的东西，他们都要故意避免。资本主义正在想尽方法要使群众变成生番，变成笨牛去服从它战争的目的。

现在又说到广播：今天资本主义国家的广播是彻头彻尾为资产阶级反动的政治要求服务的。资产阶级音乐企业的退化过程再没有比在那所谓"轻音乐"方面表现得那么露骨的了，广播节目主要就是靠轻音乐生活的，资本主义商行是靠它发财的，而且通过它散播一种名副其实的野蛮思想。

营业性质的"轻"音乐　艺术家与人民的隔离同时意味着人民与艺术家的隔离；它意味着人民对正派的现代音乐简直没有份。代替正派音乐的是一种一钱不值的"消遣音乐"。音乐企业家一投入资本主义利润的旋涡里面去，他所关心的问题就是：什么东西可以赢得利润？大家要买的东西，所谓大家，主要是指工人、雇员、城市小资产阶级和农民。可是由于前面指出来的各种因素所造成的结果，群众受到了这样的教育，养成这样的习惯之后，还有什么可想的呢？那就是所谓"轻"音乐，尤其是那些时髦的黄色音乐。音乐企业家就把这种黄色音乐无数份、无数版地大量送到群众中去，一切其他部门的音乐都给放到第二位、第三位去。所谓教育因

49

素及其他提到的各种条件就是这样做。对音乐企业家起决定作用的不是"使用价值"而是"商品价值"。由于形式主义从人民拿走了正派音乐，又由于那些国家文化生活的负责方面绝无兴趣给人民送一点古典音乐去，也不愿意动一动脑筋去创造一些适应教育的前提条件，因此在帝国主义统治的各国便缺乏民族文化遗产的人民性的维护，同时也缺乏堵塞美国流行性的及消遣性的黄色音乐的道路的堡垒。什么叫做"黄色音乐"呢？黄色音乐就是今天传播非常广泛的一种假艺术的现象，它的特征是在于下列的那些性质。表面上它使用了似乎民众化的、古典化的或者浪漫化的手段，可是它依靠从前已经说过一次的浅薄的反复，它不向前进而是停着不动，它诉诸人类低级的本能，而且只有欺骗的、虚伪的内容，它的感情内容不是真实的而是假装的，它是垄断资本主义时代大量生产的典型现象，它是帝国主义的颓废及精神的枯萎的表现。

美国的流行音乐是尤其可恨的、危险的黄色音乐的特殊情况。爵士音乐有一个时期曾经是美国南部各州黑人和白人的活泼的、大城市人民生活的表现，那是第一次世界大战之后作为现实的艺术表白而创造的。如果我们要否认原始爵士所包含的节奏活泼性、配器法上的多彩性、即席式的要素以及道地爵士的幽默和机智，那是错误的，因为这里充满了劳动者的真正欲望。此外还有在创作新的合时的跳舞音乐的时候实际有用的若干线条，可是爵士音乐还在创始阶段就已经被美国工业一把抓住做它追求利润的工具而且大量散播了。今天的"步姬舞姬"① 是一条渗入美国主义野蛮音毒药的运河，又用这种毒药去麻醉劳动人的头脑。这种威胁是与军事上的毒气侵略一样危险的——谁不要防御路易毒气的攻击啊？这样一来，美国娱乐工业就玩了一套一举数得的把戏：它霸占了各国的音乐市场而且通过步姬舞姬世界主义帮助埋葬各国的文化独立；它吹嘘美国垄断资本主义连同它那无文化的、犯罪及荼毒心灵的电影的、空虚的惊心动魄手段尤其是战争及破坏的兽性的退化的意识形态。今天的"步姬舞姬"是当日充满生命的爵士音乐的最衰弱的印模，它是阴郁加上感伤的、诳骗的成分，从艺术角度看则是比一钱不值还要坏，那种现代黄色歌曲破坏了群众的艺术趣味，而且使原来的高级趣味变低级了，原来广阔的眼界变狭隘了。从音乐上说它是受到了严格的限制；说音律它是放在始终平板地分摊的八节循环的基础上，说调性和声它是放在挤成一小撮的永远雷同的结束格式的混浊和声的基础

---

① "步姬舞姬"本来是在钢琴上面弹奏勃鲁斯舞的一种方式，完全还反正当的钢琴法度的低级趣味的弹奏。

上，说曲调它是放在无可奈何地固定起来的和声骨架及越来越像刻板的反复无数次的音程进行的基础上，说表演方式则发声和表情都是放在感伤和装模作样（而且只是大量的粗制滥造）的"感情"基础上。除此之外这套资本主义艺术生产比利用其他音乐形式更多地利用黄色歌曲的歌词来达到它真正的思想目的。对于偶然一两首的无聊歌词本来是没有什么可说的，可是艺术工业所喜欢着眼的却是那些双关的、痴呆的歌词以及那套南洋垃圾——一种庞大的工业建立在这上面，整万万的钱花在这上面。当然，我们也需要跳舞音乐，可是一定要排除那些诳骗和无聊的成分。为了解决这个问题，我们必须用我们的全部毅力和力量去处理，我们还要考虑到，美国的消遣音乐是用很好的乐器名手表演得有声有色的，通过广播和唱片到处散播的。只有这样我们才能够肃清那郁蒸的、痴呆的、毒性的美国黄色音乐。美国黄色歌曲的最新作法根本就抛弃了曲调。代替曲调的则是莫名其妙的短句的机械的翻来覆去或者特别是尖锐的、磨牙一样的"效果"——同样的方法也应用到节奏、和声及配器上去。只要你听一听斯坦·肯吞的爵士幻想曲——除了支离破碎的、恶毒的、野蛮的横冲直撞之外便什么也没有了。最近美国消遣音乐泛滥着这样的题目如"自杀""死刑""世界末日"之类；这一类"音乐"是由它们的老板封为"进步爵士"的！这里是黄色垃圾和形式主义的超现代派庆祝着它们的结婚典礼——。上面挂一幅题着"世界末日"的喜幛。

现代消遣音乐另一个可恨的现象（也发生在德国）是一种从黄色歌曲史前期出来的浅薄的、甜得发酸的、架空的次货。这一类次货是"小妖怪警卫阅兵式""小狗熊的幽会""军队的感伤"古老的圆舞曲的第100次的翻炒、最低水平的油滑的、瘪三型的沙龙音乐——这种次货也像涩嘴的柠檬水和刺鼻的香水一样流行在人民中间。就靠这样的次货也同样每年可以捞到千百万的利润，至于人民之所以接受这样的次货，那只是因为他们无形中习惯了。

艺术的贬值　千真万确的事实是帝国主义国家产生了音乐的凄惨的降级。就连最高尚的、艺术上最发展的古典音乐也经常像一瓶啤酒一样看待而常常是一边喝啤酒一边听。资本主义心目中音乐的商品机能只可能引到这个地步，使音乐，用贝多芬的话说，是"比一切智慧和哲学更崇高的表白"，作为千百万人的艺术的表现形式，从此贬值了。商业性质，"艺术作品"的大量制造，简直是对无数人的心灵发生了杀绝性的影响，尤其是对他们艺术的发展可能性的杀绝性的影响。广播节目的特殊性质更加助长了这种倾向：五花八门的货色，一视同仁地排列起来，音乐节目于是一个跟一个地流过去。一会是莫扎特的交响乐，一会是感伤的黄色歌曲，接着又是一首古典的曲子——而这一切也许仅是用作家务的或者职业的活动或者群坐谈话的"听觉背景"。可是美国黄色歌曲的意义首先却是在唤醒人类卑下的、最荒唐的本能——为了音乐企业家的最龌龊的榨取利润的目的。

结论 群众的理解水平由于资本主义文化企业的特性的影响是相当低的。假如艺术家疏远了人民,那么,人民对艺术、对真正的艺术性的音乐也会疏远的。

由于12年法西斯统治所造成的悲惨的物质以至精神的结果,特别是由于今天美国百万豪商大规模接济的步姬舞姬时髦的结果,这种一般的资本主义——帝国主义的危机现象,在西德是极度严重地存在的。无数的音乐听众的伦理的、知识的、艺术技术的水平是十分降低了的。迷惘和没有出路的心情支配了德国音乐的制作。曾经是德国音乐的骄傲的"质量平均数"是消失了;战争的损失正如由于强迫劳役和兵役所造成的研究的荒废,对于职业音乐家是产生了不堪忍受的后果的。音乐教育是忽略了;占领军是绝不关心的。也许在音乐会生活里面也有个别的尖端的成就,可是最了不起也只是限于传授心得的小圈子,劳动群众是享受不到的——与此对照的则是一群开了眼界的、有了社会的责任自觉的人的努力,这样的人在西德当然不会没有!西德占领军所进行的良心迫害对许多有才能的作曲家发生了荒歉的影响,也正如对每一种真正民族的传统维护的限制一样。美国黄色歌曲控制了群众的音乐。音乐会堂、歌剧院、学校、乐器和乐谱都大规模地给毁灭了。积极的群众音乐活动受到了严格的限制。职业音乐家中间统治着失业现象。

……艺术是属于人民的。它应当使自己最深的根深入到广大劳动群众当中去。它应当为这些群众所理解并为他们所喜爱。它应当把这些群众的感情、思想、意愿结合起来，鼓舞他们。它应当唤醒群众中的艺术家，使他们得到发展。

符·伊·列宁

危机的出路

在那些已经从资本主义解放出来或者正在解放中的国家里面，危机的出路是明明白白地摆在那里的。

正派音乐创作者与群众之间的分裂，资本主义阶级社会，特别是帝国主义即资本主义没落阶段所造成的必然不可避免的分裂，是应当作为音乐生活当前危机的主要表现而标志出来的。为了克服这种二元性，首先便必须重新使艺术面向人民，人民面向艺术。

一切企图要艺术家或人民对艺术家的孤独化及群众的文化萎缩单独负责的批评都是不公道的、非科学的而且是注定要失败的。要对音乐危机负责的是资本主义。危机的消除要靠一服双料良药：音乐生活的民主及音乐制作的现实主义。我们不能有幻想：两者缺一就会一事无成。一定要双管齐下而且要用出同样的毅力。不管是艺术家还是群众都应当朝着音乐生活分裂的历史性的克服的共同目标努力做去。到了全德国在民主基础上恢复了民族的统一之后，便会在全德国达到这个目的。

音乐生活的民主

在我们民主共和国里面现在已经具备了音乐生活民主的前提：首先是群众经济状况的改善，其次是他们政治的及文化的自决，末了是精神的、灵魂的革新，这就是说对社会生活采取一种新的、向前看的积极态度。因为在德国的我们这一边，那种腐朽的、仇视文化的帝国主义势力已经被摧毁了。

一种新的青年，一种行动的、目标明确的、解放了的年轻人正在成长。在我们音乐生活各个不同的领域都显示出与巨大的、积极的发展的非常值得重视的结合，特别是在劳动青年中间，今天开始了一种崭新的、精神饱满的、积极的、自由的音乐活动。劳动青年在我们社会生活新建设的意义上的音乐活动就是德意志民主共和国一次崭新的、壮丽的音乐繁荣的基础和保证。

为达到音乐生活的新的民主所采取的每一步骤都是由我们民主共和国政府大力推动的。我们共和国所有的领导政治家都以无可比拟的爱护和照顾对待音乐界的各种问题和困难。民主的公共社团对音乐生活的改进也发挥了一种经常的善意的监督作用。苏联军管会当局在音乐生活民主化方面给予我们的决定性的协助应该是每一个进步的音乐家所衷心感激的。可是如果以为我们共和国里面音乐生活的民主革新已经是到处达到了目的或者是会自动地到来，那却是错误的。我们从法西斯主义及垄断资本主义底下的解放是像礼物一样地从苏军手里接受过来的。在我们民主共和国里面的法西斯帝国主义的余毒也决不可以说在精神上和文化上到处都是肃清了。没有我们自己不倦的努力和我们积极的斗争，我们是不可能赢得音乐生活的民主的。进行这样的斗争是我们共和国每一个进步的文化工作者的责任。

为实现我们的伟大目的所已经采取或者还应当采取的各种最重要的步骤，现在就在这里再来一次简短的论述。

音乐教育 没有一次音乐教育的根本改革，德国音乐的复兴是不可想象的。普通学校的结实的音乐教育是必要的；音乐天才的有系统的培养，启发儿童尽早参加积极音乐活动，同时必须确立人道的、积极的感情发展的目标。音乐必须在儿童身上唤起生活的快乐及生活的理解——因此排除各种感伤的、悲观厌世的倾向也就是急要的。在儿童心目中，音乐要成为生活及人类社会历史的一部分，因此要在马克思列宁主义的光辉照耀之下，打好音乐实践的基本的社会科学及音乐史的基础就是不可缺少的。对儿童还要及早指引他们注意正派的古典音乐以及最重要的现代德国音乐和外国音乐。对苏维埃音乐及民歌尤其需要特殊的取法。

关于天才儿童在音乐学院及大学阶段的深造必须首先照顾工人子弟。音乐生活的民主应该断然明确这一点，在创造及再创造的业务方面成为音乐生活的决定因素应该是工人，职员和农民而不是资产阶级。只有城市和乡村里面靠近现在，坚定未来而且精神饱满的劳动人民的儿子在职业音乐教育上比别人提前培养成功之后，才谈得到社会生活中间的靠近现在、坚信未来而且精神饱满的音乐活动，因为直到现在为止，他们都一直是被忽略的。职业音乐教育不许可计较父母缴费能力而应该由儿童的天才决定。这是一种道德的、伦理的要求，不能说不如实际的、最深刻意义上的文化政治的要求重要。当然，世界观进步的精神教育是不可缺少的，职业音乐界不许可再成为反动的或者远离社会的神秘主义的乐土。此外还得尽崭新的努力去追求艺术的、技术的高度——对劳动者家庭的儿童正应该这样。艺术的质量是一项决定性的要求，应该不厌求详地反复指出来的。

群众的积极活动 工人合唱组织、爱美管弦乐队及室乐团、各种各样的业余音乐都应该得到全部的支持。最好的合唱指挥、乐队指挥及其他各种专门辅助力量都应该供应这些组织的需要。音乐的业余创作一定要用实际行动的力量去支持，而且要兼顾到艺术创作质量的教育性的提高及业余音乐演出条件的创造。后面这两点也应该由广播电台大力地照顾。只有在群众音乐活动及音乐理解高的一般水平的基础上才能够造成音乐的繁荣。业余音乐告诉劳动群众，艺术并不是他们碰不得的，正相反，它给他们证明，他们本身就具有伟大的艺术成就的可能性，因此业余音乐培养了一种新的文化的自觉，一种新的生活的及创作的快乐以及一种新的文化的民族自尊心。

为群众的音乐会及歌剧演出我们一定要使人民群众有可能去听音乐会及歌剧演出。首先就要注意排除经济的障碍：音乐会一定要成为劳动人民可以接触的，必要时不妨免费入场。企业现场音乐会有它的特别重要性：不论是地点上或时间上都应该大规模地促成它的举行。这里存在一种经济建设与新的民主的音乐生活建设之间的交互影响：经济建设减少了积极的音乐活动的困难（音乐厅、文化宫的建筑、乐器制造等），同时好的音乐的听赏，我们全部出色的文化遗产的接受以至本身的音乐活动都可以显著地加强人类生活的骄傲和生活的快乐以及他们参加共同建设美好的未来的准备工作，自古以来音乐不曾有过像今天一样的力量反作用于社会基础！

谈到这里我们便要连带重新考虑音乐在民主组织的文化的及政治的措施方面的重要作用。在这方面音乐可以十分有效地帮助坚定人类的信心及加深生活的认识。它可以加强新的民主的集体观念。

这样也就立刻接触到音乐会及歌剧演出以至广播电台节目的安排。全部辉煌的文化遗产的传达以及群众对精神饱满的新音乐的密切关系的建立而且通过这两件事达到群众的生活快乐及生命力量的高涨——因此音乐会及广播节目就必须与这一切任务相适应。

首先就要对德国人民宣示伟大的、积极的德国的音乐传统。德国音乐的古典遗产，它的全部规模和质量需要用通俗的方法描写出来，这是音乐科学家一种非常迫切的任务，它（古典遗产）是无穷伟大的，民主的音乐生活的目的也必然是对德国人民完成这一项美好的任务。古典遗产是属于劳动人民的——并不属于垄断资本主义！欧洲及世界各国人民伟大的音乐对德国群众来说同样是只有在少数的展览举例上认识的。可是对德国具有完全特殊意义的却是苏联的及前一代的俄罗斯音乐包含它所有的宝藏、它的灵魂深刻性。它的曲调丰富性以及它的力量和人民性，还有就是人民民主国家新的伟大的创造性的成就。

进步的德国和外国的民歌财富一定要切实研究并且送到群众中去。至于德国传统之需要区别整理，本书还会再提到，可是那些旧一点和新一点的民间音乐，只要它真正具有传统意义上的积极的价值，便应该成为音乐文化的主要组成部分。那些活着的作曲家的指示前进的、适应需要的音乐，亦即是说符合艺术的现实主义意义的音乐也必须送到德国人民面前去。至于现实主义的探究一会就要转到中心地位上来的。同时应该十分细致地注意，不要让下降的资本主义时期所发展的退化现象继续维持下去——著者在前一章曾经就这些现象，特别是瓦格纳出现以来音乐上存在的现象努力做过一番大致的考察。

使过去的伟大音乐、民间音乐及现代的进步创作大众化的重要手段之一是口头的或书面的解释。优良的、音乐上及历史上适应需要的入门书和演出说明是促进以至提高群众的音乐理解的重要的辅助手段。

物质设备　乐谱、乐器，无线电收音机、唱片、唱机等等的生产必须是为供应群众的，决不能像过去一样，只是为了付得出钱的资产阶级的主顾。这些材料的制造一定要达到或者保持最高的质量。为群众打算只有是最好的才是够好的。

与进行艺术创作的知识分子的团结　未来的年代艺术家会越来越多地从工人阶级生长起来，可是今天，民主的音乐生活的目的也一定并不排斥资产阶级出身的艺术家，只要有可能性的一点痕迹，只要他是老实的而不是投机的或者是建设的原则的敌人，都是应该吸收过来的。

假如不是无论如何都要把一个艺术家当作没有希望的资产阶级和反动派来对待，而是要他参加新音乐生活的建设，那么，一个艺术家是可以为创作一种"为人民、同人民、通过人民"的音乐而争取过来的。在他参加工作期间他的思想观点是会慢慢转变的。他会体会到，他的地位并不是在没落的资产阶级的圈套里面而是靠近生气勃勃的、创造新生活的人民这一边。即使对待他的弱点也具有耐心和理解，那么，你就有办法使今天资产阶级出身的艺术家（他不必再做寄生虫而可以成为社会的重要成员）消除他对艺术与群众结合的顾忌，而且他也会放下他那对工人群众本来具有的优越感。因为那一类的东西是那种"统治思想"的一部分，它把他教育长大了，而且放进他心里去了。事实上并不是每一个依照资产阶级方式教育出来的、长大起来的艺术家都至今写着非大众化的音乐，除非他是一个没有希望的蠢才或者坏蛋。耐心、宽大和同志友爱的启发常常会产生奇迹的效果。有许多艺术家干脆是活在对最基本的社会必然趋势的无知状态中的，假如有人带他到群众中去，假如有人给他证明，劳动人民是需要他的，劳动人民是他真正的、天然的朋友，劳动人民为他创作，于是他也应该为劳动人民创作，那么，他就会从他那不自然的隔离状态中走出来，他也会发现，在真正民主国家里面忽然再没有优良人力的过剩而是缺乏，因为人民大量需要这样的人力；他还会发现，在充满乐观精神和前进意愿的世界里面比较在停滞和疲倦的世界里面能够更好地进行创作。

音乐创作的现实主义

什么是音乐的现实主义　本书有好些地方都提到了现实主义这个名词。有许多音乐家又误解了它而且误用了它。它今天是作为一种战斗口号包含着占有创造性的艺术工作的客观的社会作用，作为真理的宣告者及社会进步的担当者而出现，因为临到这个人类历史决定性的转折点，它的面前就提出这样的任务，它必须适应这样的任务。

根据这样的意义，艺术的现实主义就并不是随便一个新的风格方向，不是随便一句时髦的口头禅，而是一种包含艺术创作的内容和方法的世界观的基本态度。在这样的时代，旧的阶级社会已经进入垂死状态，人类已经开始为争取和建立一种社会统一和自由的制度而斗争，在这样的时代，艺术家的面前就会提出这样的问题；他愿意依照没落的还是上升的社会制度的范围和意义来创作？这个问题今天是无法逃避的。什么"超世界事变的创作"或者"置身事外"对艺术家来说是不存在的。谁愿意参加共同工作，把人类从旧社会制度的桎梏解放出来并且向前发展，谁不愿意再在真空地带生产——那么，艺术的现实主义对他来说就是一个生死关头的问题。他必须摆脱一切逃避现实的及形式主义的倾向，他必须深入钻研现实主义的制作，不管这条路是如何的步步荆棘、漫长和艰苦。他必须认识，"在我们这个时代的伟大的划清界限工作中是不可能有无人区，不可能有中立地位的"①。

现实主义之作为世界观的总态度实际上一直都是真正伟大的艺术所固有的。可是现实主义决不是什么凝固的东西，不是教条而是一种创造性的过程。在今天和过去的对艺术的社会主义的追求之间特别存在着这样一种区别：现实主义在过去那些

---

① 见德国统一社会党第三次党代表大会的决议和文件，1950 年出版，56 页。

真正大师面前始终是作为可以达到的艺术理想而飘动，今天的艺术家却由于艺术一年又一年更深地陷入抽象化、隔离化及超个人主义化而且引到脱离生活、人民和进步的发展，因此就连艺术的现实主义的信念都必须经过一番苦功和苦斗才能够得到，可是对艺术家来说，这都是必要的，尤其是今天，临到了几千年老朽的阶级奴役连根动摇的时代，在向社会主义和共产主义发展的意义上确定一种崭新的任务的提法的时候。现实主义不会自己跑进艺术里面去，即使当经济的和社会的"下层建筑"作为它发展的先决条件已经建立了也还是不会的。

对我们今天的德国来说，争取一种现实主义艺术的前提则是：对资产阶级音乐的衰颓现象、对美国主义连同它那黄色毒素和惊心动魄的贪欲、对形式主义及全部逃避现实的、仇视人类的、及荼毒心灵的创作方向发动最尖锐的斗争。衰颓现象是不会自行消逝的，只有彻底坚决的斗争才能够在解放了的民主的民族文化方面达到一种新的现实主义。此外则在另外一个决定点上还要弄清楚今天的和过去的现实主义之间的区别：今天在苏联和人民民主国家里面已经可能而且必须在古典的以及批判的现实主义的传统基础上提出一个新的、继续前进的现实主义——真正民主的及社会主义的现实主义。它是建立在——与发挥感情生活及艺术幻想的崭新的自由同时——总的社会未来的清醒的计划、对社会转变的趋向的认识、以及对艺术上的这个目的的大胆的追求上面的。这样的一种新现实主义在争取社会生活的社会主义设计的斗争中当然是可以得到的。论到这样的现实主义就应该多说一些话。

关于音乐的内容对艺术的形式的关系，本书已经详细地讨论过了。必须确定，内容，亦即是说内涵的述说，是每一种现实主义的艺术作品的生命要素，反过来说，艺术的形式固然是每一种配得上艺术这个称号的艺术作品不可缺少的，可是同时它却仅仅是内容的"外形"（这就是说艺术的结构），因此就不容许要求独立的价值。其次就是民族性的人民音乐对现实主义音乐创作的决定性的意义特别提到前面来。至于民间音乐不能仅仅了解为过去各个世纪的歌曲财富，它还包括今天产生的，这就是说那些新的工人歌曲，青年歌曲、积极分子歌曲、和平歌曲及建设歌曲，在我们的民主共和国里面已经为这种歌曲开始了新的日子。此外，本书也谈到了伟大的古典遗产对现实主义精神的新创作的意义，曾经强调，使我们大师的伟大贡献真正归还德国人民并使它在新创作中结合起来，那是同样必要的。

我们已经成为习惯，用"现实主义"标志着一种结合，上面规定的基本态度所包含的一切艺术特性的完整的总和。现在再就这些特性来一次简短的总结。

（甲）现实主义艺术首先是建立在现实上面。有人提出异议说（根据前面各章所说的一切），根本是每一种艺术都是这样的。不错，可是决定性的一点却是，现实主义艺术必须是建立在社会生活的主要的现实上面。这些主要的现实就是：

1. 是由劳动群众，由人民推动的。假如说音乐的艺术资料是内在生活的冲动，那么，今天的音乐就应该转向人民群众认为是主要的、伟大的现实去感觉、接触和思维的事物。音乐能够而且必须表现人民群众的和平意志、伟大的希望、快乐和痛苦以至前进的追求。艺术家必须充满着这样伟大的现实——对战争贩子的斗争，伟大的新的未来的和平建设，一种新的、解放了的、创造性的人类的产生和成长——而且必须使他的作品从这些伟大的现实出发。因此，对今天作曲家来说，一种有意识的转变是必不可少的。对于素材也不应该漫无选择，把那些与伟大的内容的结构不兼容的材料也用上了。创造性的艺术家必须在自己身上唤醒最善良的意志，通过他的作品去参加伟大的新世界的建设工作。

2. 是今天对和平、建设、完成计划及人类的向前发展有意义的。并不是说，应该避免从过去汲取材料，只要它今天对群众还有或者又有进步的意义就可以——这一种标准用到音乐与歌词的结合上特别值得注意。如果现代制谱家的弥撒作品加上中古的膜拜神明的态度那可不属于今天的伟大的主要的现实。

对于主要的现实，艺术不可以拿一个模型去硬套，同时必须声明，伟大的、主要的现实也能够包含在短小的形式里面。至于音乐之与主要的现实隔离，那就是社会分崩离析的证据。艺术是全体人民的事业，不许可再成为少数人的事业。

（乙）现实主义的艺术必须与进步运动，为了世界和平及人类的向前发展的运动相结合。进步就是意味着人类从社会桎梏及自然限制的大踏步的解放，意味着潜伏在人类社会里面的精神力量及物质力量的大踏步的发展，意味着大踏步的自由。为了这样的进步运动今天的艺术就必须有意识地一边倒。

（丙）现实主义的艺术必须是人道的。它必须充满着对人类的爱、对他们的痛苦和快乐的同情。人连同他的情绪、感觉和思维，必须成为为现实主义艺术的主角。伟大的艺术既不是抽象的、科举的形式问题的解决也不是在大吵大闹的机器浪漫主义上面的停留。人、温暖的生活是应该歌颂的；决不是死亡、冰冷和呆滞的静物而应该是活生生的发展的过程。

（丁）现实主义的艺术不应该仅仅是人道的，而更应该牵涉到一定的人：创造性的人，争取和建设社会主义的人。它必须充满着劳动人民的精神和生活，而不应该是资本主义的。它不应该反映那被普列哈诺夫所嘲笑的"非生产阶级的心理①",而是应该反映生产的人的。它应该奉行丰富这种人的使命,接触他们,深入了解他们,使他们的生活快乐和他们的生活理解、他们的力量和他们的乐观主义得到发展。这样的使命必须成为我们新音乐的内容!除此之外,艺术家必须决定,像托玛斯·曼的说法,"向众人走过去"——同他们一道,站在他们一边去生活也去斗争,然后艺术家的精神的灵魂的态度,然后他的内在生活也就会像他们的一样,他会对他们讲话也讲着他们的事情,同时亦即是讲着他自己的事情而且表白了自己。因为艺术家是应该表白"他自己"的。可是却要在那伟大的、主要的社会现实的基础上面,而他自己即是现实的一部分。因此他必须找到"正确的"社会现实。应该表现的不应该是非典型的、置身事外的、倒果为因的、疏远世界与背离世界的,而应该是典型的、充满了生命的、创造性的,这就是说,精神饱满的、劳动的人物所感觉和思想的。1888 年恩格斯已经写过:"照我看来,现实主义是除了细节的真实之外还要正确地表现出典型环境中的典型性格。"②

歌曲的写作首先必须是为劳动的、精神焕发的青年,依靠青年来制作,对作曲家来说是有特殊重要的意义的。与劳动青年的结合就会使新生活和新艺术在第一位上创作出来。站在劳动青年的一边——就有了生活。也有了艺术的未来。艺术家必须对劳动群众充满着责任的自觉。

(戊)现实主义的艺术应该帮助揭示真理。这一点也是音乐可以做到的(正如本书第三章所试图说明的那样)。它不应该有一点过分的渲染,不应该使人对他们的进步斗争的繁重和艰难有一点错觉,可是又不应该陷入阴暗的悲观主义——这并不是社会的真理;正相反——它必须充满一种向前进的、积极的生命感情去处理一切巨大的、新的、可以启发又可以发展的感情财富。不论在任何情况之下都不应该对现实有一点歪曲。

(己)现实主义的艺术必须是领导前进的——这也就是苏联艺术新的社会主义现实主义的基本特点:它必须充满着一种高尔基精神的"革命浪漫主义"。追求社会的统一与自然的克服越来越高的高度的预见性的、英雄性的突进,正如本书所试图说明的,是对任何真正艺术作品都要提出来的一种要求。现实主义的艺术不应该停留在那里,只成为现实的自然主义的报导。音乐必须在传统的及与人民结合的坚

---

① 普列哈诺夫:马克思主义的根本问题,张译本,三联版,69 页。
② 马克思、恩格斯、列宁、斯大林论文艺,人民文学出版社版,22 页。

固地面上提高一步，它要在"新型的浪漫主义"[1] ——社会主义浪漫主义的意义上为人类的灵魂和人类的精神经常指示前进的新的道路。当然，这里所说的浪漫主义一定要排除前一世纪许多德国浪漫主义艺术作品夹带着的那种逃避现世的性质。新的、革命的浪漫主义——社会主义现实主义应该用"远大的眼光"及"不断的前进追求"揭示出它的特点；它首先必须能够清醒地"看到了明天"——日丹诺夫就曾经以苏联人的全部自豪心声明——"因为我们的明天，已经在今天被有计划的自觉的工作准备好了"[2]。因此现实主义的艺术是永远向前的，预见性的、战斗性的。

（庚）现实主义的艺术，如上所述，内容上是民主和社会主义的，那么，形式上就必须是民族的。艺术家是对人民负责的，不错，可是这里所说的人民必须是他的人民。对每一个进步的艺术家都有决定性的意义的，就是深刻地体会斯大林的指示：在自己的民族传统上建立起来而且继续发展下去。与开拓胸襟接受国际的进步的及外国古典艺术的伟大成就同时，必须钻研与结合民族的传统，这是音乐的现实主义一个主要课题。

（辛）现实主义的艺术必须是具体的，这就是说，它必须具有为和平与社会进步的斗争的具体意义。作曲家必须认识这种意义而且经常注视着这种意义，在他的作品里面灌注这种意义。他必须勇往直前地奔赴这个目的——向他提出任务来的目的——不管是音乐在个别地方的说明或表现，也不管是哪一个部门——民间业余音乐创作也好，职业艺术也好，戏院、音乐会堂、电影院也好，声乐也好，器乐也好，总之，都服从同一个目的。当然，这并不是说，音乐不论何时何地都要追蹑一种直接政治的当天目的，可是在总的路线上都必须为人类社会的进步服务，正如在第四章已经论述过的一样。

（壬）现实主义的艺术必须具有最高的艺术质量。集中全副精神和全部力量在创作上和再创作上追求力所能及的、圆满的结构是必要的，因此，学习就具有特别重要的意义，因为只有在技术的武器完全掌握之后，艺术创作的高涨才有可能。要想等待"现成的办法"，那就等于应用到音乐教育上来的隐藏的形而上学。积极的、有意识的学习是重要到具有决定性的。

反对形式主义的斗争不应该发展到这个地步，认为艺术形式也是形式主义而加

---

① 苏联文学艺术问题，人民文学出版社版，27 页。
② 苏联文学艺术问题，人民文学出版社版，27 页。

以判罪。所谓"无产阶级文化派"① 的错误学说的本质就是这样的。与否认艺术作品一种形式的圆满的必要性同时，也拒绝了古典的遗产。这样冒失的理论，使伟大的古典遗产对劳动群众关门，使艺术的形式得不到继续发展，今天是应该不怕过分尖锐地对它进行斗争的。形式——我们已经指出来过——自然是没有一点本身价值的，没有一点独立性的；它是艺术的"外形"，内容的曲谱结构。可是，假如没有一种形式圆满地结构起来的内容，那也就不成其为艺术。因此不停的推敲也是艺术家一条必须遵守的法则。而且我们今天还必须一清二楚地提出一种新的艺术性的美。在这里又是日丹诺夫给我们提供了决定性的帮助。他在 1948 年音乐家会议席上说："你们也许会奇怪，在布尔什维克党中央委员会竟要求音乐美和优雅。这算什么新的不幸呢?! 是的，我们没有说错，我们声明：我们拥护美的、优雅的音乐，拥护能满足苏维埃人的美的需要和艺术趣味的音乐，而且这种需要和趣味已经成长到了难以相信的地步了。"② 劳动群众的需要在我们德意志民主共和国也开始非常显着地成长了!

就是演出也必须达到越来越高的水平和越来越好的准备。艺术是全体人民绝顶重要的、意识教育的活动。具备了环绕这种事实的知识，就必然会达到一种音乐实践的新的伦理学。

（癸）现实主义的艺术，最后还必须为群众所了解。在音乐形式某些类型的特性上它是会立刻被了解、被接受的——例如群众歌曲。可是我们已经指出过，在其它形式上——交响乐、室内乐等等——就一切群众方面说，却并不是一听便能够立刻掌握到作品的一切细节，甚至于不一定合他心愿，因为一件艺术作品虽然结合着一切的传统也总要具有新的、别人至今还未认识的东西，使他们得到发展和进步的东西。可是有一点必须做到，那就是使群众用不着音乐的专门研究也可以自行玩味。它必须在总的方面、主要的意义上立刻交代清楚。我们的前提，是与现实主义艺术创作的加强同时，也使群众的理解水平得到提高，因此，现实主义的艺术必须做到明白易懂而且与传统的及新的人民音乐取得最紧密的结合向群众讲话。在目前阶段，对艺术家来说，与其向群众来一套新奇的、猜不透的哑谜，那就宁可在他的音乐语言上说得尽量简单。这样做危险性比较小些。他应该先从他那高入社会的空虚中建

---

① 无产阶级文化派是十月革命以前出现的文化团体，十月革命以后，加强了他们的活动宣传建立一种特殊的无产阶级文化，这种文化"只能"在和过去的文化的完全脱节中"由独立的努力"建立。由于列宁的提示。他们被交给人民教育委员会处理并被解散。见季莫菲耶夫：苏联文学史，时代版，317 页。

② 苏联文学艺术问题，人民文学出版社版，118 页。

筑起来的摩天楼上走下来。一种比较发展的音乐语言——具有更高一级的新的简洁性的音乐语言，随同时间的演进是可以达到的。今天的迫切工作根本就是先架好一座群众与艺术的桥梁。

音乐的风格、传统及民族联系性问题　原始性是不合要求的，因为原始性之上不可能摆脱中庸性。跟在群众趣味背后亦步亦趋的拐腿也不要，所需要的乃是简明性——感情真实的、目标明确的、一目了然的简明性。这是时代的付托。伟大的新任务今天期望每一个作曲家都与物质生活及精神生活的新组织相结合。即使是在光彩灿烂和精神饱满之中仍然显示出意义的单一与路线的平直这是群众所热烈期望的一切有关和平、生活、建设的歌曲、大合唱、清唱剧以至器乐作品及歌剧的必要条件。深入人心的曲调的要素作为独当一面的主角必须得到新的中心的重视。题材的统一性及其清楚的、逻辑的加工是需要发展的。在复调音乐里面必须使每一部都是真正地在活着，并不是仅仅作为填补的工具或者只是在做卖弄聪明和高谈理论的计算。节奏的要素，在许多现代音乐里面是弄糊涂了的，必须赋予它以新生命。为劳动群众作曲。自然决不是说，作曲家只应该永远为大会场和露天演出写作！室内乐以至其他比较熟习的、精心刻画的、细致的艺术创作今天比过去任何时期都更加成为生活的一部分；可是即使是这类作品也再不应该成为某一些少数音乐鉴赏家或者是死钻牛角尖的神经病号的专利品而应该是面向健康的劳动人民而且替他们说话。

假如有人因为前面提过的说法，认为工人在趣味上受到了资本主义多方面的愚弄，因此只能接受破烂商人教他们接受的东西，那么，这就越发加重了我们的任务，为工人创作富有生命的新艺术。因此，在我们这里已经有了好的开头的积极分子歌曲、青年歌曲、建设歌曲及儿童歌曲的意义就应该得到高到不能再高的估计。这里产生的新生力量必须得到每一个职业作曲家的支持；这里是一条创作的分支，作曲家本身应该立刻投身进去，因为他们在这里找到了与社会进步的结合而且可为它献出主要的助力。

谁今天在正确的路上向前爬行，也比那在错误的路上表演舞蹈的绝技的更进步些。简单的、充满力量的青年歌曲、建设歌曲、及和平歌曲的作曲家同那有高度修养的、专门研究的、在复杂的圈子里面兜来兜去的"新音制造家"比较起来无疑是进步些。我们的群众歌曲已经是灿烂地开花了，已经使千百万人得到快乐而且得到社会性的继续发展了。在这一切音乐的艺术形式之中最难讨好的形式——群众歌曲里面无疑是栽下了伟大的新生的根；每一个作曲家都应该在群众歌曲方面锻炼自己、洗刷自己。当然，这种新得到成功的简明性还需要更进一步的深入、发展和进步，正如积极的民间音乐应该得到的培养、提高和发展的规模一样。在民间音乐的基础上也必须有越来越伟大的作品创作出来，因为我们工作的全部伟大性、我们新生命的全部气魄、我们建设的全部威力是只有在真正伟大的形式上才能得到恰当的表现的。

风格的清楚、活泼和大众化，从超个人主义的"先锋主义"的脱离，在伟大的历史路线上是并不等于退步的。正相反：当时曾经在技术风格上显得进步的东西，早就已经在社会的现实面前停止进步了。这是需要再强调一次的。许多当时认为惊人的而且似乎是进步的，今天已经站在时代事变的一边了。站在时代事变的一边来创作可并不是走在时代的前头，这是叫做落在时代的后面。必须提防，存心在音乐里面去认识艺术性的"自在的"进步！艺术之为进步并不是绝对的，而是始终要关联到人类的，这就是说，关联到社会而且是关联到社会事变中指示前进的思想和运动的才算数。躲在社会的真空地带，也许可以说什么艺术生产现象的巧妙戏法的过程，但是说不上社会性的进步。

艺术创作者已经在他自己受苦受难的内在生活的深林中迷失了自己。他看不见一条出路。最自然的办法，恐怕是只好先回头找出他走上错误的方向的那条岔路来，然后再找出一条正确的道路，然后再沿着正确的方向向前走过去。假如他由于资产阶级的成见，由于形式主义的教育以及相应的职业经历教成四不像而且走上了错误的道路，那么，现在就只有回来恢复他原来的。纯洁的艺术关系。因为一个年轻的人总是愿意找人讲话的。他要找他们说出自己的心事。他要说他自己，说他想要解决的问题——可是同时也就说到他的同类人的问题，他要为他们解决的问题，因为他本人就是从他们的社会里面出来的。这样一来，他就帮助他们和他自己向前进而且（有时是不自觉的）为人类消除阶级社会的困难问题和束缚以至自然的限制献出自己一份力量、他必须重新唤醒他自己原有的那种意愿，对艺术、对创作，对人类、对自然的关系！他总得考虑而且向前发展原来的、纯洁的艺术关系，总得在他继续进行的工作上面面向人类而且是人类中间的进步力量、爱好和平的力量，建设的力量。

只要他——让我再说一遍吧——认识人民，与人民一起生活而且为人民创作，他就会达到这一步。今天还有一项作曲课程，那就是：把青年艺术家从象牙塔里拖出来而且带他去游泳在"世界的长河"里。

音乐是为了使生活更加丰富的，可不是要脱离生活或者使人们变成孤独——而且我们一说到"生活"便总是指与人们共同生活，指具有全部的丰富内容、创造力量及进步追求的社会生活。难道作曲家今天还始终相信音乐的机能是使人类与社会事变疏远的吗？在我们这个新世界将要在可怕的阵痛中诞生的决定命运的世纪，难道艺术家倒应该怀着冰冷的心肠远远地走开而且要逃到"带着他的痛苦走投无路"的地方去吗？在这样最巨大的转变的时代，人类面前提出了绝对含糊不得的"是或否"的问题的时代，艺术家能够起他重要的指示前进的作用的时代，难道他却应该怯懦地逃跑吗？——

艺术家必须成为一个有社会性的自觉的人，他必须自觉地为他艺术的，世界观的新定方向而工作。假如从前有一种想法，认为造成正派音乐与人民之间的疏远状态单独是艺术家的罪过，我们是指责这种想法不合理的，可是假如艺术家今天仍然不管对他指点出来的出路如何明确，始终不来分担克服这种疏远状态的工作，那么，他就再也不能宣告无罪了。当然，为了争取艺术家，我们该应做一切工作——也就是指示他要走的出路，不管是如何的步步荆棘。可是艺术家却不可以对别人提供的可能性长期地置之不理。假如巴尔札克，正如我们所看到的，虽然主观上彻头彻尾是顽固的态度，客观上却仍然能够起社会的进步作用，那么，今天的实际情况就更加是连根改变了。今天如果没有进步的社会意识，没有和平、民主、建设的力量的肯定。所谓真正艺术的伟大是不能想象的。不管艺术家今天"仅仅"是站在人民的外面（因而实际上否定了艺术为人民的根本必要性，亦即是说，依照衰颓的资产阶级的传统、风格和范围继续创作）还是完全自觉地为资产阶级工作——在两极情况之下都是在创作上起一种反动作用。

因此就要寻求真理、摸索前进的艺术家首先认识他必须遵循的伟大的工作方向。这是（我们是这样认识的）：不单是描写新人精神与灵魂的态度，而是还要帮助他向前发展从而主要地为社会进步献出自己的一份力量。这个目标是要作曲家永远保持在视线之内的。

要取得一种明白易懂的同时又是适应时代而且发展的风格无疑是一个主要条件，这里只能够提出基本的几点来说。

我们为我们伟大的人道的目的所进行的斗争是不可能使用形式主义的手段的。在有些同志的作品里面可以看到一种情况，他们本意是用他们的创作服务于和平事业。可是在艺术的任务与所使用的风格手段之间却存在一种矛盾。必须指出，这些同志的艺术创作已经为和平、建设的艺术作品定下了创作新目标，便应该应用与之相适应的新风格手段，而陈旧的、仇视文化的形式主义的表现方法却是必须克服的。

只有在反对形式主义的斗争中才能够创造新艺术，而且主要的矛盾正应该指向形式主义。只要我们做到这一步，打败了形式主义——啸聚了他们最出色的作曲家的形式主义，而且成功了一种新的人道的为人民而又与人民结合的艺术，那么，其他一切颓废的现象，连我们今天斗争得那么尖锐的美国黄色音乐也在内，就会接二连三地消失掉。

为和平、为德国的统一、为我们德意志民主共和国的和平建设、为与苏联及人民民主国家的友谊的斗争就是人道的、指示前进的、积极的。为和平的斗争，这是全德国人民的事业。为人民创作，就是人道的、进步的。

人民——就是德国创造性的、劳动的人们：工人、农民、职员、企业人员、家庭妇女、学生、知识分子。为人民尤其是为工人创作必须定为德国作曲家及音乐理论家最崇高的目标。因此艺术家一定不要表现感动个别隔离的资产阶级或专家之流的东西，而是帮助劳动人民前进的东西。他必须使自己从属于人民的事业而且用人民的事业来充实自己，这就是说人民所想的、所感触的、所感应的；人民所希望的、所经受的、所创造的、所争取的。他必须为建设、为民族的统一事业，为和平事业而创作。

因此作曲家就必须从内容出发，不要从形式的考虑和抽象的风格问题出发。给人民在和平斗争中和对进步及更美好的生活的追求中传达种种使命，表现使人民富裕，深刻和快乐的事物和提高他们对生活的认识的事物——这就是我们新音乐必不可少的内容，这就是我们艺术必须贯彻的新现实主义。抽象的风格讨论和纯粹形式的试验除了再回到形式主义的老路上去之外，还会有什么地方可走呢？

谁愿意为人民创作同时要求在为和平与人类进步的斗争中解决具体的、划清范围的问题而且面对着这样的问题，这样的人就会使风格问题丧失它的刺激作用。

伟大的工作方向。伟大的内容就是真正的、主要的新，而且是革命的新。第一次世界大战以后的那些年头，不得不首先提出对反动的资产阶级政权的抗议而且对它发动最尖锐的批评和斗争，暴露而且摧毁资产阶级的成见和那十分狭隘的、腐朽的资产阶级的世界。这些东西的出现在音乐方面并不比文学、绘画、动画片或电影方面来得少。可是今天，解放了的文化的新建设在世界的极大部分已经活现在我们眼前，在世界的其他部分也有人正在着手去推翻帝国主义东倒西歪的围墙。因此只有批评和抗议在今天来说就是不够的了。对新世界建设的"肯定"，对人类的"肯定"必须越来越多地成为今天音乐的艺术作品的主要内容。我们的艺术必须贯注着为伟大的未来的斗争，建设的社会工作的良心和炽热气息、新人的纯洁道德和解放了的意识。

要从这种新方向的最初的尝试来创立新的、与新的内容相适应的形式和风格是需要时间的，可是我们这一代艺术家非走不可的这一步却不仅仅是从资本主义制度的艺术活动，到社会主义制度的艺术活动具有决定性的一步，而是根本从旧的阶级社会几千年的艺术到一个完全解放的社会的艺术的一步。

每一天的实践都在证明，徒然抗议和摧毁1918年以来在曲调、和声、节奏方面的新音制造家时代，就今天来说显然是错误的，我们这里摆着一个伟大的风格问题，使艺术家今天忙于处理的问题。

首先需要明确的，就是全部风格问题不应该抽象地去处理。音乐风格绝对不是在空中飘荡的，而是始终存在人的关系里面。当代的音乐风格讨论多数是停留在技术性、音乐性上面的（"……周围是一片美丽的青草……"）。可是我们却应该从内容、从音乐的社会机能方面去接触风格问题。我们应该这样着手，——才能和作曲修养是先决条件——一定的人群传达一定的使命，这样去启发他们，使他们有能力去认识以至解决一定的历史课题。在解决过程中就会有一种新风格和一种风格统一性依照完全必然的方式创立起来。唯一需要的就是摆脱那种必须创造"永久价值"的思想。我们的责任是对今天一定的人们讲话，并不是对百年之内出世的人们，我们无从认识他们的精神状态因而没有把握预先来一套什么话。所谓"永久价值派"其实不过是那些企图逃出现代，一会逃到过去，一会又逃到渺茫的未来的艺术家的歪种。当初巴赫写他的宗教大合唱，海登①写他的交响乐，莫扎特写他的小夜曲和消遣曲的时候（而且都是为了完成任务），他们并没有想到是为永久性创作。虽然如此，这些作品却都是"长寿"的——并不是因为这些作曲家的追求，而是因为他们的天才，他们的伟大，他们对需要解决的社会问题的认识使他们有能力去创造"长寿"的价值，同时他们是对他们时代的人们讲话的。假如作曲家相信，今天的人们是太蠢了，作曲家远远走在他们的前头，人们跟不上他们，只有百年之内才会有能够高攀他们的伟大的人们出来，那么，这种荒谬的傲慢只是对社会责任的全无心肝和全无能耐。这样的人要去解决社会问题，多数是不能胜任的，因为他们是太自吹自捧了。

在这种关系上，传统问题具有特别重要的意义。

掌握艺术的现实主义的前提，是继承伟大的积极的德国音乐传统而且采取正确

① 今译海顿。

的方式去发扬它。

有两种极端必须避免：一种是完全倒在过去时代的公认风格里面，另一种是忽视传统。两者是同样危险的。既不许简单重复过去，也不许忽视过去。

（甲）在这篇的开头曾经试图画出一个现实的、灌输到人们心里去的现代印象的作用。那经常流转的、改变面貌的现代，为和平、建设、自由和社会进步的斗争使凡是要在他的作品里面反映这些事物的艺术家都需要有不断更新的、与经常变化的内容相适应的结构。这些新的内容，由艺术家大胆地而且忠于真理地从那不断变化再变化的、打进他心坎里去的现实得来的内容也就需要新的、相应的形式。因此音乐家必须在他的音乐语言上带同新内容的外形大胆突进。"一切已死的世代的传统，好像梦魇一般地压着活人的头脑"① （马克思）。假如在新内容的结构方面仅仅依赖着陈旧的风格手段，那就是与现实主义的艺术不能一致的。假如音乐家这样做了，假如他只是重复陈旧的东西，那就是一种印象的堆砌，也就是艺术上无能的证据：依照这种方式我们只可能得到一种折衷的、向后看的艺术，对谁都是没有帮助的。至于有许多现代音乐之所以可恶，倒并不是因为它新，而是因为它逃避现实，因为它那消极的、不关重要的、寒伧的、支离破碎的或者是可笑的内容。艺术家在发现艺术新大陆的时候所发挥的幻想是具有极巨大的意义的——没有一个马克思列宁主义者会拒绝幻想。有谁只想依赖别人的现成劳绩，那就必然会陷入社会向他提出来的要求的严重的矛盾。艺术家必须随时准备，从新的现实去开辟相应的艺术的途径。

（乙）另一方面，传统却是全都人类历史积累起来的精神成就。艺术家沾染着它来创作，他加到它上面去，用它的表现手段来经营刻画，同时又在经常改变它，扩充它，转换它的面貌。正是今天，艺术家当务之急就是首先把艺术与人民重新拉回一起的时候，考虑传统的问题是必要的，因为靠近传统就可以靠近人民熟悉的事物。因此不论是与传统相结合还是与它共同迈进，都是有助于艺术统一性的创造的。

要取得传统与新生现实的正确的统一。是非常困难的！每一个艺术家都必须努力解决这种困难——这个课题是他的艺术对社会新建设的贡献的重要的一部分。这里只是提出一般的意见，那就是我们必需的，更明确地说就是德国的音乐传统检验它那积极的成分——能够而且应该重新与之相结合的成分。

说到这里每一个作曲家都会立刻碰到一种困难的障碍：德国传统里面原来也有

① 马克思：拿破仑第三政变记，柯译本，人民出版社版，15 页。

应予否定的东西——由于德国帝国主义，有许多积极的价值都被糟蹋了或者歪曲了，现在必须重新揭开它的本来面目。因此我们的传统就必须批判地而且在为了新的发展非有党性不可的口号之下加以运用。在老老实实地为人民创作的努力工作中很容易发生一种近似的倾向，堕落为廉价的流行音乐或江湖音乐的风格（因为它是人工地灌到部分工人身上去的，当然容易得到他们的了解），后期浪漫派的、模拟瓦格纳的低级趣味或者是五花八门的虚伪的人民色彩。这种说法特别适用于那许许多多比较新的所谓大众化歌曲以至舞曲的什么血液及地域的感伤主义、死亡的渴念以及军国主义的态度。要与这样的成分结合起来，那是十分错误的，尤其是19世纪后期，亦即是说德国帝国主义抬头时期产生的数目繁多的通俗歌词和小调，我们今天是必须认为应予否定的遗产的。这种现象并不是民间音乐而是民间音乐的歪曲。旧日风格的德国民歌，主要是农村歌曲及小城镇歌曲道地的、生命丰富的源泉在19世纪后半期已经差不多完全枯竭了。主要是多数古老一些的德国民歌才可以而且必须作为肯定的传统来予以估价。它们中间那些最好的规模阔大的曲调对我们的新音乐也就具有极大的意义。因为道地的民歌总是倾泻着一种肯定生活的精神而且灌注着人道的感情。音乐上活着曲调的丰富性和多样性、节奏的新鲜及和声的独创性。例如《天边扯起了阴云》《静夜里》《假如我是一只小鸟啊》《哦，斯特拉斯堡》所有我的思想或者啊这怎么做得到及其他许多都凭着它那简洁的、完善的曲调成为最优秀的德国传统。可是这些比较古老的德国民歌之外，还有数目繁多的比较新一些的歌曲尤其是战斗的工人歌曲要加添上去：这是古代民间歌唱的真正继承人。事实上不单是别国工人，而是也有德国工人可以提出这一类的歌曲，一直可以算到最近过去的西班牙歌曲以及"沼泽士兵"的年头！这些歌曲也是最美的、最强有力的德国传统。

军国主义歌曲如我们是世界的主人（百胜君王）或者是呆头呆脑的歌曲如姑娘招手之类便不应该再予流传，这是曲调和歌词都糟得很的。尤其是纳粹时期那些空虚的、侵略的伪人民性更加要断绝它的生命。必须不厌重复地着重指出，有许多工人在某些方面是被资本主义人工地加以毒害的。总的说，人类是受到资本主义的、在德国又特别加上法西斯统治的、在西方则受到美帝国主义的采取骇人听闻的方式进行的精神的折磨！老老实实的清算是必要的；我们还不能不惋惜地说，一部分工人习惯于觉得可喜的东西并不是一切都好的，虽然从历史上说，劳动人民的整体是艺术创作的标准尺度和支柱。在德国就连工人阶级也有不单是意识形态上而且趣味上也还存在着落后的成分；这是值得加以阐明的。苏联作曲家哈恰图良嘲笑那些误

解 "大众化" 这个字的作家说: "他们看不见残存着落后趣味的人们, 于是遵循着这种落后趣味的方向, 从而放弃了他们创作对群众的积极的教育影响。"[①] 假如这样的话在苏联还可以对个别的人用得着, 那就何况是我们, 我们应该如何更加郑重地把这个真理记在心里啊!

可是道地的民间音乐却是从人民到个别作曲家的创造活动的桥梁, 同时也是作为道地的民族文化财产在音乐领域上对抗反动的世界主义的每一国人民的最强有力的堡垒。

除了民歌之外, 在上升的资产阶级的音乐——先古典主义亦如古典主义及浪漫主义一样也有许多我们必须借鉴的成分。甚至于最近期的个别艺术现象, 也是在资产阶级没落阶段反对资产阶级的, 虽然它本身是资产阶级的产物。结合我们伟大的德国音乐传统而且创造性地更进一步地把它发展下去, 这是完全不可缺少的。

巴赫和罕得尔那种肯定的、建设力强的、思想深刻而且目标明确的手法, 古典主义那种人道精神、清澈性、易懂性及愉快的、战斗的态度, 许多浪漫主义作品那种感情表现的自由和大众化, 最强的、最进步的比较后起的作曲家从马勒到艾斯勒的现实主义的尖锐性——这是必须继续发展的一般特征, 同时却要提防陷入折衷主义。对德国来说, 这个问题加以专门探究是迫切需要的。不言而喻, 一种新的大众化的、强有力的、思想上和内容上都是进步的音乐采取当代的风格是可以想象的! 苏联音乐艺术的伟大的大师给我们提供了最好的证据。不要陷入这样的错误, 为了 "保险", 便浅薄化为驯良和尾巴主义。让我们大胆猛进, 让我们爆破感情的牢笼, 让我们用规模阔大的曲调、勇敢的和声与节奏饱满地唱出我们伟大的、丰富的生活吧!

末了还有许许多多的技术成就, 特别是乐器和乐队技术的、教育的以至形式的领域上的成就是可能而且必须接受过来的。例如旧的大合唱和清唱剧形式就能够加以运用而且以新的机能来适应我们新的目标和内容。

同时可以指出, 艺术的现实主义的要求不单是向创作的艺术家提出来, 而是也向再创作的艺术家提出来。就是演奏家也掉进了形式主义的、逃避现实的、枯槁的或者感伤的弹奏的陷阱里面去了。单就巴赫演奏领域来说吧, 已经有够多的罪恶了——直到今天巴赫还在受到钢琴家和指挥在神秘主义或抽象——形式主义意义上的歪曲啊! 熟练的演奏家必须对艺术上的形式主义及其他堕落现象发动极尖锐的

---

① 哈恰图良: 音乐与苏维埃电影艺术 (这篇文章似乎尚未有中译本出版)。

斗争；他的参加斗争在创造现实主义的意义上说是与作曲家的斗争同等重要的。

伟大的音乐文化能否建立，依赖于肯定的传统之能否继承与发扬。至于关系究竟重要到什么程度，在那由于政治、经济或其他因素造成了传统崩坏的结果的地方便显示得特别明显。音乐活动向人们的演奏及歌唱技术水平亦即是说向积极的音乐传统提出了要求。只要是我们艺术的学习和训练中断的地方，宝贵的意见就特别重要。这是一件悲剧的事实，由于希特勒法西斯主义破坏的狂暴造成了德国音乐传统的可惊的崩壞：纳粹党徒把音乐学生都赶去服劳役和兵役，把最优秀的德国专家的大部分驱逐出国，率领德国人民进入深重的精神的野蛮世界。因此把肯定的德国音乐和音乐家传统中断的线索重新接连起来就显得加倍必要了。

与传统问题结合在一起又一次出现了艺术家的民族联系性的问题。排除了民族的成分却要在今天说什么"对各国人民"的负责那简直是胡说。对世界负责便应该通过对自己人民的负责。有许多艺术家面对着现实世界提出来的课题却要找一个神秘的超然世界去逃避。可是今天世界上依然是分为两个阵营：帝国主义的和民主的。帝国主义阵营代表着"超民族"的世界主义。所谓超民族的、根本否定民族结构的存在的思想——古典主义的战斗思想家从来不曾背弃过民族的思想——今天就要变成反民族的思想，把矛头指向民族的本身生命、自决权和独立。为了可以更容易做一份美帝国主义的猎物，这种人就必然会丧失了他们的民族意识。　"世界主义"——多么骗人的、诱惑人的名词！听起来倒使人间想起人民友谊和无产阶级国际主义的旧日的工人口号呢。可是在强盗帝国主义的嘴里却是一个阴险的、笑里藏刀的字眼。那套腐朽的"世界公民思想"特别是在音乐领域上成为美帝国主义强盗骑士手上危险的思想武器，而且作为武器已经具有远远超过艺术领域之外的灾难深重的意义。它要帮助麻痹各国人民的民族抵抗能力。至于说世界主义的贱种就在音乐领域也受到了美帝国主义的津贴，那么，在全部资本主义企业分析的基础上面简直可以一条一项地揭发出来。

这种忽略民族要求的倾向在德国是特别严重的，原因是它的民族发展走着落后的、顽固的、迟疑的路线。过低估计民族动因的倾向就是沙文主义的补缺，这个沙文主义在德国也同样开出了恶劣的花。两种倾向都不过是事实的不同的表现形式，这就是真正的民族尊严和对民族文化成就真正的骄傲在德国长期糟蹋的结果。民族意识的虚浮就交替发展到自大狂和自卑感。可是民族的解放，跟着就是民族文化的发展却是人类社会总解放的一部分。应该不厌重复地指出，一方面是民族自大狂，另一方面是民族基础的完全忽略，一般就会归结到社会责任的推脱从而陷入寄生虫的地步。不错——我们可以充满骄傲来确定——今天在德意志民主共和国已经在人们的民族意识上造成了一次巨大的转变。这种转变的表现就是歌德纪念会和巴赫纪念会，这是具有真正民族性格的而且全体人民都具有了对于古典遗产的新的自觉和爱慕。

今天艺术家的现实是决定于民族共同组织——民族的社会现实的现象的，他就在这种现象中长大起来（或者偶然也有一个作曲家会长大到现实里面去，有如那个原籍意大利的吕利，年轻的时候一早就到了巴黎，结果就长大到法国社会里面去了）。这种社会组织有它自己的传统和文化的历史。自己的民族传统就会相应地在风格上、方言俚语上成为它的创作基础——不管这一切是表现在节奏、曲调还是和声的因素方面还是形式的作曲原则方面。

没有过去的人民也就不会有未来。民族遗产的维护就是民族的自主，就是每一国人民艺术创作的前提。

只有通过伟大的民族课题，亦即是托玛斯·曼所说的，"伟大的民族对象"的承认，艺术家才能够得到规模阔大的、包括世界和人道的思想方案而服务于全人类。归根结蒂，一种真正的艺术的国际主义的本质永远是由于平等地位的各民族——包括自己民族在内！——的艺术成就的承认以及对各民族的互相友好和互相依靠的必要的认识。

世界民主阵营坚持着真正的国际主义去保护一切国家的民族自由和文化。日丹诺夫向全世界断言："音乐中的国际主义，对其他民族的创作的尊敬，在我们这里都是在民族音乐艺术丰富和发展的基础上、在有东西分给其他民族的这种繁荣的基础上发展起来，而不是在使民族艺术贫乏以及盲目模仿外国标本和抹煞音乐中民族性特点的基础上发展起来的。在读到苏联音乐和外国音乐的关系的时候，这一切是不应该忘记的。"①

不错，在自己民族传统的基础上是能够而且应该接受、爱护和运用其他各国所已经完成和将要完成的伟大的艺术事业的一切优秀成果。特别重要的是打开苏联人民伟大的新艺术通往我们的感觉和思维的大门而且把它作为决定性的艺术力量来估计，这股力量是带头创造出了新东西的——在它的真实性、深刻性和人民性力面，在它的生命力和人道精神方面。

这种自己的传统和其他民族的优秀成就的肯定因素的综合在早期人物如许茨、

---

① 《苏联文学艺术问题》，人民文学出版社版，113 页。

巴赫、浦塞尔、格鲁克、莫扎特及其他许多人身上都是可以找到的，因此我们也就与对其他民族的艺术成就打开大门同时联结着我们伟大祖宗的榜样。

对我们德国人来说，还有一种特殊任务——必须认识德国音乐东部与西部统一的性格。在德国音乐范围之内，随着历史的演进发展了一定的性格的特征，它把全德国的音乐综合成为一个统一体，并依据全德国音乐的这个统一体区别于其他一切民族的音乐。不管是巴赫作品还是民歌，不管是在曲调还是形式方面，不管是音乐创作还是演出实践：越过了几百年的时间，德国音乐具备了典型的德国面貌，正如法国音乐具备法国的典型面貌一样。这里显示出了音乐的统一民族的力量。通过对全德国的传统的认识及其在全德国范围内发扬光大，我们就会对德国在民主精神上的文化的（从而达到政治的）统一以至和平的维持献出我们的一份力量。如果说德国音乐全体规模的革新只有在东德和西德共同的政治的（从而也是文化的）发展基础上才有可能，那就是说倒了头。因此争取全德国的、符合民主——进步的意义的、在其正的、无产阶级的国际主义维护之下的民族文化的建立是核心问题之一，它的解决也需要音乐家来帮一把力的。

这样，艺术家与同代人之间、传统与现世之间就建立着如下的关系：艺术家必须随时努力帮助历史的推进而且走在同代人的前头——可是所谓前头只以不与他们失去联系为限，过了头的结果便会陷入隔离状态。传统的要素在这里就显出它重要的意义。新的探究呢？对！只要音乐家的眼光是放在这样一种音乐的寻求上面，而这种音乐是为人民的、与人民共同的，是丰富建设的人们的生活而不是限于为他自己或是他周围捧场的小圈子的。如果只是没有目标地、抽象地为探究而探究——那么，除了回到内容的空洞以至毫无希望、毫无出路的孤独与颓废之外又有什么别的前途呢？

现在还留下一点地位来指出许多人在忙着讨论的问题。有人主张说（这样主张的并不少），职业音乐家应该而且一定要作为从阶级社会产生的多余的赘疣而根本消失掉，劳动群众将会从头到尾创造他们自己的音乐。这是不正确的。现在把民间音乐的中心意义一清二楚地再说一遍吧。在社会主义社会将会有巨大无比的力量解放出来，在德国也一样，他们具备足够的条件，使音乐达到闻所未闻的高度。给我们证明的就是苏联建国以来 34 年间的成绩。在创作方面必须努力消除隔绝民间音乐与"学院"音乐的鸿沟。不过，主要职业性地从事于音乐创作与再创作的艺术家是仍然会保留下来的。那时将会有民间音乐，同时也会有职业音乐，而两者都将得到空前的繁荣。在阶级社会里面有社会的分工和专业化：由于这种分工和专业化就造成了艺术家与人民的不幸的隔离状态。在社会主义制度之下，艺术家的隔离状态消失了，可是社会的分工却无疑是会继续存在的（虽然是采取完全改变了的机能和形式）。至于这种事实亦即是说有特别适合于音乐的资质和才能的人们，如我们前面所已经明确了的，就在社会主义社会里面也仍然会有的。就在社会主义制度之下，也并不是全体人民都一律能够达到同样高度的专业阶段而是在一定资质的基础上有一定的人们比别人更适宜于音乐的创作。当然。在社会主义制度之下能够而且必须达到这样的目的，即是除了创造性的民间音乐之外，群众中间对任何艺术创作的欣赏都会提高到无可比拟的理解水平。

有人会问，艺术家为劳动群众创造一种新风格的时候，他应该听从自己到什么程度，能够或者应该听从"指导"到什么程度？一方面艺术家必须与群众共同研究伟大的创作方向——不是离开人和生活而是接近人和生活的方向。要做到这一步就必须与劳动人民构成的群众（例如音乐会演出之后的讨论会）或者与他们选出来的民主代表和文化组织共同进行——总之，无论如何要与非专家一起！这种做法决不是意味着职业音乐家的创作自由的剥夺而是正相反。在帝国主义制度之下才有那么多的音乐家被剥夺了他们的创作自由——难道不是那些帝国主义的文化和娱乐企业向他们规定何故、何地、何时，什么和怎样的创作条件吗？充其量那里只有流浪人的自由，把他流放到荒凉的沙漠上去，容许他四面八方地走动，结果是饿死完结。

这样，艺术家在他伟大的工作方向中就应该通过与群众的共同讨论和接触来创作。可是另一方面，艺术家又不许简单重复群众目前已经了解的东西，而是必须随时有作为指示前进的力量的责任的自觉。这就是说，假如他已经有了伟大的工作方向的确信，他就必须说出他自己丰富的内在生活，不然的话，他就一定不可能对社会的进步提出一点丰富的贡献。人类的进步有赖于集体的成就，每一个人都给它献出自己的一份。通过他自己的生活体验——作为社会的生活体验的反映——艺术作品又会回转来起建设社会丰富社会的作用。各个人的自觉推动是事业过程中的一个决定因素。马克思主义要使人类的精神从阶级桎梏和强迫底下解放出来。假如作曲家在他的意愿上和他伟大的创作方向上已经做到了面对群众，假如他已经是为那个伟大的目标被争取过来，那么，大家就应该对他表示信任。一个成名的艺术家虽然曾经在资本主义发展运动中走过错误的道路，可是今天已经老老实实地从事工作，把他的本领献给现实主义的创作，如果有人仍然对他表示憎恨和怀疑，那就是错误和胡闹；这种憎恨和怀疑常常会为妒忌分子与平均主义分子所利用，他们相信，平均主义时代已经来到了。必须提防一误再误，这就是说，提防从原来的形式主义陷入假现实主义的平均主义！两者都是不中用的。

    "毫无争论，文学（因而没有疑问也是艺术）事业最不能机械平均化、水平化、少数服从多数。毫无争论，在这个事业上无条件地必须保证个人创造性。个人爱好的广大原野，思想和幻想。形式和内容的广大原野。"① 凡是艺术家都必须正确地了解列宁这段话。艺术家信赖人类、信赖人民（他的人民）及伟大的社会未来的决心，他在这个意义上的党性立场绝对是得到别人信任的基础。

    在认识了社会的必然性的基础上面的创作自由：只有这样才能够领会列宁的名言的意义。

    与此有关的还有一点非常重要的东西值得提出来：进步艺术家彼此之间充满同志友爱的讨论。同志友爱是批评与自我批评的互相帮助的前提。假如艺术家的意识达到了服从伟大的共同的进步目的的程度，假如艺术家达到了成为社会所需要的与所期望的因素的程度，那么，他也就能够消除那些资本主义遗留的现象：同行的嫉妒、资格主义、纯粹表面的成绩的追逐。一个同业的伟大成就在他的心目中再不会认为是对他自己的物质存在的威胁而是认为在大家共同的道路上前进了一步。艺术家范围之内的双方的思想帮助是十分需要的——今天比任何时候都更需要。可是这样的一种同志友爱也意味着艺术家彼此之间实事求是的、有出息的、积极的批评和讨论。凡是不愿意在正确的共同道路上互相帮助的同业和同志，便是坏的同业和同志。

    "既然没有创造性的讨论，没有批评与自我批评，——那么也就不会向前迈进。创造性的讨论和客观的独立的批评，——这已经成为公理了——乃是创作发展的最重要条件。没有批评和创造性的讨论的地方，发展的源泉就会枯竭，陈腐和停滞的暖室似的环境就会生根，而这种环境却是我们作曲家所最不需要的②"。日丹诺夫对苏联作曲家说出了这一段话；这一段话对我们的作曲家也同样是适用的。批评与自我批评作为社会进步发展的方法对我们的艺术来说是性命交关的。

    要解决这里提出来的关于德国音乐生活与音乐创作的一切问题，有了1948年1月莫斯科举行的关于音乐的现实主义问题的公开讨论，是容易得多了。这次讨论不

---

    ① 《马克思、思格斯、列宁、斯大林论文艺》，人民文学出版社版，82 页。
    ② 苏联文学艺术问题，人民文学出版社版，104 页。

单是对苏联人民而是对全世界各国音乐政策，音乐理论及音乐生产的进步发展都是具有巨大意义的事件。

由于苏联作曲家穆拉杰里一部失败的歌剧的首次演出，苏联共产党中央委员会认为有必要积极地去处理苏联音乐创作的问题。在书记日丹诺夫主持之下，苏联音乐界代表参加大会讨论了苏联音乐的情况，对于各种问题都公开地作出了生动的发言，而且通过了有关苏联音乐组织上及思想上的健康的决议。

光是这种事实——最高的苏维埃机关对于国内音乐的密切关怀，与资产阶级政府对它人民的精神生活的忽视、冷淡和漠不关心比较起来就显然造成一种强烈的对照。在苏联音乐积极的、进步的发展是作为直接地、密切地关系到全体苏联人的问题来看待的。音乐是只有极紧密地与人民联系才能够得到繁荣的。苏维埃机关只要一发现这种联系有松懈的危险，就努力要去加强这种联系。

可是在莫斯科的1月会议上就正是确定了这种事实：苏联音乐生活内部有了开始与群众脱节的非常严重的倾向。事实上，日丹诺夫这样指出来，在苏联音乐中存在着"很尖锐的，然而外表上还掩饰着的两种倾向的斗争"。"一种倾向"，日丹诺夫再详细地说明，"是苏联音乐中健全的进步的因素，它的根基是在于承认古典遗产的巨大作用。特别是俄国音乐学派传统的巨大作用，是在于把音乐的崇高的思想性和内容，把音乐的真实性和现实性结合起来，是在于和人民及其音乐的、歌曲的创作深入地有机地联系起来，是在于和高级的专门技术配合起来。另一种倾向所表现的是和苏联艺术背道而驰的形式主义，是在虚伪的革新旗帜之下屏弃古典遗产、屏弃音乐的人民性、屏弃为人民服务而满足上等唯美主义者小集团的极其个人主义的体验。"① 这样一种屏弃人民、迎合冰冷的形式主义的行为是只有当苏联作曲家集团接受美国和欧洲垂死的资本主义的音乐的颓废现象的倾向的时候才可能发生的。回到人民、回到民间音乐这方面来的过程并不是所有作曲家都是平行地完成的。个别的人还来了一下敏感的反击。某些作曲家从背离人民走上了隔离和退化的道路，这是美国和西欧许多作曲家的处境，至于这种屏弃人民的行为也从那规定垂死的资本主义的音乐的特性的相同现象得到说明。这样的现象是：一种过分复杂的、纯粹构成主义式的"新音制造家"风格或者是一种空虚的自然主义的抬头，丑恶的或者是抽象的无调性及不协和音的本身目的的膜拜，神经失常的胡天胡帝，只因为这样做才"别致"，才"新奇"，缺乏民歌成分尤其是曲调，同时又忽略了那在苏联本来

① 苏联文学艺术问题，人民文学出版社版。107—108 页

是得到极好的维护和发展的多声部合奏及美丽的、精神饱满的歌唱。

由于倾向形式主义的苏联作曲家集团全力遵循他们的方向，在组织上也走上错误的道路，例如在音乐生活中树立寡头统治以及忽略培养后起的、无名的人才。

针对这样的现象，苏联领导机关号召作曲家在他们创作上发展现实主义的方向，联共（布）中央的决议说：

"号召苏联作曲家要充分认识苏联人民对音乐创作所提出的高度要求，抛弃一切足以削弱我们的音乐和阻碍其发展的东西，保证创造工作的更大高涨，这种高涨将迅速地推进苏联音乐文化，使一切音乐创作部门都创造出有充分价值的、质量很高的无愧于苏联人民的作品。"①

日丹诺夫另外又详细地解释：

"苏联作曲家有两个最崇高的重大任务。主要的任务是发展和改善苏维埃音乐。另外一个任务是保卫苏联音乐不受资产阶级瓦解因素的侵入。"

"不过你们的任务并不仅仅在于不让资产阶级影响侵入苏联音乐。你们的任务是在于确立苏联音乐的优越地位，创造强有力的苏联音乐，这种音乐本身包含着过去音乐发展的一切精华，要反映出今天的苏联社会并能把我们人民的文化及其共产主义意识提得更高。"

"同志们，我们希望，我们热烈地希望我们将有自己的'五人团'。过去那个'五人团'曾经以它那许多有才能的作曲家震惊全世界并为我们人民博得光荣。我们希望我们自己的'五人团'能比过去那个'五人团'人数更多和力量更大。为了使你们有很大力量，你们应当抛弃自己道路上一切能削弱你们的东西，并且只挑选能帮助你们成为强大有力的那些武装工具，如果你们能彻底利用天才的古典音乐遗产，同时以我们伟大时代新的需要的精神来发展它，那么你们就将成为苏联的'五人团'。我们希望你们尽速地克服你们所有的落后现象，希望你们尽速地改造自己并变成光荣的苏联作曲家大队，成为全体苏联人民的骄傲。"②

苏联领导机关对当时音乐创作的批评究竟是多么需要和有益，一位受到批评的作曲家自己就是最好的证明——肖斯塔科维奇。发言两年之后，他发表了他那部伟大的新作品《森林之歌》，除了高度的艺术完善性之外，还充满着一种新精神，社会主义的精神和真正的人民性的创造力。类似的情形在苏联的艺术杂志苏维埃艺术

---

① 《苏联文学艺术问题》，人民文学出版社版，131—132 页。
② 《苏联文学艺术问题》，人民文学出版社版，123—124 页。

（1951年2月号）里面提到了米亚斯科夫斯基的《第27交响乐》，马拉科夫的独唱、合唱和乐队的组歌巨流，普罗科菲耶夫的清唱剧在和平岗位上及交响组歌冬天的营火，符拉索夫和费莱的大合唱故乡的集体农庄，阿巴索夫的斯大林大合唱，佩科的摩尔达维亚组曲，戈摩利亚克的外喀尔巴阡组曲，库札尼亚罗夫的交响诗里斯万古尔，加雷宁的史诗，马查瓦里亚尼的小提琴协奏曲，穆拉杰里的胜利的道路，巴巴札年的钢琴协奏曲，还有一连串其他音乐的、声乐的、器乐的作品及俄罗斯民间乐队的各种乐曲。

除此之外还要加上出色的人民性的新歌剧作品如赫连尼科夫的佛罗尔·期卡别耶夫等。

苏联的作曲家对现代的现实问题是具有灵敏的反应的，他们汲取了为和平而斗争的主题。新的和平歌曲在苏联国内和国外受到群众热烈的欢迎而且成为一切善良人们对战争歇斯底里、对战争贩子的强烈的抗议和他们为和平，自由与民主的斗争的表现。诺维科夫、屠里科夫、穆拉杰里、贝雷及其他作曲家的音乐作品就属于这一类。

因此苏联音乐就进入了一次光辉灿烂的新的高涨。

显然的，苏联音乐是大大地超过了而且远远地走在德国音乐的前头。苏联的音乐生活经过了30多年的工人政权已经好比是一座无穷无尽、百花齐放的花园——德国却经过了希特勒的野蛮统治，这是怎么样的一种区别啊！可是话还没有完——让我再说一遍吧——，苏联领导机关对它作曲家的批评和指示，难道不是也好像对我们说的吗？我们每一个人都好好地把莫斯科会议的结论牢记在心里吧。它会给我们指出脱离千头万绪的迷惑和混乱的出路。

我们面前展开了一次新的音乐繁荣的巨大可能性。帝国主义制度对群众积极参加音乐生活所曾经安排的障碍，在解放了的社会里面是会给排除掉的，假如阶级社会的阶段在全德国也会给完全跨过去，假如在全德国也会有一种包含社会主义现实主义精神的新艺术给创造出来，那么，技术的巨大进步也就会以闻所未闻的程度发生积极的效果。无线电、电影、唱片、录音带这些长期用到邪路上去迷惑人们、麻醉人们、挑拨人们感情的东西就会用来保存过去丰富的音乐遗产，帮助全体人民丰富他们的音乐生活。

内容上是现实主义的，形式上（与内容相适应的）是艺术地完善的，温暖和人性，简单同时却又有发展的技术，稳步前进的，革命的创新同时却又保持着传统的进步的成分，国际主义的团结同时却又具有民族联系性，一种现代的、合时的、同工人群众在一起又是为工人群众因而今天也就是为全民族的音乐——我们一定要寻求这样的一种音乐。

我们已经开始寻求。本书从这种思想开始，也是从这种确信出发，那就是认定音乐是社会的艺术，是人类为人类创造的。由于人类，由于社会的发展，导引出现代音乐的危机。人类——我们自己——能够，必须而且将会通过我们积极参与社会和文化的事变使音乐脱离这次危机而且转入一次新的繁荣时代。就是德国艺术家也能够、必须而且将会停止走那狭隘的、抽象的、堕落的自私自利的道路。他们将会面对他们那最伟大的、最美好的目的：通过他们的艺术为他们人民的和平、解放和向前发展的事业服务。

译后记

　　本书是梅雅尔新著时代变迁与音乐的下编。作者对资产阶级的音乐有深入的分析与尖锐的批判。关于危机的出路，作者也提出了具体的意见。由于我们十年前就有了毛主席在延安文艺座谈会上的讲话，有些意见我们看起来自然并不新鲜，但是作者关于社会主义现实主义创作方法的阐述和他所强调的学习苏联的重要性，却仍然是值得我们注意的。

　　关于本书及其作者的介绍，已见另一分册音乐发展史论纲，兹不赘。

1953 年 5 月 24 日于天津

论现实在音乐中的反映

万斯洛夫著

版本：音乐出版社，1955年，北京

論現實在音樂中的反映

万斯洛夫著

音樂出版社

·一九五五·

论现实在音乐中的反映

联共（布）中央委员会 1948 年 2 月 10 日的决议指出了苏维埃音乐里面存在着的资产阶级的、形式主义的影响，而且尖锐地批判了一部分苏维埃作曲家背离现实生活和人民利益的行为。

苏维埃音乐在联共（布）中央委员会决议之后所获得的胜利首先是由于作曲家对生活的日趋接近，由于苏维埃音乐与我们时代的现实主题及社会任务的极度密切的结合以及对歌颂斯大林时代的人物的美好和伟大所作的努力。假如音乐置身于苏维埃现实的忠实反映的外面，置身于它那一般的积极教育的美学任务外面，置身于表现社会主义内容的民族形式外面，那么，它就将丧失任何社会的及艺术的价值。

在联共（布）中央召开的苏联音乐家会议席上的演说里面日丹诺夫曾经切实地、清楚地说到音乐艺术的能力是反映人民的精神，反映苏维埃社会的今天的时代，同时也说到音乐的教育任务。这些话对那些把音乐说成是狭隘主观的、从外面世界隔离的艺术的唯心主义的一切胡说就是一段致命的判决书。

音乐，正如其他一切艺术部门，表现了社会意识的一种形式，反映了人类社会——历史性的存在和他们现实的生活过程。当音乐歌唱生活上新的、进步的方面的美好和伟大的时候，它是满足人类的精神欲望的手段而且带给他们以美的享受。当它以它一种特有的方式作用于千百万人们的意识和激情的时候，它就可以与其他艺术部门一样参加生活的改造。

马克思列宁主义关于社会发展的规律性的学说第一次揭露了社会意识的真正积极的、行动的作用，它是无条件地服务于社会的发展而且要使发展来得更容易、更迅速。凭着历史唯物主义的观点的发现，就提供了对社会生活现象的科学解释的基础，同时创造了条件，在社会科学的一切领域内，也包括美学在内，与唯心主义断绝关系。

音乐终始是唯心主义美学最喜爱的避难所及对象之一。

唯心主义美学否认现实在艺术中的反映，认为音乐是这样的一个艺术部门，它没有形象，不固定、不准确、彻头彻尾是主观的。它把内容从音乐方面割裂开来，使音乐成为"纯粹形式的游戏"；它排除音乐的思想内容，要求音乐仅仅成为一种刺激神经的、唤起低级本能的音响结合或者使音乐成为一种纯粹形式的理性活动。唯心主义美学取消了音乐的积极性，把音乐变成少数"精选人物"的公共财产，并提供了音乐的形式主义连同它的一切蜕化现象的理论基础。

为了使音乐脱离现实，使音乐在思想上陷于支离灭裂的地步，唯心主义美学最喜欢向它求救的各种方法之一就是——通过音乐的特殊本质的伪装——尽量限制音乐反映现实的能力，结果是根本抹杀它反映现实的能力，硬说音乐的内容是不可认识的。

关于"音乐艺术的绝对特殊性"的唯心主义的宣传一直可以回溯到汉斯力克[①]的形式主义的理论，在他的同时代的后辈中间更得到它最兴旺的发展。汉斯力克把音乐的内容与它特殊的音响形式划上了等号，同时他就拿音乐的音响形式去代替音乐的真正内容，结果就与形象艺术的形式主义者一样，他们说，绘画的内容就是颜色和设色材料。[②]

这种由于唯心主义美学而找到了理论的根据的使音乐脱离现实的说法，实际上就意味着音乐中反现实主义的倾向的发展，音乐的基础的毁坏，取消了音乐作为艺术的意义。使音乐的特殊性达到什么"绝对的东西"的地位的胡闹式的夸张，事实上却证明了是特殊性的破坏：它放弃了曲调，而曲调却是音乐的基础；它放弃了民歌创作及专业音乐中的民歌创作的丰富与发展：拿嘶叫的、神经病的音响结合去代替和声：拿单调去代替复调音乐的财富；拿闹声效果等等去代替配器法。这一切种类的音乐形式的崩坏就是反现实主义的结果，音乐中的现代主义的潮流的结果。

现实主义音乐对背离现实主义的斗争的发展的经验，尤其是现实主义与形式主义在现代音乐艺术上的斗争证明了，音乐也像一定时代和一定阶级的其他艺术部门

---

① 汉斯力克（1825—1904），奥国音乐批评家及美学家。瓦格纳的反对派。重要著作有《论音乐的美》，表现了他对标题音乐的顽固的偏见。——中译者注。

② "音乐的内容是响着移动的形式"，汉斯力克写道。"我们只能够在纯粹音乐意义上去了解一首乐曲的'内容'，这就是说，作为在它内部具体响着的整体"（《论音乐的美》，54 及 160 页；1910 年版）。在当今颓废的资产阶级音乐文献里面，汉斯力克主义得到了"最充分"的发展。例如美国作曲家保罗·克莱斯顿的意见，在 1949 年 6 月号的《苏联音乐》104 页上面曾有引述，可参看。

一样有它相同的社会任务，它同样是反映现实的，它也像社会意识的一切其他形式一样决定于人类现实的、社会—历史性的存在。

例如格林卡的音乐就因此经常和普希金的诗篇做比较。

这些伟大的艺术家的创作在他们最优秀的、主导的特征上都受到了那巨大的社会的及爱国情绪的高涨的影响，这些影响是俄罗斯人民经历了1812年卫国战争的胜利之后发生的。这种高涨使俄罗斯人民最优秀的精神力量和品质得到了充分的发挥，它使人民与压迫人民的专制统治之间的矛盾更加尖锐化了而且引导到了十二月党人的革命运动。

十二月党主义及其意识对普希金的创作的意义是众所周知的。它的意义首先就在于使普希金明确地意识到人民与专制统治之间的种种矛盾。这种自觉的结果不仅是表现在那些有时是直接结合着十二月党的政治思想的爱好自由的诗篇。而且在普希金的创作里面也显示出一种从人民理想立场出发的，照耀着人民爱国主义的光辉的他的时代的广泛的反映，同时也艺术地揭露了俄罗斯人民创造的天才和精神的财富。高尔基说过："普希金是第一位把注意力放在人民艺术上面的作家，他把人民艺术吸收到文学里面来，不会为了讨好所谓'通俗的'合法思想及宫廷诗人的伪善倾向而把人民艺术加以丑恶化。他用他天才的光辉去给民歌及童话加工，可是同时并不改变它的意义和它的力量。"①

与文学上的普希金一样，格林卡是音乐上第一位用同样的力量去表现人民爱国主义思想（《伊凡·苏萨宁》）的音乐家，第一位歌唱俄罗斯人民精神的优美、伟大和崇高心胸的音乐家，歌唱人民生活上快乐的和肯定生活的方面对黑暗的和恶毒的、阻碍人民生活的发展的力量的胜利的音乐家（《鲁斯兰与柳德米拉》、浪漫曲、器乐曲等等）。格林卡创作的意识形态的基础在这一方面是接近普希金创作的意识形态的基础的，高尔基论普希金诗作上人民艺术的意义的话同时也就照亮了格林卡的音乐。

证明音乐和其他艺术部门的社会—历史性的内容的共同的例子我们可以举出许多来（我们想一想类似的人物吧：达尔戈梅斯基和菲朵托夫；鲍罗丁和符·瓦斯涅佐夫；穆索尔斯基和苏里科夫等等）这一切例子表明，音乐与其他各种艺术是没有不可逾越的鸿沟的，音乐的特殊性是不可能发展到脱离现实的事物的，因为音乐是从现实生活的需要产生而又为现实生活的发展服务的，同时又具体反映

---

① 高尔基：《俄罗斯文学史》，98—99页，1939年版。

了现实生活。

苏维埃音乐像苏维埃艺术一切其他部门一样有它相同的社会任务：以共产主义的精神去进行我们国家劳动人民的思想教育。苏维埃音乐反映了向共产主义前进的苏维埃社会主义的现实，反映了对反动力量及旧时代的残余的斗争。它以它特有的形象去揭露而且证实苏维埃人的精神世界的优美及我们生活的新的、优越的各方面，因此也就可以满足我们精神的需要并给我们提供美的享受。这样一来，苏维埃音乐归根结蒂也就像其他苏维埃艺术部门一样，有它相同的社会内容。

斯大林在他的著作《论语言学的几个问题》里面指示出来，社会现象除了共同东西之外，"还有着自己专门的特点，这些专门的特点使社会现象互相区别，而且这些专门特点对于科学最为重要。"①

马克思列宁主义美学拒绝了唯心主义的关于艺术及其个别部门（其中也包括音乐）的内容的特殊的解说，因为它的方向是使音乐脱离现实的，使音乐与进步的社会运动处于隔离状态的，而且在美学上替不可知论打开了后门——马克思列宁主义美学决不否认音乐的特殊性，也并不否认音乐在实现它一般的思想机能的时候有它作为特殊的艺术部门的特性。正相反，马克思列宁主义美学承认现实在音乐中的反映的特殊性，以及它结构形式的特殊性，而且从这种特殊性的深刻了解出发，正如联共（布）中央委员会关于穆拉杰里的歌剧的决议所显示的一样。

在当前的这篇论文里面，作者并没有给自己定下解决这整个巨大问题的任务，而是企图联系音乐的特殊性对某些具体问题作一番考察。

在社会—历史性的发展过程中人类运用各种各样的方法去揭开世界的秘密。这些艺术地揭开世界秘密的方法之一，依照马克思的说法，就是音乐。它的特殊性之所以特殊，就因为在主要问题上同样的现实——一切艺术部门的对象——通过音乐比通过其他艺术部门能够反映得更全面、更完整也更生动。这种反映效果之所以产生，就由于特别的、音乐本身独有的手段。

音乐特殊性在于音乐形象化的典型性，和绘画、文学等比较起来是独具一格的，另一方面也在于特别的手段，由于这些手段的助力而创造出音乐的结构。

特别的物质手段，由于它的助力而创造出音乐的结构来的物质手段是怎么样的东西呢？音乐特殊性对外界显示得最强烈的地方又究竟何在呢？这是特殊的音响手段，依靠了这些手段，曲调和和声——音乐骨架就被创造了出来，音乐作品就被建

---

① 斯大林：《马克思主义与语言学问题》，人民出版社版，40 页。

筑了起来而且加以乐器的编配。这些创造音乐结构的手段成为一门特殊科学——音乐理论的研究对象。

在音乐结构上担任领头的角色的是曲调。作曲家之间的古典大师（例如格林卡、柴科夫斯基等人）曾经反复说明这一点。曲调之外无音乐。破坏了曲调就是取消了音乐。

为了明确了解创造音乐结构的手段的特殊性质，尤其是为了明确了解曲调，便必须明了腔调这个概念。① 这种依靠特殊的音乐手段，首先就是在曲调方面来表现音乐的形象的方法是与那在人类的语言方面通过音调来表现思想和感情的方法相似的。正如音乐一样，语言也可以通过音高、音色、强度、音响的变化，通过休止，通过声音变换的速度，通过重音及节奏直接表现出人类的内心状态。正如我们在说话的时候可以从腔调、从嗓音认识到激情状态最精微的影写一样——所谓影写有时是可以给我们揭示出现实的现象和过程的特质的，音乐中的曲调也可以使人类的感情和思想以及现实的现象和过程在我们面前揭示出来，这些事物是在感情的发展和思想的逻辑上得到反映的。正如在语言里面腔调可以表现出人类的性格特征，他的民族性，他的大约的年龄，他气质的特点等等一样，曲调也能够给我们勾出它所歌唱的人的个性的面貌，表达出人的生动的形象及其在一定生活条件之下独具的思想和感情。

换一句话说，说话时的腔调也如同曲调一样具有表现一种意义的机能以及刻画那从类从的表面音质所显示的个性的机能。根据这样的意义我们可以找卢梭的话，说语言在唱而音乐在讲了。

因此，科学院院士阿萨菲耶夫，他在苏维埃音乐学方面是充分发挥了腔调这个概念的，他规定了音乐的意义："首先就是腔调的艺术，而在腔调之外便仅仅是音响的连接而已。"② "音乐不能在定腔的过程之外存在。"③

（除了腔调问题的正确解决之外，阿萨菲耶夫的著作是存在着一些错误的命题的，一方面是腔调的狭隘心理学的解说，另一方面是把腔调与音乐形象混为一谈。）

可是不管一切的类似点，音乐腔调与语言腔调是有重要差别的。在语言方面

---

① 音乐中的腔调这个概念在 18 世纪法国启蒙学派的美学上是众所周知的（尤其在卢梭手上得到广泛的发展）。到了 19 世纪，这个概念便被斯宾塞庸俗化了，他给它加上一种纯粹生物学的意义而抽掉了它艺术的内容。腔调的现实主义的理解在俄罗斯古典的音乐美学里面有了新的发展。在苏维埃音乐学里面这一理解成为科学院院士阿萨菲耶夫音乐理论纲领的基本内容。

② 阿萨菲耶夫：《作为过程看的音乐形式》，第二卷，92 页，1947 年版。

③ 阿萨菲耶夫：《作为过程看的音乐形式》，第二卷，69 页，1947 年版。

（而在重要的程度上说诗的艺术也一样）腔调演着一个次要的角色，它提供一种辅助要素，给予说出来的话以表现力。反之，在音乐方面，那与腔调类似的要素却给曲调提供了创造并揭露艺术形象——反映现实的艺术形象的手段。因此它便与说话的腔调有了质的差别。

从表面看来，这首先是表现在有关音高、轻重节奏律而在平时也在有关速度、音色及力学方面的腔调表现能力的一切要素的准确的规定上。腔调的一切组成部分在音乐上是表现为调类、轻重节奏等的特殊规律性。因此，音乐腔调无论如何不是语言腔调对音乐的机械的转移（关于音乐腔调和语言腔调的表现类似性以后还会谈到），而是具有特殊的曲调的运用，唱法及动机，这些都是由好几个依照音高和轻重节奏律构造出来的音响所造成的。

曲调的腔调是原始的声音组合，它传达一种意义或者一种想象。就它的表现可能性方面说它是比语言腔调丰富到不可计算的。一支相对紧凑的、在一定方式上加以强调的歌曲曲调（主题）已经是基本的、特殊—音乐的形式，依靠这样的形式便显示出一种艺术的形式，它是一种通过音乐的腔调表现出来的感情，一种相对地发展的思想。这样一种形式的典型例子可以是一首单音的民歌，在这里面音乐的形象就正是采取歌曲曲调的（主题的）形式而存在，这种形式一般是互相差别的内部构造的一个乐段（小调），有时也采取二部形式（小调加副歌）。

可是音乐形象的形式差不多永远不会单独越出曲调的范围。音乐在整体上说是曲调性的，这就是说，音乐的一切其他方面：和声、复调音乐、骨架的类型及发展主题的方法、配器等都是依附于曲调的而且都注定是去丰富曲调、加强曲调的表现力、着重表现并发展曲调的个别动因从而创造一个多方面的音乐形象。这种形象从来不限于一次的呈现（如歌曲或序曲那样），而是经常在发展上通过与其他形象的比较和排列，通过对照，通过否定、矛盾、斗争或通过补充，通过本质的多方面的揭露而传达出来。因此就造成了特殊—音乐的艺术形式的多样的、历史性地永久保存的典型。

因此，音乐就具有一种独具的特殊的"语言"，它体现而且揭露那反映现实的艺术的形象。在这种"语言"表现它的内容的方式上，它是与说话时的腔调类似的（可是并不与它一致）。

由于创造音乐形象的手段回到腔调上面去，曲调和悦耳的音响就是现实主义音乐的重要的特性。由于民间歌曲、民间舞曲是典型的曲调的基本形象，密切结合民间的音乐创作也就同样是现实主义音乐一种重要的、与它的特殊性相结合的手段。

斯大林说过："有些作曲家高高在上地俯视民间创作。可是他们搞错了。人民拿他们的歌曲琢磨了千百年，已经把它提到艺术的最高阶段了。"

为了表现人民及其生活的精神态度主要的、基本的特征，人民在他们歌曲方面那千百年的琢磨就动手去选择那有助于创造音乐形象的典型的腔调、唱法、曲调的运用。民间创作使人民的民族性格得到形象化的表现。

因此，音乐创作的现实主义的、接近人民的内容（在我们的时代则是社会主义的内容）离开了民族的、与人民的音乐文化密切结合的形式是无从表现的，正如它离开了曲调就不可能存在一样。

因此，曲调丰富性及与民歌创作的结合就是音乐中的现实主义和大众化基本的，有机地互相联系的特征。它采取特殊的音响——腔调的形式提出忠实地反映现实的结论。

联共（布）中央 1948 年 2 月 10 日的决议指出穆拉杰里在他歌剧《伟大的友谊》里面最严重的形式主义的错误就是"作曲者并没有利用民间曲调、歌谣、歌唱、舞曲动机的富源，这些东西都是苏联各族人民尤其是北高加索各族人民的创造最为丰富的，而歌剧中所描写的各幕的情节又正是在北高加索一带展开的。

联共（布）中央号召苏维埃作曲家继承俄罗斯音乐学派的传统，因为俄罗斯音乐学派的特色就是"与人民及人民的音乐创作及歌曲创作的深刻的有机的结合"。

假如你承认，创造音乐形象的手段是寄托在腔调上面，那么，也就必须明了声乐区别于器乐的作用。与那些在器乐里面看到了"纯粹音乐"的最高表白的形式主义者不同，民主现实主义美学的代表（车尔尼雪夫斯基、谢洛夫等）则承认声乐在音乐文化中的主导作用。

伟大的俄罗斯音乐批评家谢洛夫写过："显然的，声乐比器乐是更重要。在声乐里面，歌唱——是完整歌唱；表现力——是完整的表现力。可是人声的界限，不论在有关强度方面，也不论在有关范围方面（这就是说人声可以达到的声音的序列），都是颇为狭隘的。从这方面出发去加以考察，那些为了有助于人声而制造出来的人工的乐器就有了异乎寻常的重要性，于是在它们……达到了独立的发展之后，它们就有可能在音乐艺术的另外一些方面去多用工夫，所谓另外一些方面，就是指那些在人声内部本来是全都具备的，虽然还仅是在萌芽状态，但是不能够以那样的明确性表达出来，也根本不可能去丰富音乐语言的领域。

例如低音提琴及大鼓的低音的怒号只有在最强有力的人声的低音的愤怒声里面才可以暗示式地听得到；在乐队里面这种愤怒却可以发展到这样的地步，那已经不仅仅是可以听到威胁的言词，那简直就是天空的雷轰，雪山的崩塌或者是海洋的波浪的呼啸；音乐绘画的调色板扩大了，……扩大到惊人的范围，那无疑是声乐所不能达到的。歌唱、嗓音现在只用得着做一个暗示，乐队依靠他那强有力的手段已经把人类灵魂里面所发生的一切刻画成功了，即使是哀斯启洛斯笔下的普罗密修士的愤怒也可以恰当地传达出来，另一方面，乐队又忽然转到莎士比亚式的仙女玛勃的温柔纤巧的王国，或是儿童睫毛上的泪珠，或是玫瑰花瓣的摇荡。……

正确地说，每种音乐都是歌唱（或者属于补充歌唱以及装饰歌唱的东西）。"①

这是具有深刻的真理的字句。

承认声乐在音乐文化中的特别作用并不等于否定器乐的独立性或者它那使生活通过形象达到普遍化并起作用于听众的能力。它只是意味着，器乐作品离开了曲调的悠扬，离开了音乐表现力的特殊的腔调性格便不免削弱了它那音乐特殊性。

西欧现代派破坏了音乐艺术的基础，发展到否定真正的声乐艺术的地步，代替声乐的则是矫揉造作的，缺乏自然腔调基础的器乐主义或是神经失常的叫喊。声乐部分，假如现代派作品里面出现声乐部分的话，那也是矫揉造作的，不自然的。本来是用人声的生气勃勃的腔调能力去丰富乐器的音响的，现代派恰好是反过来，给歌唱的声音加上一种乐器机械的、没有灵魂的特性。这样一种声部的演唱对于歌唱的声音来说简直常常是危险的。大钢琴、小提琴、大提琴、弦乐四重奏在现代派手上是不把它当作音响饱满的乐器来处理的，它被认为是杂声制造器。这样一来，他们便杀害了曲调，破坏了音乐。

联共（布）中央1948年2月10日的决议批判了"就在苏联一部分作曲家当中，产生了一种对于交响乐式的无歌词的器乐的复杂形式的片面的热衷，而对于像歌剧、合唱音乐、供小型管弦乐队、民间乐器及合唱团所用的通俗音乐等音乐部门采取了轻蔑的态度"。

我们可以确定一种乍看起来似乎矛盾，然而实在是极深刻地合乎规律的事实。

一切掩蔽的资产阶级的唯心主义者尤其是现代主义者割裂了音乐特殊性，企图把音乐从现实、从进步的社会运动分隔起来，事实上却是破坏了音乐的真正特殊性。反之，现实主义音乐艺术尤其是社会主义现实主义艺术却正确地揭露出社会—历史性的现实发展的趋向和规律性而且引导到音乐的专门特性和本质的充分发挥，引导到音乐形象性的发展。

---

① 谢洛夫：《批评论文集》，第四卷，1586—1587 页。

现实主义音乐是与人民的生活和他们进步的追求密切结合的，同时又装进进步的思想内容；音乐的特征和特性提出了它那一般的意识形态的特殊的表现而且是只有在这些特性的基础上才能够繁荣起来的。

正如其他艺术一样，音乐也通过形象来反映生活、自然界、社会和人类。

自然界、人类、社会生活的各种变化，这一切都在音乐里面得到它特殊的反映。可是音乐与其他艺术部门的区别则在音乐偏重于创造人的形象，它表现他内在的世界，它再现他激情的状态，它揭露他的生活经历。音乐的长处不在于直接反映官能地接受过来的特性和实质世界的关系，也不在于人的面貌的外表方面，他的外表的性格特征。绘画这样做比音乐擅长得多。音乐的长处同样也不在于描写人类生活的经历，这种经历是塑造人格同时也是显示人格的。文学这样做比音乐擅长得多。音乐的长处首先就在于直接地、生动地揭露那些从生活显现出来的人的经历而且从这方面指示生活发展的合乎规律的逻辑。就这一点说，音乐是一切艺术中间最接近抒情的。

谢洛夫写过："依照音乐语言的特性，音乐始终是一种抒情诗，假如你对抒情法则的了解是灵魂在它那全部无穷的阶梯中间的洋溢的话……"[1] 1936年1月斯大林在与歌剧《静静的顿河》的作者和导演的谈话中间曾经说过，苏维埃歌剧必须是打动人心而且激起热情的。苏维埃作曲家从斯大林这句话得到了音乐的根本特殊性的指示。

联共（布）中央1948年2月10日的决议公布之后，苏维埃音乐的最优秀的作品的艺术的长处，亦即是音乐的形象打动人心的效果主要是在于忠实地、深入地揭露苏维埃人典型的生活经历以及他们如何通过苏维埃社会的前进运动以达到共产主义。伟大的、崇高的、结合着苏维埃人英雄性的劳动事业及其对各族人民的领袖斯大林的爱的人类的感情全部反映在肖斯塔科维奇的清唱剧《森林之歌》里面。这一类的感情构成了这部清唱剧音乐形象的基础。

苏维埃人的爱国主义、他们对社会主义祖国的热爱及对战争贩子的憎恨塑造出马涅维奇的大合唱《争取和平、争取民主》的音乐形象。苏维埃青年精神面貌的优美动人，他们那积极的，肯定生活的乐观主义则在卡巴列夫斯基的小提琴协奏曲里面显示出来。

我们听一听苏维埃作曲家的这些（同样的也还有其他许多）作品，我们就会认

① 谢洛夫：《批评论文集》，第一卷，170页。

93

识到作品里面所反映的苏维埃现实首先就是我们熟悉的、接近的激情的生活体验。

不能表现激情，不能表现生活体验的音乐就不可避免地要成为没有内容的、形式主义的音乐。事实并不是偶然的，假如资产阶级现代主义在音乐上的一种方向（线条主义）宣布直接放弃激情的音乐，假如他们搞那冷淡的音乐和适应理性的创作。其他现代主义的方向（尤其是表现主义及其后辈）不使音乐与真正的激情结合，而是与病态的激情，与神秘、色情和歇斯底里相结合。

音乐在形象地、直接地揭露人类的内在世界的特长是那么明显，以致只有相对少数的唯心主义美学的代表（汉斯力克派）敢于争论这一点。唯心主义美学家不止一次地声言，音乐是在表现"人类的内在世界"，可是根据资产阶级哲学家的理解，这个"人类的内在世界"却是狭隘主观的、关门的、个人主义的小宇宙，脱离了社会的历史性的现实的小宇宙。唯心主义美学家让人类的这个"内在世界"向不固定的感情跑出去，把感情从思想、从现实的其他许多方面的反映割裂开来，结果便做了反理性主义的说教。

实际上音乐却是在揭露人类生活体验的过程中反映了造成生活体验的那种生活。

关于音乐地—形象地反映现实的特殊性问题在俄罗斯古典美学里面已经正确地提了出来而且加以处理了。谢洛夫写道："音乐是灵魂的直接语言……，可是灵魂在它活动范围内总是或多或少地受到那关于人在他的小宇宙里面，这就是说在他本身，在他的'自我'里面以及在自然界与外在世界里面所发生的事情的激动。因此音乐里面也就能够以相当的规模反映全部的人类生活，那就是当灵魂由于悲哀、痛苦及快乐的感觉而受到了'激动'的时候，而这两种感觉却是具有一切无穷的递变的。"[1] "……灵魂的共鸣是可以通过世界上的一切引起的：通过一定时间的事故，通过历史的事实，个人生活中一种个别的突发事变，一首诗、一本戏、一篇小说、一幅画、自然界等。因此只要音乐一天保持它反映灵魂情调的能力，音乐语言的真正活动范围就像其他艺术的活动范围一样是没有界限的。"[2]

日丹诺夫指出了在音乐中通过人类生活体验全部丰富的内容各方面地反映生活的必要，他在联共（布）中央关于音乐创作的会议上发言道：

"音乐作品越是高级，被它引起共鸣的人心的弦线便越多。人，——从音乐感受性的观点看，——这是那么神奇和丰富的唱头云母片……对于他，仅是一个音符、

---

① 谢洛夫：《批评论文集》，第一卷，169—170 页。
② 谢洛夫：《批评论文集》，第一卷，170 页。

一根弦线、一种激情的音响是不够的。"

在创造音乐形象的过程中承认激情的人类生活体验的特殊作用可并不等于说，音乐仅仅能够表现人类的感情，而不能在音乐形象里面表现他的思想和现实的其他方面；这并不等于说，各种感情，尤其是那复杂的、多方面的人类生活体验只有通过音乐才能够表现出来，而其他各种艺术就无法表现。承认音乐中激情的特殊作用，仅仅是意味着，音乐与其他艺术部门比较起来是在于表现人类的性格，而现实的全部复杂性首先通过人类生活经验的揭露而反映出来。

音乐借依靠了它那音响——腔调——"语言"使人的生活经验得到特别完整、完善和生动的表现，因为它能够在所有它那极细微的影写和过渡上面把激情的动力方面直接地表现出来。一首给我们揭示感情的长河以及它那变化与发展的一切影写的受人欢迎的抒情歌曲就可以做例子。

不错，生活经验的发展，从原则上说，也可以由其他各种艺术表现出来。可是第一，其他艺术远不能像音乐那么直接地表现生活经验的发展和变化的过程，它是通过中介的，走着间接的道路；第二，在其他各种艺术里面生活经验的发展并不是不断的持续的东西，也没有创造艺术形象的完全的基础，因为它只有在形象发展的个别瞬间占到首要的位置；第三，音乐与其他各种艺术不同，它通过其他表面的显现形式表现生活经验的发展。

这样，我们不妨举一个例，当我们深入考察一下列宾的名画《意外的归来》的时候，我们可以从那个跨入室内的政治流亡者的脸上看到好些矛盾的感情的整条音阶。他的面部表现了深刻的激动，这是从那突然的回家唤起来的。我们可以在面部表情上把捉住生活体验的运动，可是我们对于感情的转换和发展的判断：究竟是间接的，那是在画幅的中心人物与其他在场各人的交互关系的基础上得来的。那个从安乐椅上站起来的老太婆开始认出她的儿子时的激动；那个男孩子的惊异和好奇，他已经准备着从椅子上跳起来；那个紧贴着桌子的小姑娘的恐惧；那个靠钢琴旁边坐着的年轻妇女的精神的迷惘——这一切都好像反映在那个进门来的人的脸上而且让看画的人去感觉他所体验到的复杂性和发展。这幅画表现出了感情的激动，可是这种激动是用绘画的手段经过中介地表现出来而且是通过那些人物彼此之间的交互关系表现出来的。同时这种激动并不提供创造形象的基础而仅仅是它的细节之一。

由此可知，绘画也同样能够表现感情的发展，可是并不是直接的，而是根据人的面部可以光学地把捉的特征，在感情的表面可以看到的表情的某一特定瞬间的固定的道路上表现出来的，而且更进一步通过这种表情的矛盾或者通过与画中其他人物的交互关系表现出来。可是在音乐里面感情的发展却会在它直接行程中，在它变化的最细微的影写以及这种影写的互相渗入中表现出来。它在曲调里面表现出来，就它的本性说那是一种腔调，而且直接地会被听者体会到。

音乐形象性的特质是显示得十分清楚的，假如你随便拿一个具体的音乐形象和其他各种艺术的类似的形象比较一下。我们就拿各种不同的艺术部门的三个接近的形象做例子吧：格林卡的歌剧《鲁斯兰与柳德米拉》里面的鲁斯兰咏叹调"原野啊，原野"，普希金在同名的诗篇中描写这死亡的原野的辞句及瓦斯涅佐夫的名画《歧路上的壮士》，这幅画画出了一片死寂的原野，堆着一些霉烂的骷髅，飞绕着乌鸦和一位面对着刻上先知的铭文的墓碑，陷入了深沉的思索的壮士。① 所有这些艺术作品都反映出英雄性的勇士的俄罗斯而且充满了深刻的、苦难的、悲壮的思虑。这一切都用各种不同的艺术部门的手段叙述着勇敢的、英雄性的为祖国的牺牲和俄罗斯英雄的精神的伟大和高贵的心胸。

可是同时这些艺术作品不仅是在它们意识—激情的内容的个性特点上强烈地区别开来，而且也因现实反映的性格的典型而大有区别。至于那帮助创造它们的物质的手段却是不必提起的。

鲁斯兰咏叹调的音乐首先是造成这样的一种印象，它在观众的灵魂里面留下一幅战场的凄惨的图画，它也表现了通过鲁斯兰灵魂里面的这幅图画创造出来的情调而且揭露了他那阴暗的感情和思想，由于那通过阴暗的图画唤起的情调和它的发展，我们也好像看见那幅图画本身而且感觉到了它在一般的基本特征上对文学与绘画的相应关系。这里是感情的发展在音乐形象的创造中占着第一位，尤其是在与其他各种艺术部门比较的时候这一点显示得特别明显。

可是现实在音乐中的反映，像已经说过的一样，从来也不仅仅是限于感情的发展。那由音乐揭露出来的，由客观现实的现象所造成的人类的生活体验始终是激动性的，可是它又不仅仅是激动性的，它越过激动的范围包括了社会性的人的心理的一切方面。感情在音乐中的发展首先就是与人类的思维，与音乐作品的意识形态的目的的揭露不可分解地结合着的。

科学院院士阿萨菲耶夫说得对，他指出"感官的，这就是说激情的紧张状态是音乐的不可避免的特性标志，可是并不是它的根本原因，因为音乐是——腔调化的

----

① 我们也可以想到瓦斯涅佐夫的另一幅画《战后……》。在战场上躺着阵亡的壮士，周围是战争工具的破片。秃鹰飞绕着，为瓜分猎物而争斗着，东升的血红的月亮照着一片死寂的山谷。

思想的艺术。它决定于，自然及人类的腔调过程：人置身于这一过程中不可能置身于现实的关系之外……那制造音响的，亦即是说腔调化的感情系统自始至终都受到脑的、理智的支配……"①

同时人在音乐中的思维并不在形式逻辑的抽象范畴之内而是在特殊的艺术形式中显示出来，因为它与音乐形象的规律性的、由生活决定的运动和发展是不可分的。

我们从苏维埃作曲家斯威奇尼科夫的交响诗《邵尔斯》的开头就听到了"邵尔斯"的坚硬的、强毅的主题，这个主题渗透了火焰一样的雄辩的腔调，表现人民的愤怒和抗议的腔调。这个主题被科勃札尔（乌克兰民间歌手的名称）的沉思的演奏溶解了，这是科勃札尔向人民叙述革命以前的乌克兰没有光明的生活的演奏。接着便展开了人民反抗压迫和暴力的斗争的宏伟的戏剧性的画面。这些画面被那段关于牺牲的英雄的悼念的悲伤的插曲溶解了，至于这部作品的结束却是一段庄严的音乐，它歌唱了苏维埃乌克兰的繁荣及英雄为它献出自己的生命的不朽的事业。当我们听到这一切的时候，我们不仅是激动地感觉到、体会到那由音乐表现出来的内容，我们也在体会过程中认识到而且了解到曲谱的思想以及那包含在曲谱里面的生活现象的普遍化。

由此证明音乐是能够表现思想的，因为在典型的激情运动中社会性的人的感情和思想，正如在音乐里面被揭露出来一样，反映出现实现象的生长、发展和变化，而且不仅是从它的表面，而也从它本质的内核方面反映出来。因此音乐就证明尤其善于直接地表现生活矛盾的生长和发展、现实现象之间的关系的变化、到新的质的情况的过渡等。同时性作为音乐发展的原则就是建立在这上面。

生活的冲突、矛盾包含着那对任何一个时代的人来说都是典型的生活体验在音乐的交响乐式的发展中作为音乐—戏剧性的冲突的反映。在生活体验的发展中音乐揭露了现实的发展的图画。正是这个缘故，交响乐式的、音乐—戏剧性的发展便常常与哲学的思维，与生活规律性的深刻的普遍化结合着。

交响原则作为音乐发展的原则显示得最完整的就是在交响乐这一部门，可是决不仅仅是限于这一部门。

例如在歌剧里面用什么方法可以使作品的思想内容音乐性地表现出来呢？首先就是通过个别的音乐"项目"——咏叹调、重唱、合唱等等——的激动性——意义适应性的表现力，这些项目揭露出剧情人物的生活经验并规定出舞台上面的行程的

---

① 阿萨菲耶夫：《作为过程看的音乐形式》。第二卷，140 页。

性格。更进一步则通过音乐的发展、通过音乐结构的交互关系及其在歌剧情节的过程中的变化。这上面就寄托着歌剧的交响乐化。

这是在一般特征上到现实的特殊—音乐性的一般化、到思想内容的具体化的道路，也适用于器乐。

我们现在——为了举一个例——转到柴科夫斯基的幻想序曲《罗密欧与朱丽叶》的简短分析方面去。当柴科夫斯基在音乐上具体化了莎士比亚的难忘的形象的时候，他在他这部作品里面同时表现了他自己的、对他全部创作生活典型性的而且是由他的环境造成的思想雏形。这种思想雏形的基础是柴科夫斯基清楚地感觉到而又富有个性地表现出来的 19 世纪 70 年代和 80 年代俄罗斯现实的矛盾；这种时代的矛盾，"在那周围的官僚主义的环境里面凡是企图与它对抗的都只有死路一条，即使仅仅是凭他们的青春、他们的梦想、他们的能力以及他们对一种模糊的比较好的生活的追求也不行①"。

这种俄罗斯人的生命力量与社会压迫之间的矛盾曾经是悲剧性的冲突的泉源，在柴科夫斯基的音乐形象上得到了反映，同时也就造成了它的表现能力和它的发展的特质。

在幻想序曲《罗密欧与朱丽叶》里面这种矛盾的反映是与这部交响乐式的作品的纲领——这就是说与莎士比亚的悲剧———致的，而且首先便在两个主题："仇恨主题"与"爱情主题"之间的激情的对照中显示得明明白白。在那动荡的、亢奋的、充满了绝望情绪的正主题与那光芒四射的副主题之间的激情的对照同时就提示出一种思想的与合乎理性的对照。在这出场的两种形象之间，从楔子的阴暗的气氛产生的两种形象之间的冲突在这交响诗的中段——在发展部——带来一种复杂的、折磨的斗争：它唤醒了挣断束缚、从压迫的势力——束缚那美妙的积极的生活原则的开放的势力底下解放出来的努力，正如在"爱情主题"所表现出来的一样。那坚决的反抗企图（重复部的开头）与一个人对生活和幸幅的权利的坚持（副主题）一直发展到决裂的地步，终于达到了美妙的积极的形象的决定性的崩坏。在这部作品的结束部（尾声）出现了那个曾经一度光芒四射的"爱情主题"的痉挛性的变形腔调向着丧葬进行曲的背景进行，背景又溶解为一段煞尾的加强的合唱。可是正在结束之前一瞬间那爱情主题的腔调又一次复活起来，通过强有力的结束和弦更加强了它的力量。

① 阿萨菲耶夫：《论柴科夫斯基》（为他的逝世 40 周年纪念作）《苏维埃艺术报》，1933 年第 56 期。

柴科夫斯基的幻想序曲《罗密欧与朱丽叶》的内容虽然没有歌词而仅仅依照纯粹的交响乐原则也能够依照这样的方式表现了莎士比亚悲剧的意义和气质和它那正确的戏剧性的冲突的逻辑。柴科夫斯基的创作同时也是他的时代现实的反映。序曲《罗密欧与朱丽叶》的思想雏形是在于那个时代的主要矛盾的反映，在于对黑暗和恶毒的热烈的抗议以及幸福和生活快乐的坚持，在于显示那美妙的、积极的生活原则的灭亡，在于对拘束生活的势力的悲剧性的斗争，也在于虽然灭亡仍然具有对生命的美好的快乐的深刻的信念。这种思想雏形的具体化就在于这部交响诗的音乐形象的民族性格，在于它的交互关系和发展，在于基本矛盾及其解决的逻辑。这部历史性上说是进步的、而且使俄罗斯人民的进步追求得到表现的序曲，是通过柴科夫斯基在生时期俄罗斯社会—历史性的生活的"典型环境"造成的。

这些音乐形象的激情的表现能力以及它在音乐创作中的交互关系和发展（比较、对立、补充、对照、发展等）是思想内容的特殊音乐性的表现的支点，也是现实在现实主义音乐中的反映的支点。这种在音乐上揭露出来的生活经验的典型性以及逻辑在现实的引起这些生活经验的现象的交互关系和发展方面的反映构成了生活的音乐地塑造起来的普遍化。

同时音乐又提供了多种多样的可能性，使普遍化的音乐形象得到它具体的表现。音乐的形象不仅是起作用于听众的感觉和思维，它也起作用于他的想象、他的幻想。

音乐形象性的手段并没有一种本身目的的意义。就现实主义艺术说，它永远是从属于音乐形象的表现力，从属于音乐作品的思想内容的揭露以及现实在它那典型性的、规律性的特征的普遍化的反映。可是我们决不因此便可以说不必在这方面多用工夫，因为正是这些手段给音乐形象提供了与现实现象相类似的外表。

资产阶级唯心主义美学一面使音乐与现实脱离并否定现实在音乐中的反映，一面向音乐形象性展开定规的攻击，这并不是偶然的。唯心主义美学不止一次地根本否定音乐显示形象的可能性。它或者认为音乐是一种"响着移动的形式"的艺术①或者认为是"精神的纯粹表现"（唯心主义意义上的），可是不认为是现实的映象。可是在某些情况之下，当唯心主义美学不否定音乐中的形象性的时候，它通常是把音乐的显示形象可能性理解为粗暴的自然主义的声音模仿，这是对曲调与和声取仇视态度的，在形式主义的作品里面就展开了那最心爱的迷途，它的方向就是音乐的

---

① "……它不论何时何地都没有它的创造的实例和资料，"汉斯力克曾经这样来论述音乐："对音乐来说，自然美是不存在的。"（《论音乐的美》，152 页，1910 年版。）

破坏和取消。在这个问题上《真理报》那篇著名的社论"纷乱代替了音乐"及联共（布）中央关于穆拉杰里的歌剧的决议曾经有了明确的指示。

与唯心主义者的武断相反，在唯物世界观里面生根的现实主义音乐美学的特色就是始终承认音乐的形象性。例如柴科夫斯基就曾经写过，他不了解为什么那些"老爷们"认为"音乐不能够表现生理学和伦理学的世界的现象"[1]。据雅斯特莱勃切夫的叙述，李姆斯基－柯萨科夫曾经抗议过那样的见解，那就是"音乐是无力的，只有绘画或雕刻才能够——显示形象"[2]。现实主义音乐美学的传统也被苏维埃音乐学接受过来了[3]。苏维埃音乐美学探究的问题是，音乐形象性在音乐形象的创造中占着什么样的地位，它在现实主义音乐中关于现实的反映所起的作用是什么性质的，音乐为了达到音乐形象的表现具体化的目的需要采用哪一种特殊手段。

我们现在就考察一下音乐形象性的原则。

一、腔调—形象性　是音乐形象性最重要的原则，是它的基础。曲调的腔调（曲调、动机、转化）能够显示（模拟）人类语言的腔调并表现它的特点从而遵循这样的道路去创造人的形象。特别显示得明显的是腔调形象性在宣叙调中的作用（宣叙调基本上是一种入乐的谈话），可是它也适合于每一种曲调，因为曲调不仅表现思想和感情，它也"素描"出人的形象。

腔调—形象性可以清楚地在歌剧里面觉察出来，在歌剧里面每一个登场人物都具有适合于他的而且刻画他的性格的腔调的活动范围。例如格林卡的歌剧《鲁斯兰与柳德米拉》里面每一个登场人物首先就是依靠对他具有特殊意义的腔调范围音乐地加以描写，而腔调又在它的基础上回到语言腔调的表现能力和性格刻画方面去。与鲁斯兰勇敢的、崇高的性格相适应的腔调是使朗诵性的表情与民歌式的歌谣格调结合起来的。法尔拉夫的主导的性格特征——卑怯和夸耀——在那滑稽的"折断舌头"的调子里面得到了它的表现，而这种调子差不多是他整个角色的基础（尤其是那段著名的回旋曲）。拉特米尔那暴烈的、官能性的形象被腔调素描了出来，使人简直听到了折磨和欢悦；这些腔调很接近东方的民间音乐，有时在拉特米尔的角色里面简直就是原始的东方曲调的运用的结果。与刻画戈里斯拉娃角色的性格的戏剧性的、热情的腔调相对立的是柳德米拉那轻盈的、柔媚的花腔——腔调，这种腔调

---

① 柴科夫斯基：《与梅克夫人通信集》，第一卷，531 页。
② 雅斯特莱勃切夫：《回忆李姆斯基－柯萨科夫》，初版，89 页。
③ 关于音乐的形象性问题在苏维埃音乐学者阿萨菲耶夫、克列姆辽夫和别的一些著作里面曾经有过讨论。

是与愁苦的民歌式的唱法的元素相结合的；柳德米拉角色的刻画特性的腔调表现她那少女的无忧无虑，她的性格的任性使气，正如她那深刻真挚的感觉的能力一样，是恰到好处的。至于这部歌剧的那些幻想人物都有他们独有的、刻画他们性格的腔调范围，每当刻画形象性格的时候那是常常与乐器的统驭联结在一起的，从而有别于真实的登场人物的"生动的"腔调。

腔调的显示形象的意义在歌剧里面表现得特别清楚的地方是在各种性格迥不相同的登场人物更番会合的时候。

腔调—形象性在表现歌剧里面一族人民或个别登场人物的民族特点的时候总是起着一种很大的作用。至于腔调——形象性虽然在歌剧里面特别显著，可是还不仅是因为它适合于歌剧，它也适合于歌曲、浪漫曲因而也就是适合于器乐。

例如两种腔调的语言形象（在音乐上就是：模拟的和显示的形象）清楚的对比和发展就存在在柴科夫斯基的钢琴曲里面，作品集七十二，第三"娇嗔"和第八"对话"。

在这些曲谱的曲调里面可以听到讲话、争论和谈天。这些曲调的动机同时"音乐地素描出了"人类语言的腔调，并遵循这样的方式在听众的幻想里面唤起一个人生动的形象，这个人的生活经验就是通过他语言的腔调表现出来的。

音乐中的腔调形象性作为普遍化的音乐形象——它的生活经验的个性化和具体化的手段之一，提供了通过音乐去反映现实的一种从属的、第二级的基础。因此，只有当腔调—形象性从属于现实主义的意识目的并在普遍化的、充满表情的、依照一定的意义具有充实内容而且逻辑地发展起来的曲调基础上得到实现的时候，腔调—形象性才能够达到它的目的。就说宣叙调吧，本来它是音乐里面最接近真正语言的一种形式，可是只有当它特别着重或提高语言的这一种或别一种表现元素或意义元素而并不是简单地把说话重复一遍的时候，它才具有艺术上的价值。比较更加重要的是曲调，如果你把它弄成是刻画个人性格的语言腔调的总和，那就是毁灭了它的唱法。可是另一方面，如果一支曲调完全不能使人联想到生动的、温暖的、充满表情的、刻画性格的人类的语言，那它也就具有非常抽象的因而也是非艺术的性质。两种极端都是现实主义原则的削弱。这些极端在机械论的潮流里面是得到广泛发展的。

语言腔调的现实主义形象性在形式主义的反现实主义艺术里面受到了歪曲和毁灭。20 世纪的西欧现代派的特点是，或者是使音乐腔调与现实的腔调完全脱离，或者是把它们完全自然主义地同一化。最原始的自然主义——直弄到歌剧拿报纸广告做材料（兴德密特的《当天新闻》），弄到做一份农业机器的样品目录的音乐说明书

（米洛德），或者拿依照音乐的朗诵来代替歌唱（奥尔夫的《安蒂戈妮》）——在现代派手上与极端抽象的器乐主义统一起来，它与现实生活的腔调根本没有任何联系（例如玄堡和兴德密特的室乐创作）。

在苏维埃现实主义音乐里面，腔调—形象性就具有完全不同的性质，那是为创造苏维埃人在他们的斗争中、劳动中、生活方式中的意识形态的积极的音乐腔调形象而服务的，这里的所谓形象自然是忠实地反映苏维埃现实的。

二、声音模仿　是一种建立在音乐腔调上面的伴随着人类生活的事变以及自然界的各种声音的仿造，这种仿造是用来达到显示形象的目的的。

例如听众可以从李姆斯基－柯萨科夫的歌剧《隐城基德希传奇》的那幅著名的交响画"凯尔仁兹的战斗"里面清楚地听到打仗的声音、战斗的叫喊、长剑的碰击和鸣响、马的奔跑等。李姆斯基－柯萨科夫依靠了声音模仿创造出一幅清楚的、音乐地表现出来的图画。在柴科夫斯基的歌剧《黑桃皇后》的雷雨场面里面，声音模仿的成分——雷的轰击、风的呼啸——在音乐形象表现的具体化方面起了巨大的作用。①

在现实主义音乐里面声音模仿无疑是推广了的，可是它从来不起本身目的的作用而是作为一种从属因素，作为音乐的整体中间的一部分艺术的细节而存在。现实主义的声音模仿主要地具有激情的、逻辑地发展的音乐形象的具体化的意义。

一个应用声音模仿的作曲家必须永远记住谢洛夫的话，这段话曾经被日丹诺夫在联共（布）中央召开的苏维埃音乐家会议上引用过，虽然自然界存在许许多多种类最不相同的声音，"但是这一切声音，有时候称为喧哗声、霹雳声、爆炸声、破裂声、泼水声、隆隆声、营营声、钟鸣声、吠叫声、咿哑声、嘘嘘声、谈话声、私语声、蟋蟀声、唑唑声、沙沙声等等，有时候是语言中所没有的声音，这一切音响或者是完全不包括在音乐语言的材料中，或者即使包括在内，也不过是例外而已（钟声、铙钹声、三角铁敲击乐器声、鼓声、羯鼓声等等）。音乐的本身的材料是特殊性质的音响。……"②

声音模仿的动因只有当它在音乐里面从属于进步的思想内容的具体化而且有机

---

① 我们也可以提起柴科夫斯基的标题的钢琴曲集《四季》和穆索尔斯基的《图画展览会》和那首交响诗《荒山之夜》以及鲍罗丁的《在中亚细亚》，还有柴科夫斯基的《弗兰斯所科·达·里米尼》及李姆斯基－柯萨科夫的《舍赫拉札达》；事情也可以这样办，只要想一想俄罗斯歌剧里面喇叭和钟鸣所起的显示形象的作用，自然和战争画面的恰当的音响，就够证明声音模仿在现实主义音乐里面的大大的推广了。

② 谢洛夫：《批评论文集》，第一卷，504 页。（引见《苏联文学艺术问题》。人民文学出版社版，117页。——中译者注。）

地、规律性地渗入从主要特征上反映现实的腔调曲调的音乐形象的发展中去的时候，它才能得到现实主义的性格。由于现实在音乐里面的现实主义的反映不可能脱离曲调而存在，因此与自然主义的声音复写相反，现实主义的声音模仿永远是寄托在富有表情的曲调的基础上面的，这样的曲调保有一定的意义，实现一定的意义而且表现出一种使曲调丰富、发展和完整的因素。

为了证明自然主义和现实主义的声音模仿的对立性，只要把拉威尔钢琴曲《音响的山谷》里面（或者是德彪西的乐曲《树叶底下的钟声》里面）钟声的形象性拿来和穆索尔斯基的《莫斯科河上的晨曦》里面（或者是拉赫玛尼诺夫的一些序曲和练习曲里面）钟声的形象比较一下就够了。在第一种情况里面（在拉威尔手上）——那是一种抽象的、混淆的声音复写，对曲调的抢掠用狡猾的音响做出一种涂脂抹粉的挤眉弄眼的行为。在第二种情况里面（在穆索尔斯基手上）——那是俄罗斯人生活的一幅现实主义的音乐图画，钟声只是那宽广地、自由地飞扬的歌曲的背景。这种音响补足了而且加强了曲调的表现力，具体化了那幅强大的、上升的和繁荣的俄罗斯的图画，就如同那晨光中的自然界一样。这一部分显示形象的细节跟歌剧《霍凡希那》的开场以及整部歌剧的思想目的构成了有机的统一。在现代主义时代，现实主义的声音模仿也如同音乐形象化的原则一样被糟蹋得不成样子。对现代派来说，一方面是极度轻蔑声音模仿的原则，谱作抽象的印板的音乐是它的特色（典型的作品是兴德密特的四重奏），另一方面，那些现代派却又在声音模仿上追求一种不曾有过的奇技淫巧来表现它的特色，因此声音模仿就转变为本身目的和以"新奇"使人惊愕的效果，因此就使整个音乐走到声音模仿的地步（典型的作品是贺涅格尔的《火车头231号》，那是复写了火车头运动的声音的）。

在苏维埃音乐里面现实主义的声音模仿是一种完全规律性的艺术化的方法。例如它经常被用到英雄性的歌唱俄罗斯人民反抗异族侵略者的斗争的作品里面去（这一类的作品就是柯瓦尔的清唱剧《叶美良·布加乔夫》、沙波林的大合唱《在库利科夫战场上》及斯威奇尼科夫的交响诗《邵尔斯》和其他好些作品的战争场面）。肖斯塔科维奇在他形式主义的迷路时期曾经对自然主义的声音模仿付出过他的贡税，可是在他的《森林之歌》里面却有两次非常巧妙地在创造现实主义的音乐形象的时候应用了声音模仿的方法。我们可以想到儿童歌曲里面那段先锋号角的恰到好处的腔调和"未来的散步"那一章里面长笛的诗意的吹奏，这一段吹奏是唤起了声音形象的联想的（它伴奏着"夜莺的歌唱"这些字句）。至于苏维埃的歌曲作曲家也不拒绝那作为现实主义的形象的部分细节的声音模仿；你想一想杜那耶夫斯基，想一想《春天》《道路》及其他歌曲吧！

在苏维埃现实主义音乐里面（同样也在俄罗斯古典音乐里面）声音模仿的因素在它有机地织入音乐的织物中去的时候，要求创造音乐形象性却并不因此降低乐曲的思想倾向的地位。在它把曲调的形象具体化的时候，它仅仅是要求它的效果的说服力。

三、运动的表现　音乐作为过程看，作为艺术看，它的形象是随时间发展的，通过速度和轻重—节奏便可以普遍化地反映真正现实现象的运动的性格特殊性和典型。音乐形象能够在表面上根据那由音乐传出来的运动的专门特殊性逼肖它那活生生的模样。例如李姆斯基－柯萨科夫那许多"海洋图画"就以不可忽视的规模依靠了运动的表现创造出来的（在那里面某些部分也同样运用了声音模仿）。在歌剧《萨德科》里面我们听到了海水的热烈的翻滚，海浪的均齐的拍打（引子），也听到了当萨德科沉入海底王国去的时候水的精灵的激动，我们也可以感觉到伊尔门海镜子一样平滑的海面，海面上是白色的天鹅游来游去，还有就是瓦雷格尔加斯特歌曲里面强硬的海浪猛扑斯堪的纳维亚的海岸岩石的声音。在表现水的情况的各种变化中运动形象性起着领导的作用。

运动的音乐表现能够普遍化地把人的动作传达出来而且依照这样的方法可以使形象具体化。由于真正的运动在音乐里面的表现也包括用音乐手段传达出人的语言运动，因此，就在传达激情状态的时候它也起着巨大的作用。感情和思想的运动在它一方面说是能够反映人类生活的事故的运动的，一系列的情况都容许我们谈到音乐的实在性。

在舞剧音乐里面运动的表现的作用是非常大的。舞蹈姿式的编造是以人类身体通过舞蹈的语言运动普遍化的表现为基础的，依照这样的方法也就以人的生活经验及其生活事变的揭露为基础。舞蹈姿式的形象是与音乐分不开的，它从音乐得到补充和发展，同时也在它的表现力方面得到更进一步的深入。根据这样的理由，人类身体运动的刻画一定性格的东西在舞剧音乐的形象上就起着特别巨大的作用。

可是唯心主义美学，因为它完全否认音乐运动与现实现象的运动的类似性，它就企图利用它来为它那反动的唯心主义的结论服务。在唯心主义音乐美学里面有一种见解是广泛流行的，它认为首乐表现了运动，可并不反映现实的现象，这就是说，它仅仅是在现象固有的任何一仲特质的反映范围之外反映现实现象的运动的抽象形式。对于这样的见解，完全用得着列宁规定主观唯心论的特色的名言："唯心论者也不想否定：世界是运动，即我的思想、表象、感觉的运动。关于什么东西在运动着的问题，唯心论者拒绝回答，并且认为是荒谬的：发生的是我的感觉的交替，我的表象削灭着与出现着，仅此而已。在我之外没有任何东西。'在运动着'——这就够了。"①

唯心主义美学对于音乐的类似的见解与现代派的音乐实践完全一致，它的特性就是音响形式的抽象运动的膜拜（作为例子可以举出德彪西的钢琴曲集《图书》第一集里面的《运动》，或者构成派的作品，例如兴德密特的《画家马蒂斯》）。

反之，对现实主义音乐来说，典型的一点却正是客观现实本身在那具有规定性的运动中的现象的形象性的反映。结果就是音乐里面首先应该具有准确的、清楚的、独立的、紧凑的主题，这个主题就是发展的基础。正是这个准确的、结晶化了的主题连同它那具有规定性的特色给予音乐里面现实本身的现象的反映以决定性，同时主题的发展就把它客观运动的反映推到第一位。在主题本身的边沿，运动的现实主义形象性始终是音乐形象具体化的因素，它又是用现实在音乐中的反映的手段的总和被创造出来的。因此它规定了形象本身的特性而不仅仅是它运动的形式。此外，只有运动形象性经由腔调的和曲调的手段得到实现而不仅仅是经由运动表面的音响的模仿的时候，它才能够得到现实主义的结果。

在腔调上面建立起来的、反映现实的音乐形象在现代派手上便拿抽象的、反曲调的运动来代替了。主题消失了，因此连发展也消失了。唯一留下来的根本只有运动，剥掉了意义的运动。

另一方面我们在现代派身上又碰到了运动的自然主义形象性。运动的自然主义与现实主义的形象性之间的对立在德彪西的钢琴曲《金鱼》跟李姆斯基－柯萨科夫歌剧《萨德科》里面金鱼的主题一比较的时候，就表示得非常明显。在第一种情况里面——缺乏一支现实主义的曲调，缺乏一个主题也缺乏一个准确的形式；和声的混淆，上层音的波浪式的线条进行，花式的离奇变幻——这就是这首乐曲的进行方向，就自然主义形象性说，那是够巧妙的，可是一切人性的东西却空空如也。在第二种情况里面——一种火花飞迸的舞蹈，光亮的而且是生活愉快的、特别的，但又并不是和声音响上、腔调上以及捏造生动的金鱼的"挣扎"运动的节奏上挖空心思地搜索出来的新花样。至于金鱼在这部歌剧里面却是象征诺夫哥罗德人的勇敢、富

---

① 《列宁全集》，第十四卷，254 页。（《唯物论与经验批判论》，曹译本，297 页。）

裕和荣誉的。①

苏维埃现实主义音乐里面运动的表达是在发展过去的现实主义音乐传统的意义上来使用的。与那对过去的音乐几乎陌生的劳动主题一起，那与劳动运动形象性的因素结合起来的现实主义形象也就加入苏维埃音乐里面去了。我们可以举出阿鲁秋年的《祖国大合唱》（《劳动赞》）和肖斯塔科维奇的《森林之歌》（让祖国穿上森林的外衣）做例子，在这些作品里面自由的苏维埃人的创造性劳动的快乐的歌颂是与运动形象性的因素结合起来的（这主要地是由强毅的节奏的重音和轻重—节奏的不规则性创造出来的）。有时苏维埃歌曲的形象也与运动的表达相结合（克尼佩尔的《小田野》，亚历山大罗夫的《搬运了一件又一件》，杜那耶夫斯基的《道路》，诺维科夫的《溜冰场上》等都是）。

四、种类形象性　音乐形象性的这项原则之所以成立是在于为了在音乐上达到表达的目的，一般流行的歌曲、进行曲、舞曲、民间乐器演奏和教堂礼拜音乐的种类特殊性便在它分门别类的整个多样性里面找到了它的应用。这种运用给音乐形象提供一种逼真的具体性、创造音乐情节的特殊的"形象性"而且把听众的想象引到现实现象的一定范围上面去。这就好像是作曲家在这种情况之下把生活"素描"出来，同时他就从生活吸取了规定生活的特性并存在于生活本身的音乐成分。现实在音乐中的形象性反映在特定的情况之下是依靠了那从现实本身吸取到的音乐成分来进行的。

现实主义音乐的种类形象性的例子那就是在鲍罗丁的交响曲、柴科夫斯基及格拉祖诺夫的一些交响曲的结束乐章里面民歌的成分是被运用到民间庆祝会的画面的音乐表现上面去了；在贝多芬的《英雄交响曲》第二部分里面为了丧葬的进行可以得到音乐的表现就运用了丧葬进行曲的成分；在俄罗斯歌剧里面的民间乐器演奏（古斯利、号角、芦管）及苏维埃作曲家作品里面的民间乐器演奏（巴拉莱卡、大手风琴）也都是为了显示形象而加以运用的；至于教堂礼拜音乐成分的出现，则是在显示歌剧情节的发展（穆索尔斯基的《鲍利斯·戈杜诺夫》，柯瓦尔的《叶美良·布加乔夫》）或是在安排某些器乐曲的显示形象的"背景"（拉赫玛尼诺夫的

---

① 自然主义与现实主义的运动形象性之间的对立在格林卡的《伴奏歌》和贺涅格尔的《火车头第231号》比较的时候表示得特别清楚。那种表面类似的生命推动力（列车的运动）在这些作品里面是这样大不相同的艺术的转化，因此根本谈不到什么类似性。这种表达运动的原则的使用上的差别是决定于上列作品的一种深刻的思想对立的。格林卡歌曲的现实主义的、进步的、人民性的、思想动人的内容创造了一种可爱的、曲调性的、画面具体的音乐形象；贺涅格尔的作品的思想没落性表现在杂声的拼凑上，这些杂声由乐器表达出来以复写火车头的运动。

《e 小调序曲》及《c 小调练习曲》)。

现代主义的反人民的音乐在它越发脱离现实的时候，它就渐渐地丧失掉对日常生活的音乐的任何联系。当它丧失掉任何现实基础的时候，它就或者是根本"置身于种类范围之外"，（例如玄堡的器乐作品"根据种类"的划分实际上只是经由乐器的数字性的运用及其配合，可并不是在真正的种类本性的基础之上；）或者是与复活古代复调音乐的种类结合起来，而它的理解却又是完全抽象的、置身于生活之外的（兴德密特）；或者是把日常生活的种类糟蹋了、漫画化了，同时它就把一般的与浅薄的、庸俗的一视同仁地对待（马勒）。

苏维埃现实主义作曲家发展了过去的首先是俄罗斯音乐学派的现实主义音乐的种类形象性的传统。例如菲里片科的第二部四重奏里面，柯勃札尔歌唱（第二部分）及诙谐的、广泛流行的歌曲的成分就为音乐地具体表现游击队生活的场面而加以运用了；在穆拉夫略夫的交响诗《阿佐夫山》里面，哭泣的姑娘的形象（配角）就特别通过民间的哀歌的运用而刻画出它的特性。

在音乐的种类特殊性上面，这一种音乐文化或那一种音乐文化的民族特色表现得特别逼真和明显。因此音乐形象的种类具体性是现实主义音乐一种不可缺少的条件。

五、音乐成语 同样能够具有显示形象的意义。在这种情况之下作曲家在他的曲谱里面采取直接引用（必要时加以轻微的改变）别人的（或者自己的）音乐的办法，这种音乐对一定的时代及一定的社会环境都具有紧密的联系，具有特别的规定性，因此就明显地刻画出这一时代或这一环境的典型的标志。

例如柴科夫斯基为了音乐地具体表现《黑桃皇后》里面那个伯爵夫人的形象就引用了格雷特利的歌剧《狮子心理查》的古代短歌，他把这首短歌让老伯爵夫人唱出来。

在古典的俄罗斯音乐里面民歌在显示形象目的上的现实主义的引用具有巨大的意义。它不会超出一种单独的形象性，而是具有宽广得多的表现一种思想意义的价值，可是特别能够作为显示形象的方法而加以运用。

阿萨菲耶夫曾以格林卡的《马德里之夜》为例规定了如下的特性，那是以引用和创造性地发展西班牙民歌为基础的："印象如下：那是好像说书人以歌曲代替语言来讲话，它是那么具有形象性，以致它在听众的意识中唤起了完全生动的、逼真的而且是伸手可及的现实的感觉。这种歌谣风味的好音始终保持音乐的性质，丝毫用不着费力去模仿其他艺术的手段……那在腔调上和歌谣风味上反映出来的现实……使得艺术家的个人意识，只要不是不可救药的主观的话，便不得不在有目共见和有耳共闻的意义深长的音响的艺术形象里面表白他的印象。"① 民歌的现实主义的引用永远是从属于现实主义的和音乐性的结构，进步的思想内容和音乐的人民性和民族特性。它是永远与所引用的歌曲本身形象的和思想的特点一致的。它是有机地装进音乐艺术的民族里面去的。

与这种引用的方法相反，自然主义的引用却为了本身目的追求一种民歌的浓厚考古性和原始性形式的一模一样的、民俗学式的、不知所谓的仿作。这里表示了它那对民间音乐的胡天胡帝的唯美的态度。除了自然主义的引用之外，现代派还有一个特色就是反常地、恶劣地去歪曲民歌的本来面目，它的目的是在使民歌从属于反动的思想主张，使之转化为古董和原始状态，以便破坏音乐艺术的民族形式。斯特拉文斯基的《傀儡戏》和《小婚礼》就可以用作这一类现代主义的引用的例子。

六、风格模拟 是由作曲家故意依照别人风格的精神创造出来的音乐，目的是在音乐地显示制造这种风格的现实。这一种做法可以举柴科夫斯基的《黑桃皇后》里面的插曲做例子，它音乐地显示出 18 世纪贵族宫廷的俄罗斯社会，亦即是采取模拟那最能刻画当时社会特性的音乐风格的方式。塔涅耶夫的浪漫曲《小步舞》里面的风格模拟也有相同的意义。

运用风格模拟的方法去表现具体人物的例子可以举出舒曼的《谢肉节》来，在那里面为了显示肖邦和帕格尼尼的形象曾经运用了他们音乐的风格标志。又如李姆斯基－柯萨科夫的歌剧《莫扎特与萨利耶里》，在表现莫扎特的演奏的时候也就与他音乐的风格模拟联系起来。

与音乐形象性的其他手段一样，风格模拟也可以有现实主义的与反现实主义的运用的分别，关键是看乐曲的思想的社会性的倾向是进步的还是反动的。

在现代主义的音乐里面，风格模拟是非常盛行的，可是却丧失掉现实主义的显示形象的意义而弄成纯粹是唯美的、形式的、为了本身目的的对往古的挤眉弄眼（斯特拉文斯基的《小丑》和《春祭》）。

风格模拟在现代派手上最可耻的歪曲是模拟民间音乐的民族特性的风格的尝试。俄罗斯古典大师音乐的现实主义的人民性和民族色彩并不是风格模拟。俄罗斯古典作曲家的许多作品（例如歌曲、合唱曲）是那么接近俄罗斯民歌，使人有时候几乎不敢相信那是作曲家自己谱作的而不是从民间创作假借来的。风格模拟在一种特定风格之内是以运用一种另外的，常常是别人的风格成分为前提的，可是俄罗斯歌曲

---

① 阿萨菲耶夫：《格林卡》，242—243 页，1947 年版。

对俄罗斯作曲家来说却。并不是什么陌生的东西，而是地道原有的、家乡的基础，就在这个基础上面发展他自己的风格。

例如李姆斯基－柯萨科夫的《沙皇的未婚妻》里面那首《柳布莎之歌》或者那首合唱曲《雅尔赫美尔》是无论如何不能算作风格模拟，那并不是俄罗斯民歌的"风格"，从任何一种李姆斯基－柯萨科夫的与它漠不相关的风格引渡过来的风格，而是李姆斯基－柯萨科夫自己的风格，它有机地接近俄罗斯民歌而且在主要特征上与它一致，因为它是在俄罗斯民歌的基础上面生长起来的，因此也就是俄罗斯的人民风格，它由作曲家把它提高到民族古典音乐的高度。

俄罗斯古典作曲家的民主国际主义显示了他们民族的爱国主义的现象之一，那是决定于这样的事实的，即在他们手上运用其他各国人民（尤其是东方的）音乐的民族特性的时候，并不包含一种风格模拟、一种"异国情调"的追求的性质，而是在现实主义意义上的内容丰富、意义深长的腔调—种类—形象的性质。可是在现代派手上运用音乐的民族特性陷入了空虚的风格模拟却是他们形式主义创作的抽象的无个性和他们以风格模拟的赝鼎去代替真正的现实主义音乐的追求的结果。

在人类生活经历的形象性的反映、音乐结构的发展和互相关联以及音乐里面音乐形象性的成分的基础上是能够在听众方面产生多样的主观的联想的，这种联想把乐曲的客观内容与听众的个人生活经验与经历结合起来。联想在音乐形象的体会方面比任何随你喜欢的其他艺术部门的形象的体会都具有更巨大的意义。

由于音乐对听众个性的主观"适应能力"它能够那么深入地和直接地影响人类，它可以打入他灵魂最秘密的角落，触动他最亲切的感情，抚摩他隐藏的思想，而且唤醒那好像是只有他特有的感觉，这一切都不是其他艺术可以胜任的。听众的总的个人经验就好像起来迎接那在它的基础上客观的、表现现实的音乐形象而且在它体会音乐的过程中与它结成不可分的统一体。因此音乐形象凭它客观的各个方面也就对听众的人格起作用，影响它，组织它，改造它。就这种意义上说，作曲家正如文学家一样是"人类灵魂的工程师"（斯大林）。

由音乐引起的联想的丰富并不是在那由音乐揭露的感情和在音乐上体现出来的思想雏形的基础上产生的，它也在音乐形象性的基础上产生。①

----

① 李姆斯基－柯萨科夫曾经不止一次地指出联想在音乐形象性上的作用。这个问题也在苏维埃音乐学上得到处理（阿萨菲耶夫、克列姆辽夫及其他各人的著作）。

人的所有感官机关都参加对客观现实的现象的体会。每一个感官机关都在认识过程中反映现实的一个特定方面，但是在与别的感官机关的交互影响中反映出来，而这种反映又是通过被反映的对象本身及其意义的特质起作用于人的实践。那些现实的现象和方面对实践特别重要的联系在体会的形象，提供联想的基础的形象上面巩固起来。在这上面也寄托着音乐地提供的联想，它克服了音乐形象性手段的相对限制性和不完全性而且在现实在音乐中的反映过程中，也同样在音乐的体会过程中不仅仅是沟通了听觉而是也沟通了人的其他各个感官机关（虽然对其中每一个都有各不相同的意义）。就是这样，音乐证明是能够——间接地，通过中介地、可是依靠直接的音乐形象性，原则上表达现实一切多样的现象，这些现象对听觉的关系是并不直接的，可是在具体塑造这种或那种音乐形象上，在说服性地而且没有遗憾地具体显示这种或那种思想——激情的内容上以及全面地反映现实上都是需要的。

现在不妨列举出一些音乐地提供的联想的领域或部类。

首先就是空间联想的领域。音高的想象，理解和称谓是与它联系着的，也如同关于低音的宽厚、沉重的想象和高音的轻盈和精细的想象一样。

当我们听到李姆斯基－柯萨科夫的《沙皇萨旦的故事》里面"飞天"那一段的时候，飞翔运动的形象（联系着声音模仿）就能够达到飞翔的空间线条的感觉的具体化。当穆索尔斯基的歌剧《鲍利斯·戈杜诺夫》里面的格里戈里叙述他的梦的时候，他的话"我梦见一道陡陡的梯子"就在乐队里面由轻轻地上升的和弦伴奏着，这就是创造空间联想的基础的和弦。

一种高度艺术化的形象性，创造宽广的、宏伟的与纪念碑性的印象的形象性附属于阿鲁秋年的《祖国大合唱》第二乐章（"红场"）。

作为音乐所创造的空间联想的明显的例子可以由下列情况来担任，那就是依靠声音强度的加强或减弱来造成现实的任何一种现象向听众接近或者从听众远离的印象。这种方法在歌剧方面总是常常使用的（我们想一想柴科夫斯基的《叶甫根尼·奥涅金》第一幕农民的登台，李姆斯基－柯萨科夫的《凯尔仁兹的战斗》和鲍罗丁的《伊戈尔王》里面的"住民合唱"的结束），可是在交响式音乐方面也并不少（肖斯塔科维奇《第七交响曲》第一乐章里面敌人逐步逼近的印象）。

颜色——光亮——联想在音乐里面具有巨大的意义。低音会被我们体会为沉重的、晦暗的，高音则是轻盈的、光亮的。这样的例子可以举出穆索尔斯基的歌剧《霍凡希那》的序引里面那幅晨曦的神奇的图画，李姆斯基－柯萨科夫的歌剧《圣诞节前夜》的序引里面那段夜的天空的音乐的描写以及柴科夫斯基的歌剧《约兰塔》的尾声里面那耀眼的、普照一切的平匀的愉快的光亮的印象和柴科夫斯基的《叶甫根尼·奥涅金》里面那幅晨曦的图画。

现代派企图把音乐上的颜色——光亮——联想的显示形象的意义引到荒谬绝伦的路上去。例如在斯克利亚宾的晚年作品（《普罗密修士》及其他一些作品）里面颜色——光亮——联想就被用作主观唯心主义的雏形的音响体现的基础，在储尔良尼的《音乐图画》里面颜色的任意调合、绘画上的描写的真正形式的破坏却通过诉诸音乐的颜色——光亮——联想的呼吁而成为"合法化"了。现代主义的歪曲为了讨好反动的思想内容而造成音乐的联想—描写的可能性的损害；可是如果有人因此便要勾消颜色——光亮——联想的现实主义运用的规律性，那却是错误的，我们俄罗斯古典作曲家已经给我们提供了颜色——光亮——联想的神妙的范例。

还有音乐里面一些节奏—动力的现象与意志动因和推动的概念的结合也属于间接的、联想的印象性的范围。只要我们想一想贝多芬式的切分——力量的高昂，想一想他主题的意志的"积聚"，想一想它发展的目标坚定性，另外，作为全面的对比，我们又想一想印象派的音乐形象的混淆性和被动性，这就够了。

还有一类我们也可以称之为联想，那是表示与直接的音乐形象性的对立的。那是寂静和沉默的联想，安定和静止的联想。这种联想在音乐中的作用是极大的。例如在李姆斯基－柯萨科夫某些自然界的均衡的音乐图画里面（歌剧《圣涎节前夜》里面的"夜的天空"，歌剧《五月之夜》里面关于五月之夜的图画），在拉赫玛尼诺夫（《D大调序曲》），李亚多夫（《魔湖》）和其他作曲家的作品里面就指出了这一点。"寂静发出声来——我找不出更好的定义，以便用说话来表明当前的音乐动因的印象"[1] ——阿萨菲耶夫论到李姆斯基－柯萨科夫的歌剧《五月之夜》第三幕开头的五月之夜的交响画的时候这样写。

所有考察过的音乐形象性的原则并不是孤立存在而是各方面互相交织着的。其中推广得最多的是腔调形象性和运动形象性。音乐形象性的多原则的综合创造出一种特别具体性，音乐形象的"形象性"。音乐形象性的一切原则都应用到的作品是柴科夫斯基的歌剧《黑桃皇后》。音乐形象性的多原则的综合提供了表现联想的丰富的前提。

必须指出，那由艺术本身的材料，通过间接的、联想的形象性创造出来的直接形象性的丰富和发展是并不限于音乐，而是对每一种相应的艺术都合适的。不过在

---

① 格列博夫（阿萨菲耶夫）：《交响乐研究》，66页，1922年版。

其他各种艺术方面它是通过别样的手段和现实的各个直接与非直接的表现方面的另外一种的交互关系来促其实现罢了。可是联想的作用在通过音乐来反映现实的时候是比在其他艺术部门具有更重要的意义。

音乐表现的联想无可争辩地具有相对主观的动因。不过它却不是完全主观的。它的客观基础是产于那实在的、经过实践考验的音响与非音响、动力与均衡的交互关系之内。这种种关系是适合于现实本身的显示现象的,因此它在创造可以认识的形象——其中也包括音乐形象的时候,它就成为感官机关的交互影响的先决条件。

由此可见,为现实在音乐中的反映而提供的可能性是多么丰富,多么多样,可是唯心主义者却要在理论上来否定这些可能性,现代主义者又要在实践上来破坏这些可能性,怀抱着这样反动的目的要使音乐脱离现实并从音乐勾消掉它那积极的、改造社会的作用。

我们已经做过了一番尝试,考察了现实在音乐中的反映的时候联系到这一部门的专门性的一些特点。必须注意,我们谈到过的现实在音乐中的反映的规律性是现实主义音乐艺术在它具体历史的民族形式的规律性。这些规律性在资产阶级现代主义的支离破碎的音乐里面是被伤害到、糟蹋到体无完肤的,同时每一种这样的伤害都走上了消灭音乐作为艺术的道路。

有一种隐藏的唯心主义的危险存在那种倾向里面,那就是在承认音乐的形象性的事实里面看到了自然主义。这种见解不仅仅是错误的,也是有害的,因为它是在对自然主义作斗争的掩蔽之下落在美学的唯心主义和形式主义的手掌心里面玩戏法。可是实际上自然主义与现实主义之间的区别并不在于是不是达到形象化的目的,因为你在每一部现实主义的作品里面都可以发现形象性的成分(特别巨大的是形象性在标题音乐里面的作用)。自然主义与现实主义之间的区别更多的是在于如何利用形象性,要表现的是什么样的思想内容,它所要为之服务的是什么样的社会任务。与此相适应,形象性本身也就有了质的区别。

现实主义的、音乐的形象性的标志是在于:

一、现实主义的形象性并没有本身目的,不是现实的声音复写,而是提供一种手段去表现和揭露一种进步的思想内容,去使一种激情的、思想上明显的音乐形象具体化。

二、现实主义的形象性定例上不是创造形象的基础而是一种艺术的细节,一种巧妙地编入音乐结构里面去而且纯粹引起对现实的记忆的成分。

不错，有些曲谱是标题音乐型的，它展示出连续不断的、从头到尾一直下去的现实、事变或者一连串的事变的任何一种现象的音乐表现（这一类作品的例子就是李姆斯基－柯萨科夫的《萨德科》和《故事》）。在这一类作品里面形象性并不是细节，可是就在这种情况之下，它也是从属于思想—激情的内容的揭露的。

三、现实主义的形象始终是通过腔调手段，亦即是曲调的基础去达到目的的。

可是正如我们不可以把自然主义在音乐形象性的实际上看作是形象性一样，同样错误的就是把现实主义单独放在形象性上面。依照第一种方法，那些唯心主义——形式主义者在对现实主义作斗争，同时他们又在对自然主义作斗争的掩蔽之下拒绝现实主义。依照第二种方法，那些实证主义——自然主义者对现实主义作斗争，同时他们又从表面上模仿现实主义，可是他们毁灭了现实主义的高度思想内容，杀害了现实主义的灵魂。可是结论是相似的；在两种情况之下都是毁灭了曲调，破坏了音乐的基础。

实际上真正的现实主义音乐正如任何别一种现实主义艺术一样不专在形象性上用工夫，虽然现实主义没有形象性是不可能的。

自然主义和形式主义是现代主义艺术的主要倾向。

现代主义是音乐艺术的内容和形式的崩坏和割裂，音乐基础的取消。音乐形式的摧残，音乐形式固有的标志和规律性的消灭是一种颓废的反动的思想内容的表现。这种反动的思想内容决定于现代主义的精神主人和后台老板的寄生性的、反人道主义的、反动的社会存在。

面对着这样的背景，苏维埃现实主义音乐特别明显地表示出它的优越性。苏维埃现实主义音乐发扬了古典俄罗斯音乐及苏联各族人民的音乐最优秀的传统，它以民族的、与音乐的民间创作有机地结合起来的形式表现了社会主义的内容。

联共（布）中央1948年2月10日的决议号召苏维埃作曲家"在音乐中将高度的充实内容与音乐形式的艺术完整性相结合"。这就是说，只有在那贯注着崇高的思想，正确地在它的发展中反映苏维埃现实的内容与那高度的专业才能，"优雅的、美丽的、清楚的音乐形式"的统一上才有可能现实主义地、明白易晓地创作音乐，并使它符合苏维埃人民无可估量地日益增长的要求。这就是说，音乐必须成为积极参加共产主义建设的一份子，同时它要反映出今天在苏维埃现实里面的将来的变化并塑造新人——这个社会的缔造者的形象。苏维埃音乐就在由党指示出来的这条道路上面向前发展，同时它就每一年都会永远得到新而又新的胜利。

译后记

万斯洛夫的这篇论文是我根据德译本重译的。原文发表于苏联 1950 年第 3 号的《哲学问题》,译成德文之后,先在 1951 年 8 月号的《音乐与社会》上发表,后又选为德意志民主共和国艺术教育机关的学习资料。

书中的附注都是原有的,补注则标明中译者注。引用的书如有中译本便注明中译本页数,以便翻检。

肖　邦

〔波兰〕J. 伊瓦茨凯维支著

版本：音乐出版社，1961年，北京
注：《肖邦》一书由廖辅叔主持编译，多人合译，这里仅选廖辅叔的译文部分。

外国音乐家传记丛书

J·伊瓦谢凯维支著

肖邦

前　记

　　我这本关于肯邦的新书已经是我所写的第三本了。这本书并不要求在学术性方面占有一个地位。我之所以这样写出来，只是企图以文学的形式向读者提供我所有对于宵邦的知识或者是根据我对这位大师的探索而提出来的揣测。只有在少数几个地方，例如开头和结尾，我给我的揣测加上了小说式的外衣，此外可就限于真实材料的采用。在我写这本书的时候，我尽可能摆脱事先曾经彻底加以研究的肯邦文献的印象；另一方面却力求征引肯邦在书信中为我们留下的亲笔的话语。我也从当时人的报导和给肯邦的书信获得宝贵的材料。在我们伟大的艺术家逝世以后的若干年代中他的生平和作品的评价又不断受到愚蠢的传说和误会的歪曲。我的使命就是清除那些对我们大师的生平和作品的歪曲。台奥菲尔·克维阿特科夫斯基说得多么好："他就像一滴泪珠那么纯洁。"摆脱过去的观察方式的霉菌和蛇足之后，艺术家的形象和它那轮廓鲜明的侧面于是光芒四射。就高尚的人格、不妥协的精神以及对自己的生活和自己的使命的清楚的认识来说，只有少数人能够同他比拟。我愿意再一次为读者指点出这位伟大的人物的不同凡响的性格特征，同时对他作品的命运进行一番思考。我承讯，在写这本书的时候，我的心愿不时把我吸引到宵邦的气氛中去。——因此，不论是个人的还是客观的原因，都使得这本书，正如前面说过的那样，够不上称为专题研究或者学术著作，它的产生是由于我对肯邦作品和性格的喜爱以及我与读者分享这种崇高的戚情的愿望。

肖　邦

一

有时候一些小事情会引起一场轩然大波，令人费去无数笔墨。

当索哈采夫地方勃罗霍夫教区副牧师在复活节的第二天在热拉左瓦·沃拉做完了一次洗礼回到他的教堂里，准备填写那个刚受过洗礼的孩子的出生证时，他简直没有预料到，他的粗心将要造成怎样的后果。

"这孩子究竟是什么时候出世的？"他向风琴师求教。

风琴师醉意还未消失；因为那个新生婴儿的父亲是一个道地的法国人，他善于逗人家喝酒。

"我知道什么呀？"他回答说："据说是出世两个月。"

"刚刚两个月吗？"副牧师认真考虑了一番。"那就是 2 月 23 日出世的。写上 2 月 23 日吧……"

"唔——也许不是到那一天才满两个月吧？"

"那你就写上 2 月 22 日好了。"

"我是无所谓的，"风琴师回答，随即一个字一个字地高声念出来，一边写道：

"我，上开当事人（约瑟夫·莫拉夫斯基，勃罗霍夫教区副牧师）为尼古拉（……）先生阁下之（……）孩（……）举行仪式。

"这个名字是怎样写法的？"他问那位教士。

"天知道。那是这样一个非贵族的姓氏。写什么就什么吧，随你的便。"

"肖本先生之子……"

勃罗霍夫那座古老的、装上尖塔的谯楼教堂的圣器室里这一个场面不难叫人想象，而且也尽可以假定，这一场戏就是这样演出的。为了这个日期后来经历过多少争论，说过多少话，写过多少文章啊！可是这位副牧师当时哪里知道，他为之举行洗礼的正是一位最伟大、最著名的波兰音乐家？他诞生的日子经过漫长的岁月始终在全体波兰人的心目中保持住一个重要的地位。

　　实际上弗列德里克·法朗索亚·肖邦是在 1810 年 3 月 1 日出世的，后来他本人曾经反复证明过。他的母亲——她无疑知道得最清楚，在她的一封信里也曾经提到过这个日期。我认为有决定意义的是珍妮·斯妥玲[①] 1851 年 3 月 1 日写给露德维卡·叶德尔采耶维磋娃[②]的一封信里面的叙述。斯妥玲小姐首先说到，她这一天上拉歇神父墓园去；然后又说："我们在那里摆上了鲜花。今天的纪念日没有人知道，我因此感到高兴……他有一次告诉我：只有我的母亲，这就是说我的家庭、供膳公寓（？）的女管家和一位妇女知道我的生日，这位妇女是会记得这个日子的……"（这封信由于斯妥玲小姐法文的疵累译起来非常困难。）

　　关于出生证的办理这一类错误并不希奇。部分原因是由于洗礼在父母的住宅举行，那位办理教堂名册登记的风琴师到了事情办妥后才在教堂里填写出生证，把新生婴儿记入区公所名册，这当然是会发生不少差错的。就是本书作者也曾经是这种差错的牺牲品，这种差错一辈子跟着你，直到今天还不断成为一些意想不到的麻烦的原因。到了 20 世纪的 20 年代，为了避免出错，才由法律明文规定，洗礼只许在经管教堂举行。在人民波兰婴儿出生必须在一星期之内呈报。我们希望，未来的肖邦——但愿还有许多未来的肖邦在我们这里出现！——以后再不会碰到同类的困难，将来世代的伟人的传记作者再用不着进行那么无谓的争论，像今天关于肖邦和贝多芬的真正的生日的争论就是那样的。

　　首先应该承认，肖邦生于 2 月 22 日还是 3 月 1 日是完全无关宏旨的。重要得多的是，他的生日恰巧赶上了一个非常值得重视的时代：当时拿破仑星宫高悬中天，随之而来的是失望的时代。在这些年头里，浪漫主义伟大的第二代人物宣告诞生，他们在 1830 年和 1848 年从自己崇高的努力中看到了惨痛的失望：舒曼、李斯特、瓦格纳、斯洛瓦茨基[③]、克拉辛斯基[④]——天才人物的七星座。这个时代对肖邦人格的培养发生了强烈的影响，塑造了他的性格，给他以力量和赋予他独特的音响，只

---

　　① 斯妥玲，肖邦在巴黎的女学生，苏格兰贵族，非常崇拜肖邦。
　　② 叶德尔采耶维磋娃（1807—1855），肖邦的姐姐。
　　③ 尤利乌斯·斯洛瓦茨基（1809—1849），和他的同代人物密茨凯维支和克拉辛斯基齐名的最伟大的波兰浪漫主义诗人之一。
　　④ 西格蒙特·克拉辛斯基（1812—1858），波兰浪漫主义的杰出诗人。

要你听到他的作品的任何一首，都是很容易辨别出来的。

提起肖邦的童年和青年时代，一般地是同热拉左瓦·沃拉和玛索维亚的风景联系起来的，还有那平静地流过的乌特拉塔河、引向索哈采夫的大路两旁的牧场和那勃罗霍夫教堂圆顶巍然矗立的广阔的平原。可是人们却忘记了，肖邦还只有一岁半的年纪，就离开了这个环境，给人带到华沙去，从这个时候起一直到他 21 岁。他的命运是和波兰首都联结在一起的。至于他和乡村生活的关系，那主要是在库亚维亚，甚至可以追溯到坡美莱仑。库亚维亚在他的生活里占有一个特殊的位置：它是他母亲的家乡，他无疑从她口里第一次听到了库亚维亚舞曲的曲调，这些道地波兰的旋律充满了甜蜜的内在的力量和悲哀，它唱出了我们祖国那些从贫瘠的、没有树林的、平荡荡的地区出来的农民的命运。他的假期也经常是在库亚维亚度过，这些值得纪念的假日，使他在肉体上、精神上都增加了力量之后才回到华沙去，同时也一定常常带走一些歌曲的新材料。此外他也认识玛索维亚以及罗维奇和卢卜林一带的地方；他在培西斯的马理尔斯基家中作客，一定是在那一块地上，今天从格罗基思科来的电车路出发，夹在雷古里和特沃尔基中间，就可以看见这个地方，像一幅画一样隐在古老的树木和高大的灌木丛里。他也同样在普鲁沙柯娃夫人家中来往，普家坐落在索哈采夫和勃祖拉附近繁华的珊尼基；他也在坡图尔秦的蒂杜斯·沃伊采霍夫斯基家中出入，他家窗外的一棵白桦树使他入了迷。他认识整个的波兰。

可是自从他的父母离开热拉左瓦·沃拉之后，直到他在祖国度过的最后的时间，他首先是一个华沙市民。他之自称为一个"盲目的玛索维亚人"，是因为他把华沙看作玛索维亚的首都的缘故。我还可以依照我的主张继续说下去：肖邦不仅至死是一个波兰人，而且是一个道地的华沙人，正如诺尔维德[①]在他的悼词中所指证的那样。他具有华沙人的一切优良的品质，消极的方面只是微不足道的一点点。如所周知，华沙人从外地同胞那里得到的并不常常是最好的谇语。他们常常称之为"华沙吹牛家"。——可是对于肖邦，这个考语是完全用不上的。我根本不想提到他的创作，就全体而论它们是那么矜贵，完全看不出有一个浮夸的小节——不，就在他的私人生活上、在他的书信里以至对他自己和他的艺术的关系上，肖邦都从来不是，即使偶然间也不是吹牛家。

倒是在他的风趣上、在他的乐天的气质上，到处显示出某些善良的和使人愉快的地方，肖邦是道地的华沙人。在他待人接物的关系上也差不了多少。不论是

---

① 卡米尔·西普瑞安·诺尔维德（1821—1883），波兰的浪漫主义诗人、画家、雕塑家。

塔尔堡①还是当时的其他一些抖起来的大人物都迷惑不了他；因为他不是那一类人，他不会佩服塔尔堡那套虚浮的踏板效果和光彩夺目的衬衫钮扣。他不会让人家捉弄自己——在这一方面他是彻头彻尾的华沙人。

可是还不仅限于这些，在更巨大、更重要的事情上他也是这样。20 年的时间（从 1810 至 1830 年）华沙教育了他，塑造了他；那是"狂飚突进"的时代，那是革命和民主运动觉醒的时代，那是爱国主义思想日见加强、寻求祖国解放的可能性以至争取世界范围内的社会正义和政治正义的斗争采取越来越明确的形式的时代。充满咖啡馆的喧闹和秘密斗殴的华沙，正如那个士气的、卑屈的、由可恨的矛盾标志出来的但始终生气勃勃的、善于精微记载任何小事情而且对于一切都有自己独立见解的华沙教育了他，塑造了他。肖邦并不是政治家，他对他周围发生的事情缺乏理解，可是凭借波兰人和艺术家的那颗感觉敏锐的心他接受了这种气氛；他用全部身心感受到它，用艺术的直觉把捉住它。

他同样感觉到欧洲的气氛，他那浪漫主义的创作也是这一伟大世纪那些历史性的年代的一般欧洲思潮的模写。正是这种气氛使得这位把业已逝去的东西提高到永恒的、具有一般人类价值的艺术家肖邦，成为它最伟大的宣告者之一。一方面在他和广大世界之间，另一方面在他和他思想的世界之间扮演中介角色的是华沙；在他和华沙之间的中介是他的家庭。这个十分特别的家庭值得我们严肃地、详细地下一番功夫研究；因为这里具有那么一些决定性的因素决定了肖邦和他的音乐的命运。

在到目前为止的肖邦文献里，关于这位不平常的人物的性格、精神和感觉世界到底是采取怎样的方式形成起来，这问题是没有付与很多的注意的。反之，人们常常认为肖邦是从宙斯头上跳出来的雅典那，在他的一切特征上都已经发展得尽善尽美。不错，他是一位非常早熟的天才，可是对他后来的发展终究应该算上他的家庭、学校和华沙的环境给予他的影响。还有，虽然像他有一次写给爱尔斯涅②的信里面所说的那样，他从小就怀有"创造一个新世界"的热切的思想，可是他的音乐风格终究不仅是他固有的风格，而且也利用那些已经知名的和假借的材料，以便达成这一新的音乐世界的完美的结构。他向洪梅尔③、菲尔德④和玛利亚·席玛

---

①　西吉斯蒙德·塔尔堡（1812—1871），钢琴演奏家，洪梅尔的学生，炫技的，铺张的钢琴风格的代表。

②　约瑟夫·爱尔斯涅（1769—1854），音乐教育家，肖邦的老师，详见本书。

③　约翰·涅坡穆克·洪梅尔（1778—1837），作曲家，莫扎特和萨里耶利的学生，除了今天已经忘却的歌剧、弥撒曲及诸如此类的东西之外，他写了许多钢琴音乐：协奏曲、奏鸣曲、练习曲。

④　约翰·菲尔德（1782—1837），钢琴家兼作曲家，克列门蒂的学生。写过十六首著名的夜曲、协奏曲、奏鸣曲和比较短小的钢琴曲。

诺夫斯卡①的作品掏出了满手的东西。就他的思想和感觉的脉络来说也同样应该承认，环境的影响是具有决定性意义的。

我把肖邦的家庭称为特别的家庭。这个家庭各个成员之间那种简直少见的和谐和眷恋提供了并不那么寻常的实例。贝多芬曾经和他那永远醉醺醺的父亲进行斗争；巴赫早年丧父，慈悲和严酷全得看他哥哥的高兴，肖邦却是在家庭的温暖怀抱中长大的，从母亲、父亲和姐姐那里得到了慈爱的照顾。虽然每一个肖邦传记作者都知道这一点，可是弗列德里克的家庭却始终没有受到足够的重视。例如对他的姊妹们就没有更多注意。肖邦对他少年时代的心腹伴侣、他对乔治·桑的爱情和他的死亡的见证人露德维卡·叶德尔采耶维磋娃的关系该是有权利要求我们对这位妇女多花些功夫的吧。既然对那些伟大人物的妻子、情人和母亲要写上那么多，为什么说到他们的姐妹就那么少呢？像肖邦和席玛诺夫斯基②这样的艺术家的童年的气氛，是和他们的姐妹大有关系的。

就是对肖邦的父母来说，到现在为止人们也是接触得非常少。由于尼古拉·肖邦一封早期书信的发现，才最后确定了弗列德里克的父亲的出身等诸如此类的事情。可是这显然还是太少，虽然他写给他儿子的书信研究起来，已经有足以说明他的性格的充分材料落到了我们的手上。关于肖邦的母亲就在不久之前我们还是一无所知；在她出身的问题上由于她洗礼证的发现才算是透露出一线光明，同时也明确了她的诞生日期。

尽管最近一段时间发现了许多文件，我们对于弗列德里克的父亲尼古拉·肖邦的生平还不是完全清楚的。我们知道，他是在玛仑维尔，今天沃热州洛林市的一个乡村里出世，他是法朗索亚·肖邦和他的妻子玛格丽特，原姓德弗林的儿子。此外，我们又知道，玛仑维尔属于波兰贵族米哈尔·巴茨的领地，他之所以定居洛林，一定是由于当时洛林公国通过国王斯坦尼斯拉夫·列施秦斯基同波兰的联合③。因此年轻的尼古拉·肖邦从儿童时期起就已经投身到波兰趣味的活动范围之内。当时有一个名叫亚当·魏德里希的经管米哈尔·巴茨的事务，他还是一个年轻小伙子时就同魏德里希一道到了波兰。他是为巴茨家族办事的，显然是管理地产。1790 年他从

---

① 玛利亚·席玛诺夫斯卡（1790—1832），著名的波兰女钢琴家，菲尔德的学生。作过一些当时极受推重的钢琴作品。

② 卡罗尔·席玛诺夫斯基（1883—1937），有时曾被认为是肖邦以后最有才华的波兰作曲家。写过歌剧《哈吉特》和《罗哲尔王》，舞剧《哈尔那斯》以及室内乐等等。

③ 通过国王斯坦尼斯拉夫·列施秦斯基同波兰的联合——1733 年，在波兰的继承战争中，路易十五世曾经占领洛林。1735 年维也纳和平会议上洛林和巴尔公国一道规定国王斯坦尼斯拉夫·列施秦斯基在生之日属于波兰，在他逝世之后就得划归法国。1766 年列施秦斯基逝世之后洛林确定属于法国。

华沙写信给他的父母说，"要上斯特拉斯堡去，以便代表魏德里希结束那些前面提到的事务"，可是由于法国革命爆发，他所预定的计划受到了妨碍。他才19岁就已经取得了主人的完全信任，因为他受后者的委托到国外去料理金钱事务。从这种事务的时间算起，尼古拉·肖邦一定已经熟悉了银行和财务的问题，他的兴趣也在这方面。因为他之偏重节俭，对他的儿子的反复叮咛。但是同样的毫无成效，算在他法国籍贯的账上是决不存在任何疑问的。

可是我们关于尼古拉·肖邦青年时代的行事的确实知识也就仅止于此，此外就是一些大问号。首先是在他写给儿子的信里所显示的出众的精神修养应该如何解释？肖邦家办理的儿童寄宿学塾赖以"闻名遐迩"的那种讲究和教养以至弗列德里克属于欧洲受到最良好教育的人物的原因应该如何解释？说是尼古拉·肖邦在波兰必然曾经以某种方式继续进修，那是确凿不移的；只要你拿他1790年书信里的法文和他40年后写给儿子的信里那一手无懈可击的、逼近18世纪琢磨出来的法国式的漂亮散文比较一下就会明白。他卓越的语言才能——这是法国人身上比较稀罕的特长——使他便于占有德文的丰富的知识。他完全掌握了波兰文。在他笔下有时波兰文比法文还要写得流畅。他为弗列德里克写作的一首充满动人的温柔和眷爱的波兰文小诗，证明他对于16世纪波兰诗人或至少是对于波兰祈祷书里那些短小的教堂歌曲的诵习。

还有越来越多的问题提上来。同是这一个尼古拉，在那封上面提到过的写给他父母的家书里十分坦白地说出他对编入法国军队服兵役的恐惧，他写道："为了穿上军装，管它是祖国的军装也罢，我将要怀着非常愁苦的心情离开我现在生活着的、我渐渐开始我卑微的事业的异国。"同是这一个尼古拉，三年之后加入了起义将军柯秋施科[①]的行列，作为基林斯基的士兵参加了布拉格的战斗，这又应该如何解释？难道是因为他的恩主魏德里希对他的深厚的恩情使他乐于效命，还是由于他对自己热爱的第二祖国的爱国主义的感情？

虽然我们对于尼古拉·肖邦的表面的履历不得不提出那么多的问题，在他那些保存下来的书信里却非常清晰地描画出这个男子的精神面貌和性格的轮廓。即使他出身于洛林容克地主的家庭，他的配偶又是一个波兰贵族，尼古拉·肖邦终究是市民的典型代表，这种市民在法国革命胜利之后的一定时期内成为全欧洲的进步因素，

①　塔杜须·柯秋施科（1746—1817），波兰将军和自由战士，思想倾向法国资产阶级启蒙运动，曾参加北美独立战争，1794年领导波兰起义，组织临时政府，失败后客死异国。——中译者注

而且在 1815 到 1848 年之间对欧洲生活产生了决定性的影响。在华沙，他是和波兰资产阶级的命运结成一体的，尼古拉·肖邦像其他那些——偶然定居华沙的——华沙市民一样成为这一阶级的代表，这一阶级对我们文化的发展有过极大的影响。萨慕爱尔·博顾米尔·林德①的工作并不是徒劳的，他是波兰文字典的创始人，肖邦家最接近的朋友之一，经常是他们沙龙里的座上客；他也像柯尔堡或爱尔斯涅一样是一个典型的华沙市民。

尼古拉·肖邦的精神表现为巨大的明彻，这种明彻并没有完全摆脱掉某种程度的枯燥。这种精神赋予他一种正确估计他的同僚，认清他们处世方式的利己主义的和纯粹物质上的动机，承认既成事实而且适应新的条件。同时尼古拉对宗教也似乎采取怀疑态度，虽然他在任何地方都不曾对这个问题表示过意见，这准是为了不愿伤害他太太的面子。这种怀疑的根源以及随之而来的也许就是他整个的精神状态是从伏尔泰的作品引用的，而且还是不算准确的引文（戆第德）。他对金钱问题的所采取的实用的、认真到了难为情的程度的处理方式干脆可以从他性格的构成得到说明。他节约的本领是惊人的：从他的教员薪水和他所领导的寄宿学塾的进款中就居然省下了 2 万卢布，拿它借给受他监护的少年米哈尔·斯卡尔贝克——当然是永不相见的分别。他受到他妻子和儿女的眷念；可是别人不能否认这样的印象，他们的关系是尊敬大于眷念。妻子和儿女都害怕这位有点枯燥无味的爸爸。尤斯蒂娜夫人背上债务，对她丈夫却以保密为妙；她宁可找她那个距离遥远、工作艰难的儿子——对她的丈夫却从不坦白她这种财务的过失。不难设想，这个规行矩步的洛林人对于像负债而又没有指望清还债务这样轻率的行为是怎样想法的。

他这种修养根本也是全部资产阶级文化的基础，依照泰纳②的定义就是"对个人理性的信任和对实际、具体、绝对安全的偶象崇拜"。他的乐观主义由此可以得到说明。

就他的全部特点而论，尼古拉·肖邦是 18 世纪的儿子，在他的音乐趣味上他也永远忠于他的时代：像巴赫的恩主和普鲁士强权的建立者腓特烈二世一样，他喜欢吹笛子。同时他的修养和他的知识也值得佩服，具体的证据是他对自己儿子的艺术的正确评价，虽然严格说来这种艺术已经属于完全另一个音乐时代。由此可见，尼古拉·肖邦的精神世界是很宽广的。

---

① 林德（1771—1847），波兰语文学家（斯拉夫学家）。
② 伊坡里特·泰纳（1828—1893），法国作家、历史家兼批评家。

　　根据各种不同情况可以推断的一点是，弗列德里克的父亲加入过当时华沙的共济会。说实话："波兰王国"时代几乎没有一个出类拔萃的人物不是秘密会社的成员。肖邦的爸爸一定参加当时保守团体的集会，因为在他写给儿子的书信里所表示的政治见解显然是缺乏对自由运动的任何理解。至于弗列德里克本人是不是也加入了共济会的问题只好付诸保留。他对沃伊采希·格尔齐玛拉和对巴黎银行家雷奥的友谊关系似乎指出这一点。

　　这位父亲同时又是出色的教育家，善于驾驭那些富裕人家交给他管教的儿子，他这种高度鲜明的个性是肖邦家凌跨一切的因素。这个家庭的母亲和主妇的气质和他那优雅的、在感情上那么矜持的气质以至他那冷静的克己精神正好形成对比。关于尼古拉如何懂得器重她那种感情的价值，也许还觉察到自己在这方面的缺陷，可以由他书信的片断来证明。"你该也了解她的温存"，他有一次写信给弗列德里克的时候这样说到妈妈。

　　遗憾的是，说起肖邦一家人，我们知道得最少的就是这位妈妈；同时应该最熟悉的却正是她。这位妈妈对弗列德里克的影响一定是非常深远而且重要的。她的消息所以那么渺茫的原因是她显然厌弃书写。在我们占有的弗列德里克的父亲和姊妹所写的书信中间差不多没有一两封是尤斯蒂娜夫人的手笔。我们说她手下写出来的书信没有一封是散失的，原因在于尼古拉也常常以她的名义写信，结束的格式常常是："你的妈妈和我真挚地拥抱你！"

　　直到不久之前我们连她出生的日期和地点都不清楚。事情很简单，她是斯卡尔贝克家的亲戚。这一点显然不会错，她洗礼的教父和教母是斯卡尔贝克·欧根纽士和尤斯蒂娜，他们似乎仅是由于这种关系才名传千古。她也因此起了和斯卡尔贝克夫人相同的带有 18 世纪多情善感的音响而且使人记起卡尔宾斯基[①]的名字。可是不难看出她出生于一个"没落的家庭"，因为母亲的名字根本没有提到。我们也不知道，她在热拉左瓦·沃拉寄居斯卡尔贝克家中是采取怎样的方式。依照当时的习惯她已经是一个老处女（她是 24 岁！）和一个比她大 11 岁的教师，一个法国人结婚，就当时的贵族规矩而论，这显然是一场门户不当的婚姻。如果再想一想，尤斯蒂娜小姐寄居她家只是由于"礼遇"的这位斯卡尔贝克夫人也是资产阶级妇女，一个托尔恩银行家的女儿，而且又是离了婚的，在家中"只是"称为本姓冯格尔的妇女。根据种种理由我们可以假定，她和这个法国人的结婚是一场恋爱结婚。这一假定可

---

　　① 　法兰齐塞克·卡尔宾斯基（1741—1825），波兰唯情派的诗人。

以用一对夫妇非常和谐的、美好的共同生活和家中经常保持的挚爱的声音来证明，此外还有他们对初次相会的地方——热拉左瓦·沃拉和他们举行婚礼的勃罗霍夫教堂的深心崇敬的感情。当他们的长女露德维卡临近结婚的时候，他们决定举行婚礼的地点就是这所教堂。而缔结过不幸福的婚姻的父母决不愿意让他们的子女打从他们从前走过的同一道门进入共同生活的。

弗列德里克非常依恋他的母亲。台列莎·沃德津斯卡有一次写信给他说："……你，你这么一个乖儿子。"这种爱慕是她好事做得多的收获。当那个住着肖邦家一样房子的隔壁大娘的儿子亡命巴黎的时候，露德维卡根据母亲的请求写信给弗列德里克，劝他留他住在一起，因为他乡遇故知是令人快慰的事情。这件事向我们证明，弗列德里克的母亲是一个用心周到的女人，可是也告诉我们，对她来说，写信是十分麻烦的，她自己不写，却教她的女儿做代表。从她手下保存下来的少数意见显示出，她是虔诚的，对于宗教物事具有老爷爷一样的见解。此外我们还知道，她是有音乐天赋的，她弹钢琴而且唱得很不错。

没有问题，我们的肖邦专家的迫切任务之一就是深入稽考我们这位作曲家的母亲的传记以至她的性格。不管我们国家反复遭受到各种风暴，不管上一次战争对肖邦史料的可怕的摧残，我们现在依然能够找到完整无缺的、非常宝贵的文件。只要指出这点就已足够：连尤斯蒂娜夫人的洗礼证和上面提到的尼古拉写给他父母的家信都已经找到，虽然后者是在法国找到的——可是法国，特别是尼古拉·肖邦的家乡，在上一次大战期间也同样受到了战火的摧残啊。

关于肖邦的姐妹我们知道的也同样少，他是用诚挚的信任同她们联结起来的：那种完全特殊的伴侣形式、共同生活的形式，互相感染和互相了解的形式只有在眷爱的同胞骨肉之间才可以想象得到。那种迷人的气氛只有托尔斯泰才有本事用语言来表现。每逢读到肖邦姐弟之间的通信，听到他们关于游玩、商量事情或者有关他们对戏剧的谈论的时候，就会自然而然地想到托尔斯泰的小说《战争与和平》里罗斯托夫的同胞手足，一切不同的礼俗和活动范围的巨大差异是无关重要的：那边是高门贵族——这里是谦卑的、普通的市民。可是同样的文化，同样的——依照法国气派培养出来的——精神生活以及某一程度上的同样的倾向：逃避现实。连《战争与和平》里的索涅奇卡在肖邦家也找到了相应的人物，那就是楚斯卡，关于她的地位，诺瓦秦斯基曾经搬弄过许多不能置信的、愚蠢的武断，他还因此把那个老迈的柯尔堡拖下水。

楚斯卡肯定不是乡下丫头，而是尤斯蒂娜夫人的亲戚，她可能是由于肖邦家那所儿童寄宿学塾那些少爷们无论如何都是麻烦的管理工作被请来帮忙的。弗列德里克在他的书信里有一两次提到她，可是始终都是把她当他的姐妹一样看待；假如楚斯卡是一个"保姆""奶娘""女管家"或者诸如此类的人物的话，他是无论如何不会这样对她的。

珍妮·斯妥玲是熟悉肖邦家的亲属关系的，她在写给露德维卡的信里称呼她"苏姗妮姑姑"；斯妥玲小姐把她完全看作家庭的成员，因为她正如受到其他一切家庭成员的委托一样，也以楚斯卡的名义在弗列德里克墓前摆上了一个花圈。肖邦也用不着跟楚斯卡学唱农村歌曲。不仅是热拉左瓦·沃拉、沙法尔尼亚和培西斯给他提供了足够的机会，尤斯蒂娜夫人自己在钢琴上面除了农村歌曲之外也一定唱过市民歌曲、感伤歌曲和爱国歌曲，这一切对弗列德里克的创作都具有非常重大的意义。可是这些都是从来很少谈到的。

露德维卡是一个典型的华沙女人：唠叨、感伤，但是聪明。她能够同乔治·桑这样一个精神上那么高出侪辈的人物建立起友谊的关系这一事实，就是她的能耐和她的修养的极好证据。作为肖邦的姐姐，她差不多等于他的保护人，他在钢琴上最初的弹奏是在她指导之下进行的。她音乐天赋很高。作为肖邦的心腹，她常常是唯一了解他的青年秘密的人；她可以察看他的心和他的口袋，而且参与他的创作计划和艺术计划。她到诺干和巴黎去访问他，她听到弟弟惨痛的呼唤立刻就赶到他身旁，分担他在死亡的搏斗中的苦楚。他伟大的心胸和灿烂的才华的余辉，他音乐的天才的余辉首先就落在这一位姐姐的头上。比他的情人更重要，比他最亲密的朋友对他更体贴，她实在是肖邦在妇女中间求之不得的"肖邦的主妇"，而肖邦和那些妇女的关系只是一种自作多情的、易生易灭的感官的爱情关系。

直到现在为止，人们对于这一人物只进行过非常肤浅的考察。只有诺尔维德曾经画过她侧面的一张铅笔像，证明她和弟弟的面貌有极大的相似。人们从来没有考虑过，她在弗列德里克生活中扮演着多么重要的角色。她总被当作是那样的姑娘，虽然"弗列塞克"非常喜欢她，可是也许总不免多少有些看不起她。肖邦的姐妹具有一种浓厚的娘子气而且噜里噜苏——他喜欢管她们叫"长舌妇"，可总是对她们发出最亲切的微笑。结婚和孩子改变了她的气质；她渐渐地成为命妇，成为夫人，成为中年妇女。乔治·桑和珍妮·斯妥玲都喜欢她。尼古拉·肖邦逝世之后她是这个失怙家庭的代表和首脑。伊萨贝拉·巴尔秦斯卡[①]有一次写信给她的哥哥谈到她：

---

① 伊萨贝拉·巴尔秦斯卡（1811—1881），肖邦的妹妹。

"我经常觉得非常的可惜，可惜你不能看到露德维卡怎样做妻子和母亲的一面：看到这一面你对她的依恋无疑地要更加强烈，因为谁认识了她，就不得不一天天更加热爱她，更高地敬重她的心灵！"

露德维卡有一套特殊的而且还完全是法国式的哲学，这是或者与生俱来，或者从 17 世纪法国古典哲学家拉·罗士符科①和拉·勃吕耶尔②得来的修养。她对于人、人的性格和人与人之间的关系表示出巨大的兴趣。在她的书信里随处可以找到彻头彻尾是高卢③风格的警句，这些警句就是从那些思考产生的。例如有一次她谈论到尼古拉，肖邦的两个门徒米哈尔和弗列德里克·斯卡尔贝克时说："使人堕落的最有效的手段大多数是富裕：心的硬化采取矿砂结成的方式而且逐渐地同样变为矿砂或石头。"在露德维卡笔下有大批这一类的警句。从这里面你可以看到，她对人是没有错觉的。

她的书信是使人惊奇的。它们像是留声片保存下来的一种迅速的、滔滔不绝的忠实的纪录。有时根本不可能了解她的字句；只有当你大声念出来的时候，它的意义才豁然开朗。对那些想显示这一时代的语言方式的语言研究者和作家来说，露德维卡·叶德尔采耶维磋娃的书信是真正的宝库。除了新鲜的、美妙的华沙辞令之外，它们还包含有卓绝的短句。这些短句使人记起 18 世纪，例如扎勃洛基④的风格，可是依照我们的标准已经可以说是健康的、结实的、没有一点矫揉造作的东西，也不是装腔作势。只有当你拿这种风格同她的妹夫巴尔秦斯基那种沉闷的、小心谨慎搬到纸上去的公文体做一番比较之后，你才能正确地评价露德维卡文字的清新和开廓。她准是一个具有非常的天然标格的人，而且也一定具有一些她弟弟所特有的那种潇洒平实的风趣。爱尔斯涅说："如果他用另一种方式，这种建议是不会那么容易被识破的，可是这样一来人家就嗅到了烤肉。"露德维卡在一封信里读到卡尔克勃伦纳⑤那个令人气愤的建议——肖邦再用三年的时间去培养成为"技巧专家"。这句"这样一来人家就嗅到了烤肉"是一句得到肖邦欣赏的卓越的妙语。

---

① 拉·罗士符科（1613—1680），法国作家和道德哲学家，他的著作锋利地揭露了封建阶层泛滥的自私自利的弱点和狂热。——中译者注
② 拉·勃吕耶尔（1645—1696），法国作家和道德哲学家。资产阶级上升期的代表，社会批评家。——中译者注
③ 高卢，种族名，罗马古代曾建国于欧洲中西部，法国是当时高卢国的领土的一部，后来常以高卢代表法国。——中译者注
④ 法兰齐塞克·扎勃洛基（1754—1821），波兰戏剧家。
⑤ 弗列德里希·威廉·卡尔克勃伦纳（1788—1849），当时受人捧场的钢琴家、作曲家兼钢琴教育家。

这个聪明的妇女骄傲地向她的弟弟报告说，当她把他那封给父母的信后面单独为她，露德维卡，写的附白念给他们听之后，父母的怒气立刻烟消云散。在另一封毁损的信里她写道："如果你需要说一些心腹话那就给我附一张特别的小纸条（……），因为我推测，大家不可能取得一致的意见，所以只有一个人知道，事情的真相也许更好一些……"

也许她就是唯一"知道事情的真相"的。

天性完全不同而且简单得多的是伊萨贝拉·巴尔秦斯卡。没有孩子，嫁了一个尖酸刻薄的官僚，关于他的性格有菲列克斯·沃津斯基写给肖邦的满不愉快的报导。由于父亲的枯燥和尤斯蒂娜夫人的"永恒的苦恼"，巴尔秦斯卡有一次略带怨恨地写道："因此兴致和快乐在我们家里是那么稀罕。"这声叹息里蕴藏着这个不幸妇女的命运的许多东西。自从肖邦离华沙后她永远没有再看见过他的哥哥。她始终有点站在幕后，在她的感情里她限于佩服她的父母，特别是她的兄姐。她同样赋有音乐才能，她"自得其乐地"练习她哥哥的作品。她在一封信里谈道她弹奏肖邦的作品，其中有一段话说："唔，没有人听得见的！只有我们，因为我们爱你；因为我练习你的曲子并不是为了别人，更不是为了炫耀自己，而是仅仅因为你是我的哥哥，没有什么能像你一样符合我的心灵。"

关于那个可怜的爱米尔卡我们的知识也那么贫乏！只有唯一的一幅而且是一幅不美的画像保存了下来。那本《肖邦在故乡》保留了好些她童年的书信。可是她也曾经用法文（也像用波兰文一样）写过诗歌和喜剧。假如我们能够得到一幅关于那些小戏的场面的照片或速写，呈现出弗列德里克和爱米尔卡在成年的露德维卡钢琴伴奏之下为他们父母的命名日粉墨登场的情景，我们将愿意为它付出什么代价啊！

我们关于这些演出的细节毫无所知，可是无论如何我们知道，肖邦钟爱他的小妹妹；在他的一封纪念她逝世周年的信里，他悲痛地忆念着她。——把这一切总括起来，我们在一定程度上看到这一美好的、心情宁静的、谈不上什么戏剧性但是非常富于市民性的家庭环境。家庭和亲属给予肖邦的童年和青年时代那种幸福的温柔的音响和那种他后来一辈子都求之不得的温暖。

一个新的人物进入这个家庭，这是他的姐夫卡拉萨蒂·叶德尔采耶维茨，肖邦同他的关系正如爱尔斯涅的说法"由于那个热爱的露德维卡而感到密切"；后来又添了一个妹夫，安东尼·巴尔秦斯基。弗列德里克同他们都是从小认识的，他同他们维持着一种亲切的、虽然不能说是特别密切的关系。卡拉萨蒂——乔治·桑叫他做"大好老卡拉萨蒂"——是一个活泼的、非常有趣的男子。他具有一定的精神方面和技术方面的兴趣。巴尔秦斯基则正相反,他后来承担了那种悲哀的任务,给肖邦传达父亲逝世的消息并且做了一番关于他的弥留情景的描写。巴尔秦斯基似乎是一个枯燥乏味的官僚;他的书信总带有公文的腔调。不错,那封给肖邦报告他父亲死耗的信不能否认是有一定的文学质量。

可是同露德维卡在弗列德里克死后写信给她丈夫的那种戏剧性的哀号比较起来,那是怎样的一种天渊之别啊:"我最亲爱的人啊——他如今再也不存在了!"

二

肖邦在家庭范围之外的同行和朋友,是他和周围世界之间的最早的中介人。他们不仅扩大了他的眼界,而且首先教育他怎样同人交往而且指引他去接触那些对一个青年艺术家来说有时不免是可惊的人情世故。在他入学读书之前,他已经同这些同行和朋友碰在一起,因为他的父母从热拉左瓦·沃拉迁居华沙之后开办了一所少年公子的寄宿学塾。这所"学生书院"的派头很大,有语文课和音乐课,用膳时间讲的是法语——简言之,一切都"力求高雅",根本就这样规定,把儿子交给"肖邦府上"负责食宿管教的责任。还要补充一句,既然是专为容克设立的寄宿学塾,那就必须适应阔绰的地主为他们儿子安排的需要;城里人的儿子因为父母就在当地,可以在家住宿,并不需要这个。

因此,肖邦作为孩子、学生和小伙子所取得的联系显然是狭窄的,而且多少是迎合了他那矜贵的派头。可是它也并不是毫无用处,甚至于不是没有重要的用处:它使他受到邀请,在乡下度过他的假期,如在沙法尔尼亚、索科洛沃或萨尼基,而且因此也接触到玛索维亚和库亚维亚的大自然,接触到人民和他们的艺术。当然这是一些因开廓的乡村而获得的相当"崇高的"接触,它歪曲了他的视野,使他对社会事物作出正确的领会完全成为不可能——不仅如此,对弗列德里克来说,在当时的处境之下,要找到另一种与人民发生感情的位置,更深入了解他们的生存条件或者采取另一方式同他们搭上关系是不可能的。他有足够的聪明和敏感,比和他年纪相近的、身份相同的伙伴感受得更深,也比他们更深入了解他所看到的事物。而且有一点也不能不指出,在肖邦家寄宿学塾的学童中间没有身份确凿的贵族或高官显宦的儿子。这一切说明,在沙法尔尼亚一类的村庄里是以简单的、自然的生活方式为主的,这里建立了"与乡村",也就是与犹太佃户的直接接触。无论如何,如果他授有同多穆斯·杰瓦诺夫斯基的友谊,他就不可能参加在博赫涅茨举行的婚礼,也不可能参加在奥勃罗夫的收获节，也不可能在涅沙瓦碰到那个娇媚的"卡塔拉尼"①，花上一两角钱就可以为他唱一首关于豺狼的短歌；而且他也准可以避免那个佃户的判断：后者坚决相信，肖邦先生确实能够从犹太婚礼挣到一笔钱。

所有这些小事都是从一份无从估价的文件中看到的，这是肖邦假期主办的儿童杂志《沙法尔尼亚快报》刊载的材料，这种杂志有好几期一直保存到现在。它拿《华沙快报》作榜样，特辟一栏"内外报导"，关于肖邦住在杰瓦诺夫斯基家里的气氛都得到出色的刻画。在这个虽然富裕但是简朴的人家里，肖邦可以参加当时显示农家生活的全部活动，即使根据各种细节来判断，沙法尔尼亚实在只能够算是一片"农作场"，一块小土地，它的生活却是和全部经济及其进程结合得非常密切。肖邦提到过那个女管家、姑娘和佣仆，没有疑问，他在这里是同民间音乐保持密切的关系的，他对民间音乐表示极大的尊重，因为他记下了那些民歌的歌词和旋律，他从沙法尔尼亚那一片平坦的、没有树林的郊野吸收了库亚维亚舞曲和那些悲哀的曲调。这也准是那些"农家旋律"的泉源，肖邦的马祖卡舞曲也或多或少地发出这样的回声。他也一定在这里听到那一支神妙的旋律，它是那首地道的"农家"歌曲《焦躁》的组成部分，它是沙法尔尼亚人自哼自唱的曲调，即使不能作为那首因孤寂和渴望而产生的 d 小调奏鸣曲的纲领，那至少也是它的基础——那是许多、许多年之后的事情。

不管是杰瓦诺夫斯基一家还是他们的佣仆——总之大家都唱，肖邦也就认识了那些作为艺术歌曲和民歌之间的连结的歌曲。"农家歌曲"传到了民间去，可是那些旋律却是从民间产生的，这些旋律以它那柔和的音响充满了青年弗列德里克的头脑，而且成为一宗宝藏，直到生命的尽头他还从中吸取养料，而且始终倾听它，即使是远在苏格兰也没有例外。

肖邦在库亚维亚休假之后带些什么材料回华沙去，他和人民的接触密切到什么程度，如果看一看戈德列夫斯基主教家中收藏的一封弗列德里克早年的书信，我们的知识就越发完全了。这封信过去只会发表过一次，也就是在 1917 年彼得堡杂志《民族思想》的四月号，不久以前才从遗忘中被人发掘出来。这封信始终没有刊印过②，就我所知，也没有一个肖邦传记作者引用过它。要是贝拉·巴托克真的看过

①　卡塔拉尼是对一位优秀的女歌唱家的戏称，安杰里卡·卡塔拉尼（1779—1849）的歌唱才能一般认为是不可几及的。

②　这封信后来是印出来了，克里斯蒂娜·柯比兰斯卡在《肖邦，从文件中看他的生平和作品》中发表了这封信，1955 年华沙国家出版局出版，两卷本波兰版《肖邦书信集》也把它收入，载第一卷第 53 页。

这封信，他就断然不敢主张，肖邦根本没有认识到地道的民间音乐，而只是在沙龙里才认识到它的。

这封信对肖邦来说是那么富有特性的、意气昂扬的、体察入微的风格，它的真实性是不容置疑的，我现在就把这封信向我的读者披露。至于原信下落如何，那就无人知晓了。

1825 年 8 月 26 日

我最亲爱的双亲！

我很健康，我服用我的药丸，可是再不吃那么多，我想家，我很难过，这一次我将不能和我最亲的亲人度过整个假期；可是，如果我考虑到，也许将来有时候不止一个月离开老家，而是还要更长久，那么，我就把这段时间看作未来的序曲。这是一首精神的序曲，因为音乐的序曲得在动身的时候唱。在沙法尔尼亚我也说不定要在向这个乡村告别之际唱一首别离歌，因为我也许不是那么快就可以再见到它（……）我不像去年一样有把握。这种感伤情绪写起来可以写满整张纸，可是我要删掉它，我还不如多讲讲前天、昨天和今天的事情。前天一天发生了两件重要的事情，这也许是我在沙法尔尼亚全部居留期间最开心的一天。第一件：露德维卡小姐和台克拉·博哲夫斯卡在博哲夫斯卡夫人陪伴之下从奥博罗夫回来。博哲夫斯卡夫人本人也是健康的。第二件：同一天举行了两个乡村的团唱。我们正在吃晚饭，准备结果那最后的一点菜，却从远处传来一阵完全走了音的高声合唱，头一次是妇女唱的，每一个音都从鼻子里（……）唱出来，另一次是姑娘唱的，张开嘴巴无情地尖起嗓门唱高了半个音，此外还有一支只带三根弦的小提琴伴奏，每逢女低音唱完一节就从后面回应一段。我同多穆斯一道从饭桌旁边站起来，离开了大伙；我们跑到院子里去，那一大群人正在缓慢地向房屋这边走过来。善良的阿涅士卡·古磋夫斯卡和阿涅斯卡·图罗夫斯卡－巴凯夫娜小姐，头发上装饰着漂亮的花环，领着割禾妇女前进，最前面是两个妇女，原来是那两位慈慧的雅斯科娃和马茨科娃太太，手臂上抱着穗束。依照这样的次序，她们准确地站在院子前面，把全部歌词都唱出来，其中每一节都影射某一个人，后面两节是对我唱的：

> 在院子前面（……）一棵嫩绿的小树，
> 我们的华沙人瘦得像只狗。
> 谷仓里面立着水管柱，
> 我们的华沙人非常机灵。

最初我还摸不清，究竟是不是影射我，可是后来雅斯科娃把全首歌口授出来让我记录，到我记这两节的时候，她说："现在挨到这位年轻先生了。"

我立刻想到，第二节准是某一位姑娘的创作，刚在几小时之前我曾经在田地上用穗束追赶过她。（……）当她们唱完了她们的大合唱的时候，前面提到过的那两位头发上戴着花环的小姐走进院子里去找主人；同时有两个农家佣仆蹓到了门后的过道上，准备暗算那两位小姐，用满桶的污水来欢迎她们，他们用力那么猛，以致污水直从那两位阿涅士卡小姐的鼻子上流下来，在过道上流成一条小水沟；接着花环、穗束摆在一边，弗里茨在小提琴上奏起《朵勃尔秦纳舞曲》，大家立刻在院子里跳呀舞的转起来。那是一个美丽的夜晚，月亮和星星高照，可还是有人捧出两支蜡烛来，一支为管家敬酒，一支为弗里茨，他在三根弦上拉琴，比别人拉四根弦还要响。现在轮到跳跃舞蹈了，一首圆舞曲和一首奥别列克舞曲；为了给那些静立着的和在原来地位上跳个不停的农村小伙子助兴，我同台克拉小姐作为圆舞曲的第一对跳起来，接着又同杰瓦诺夫斯卡太太跳一会。后来大家到了那样放纵的地步，简直在院子里跳到差不多要倒栽葱；我说"倒栽葱"是并不过分的，因为有一对舞伴赤脚踢在一块石头上，弄得好几对都跟着栽下去。时间已经快到11点了，弗里磋娃带来一架低音提琴，它比那只小提琴还要糟，因为它只有唯一的一根弦。我连忙冲上前去，抓住那支沾满灰尘的琴弓，立刻拉起来，一股劲儿拉下去，弄到大家跑拢来，看那一对弗里采克怎样在他们的乐器上乱弹乱奏，一个是睡态惺忪拉着小提琴，一个是抱着那架独弦的、单音的、沾满灰尘的（……）低音提琴，直到露德维卡小姐忽然喝声"滚！"，原来我们要回去了，要说晚安，要躺下去睡了。全队人马于是分头走散，离开院子到酒馆聊天去了；他们还玩了多久，玩得好还是坏，我不知道，因为我没有去打听。我那天晚上非常愉快，发生的两桩事情也使我非常满意。提琴缺少了第四根弦，怎么办？哪里去多找一根？我走到院子里去看看：列翁和沃伊台克先生深深地鞠躬要讨一根弦；我从杰夫太太那里弄到九条线。我把线交给他们，他们拿它搓成一根弦，可是命运只愿意他们陪着三根弦跳舞，他们刚把新弦扭上去，另一根五度弦立刻断了，新装的一根只好接受了它的位置。第二件：台克拉·博哲夫斯卡小姐有两次同我跳舞；我依照通常规矩同她聊了好一会天，于是有人说我是她的情人和新姑爷，后来才得到某一个人来解除误会；再后来居然有人说出了我的名字：当我和杰瓦诺夫斯卡太太作为第一对跳舞的时候，那个小裁缝说：现在"肖柏"先生和那位好太太来了。

我答应过，今天信里面要介绍那位善良的玛丽安娜·库罗巴特维安卡小姐，鼎鼎大名的威罗娜·库罗巴特维安卡的姊妹，她昨天同卡舒宾娜夫人进行了一场头破血流的爬草叉大战：幸亏这一场战役并没有造成大伤害，卡舒宾娜夫人只有一点头痛，鹪鸪小姐①鼻子挨点痛（……），因为她并不情愿地挨了一叉。因此我现在把这一幅画寄给你们，它是少有的形神逼肖。生机是破坏了，可是仍然保持形似。我对我自己作为对一位画家承认这种形似，似乎这位画家为他作品的伟大冲昏了头脑。我本来最初认为它并没有成功，可是突然间雅斯走进我的房间，望着我画的这幅画，嚷道："这可不是库罗巴特维安卡，真是形神逼肖！"根据这样一个内行的判断以及弗拉涅茨卡太太和那个厨房丫头的证实，我自己也不能不相信它是十分肖似的了。明天一早我趁车去图尔茨诺，星期三才回来，因此我怀疑能不能够写一封信赶上星期三的邮政班车，露德维卡只好等下星期的信了。

我不寄圆舞曲，却拿一封犹太文书信来代替，那是希尔茨先生从戈路布写给约采法特先生的，因为他赏识我犹太学的渊博，所以把那份底稿送给我。这封信比我上次寄给沃伊齐茨基先生的那一封写得好一些，可是也比较不好懂。为了易于了解这一封信的附启，我特此注明，"Nakkasion"是机会的意思。我花了不少精神去查究 Nakkasion 究竟是什么意思，直到我翻开字典，探索它的语源，才终于找到了，原来是机会。请为我好好保存这份贵重的宝贝，不要把它弄坏了。我看不到比亚洛勃洛茨基，也看不到维勃兰。——从昨天起我变成了一个本地农民②，我已经开始造一座桥。我差不多每天都乘车出去。书本睡觉了，因为天气好。莫歇尔③在工作。我洗了八次澡，最后差不多只用纯粹的蒸馏水。我衷心地拥抱所有的孩子，衷心地亲吻妈妈和爸爸的手足。

依恋到极点的儿子
弗·肖邦

我给沃伊齐茨基先生送上几个丹麦字，例如 kobler ［……］——图画，axbildinger——描写，kiobenhavn——哥本哈根。

志先生、巴……路……茹先生、柯先生、马先生、诺先生、茨先生等等，均致亲吻，迪柏特太太、列施秦斯卡小姐等等，统此不另。

---

① 鹪鸪小姐指库罗巴特维安卡小姐，波兰语鹪鸪读音为库罗巴特瓦。

② 农民这个字可能是某一工程师的姓氏，这句话后半点明："……我已经开始造一座桥，"也可能源于波兰的俄语地区通用的名词，那么，这一句话就是："……我变成了一个本地农民"。

③ 莫歇尔，指伊格那茨·莫舍列斯（1794—1870），德国钢琴家、作曲家兼教育家。

这一封信在好几个要点上支持我们的推断。首先它证明，肖邦不仅认识民间音乐，喜爱民间音乐，而且深入钻研了它的本质，以致他自己能够伴奏民间舞蹈。"我连忙冲上前去，抓住那支沾满灰尘的琴弓，立刻拉起来，一股劲儿拉下去，弄得大家跑拢来……"这一重要的证件直到今天都还在受到人们冷落。说到肖邦在乡村收获节上作为一个乐手去参加，真正不是等闲的发现，对画家来说，也如同对电影艺术家和小说作家一样都是不能等闲视之的。

第二件重要的事情是信中提到，雅斯科娃太太给他"把全首歌曲口授出来"。它证实肖邦十分独特的兴趣，说明他不仅注意民歌的旋律；他也注意民歌的歌词。他十分简单地把它记录下来，那是他依照当时的风尚——这一事实是过去一直忽略的。考虑到他同柯尔堡一家亲密的关系（这封信里有他对柯尔堡一家的问候），我们可以假定，正是肖邦通过他的影响和他对我们民歌的丰富的谈论引起了那个比他小5岁的奥斯卡对这一日渐沉沦的宝藏的注意。如果那并不是肖邦的影响，那么，无论如何是柯尔堡家中非常活跃的朋友的谈论在这两个男孩子身上唤醒了对民间口头创作的热爱。

这封引用过来的家信也证实了我们关于肖邦在童年和青年时代身体柔弱的判断：轮唱的歌曲总是惯于把他们善意的嘲笑指向那受嘲笑者身上突出的特点。（因为我早年的声音近于尖锐，所以罗兹附近比歇维的人们唱出下面的词句来影射我："院子前面站着一棵雪球树，复习老师说话像姑娘。"）既然影射肖邦的歌曲说他"瘦得像只狗"，那么，这该是一个非常显眼的特征。

这封信里同样使我们惊奇的是这个15岁的小伙子的多方面的才能——他的才学和他精神的感受能力的证明。他这样写到一幅"画"，这是他为某一位活泼的姑娘画成的，他不是作为画家，"为他作品的伟大冲昏了头脑"，而是一个天生的漫画家。可惜的是，肖邦这一类超凡出众的传神的漫画给我们保存下来的是这么少。爱好绘画和爱好看戏说明这个男孩子的高尚趣味。

就是信后附启的那些丹麦单字也显示出肖邦对绘画的爱好；这些字准是他在一幅表现哥本哈根风景的铜刻版画上面看到的。我们不知道，这些错误的抄写应该算在肖邦账上还是算在发表这封信的人的读法的账上。（"kobler"准是丹麦文的kobber，不算图画而是铜刻；"axbildinger"一定是afbildinger——看手稿是很容易误f为x的，这是丹麦字图画、画像的意思，比较少用的是：描写；至于"kiobenhavn"这个字照旧式写法一点不错。这些提到的单字准是从一幅小画抄过来的，约莫是"铜刻，哥本哈根景色……"）

由此可见，这唯一的一封信给我们提供了多么重要的数据：它不仅指点出肖邦的爱好和玩意，而且也指点出他的生活方式，特别是他的友谊，我们在这里遇见了雅斯·比亚洛勃洛茨基、多穆亚、柯尔堡一家……

他对寄宿学塾的男孩子的友谊关系可以回溯到最早的时间。这个可爱的、温柔的、稳重的小伙子，从小就倾向钢琴的小伙子，一定是大家的宠儿。年轻的男子对小孩子并不是永远粗暴的，他们有时很喜欢那些小家伙，照顾他们，是的，疼爱他们。至于弗列塞克一定是一个逗人开心的孩子。

塔杜须·捷林斯基教授[①]教导过我，在神话里面去认识一丁点儿的真理，那是这样的核心，在它周围后来缠绕着形形色色神话的丝线。这样的一篇神话，甚至于还是一篇流传广远的神话，就是关于弗列德里克的艺术的童话，通过他的钢琴演奏向他父亲那些俏皮的、兴奋的生徒进行催眠。可是这一篇神话包含一个健康的内核：这个无疑是漂亮的、才能出众的、我们甚至于可以说是天才的孩子在肖邦家寄宿学塾里扮演一个重要的角色，他的在场对那些年纪比他大的游伴发生良好的影响。

可惜的是尼古拉先生的生徒都不大愿意同笔墨打交道。他们往往成为十分平凡的地主，只有非常浅薄的修养，至于后来做了寄宿学塾主人的姑爷（也是固定的牌局伙伴）的那两个拔尖人物又对于写字害上了慢性嫌忌病。简而言之——他们中间没有一个人（或者说差不多没有一个人）留下这一时期的详细的回忆录，至于某些偶而出现的小事，如果不是残缺不全就是——例如那个关于安眠曲的传说——出于幻想。

如果我们要转述肖邦这些友谊的故事，我们就不得不求助于肖邦从小向他的好朋友倾倒过去的书信。他给维路斯·柯尔堡亦即华沙神学院教授的儿子的书信我们保存得很少，可是这种友谊却具有重大的意义。关于维路斯的兄弟奥斯卡对肖邦家和我们作曲家早年的友谊我们也毫无所知。而我们又偏偏是那么乐意在这位伟大的民歌收集家和我们的弗列德里克之间去找一些线索！我们只知道肖邦对奥斯卡的工作表示过一种消极的论断，可是这种论断主要是对他的作曲，他民歌的"引言"，并不是对他那不朽的收集，讲到收集，那肯定是得到名师弗列德里克的喝彩的。

对多穆斯、杰瓦诺夫斯基和其他在沙法尔尼亚共度假期的朋友，这位《沙法尔尼亚快报》的编辑抱着纯真的感情；那封后来从巴黎寄给这些朋友的书信至少指出了这一点。可是对弗列德里克来说，他同他父亲那些论年纪比他大的生徒的关系是

---

① 塔杜须·捷林斯基（1859 年生），古代语言研究家和考古学家。

一所名副其实的"感情学校"。关于这样的友谊我们熟悉得很的有两宗，因为命运对我们一次例外的善意给我们保存下弗列德里克一批几乎没有人过手的书信。

弗列德里克·肖邦写给雅斯·比亚洛勃洛茨基的书信经历过一场令人惊奇的遭遇。首先它在他父亲家里被沙皇警察没收了，而且是在收信人早已长眠地下之后，后来根据一项条约，苏联政府把它和其他文件一道送还，又因偶然的机会在故纸堆中给找了出来；斯坦尼斯拉夫·佩莱斯威特－索尔坦把它和同样在那里找到的文件一道经过典范性的整理之后公开刊行，在这一文件里，尼古拉·肖邦第一次也是唯一的一次提到马赖恩维尔是他的出生地。就是这样，这些书信从一片纸张的大海里面，从遗忘的海洋里面浮了出来，可是只有十来年，接着它就在1844年华沙起义期间连同整幢档案大厦烧成了灰烬。那一部典范性的版本为我们救出了这些书信的内容，没有它我们关于肖邦少年的智识就要贫乏得多！这些书信里面保留有那么多光彩斑斓的愉快，这是贯穿我们作曲家这一生命阶段的标志。

这些书信，充满高昂的气概，充满感情和滑稽的小玩意（"……我有王家毛布缝的新裤子……"）向我们指出肖邦是一个诙谐的年轻人，他运用他的才智和敏慧正如运用他刻画人物的老练手法一样放射出他的光芒。想起来有点希奇，肖邦居然同一个年纪大得多的伙伴结成这样的友谊关系——雅涅克·比亚洛勃洛茨基1805年就已经出世了。要找理由也很简单，弗列德里克在他父亲的寄宿学塾里自然而然的是找比他大的伙伴打交道，他要找的是那些能够同他交换音乐意见的人。可是我们也不要忘记，弗列德里克精神上也和心灵上一样都是发展得十分早的，只有15岁的年纪（当时开始他同比亚洛勃洛茨基的通信）就已经能够像一个20岁的青年那样感受。

关于比亚洛勃洛茨基我们知道的不多。肖邦在写给他的第一封信里已经探问他的病腿，也许是骨结核。半年之后它就断送了雅斯的生命。我们只知道，他长得非常漂亮，根据肖邦家属用的厨娘的意见，他比蒂杜斯，沃伊采霍夫斯基还要漂亮。说起来可真妙得很，肖邦的爱慕给我们保留下这一短促的、昙花一现的生命的面影。有一幅雅斯·比亚洛勃洛茨基褪色的剪影是从千百万幅中间救出来的，现在还在那里，而且还将永远保存，只要弗列德里克的音乐一天还在响。该画的产生，只是因为在一所华沙住宅里或在简陋的索科洛沃曾经有两个男孩子尽情"聊天、开玩笑、歌唱、哭泣、欢笑和打架"。（肖邦语）

歌德的确说得对，他说，人类的伟大在于芸芸众生只有他能够给一刹那赋予永久性。

在他给比亚洛勃洛茨基的最后一封信里，年轻的肖邦犯了一次不知检点的错误，也许是我们在他的书信里可以找到的唯一的一次。他为他描写了爱米利亚的病状（在她死前几个星期）并且提到华沙流行的谣言，谣言说，雅斯已经死掉了。于是他问道："你活着呢还是活不成？"接着他描写他对他的哀悼并且告诉他，他的家庭将会怎样安慰他。可怜的雅涅克当时还没有死，可是不久之后他就不在人世了。他的死差不多同爱米利亚的死连在一起。自此之后，肖邦的通信出现了一个明显的、一年半的缺口。正是这个时候，一个可怕的、永不和解的客人在他的家庭也在他朋友范围内都得到了入门证。肖邦第一次同他打交道。他不仅认识了生活，他也认识了死亡。

爱米利亚和比亚洛勃洛茨基的死亡好比一块里程碑。童年结束，青年开始了。不幸的预感笼罩着个人，在祖国的上空威胁地团聚起乌云来，青年时代再不像童年时代那么愉快了。一场恐怖穿过整个波兰，像肖邦这样感觉锐敏的人不能不察觉到这场恐怖。

可是青年时代是自私的；它经常只是朝自己的内心看，一边分析着各种各样的感情，或者不如说，在那些感情上面迷失了方向。它使感情升华，把它安置在兴趣的中心地位，而且就靠它生活。那些写给蒂杜斯·沃伊采霍夫斯基的书信，正同他和他的全部友谊一样，是正在开始的青年的模象，百分之百的浪漫主义的模象。

弗列德里克·肖邦对沃伊采霍夫斯基的关系准是由于那种青年的恋慕，这是达到肖邦这样的年龄的时候一种具有性格特征的恋慕。我们从生活里面认得这种感情，我们从文学里面认得这种感情。也许除了列夫·托尔斯泰之外再没有别人能够刻画出这样一种友谊的逼真的图像，那是指他描写他的主人公和涅希路多夫相遇时遭受到的那种突然的迷惘。某一些难以名状的感情为自己寻找出路；所有通过青春的风暴收集到的东西都汇入一种猛烈的感情。那是一种自我恋慕，恋慕自己的天才，恋慕自己的生命力，转到一个偶然进入视界的人物身上。那是自己种种可能性的投影，一切未来感情的预感，全在那个理想的朋友形象周围结晶化了。在我们开始为爱人沉醉之前，我们先为一个朋友沉醉。他必得成为我们爱情的心腹、对象和承当者。

关于蒂杜斯我们也毫无所知。我们既没有得到他给弗列德里克的书信，也没有任何一点他写下来的个人的记事。他后来的遭遇我们也同样的不大了然。而且即使知道了，我们也无从了解，他和肖邦结成友谊的时候究竟是怎样的一个人。富家子弟由于"物质兴趣"的影响很容易变成庸俗的市民。也许当露德维卡谈到心的比喻，指出"它会变成矿层和石头"的时候，心里正好想着蒂杜斯。我们不妨假定，当肖邦把他那首《唐·璜主题变奏曲》献给蒂杜斯的时候，蒂杜斯的感觉和后来的糖厂老板蒂杜斯还是有所不同。

这样一种亲密的友谊一定不缺乏关于未来的长篇大段、推心置腹的报导和梦想以至无穷无尽的谈话和动不动就是几个钟头的聊天的微妙的题材，这样的谈论是这样年纪的青年的到家本领。在这种谈话里面凡是他自己心房的财富都可以全部算在朋友的名下，肖邦也同样相信，他的朋友蒂杜斯唤醒了他心里的感情，可是实际上那完全是在他的灵魂里面独立成长的。他说到他自己"在他身上学到了感觉"——可是这种种感情还应该算是在这位光辉的人物心里独立产生的一种自然的思潮，所谓光辉的人物就是迅速发展的肖邦成熟的方向。

另一方面我们又看到，蒂杜斯本是不大愿意承受这位朋友有点女性的感情的倾泻的，他很早就已经正确估计到弗列德里克的伟大，替他出些实际的主意，怎样用一种方法，我们今天会说这是广告的方法，来捧出他的伟大。据蒂杜斯看来，肖邦的成绩总是不够好，名誉总是不够大，他也为他朋友在某些问题上的天真、对他性格和他那变化无常的健康情况了解得太清楚了，因此他当暴动爆发的时候让他留在维也纳。他知道，对肖邦来说，艺术就是一切，他最多只可以"在钢琴上作雷鸣"。

蒂杜斯是稳重的，"他不喜欢人家吻他"。可是肖邦写给他朋友的信里所表现的温存把我们也迷惑了。在他写给比亚洛勃洛茨基的那些书信里那句"给我一个吻"已经有点希奇了——这是父亲寄宿学塾时代非常显著的残余，当时那些孩子总是把这个小弗列塞克抱在手上。可是这位"在妇女群中"教养大的弗列德里克的敏感要求这种感情的浮面的表现。当然，到了他后半世，在法国，在那寒冷的、不管怎样总是寒冷的诺干，这一浮面的表现是多么缺乏啊！

这两个朋友关系中一种完全自然的补充是两种保持秘密的感情的萌芽，这是他们本人也不大清楚的。蒂杜斯爱上了散尼基出生的奥列西雅·普鲁莎科夫娜，肖邦非常愿意促成这一场婚事。肖邦则遇到了康斯坦西亚·格拉德科夫斯卡。

这种十分热烈的爱情主要是寄托在可以向蒂杜斯报告的可能性上面。1829 年 10月开始："……因为我，也许只是造成我的不幸，已经有了我的理想目标，我对她无限倾心，虽然我半年以来没有同她说过话。她在我梦中出现，为了想念她，我写成了我协奏曲的柔板，这是今天早上给我送来的圆舞曲，我把它寄给你（……）。除了你之外，没有一个人知道这件事。"显然是露德维卡，他亲近的心腹和伊萨贝拉，正如后来显露出来的那样，所有的人也都知道这事。可是对那推心置腹的报导、对那永恒的猜测和描写来说，这是怎样的一种题材啊。只要你想一想，整个城市从东到西，从新世界直到西吉斯蒙德都知道这件事，这是多么吸引人的乐旨啊！对那在台泊尔宫或者波图尔镇的蒂杜斯住宅举行的漫长的、继续到晨光曦微的夜谈来说，这也是怎样的一个主题啊，在坡图尔津还有窗前的一棵白桦树，它也浸透了这些谈话的内容，在他心目中它后来许久"都不能离开他的记忆"。

我们不知道，谈到这种推心置腹的报导究竟谁更宝贵一些：信赖的题目还是信赖的对象。"一有可能我就寄一张我的画像给你，你想要一张，你就应该有一张，可是除了你（蒂杜斯）谁也不会占有我的画像。只有一个人还可以得到它——可是决不会比你先得到，因为你是我最爱重的。"

后来，在蒂杜斯走了之后，就出现一段空隙。"我多么难过啊，现在再没有一个人，我可以一早去找他，同他分担我的快乐和痛苦；多可恨的事情啊，受了一点委屈，却没有地方可以松口气。"肖邦这样写，好像他是怕人误会，并立刻加上一句："你知道，我指的是什么。"

谁不知道呀，弗列德里克？

可是还有另外一点东西把他和蒂杜斯结合起来：他朋友的音乐天赋。弗列德里克选他做他的审判官；他所有的作品都寄给他看，而且始终期待着他的论断。"你在我每一次音乐会之后的眼睛的一瞥比新闻记者的、爱尔斯涅的、库尔平斯基的、索里瓦的以及什么张三李四的一切称赞都对我更有意义。"在另一封信里，他又写道："我不知道，是不是因为我跟你学到了感觉，可是每当我写出了一点东西，我始终愿意知道，你喜不喜欢它，总之，在你听过我的 e 小调第二协奏曲之前，我不会坚决相信它的价值。"

严肃的蒂杜斯每当弗列德里克接到宴会、舞会和演奏会的邀请，需要这位作曲家在会上演奏的时候，他总是把它拖住。弗列德里克自己有一次也说过："这样一搞就会累，人家总是要求你即兴演奏。"

沃伊采霍夫斯基1849年逗留在布鲁塞尔，没有赶到他朋友的死床边去。依照肖邦的愿望，这次会见该是"纯粹的快乐"。这两个朋友临到晚年该会想到什么呢？他们从那难忘的"感情学校"带来了什么样的回忆呢？有一点是确定的：并不是那唯一使人值得生活的回忆，那是福楼拜的《情感教育》的主人公带来的回忆。虽然他们对生活感到失望，可是不论是在康斯坦西雅时期还是以后，他们始终还有其他的理想。这两个朋友在华沙的游荡完全是天真无邪的。不然的话，弗列德里克后来不会充满骄傲和兴致对他的朋友夸耀说，那个老迈的皮克西斯①曾经担心他也许会

---

① 约翰·彼得·皮克西斯（1788—1874），受人欢迎的室内乐作曲家。信里面提到的事情是指一桩小事故，21 岁的肖邦同那个吃醋的皮克西斯在巴黎闹了一点别扭。

"给他或者更糟的是给他的女学生闹一场乱子"，他自己也更不会带着满足的腔调有点吹牛地补充一句："我是来做拐骗的！你作何感想？"

情感教育！感情学校！情绪学校！我们知道，我们能够知道，对肖邦这样一个艺术家来说，"学校"是什么意思？那是同生活的细微的摩擦、细微的冲突的积累，那是日常经验和印象的集合——在这样的一个时期，饥渴的神魂对他所遭遇的每一现象都当作是一种启示来加以吸收的。对少年肖邦来说，最主要的学校是什么，他最重要的老师又是谁，我们再也不能够确实断定。父亲的还是母亲的影响占优势呢？他的姊妹又有怎么样的影响呢？

他的本能以不可克服的力量推动他走向钢琴。1817 年，7 岁的肖邦得到他的第一位钢琴教师，同年已经出版了他的第一首作品，这也一定是由这位老师替他记下来的：g 小调波洛涅兹。学生和老师之间存在一种怎么样的关系呢？这位老迈的奇妙的捷克人，与其说是钢琴家，还不如说他是小提琴家，他能够给肖邦传授什么东西呢？

沃伊采希·瑞夫尼是太阳底下最奇怪的典型。这个吸鼻烟的老头戴着老是歪的假发，眼镜和一条从大衣侧面口袋挂到外面的红手帕。简言之，一个有点半真半假的形象，简直像是从一本旧式的小说或者原始的喜剧里面跳出来的一样。人们根本不愿意相信，真有这样的生物在我们的世界上生活过。我们将要听一听，肖邦自己怎样描写这个人，同时模仿他的口气，他那旧式的、18 世纪在德国通行的说法，用第三人称对待对方，这种说法，托玛斯·曼在他的小说《绿蒂在魏玛》里面曾经有过神妙的描写，在歌德"宫廷"中应用过。肖邦的描写十分生动；你可以活灵活现地看到肖邦家寄宿学塾的那位老迈的音乐教师，听到他那刺耳的尖声，并且在他那善良的、聪明的眼睛里面察觉到美妙的诙谐的火花。

"……前天我手拿鹅毛管坐在桌子边上，已经写上了'亲爱的雅斯！'和信的头一段。"肖邦1825 年10 月写的一封信说，"因为它富于音乐性（这句注脚为我们指出肖邦对散文的音乐性的敏感），我就以铿锵的声调把它念给瑞夫尼听，他正靠近睡在钢琴上面的戈尔斯基望着。

他鼓舌作声，擦擦鼻子，把手帕卷起来，放进他那件铺着棉花的绿色大衣的口袋里，然后把他的假发挪正一下，同时问道：

'他这封信写给谁？'我回答：'写给比亚洛勃洛茨基。'

'唔，唔，写给比亚洛勃洛茨基先生？'

'不错，写给比亚洛勃洛茨基。'

'那么，他写哪里的地址？'

'哪里？寄到索科洛沃去，像平时一样。'

'比亚洛勃洛茨基近状如何，他知道吗？'

'还好，他那条腿已经好些了。'

'什么！好些，唔，唔，那很好。比亚洛勃洛茨基先生写过信给弗列德里希先生吗？'

'是的，他写过信，可是已经很久了'，我回答。

'那有多久？'

'您干吗问那么多？'

'嘻嘻嘻嘻'，（瑞夫尼笑了）。我惊奇地问：'您知道他的一些事情吗？'

'嘻嘻嘻嘻'，（他笑得更厉害，同时点点他那个小脑瓜）。

'他这样写'，瑞夫尼回答，还传给我们那段教我们难过的不好的消息，说你的腿病并没有好，你现在已经到旧普鲁士去治疗。"

这一个片段给我们一个概念，弗列德里克和爱米尔卡创作的喜剧听起来是什么样子，同时也给我们描绘出"教授"本人。这位老教授是一种奇怪的混合，有一点灰姑娘的味道，仿佛是人们嘲笑的对象（"我们家里一切事情都在他身上，那个好玩的瑞夫尼是全部闲谈的灵魂……"）；他发挥了牌局伙伴的职能，而且受到不拘礼节的待遇（"他挨了妈妈一顿痛骂"，弗列德里克报导说）。一位老先生，又是他的老师，对肖邦这个顽童称呼为"弗列德里希先生"，说起比亚洛勃洛茨基这个顽童又说什么"比亚洛勃洛茨基先生"——对我们今天来说那是一种莫名其妙的关系。可是同时比亚洛勃洛茨基却告诉他而不告诉肖邦，说他的健康情况恶化和他"到旧普鲁士"去治疗。

可是话虽这样说，这个奇怪的老头子一方面使人想起屠格涅夫的列姆，另一方面又使人想起《滑稽画报》的一个角色，他却还是能干点事情，也懂得一些事情。因为肖邦家对他们孩子的教育非常关心，也认识到弗列德里克的迸发的才能，他们决不会让他们的儿子的钢琴功课抓到什么人就随便付托给什么人。即使肖邦技巧本领多数是靠自己下的功夫，可总还需要一位教师指点他正确的处理、手指的感觉和触键。因为无论如何总得有一个来头。弗列德里克从巴黎写信给沃伊采霍夫斯基说："我教卡尔克勃伦纳吃了一惊，他立刻向我提出问题，问我是不是菲尔德的学生，他说，我有克拉莫①的演奏和菲尔德的触键。"这种克拉莫的演奏和菲尔德的触键一

---

① 约翰·巴普梯斯特·克拉莫（1771—1858），钢琴家兼作曲家，克列门蒂的学生，杰出的钢琴教育家。

定是从那位善良的、正派的老师那些沾满鼻烟的注解那里出来的。"虽然你听过的是瑞夫尼，可是却掌握了菲尔德的演奏，"露德维卡添上这样一句话。

此外，当时的教学很快就引起了教授方面的惊异，引起了对这个少年学生的赞赏和衷心的友谊。现在保存有一封 1826 年夏天老瑞夫尼以异乎寻常的友好的语调、用老式的德文寄到杜士尼基①去给弗列塞克的信："……我衷心地希望，不久病体痊愈后就可以拥抱您，衷心地吻您，怀抱着真实的眷爱和尊重，我永远是您亲爱的朋友——阿达尔柏特·瑞夫尼。"在一封写给比亚洛勃洛茨基的信后附启里，他称自己为"朋友和仆役"。

单是这位老教师，这位集教育家、仆役和朋友于一身的老教师的确为肖邦立下了重大的功勋。他领他认识了巴赫，教他热爱这位莱比锡的合唱团长。当着意大利歌剧风靡一世，到处只听见菲尔德、卡尔克勃伦纳和洪梅尔的音乐会的时候，这确实是异乎寻常的事情。巴赫当时差不多已经被人遗忘，瑞夫尼之所以崇拜约翰·谢巴斯提安，准是为了自己的地方语言和一定的教育的家庭传统，这是把他和莱比锡联结起来的传统，此外还有他摆脱一切时髦风尚的、对音乐价值真正道地的感觉。肖邦在他的作曲和技巧方面从巴赫接受了许许多多的东西；巴赫成为他的知己和助手。在每一个音乐会之前好几天都是充满紧张情绪的，弗列德里克曾经谈到那些日子："你不能相信，上台之前的那三天是如何地受苦受难"，他总是回到巴赫身边去，顽强地练习《平均律钢琴曲集》。他教他的学生像华沙那位"沾满鼻烟的"教授教他自己那样演奏。

每当瑞夫尼在谱架上对他的学生打开一本巴赫的那一瞬间，对肖邦就意味着一个转折点。《平均律钢琴曲集》所展示的音乐的景象，完美的、对称的景象以至形式与表现之间尽善尽美的和声的谨严无疑对这位青年作曲家有关音乐艺术的意义的想象发生决定性的影响。肖邦对他使命的严肃和伟大的深刻领会使他今后终身都是那么有计划、有意识地进行工作。饮水思源，他不能不感谢这一难忘的瞬间。巴赫成为他的学校。

因此瑞夫尼那个滑稽的感人的形象保证了他的不朽。这个"朋友和仆役"在他伟大的学生的音乐里一直活下去，还从那充满美的、永不消逝的篇页一直眺望着，对于这些，那位老迈的捷克人是再也料想不到的。可是对艺术的真爱始终要战胜；它战胜了瑞夫尼的鼻烟，战胜了他那彩色斑斓的手帕和绿色的大衣，同时像是一篇

---

　　①　杜士尼基是从前的赖纳茨浩场。

安徒生的童话，它给他插上永恒生命的翅膀。

肖邦 12 岁开始跟约瑟夫·爱尔斯涅学和声和对位。爱尔斯涅是他的第二位老师。中学毕业之后肖邦转到音乐院，他的教育已经全部由爱尔斯涅包下来了。

关于爱尔斯涅一般人总是使用平常的语言，人们使用漫不经心的描述来应付这个人物，不论是作为人还是作为作曲家，他都受到相当的贬低。这是完全不公道的。他不是一个平凡的人，更不是什么通奏低音的学究。

爱尔斯涅长期被人认为是波兰化的德国人。只要你看他一两封保留下来的书信就可以得到证明，这种意见是多么没有根据。他在奥佩尔区的格罗特科沃出世，这一地区在长远的后来，亦即是在两次大战之间曾经出过像爱德蒙德·奥斯曼契克①这样的波兰人。爱尔斯涅 1769 年在那里出世。作为一个波兰人，他为波兰文化工作献出他漫长的、勤劳的一生。

一牵涉到这方面的问题，没有一个人不想到爱尔斯涅在肖邦毕业考试上提出的评语："弗列德里克·肖邦。完全特殊的天赋。音乐天才。"这条评语给教授创造了荣誉。

这是爱尔斯涅对这个天才青年的音乐发展付与长期观察之后的结论，也是这位教授对他学生的期望和对他的要求的实证。爱尔斯涅准是一开头就清楚了解，他是在同谁打交道，因此他就决定，与其只管教学，还不如把肖邦灵感的汹涌的长河引入正确的道路上去。他的教育方法真是了不起。

"在作曲法上必须放弃过于精细的规矩"，爱尔斯涅说，"特别是对于那些才能显着和令人惊异的学生；他们应该自己把它找出来，以便他们超过他们自己而且由此推向规矩的发明，也就是发前人所未发"。

难道在培养肖邦的方法上还有比这个更好的方法吗？人们不能不惊叹这位青年作曲家的幸运。他找到了，而且是在偏僻的华沙找到了这样小心注视他的发展的教育家，他随时提防由于不必要的迂腐抹掉了他天才的蝴蝶翅膀上哪怕只是一点点的彩粉。而且只是由于纯粹的谦虚，爱尔斯涅自称为他的"功劳微薄然而非常幸福的和声和对位的教师"。他的功劳正是在于他的克己精神，在于他及时地、正确地估计他自己和肖邦之间的才力关系。对一个教师和作曲家来说，这是并不简单的；这要求真正伟大的人格。爱尔斯涅正是在这方面提供了他心胸博大、情操高贵的证据。

可是他也证实了他的聪明。

---

① 爱德蒙德·奥斯曼契克是年轻一代的波兰新闻记者，他特别致力于 1945 年以后德波关系问题的研究。

"在艺术的推动力上"，他有一次说，"也在表演艺术家的进步问题上，学生不仅应该和他的老师较量以至于超过他，他也应该占有一些独特的东西，以便同样放射他的光芒"。

当然，有一点我们不能不责备爱尔斯涅，那是他曾经企图顽强地说服肖邦去写歌剧。顺便说一句，爱尔斯涅并不是把歌剧看作音乐创作的皇冠的唯一的一个；密茨凯维支①也是这样，甚至那个音乐判断极受肖邦推崇的蒂杜斯也都在这一意义上对弗列德里克进行反复的劝说。如果他对那位诗人和那位老师还不得不就力所能及扯一些假话来解释，那么，对他最好的朋友，他是从来不加粉饰的，他以现实主义的通常的感觉对他提出反问，为什么他在自己乡间的土地上建造一所糖厂，却不建造卡美尔宗修道院②。

至于爱尔斯涅关于歌剧的意见，那是一点也不糊涂，反之还是非常有道理。爱尔斯涅清醒地意识到，一部波兰的民族歌剧非创造出来不可，可是同时他也知道，他虽然写过许多歌剧，而且是关于波兰历史的主题，但并不是创造性的人物，不可能为民族歌剧的风格奠定基础。那些向弗列德里克提出来激励的话只是后来莫纽什科③为民族文化所立的功勋的先声而已。

读一读这位"乡土气息的"、可是遭人遗忘还是太不公道的作曲家的著作，是激动人心的。他从完全另一个范畴、在一种"乐剧"里看歌剧的理想。在他那部三卷的著作《论波兰语言的韵律因素及节奏因素》的序言里面，有一段关于歌剧的议论，后来在写给肖邦的一封信里他曾经引用过："如果有人把这一切加以衡量的话，他就必须承认，作为戏剧，特别是在美学方面，歌剧还没有站在它真正的顶点上。一切文明民族的诗人和作曲家尽可以依靠共同的努力把它引到一个顶点。"

这个人对他特别钟爱的音乐形式——歌剧既然看到那么壮丽的、差不多已经是瓦格纳式的远景，肩上又承担了一个"与生俱来的天才"学生的培养工作（"与生俱来的天才"是他自己的话，露德维卡在她那篇关于这个暴躁老头子的谈话的报导里曾经反复引述），他这时候最殷切的心愿就是希望这个天才致力于一种音乐形式，一种他心目中已经看清楚了它未来的发展的形式，这难道是值得奇怪的吗？至于爱尔斯涅是在民族范围之内来看未来的发展，那是始终不变的。

---

① 亚当·密茨凯维支（1798—1855），波兰最伟大的诗人，波兰浪漫主义文学的主要代表者。
② 卡美尔教派是1155年在以色列卡美尔创立的教派，1253年后演变为托钵僧团。——中译者注
③ 斯坦尼斯拉夫·莫纽什科（1819—1872），波兰歌剧作曲家；他始歌剧《哈尔卡》成为第一部波兰民族歌剧。

这个聪明人对他自己的（文学）作品曾经说过，"这里面扮演重要角色的是民族的东西"，现在就努力提醒后来肖邦的崇拜者，点明他以第一人的资格理解到的东西：原来他表示过这样的意见，依照露德维卡自己特有的"词令"写出来，那就是弗列德里克"具有他祖国的那种独创性和节奏（或者随你怎样说）使他在崇高的思想方面越发显得独特而且造成性格的特征；他希望，能够在你身上永远保持住这些东西"。

要刻画肖邦音乐的本质，没有比这更清楚的话了。肖邦的周围越理会到他那萌动的音乐才华的新颖和伟大的原因何在，肖邦本人也就越发要提供理由的说明。因此我们要比前人在他创作的人民方向上更多地注意作曲家的艺术自觉和意图。

老迈的爱尔斯涅写给肖邦的书信是那么多，每一次都以自豪的心情提醒他，他是第一个发现他学生那种超凡出众的才能的人。他有一次说："我们的弗列德里克知道得很清楚，我是极高地器重他的，也是非常非常爱他的，因为对待他这个天才，大家都负有责任善于认识这样的价值。"（着重点是作者加的）

智慧的清风从这个人物身上吹出来。作为歌剧院和音乐院的领导人，——除此之外还加上是在僻陋的华沙，彼此之间总是怀着敌意——许许多多琐碎的忧愁担在他的肩背上，他却具有这样的能力，立刻准确地判断艺术的价值。第一次拿肖邦同他崇拜的密茨凯维支相提并论的也是他。当他怀抱着青年的热情谈到那个维尔那诗人的时候，他已经是 63 岁了。谁能说人们后来在肖邦处发现的一些密茨凯维支早年的创作中的论点不同样是由爱尔斯涅的启发才产生的呢。

即使缺乏强烈的个性，爱尔斯涅应该还是对我们伟大的浪漫派的力量给予正当的评价的。他一定是长叹一声随手把那支不朽的神杖①交给他的学生。"因为现在以及将来一个艺术家获得荣誉的真正原因，说来说去总不外是活在他艺术创作里面的天才的个性"。

这样的一个人一定是在他那敏感的学生的灵魂里留下深深的痕迹。

可是可以算作对少年肖邦的培养发生根本影响的并不仅限于爱尔斯涅。这里挺立着卡济梅尔茨·勃罗金斯基②这诗人的雄姿，他受到爱尔斯涅和其他教授的尊敬，对他的听众发生过巨大的影响。从 1826 年秋天起，听众中间加上了弗列德里克·肖

---

① 不朽的神杖指麦加利神杖，商业神的标志物；在希腊神话里当作一支神杖，凡是它碰到的东西都要加番加码。

② 卡济梅尔茨·勃罗金斯基（1791—1835），波兰重要批评家、诗人兼翻译家，华沙中学波兰文学，美学和修辞学教授，1822 年讲学于华沙大学。

邦。勃罗金斯基这一时期（到 1830 年止）的讲义已经保存下来，印行的时候"附有作者的手稿和学生的笔记的补充"。这份讲义也就包含对少年弗列德里克发生影响的思想。其中有一些话是普罗斯那克引述的："为了我们的文学能够真正繁荣，就必须永远放弃那句妄自菲薄的口头禅：我是主张德国学派或是法国学派的。诗人、作家和艺术家的学派唯一的也是独一的只应该是大自然、共同接受和承认的原则以及那些只能在人民的语言、历史和风俗仪节中找寻的趣味。"（着重点是作者加的）"我们这里的美术已经开始在自己的基础上繁荣起来了……（听到这些话的时候肖邦的心跳得更强烈了，他也更加注意听）；今天我们也已经为我们同胞笔下出来的音乐作品感到高兴了……"（也许勃罗金斯基当时向那个回旋曲，作品第一号的少年作曲家瞥一眼，可是他这一瞬间准会想到爱尔斯涅，他们彼此结成了密切的友谊。）"……每一种通俗的民族文学都比依照外来榜样造作出来的文学更好、更有益、对后世更易了解，甚至于有些缺点也还是珍贵一些……那些冷冰冰的理论家和天才的盲目仆从要怎么说就随他怎么说吧——我们再重复一遍，缺乏爱国主义感情的天才的作品是不可能崇高的……"

勃罗金斯基是全体作家和艺术家的恩公和保护人，他和爱尔斯涅和那个几何学、测量学教授尤利乌斯·柯尔堡的交情特别深，作为诗人，柯尔堡也写与让·保罗①和诺瓦利斯②的精神一致的德文作品。1818 年，也就是勃罗金斯基的论著《论古典主义和浪漫主义》出版的同一年，约瑟夫·爱尔斯涅发表他那部题名《论波兰语言，特别是波兰诗歌在音乐方面的韵律和节奏》的作品，勃罗金斯基为他朋友的著作做了一番补充，他为作者在命题上需要征引的说明提供了全部的诗歌实例。在这个朋友小组的头上飘荡着科拉泰伊和斯塔席茨③的精神，他们是波兰民歌集的发起人，他们的热情丰饶地鼓舞了像左里安·多列加－霍达多夫斯基④和后来克里斯汀·拉赫－席尔玛⑤这类人物的工作。直到现在为止，人们在肖邦文献方面还很少理会这个老柯尔堡，事实上这个人物对我们的作曲家一定发生过重大影响。尤利乌斯·柯尔堡——弗列德里克的朋友维利斯（肖邦的同学）、奥斯卡（音乐家，后来是著名的民歌收集者）和安东尼（画家，画了肖邦最后的一幅肖像）的父亲，他是浪漫

① 让·保罗（1763—1825），德国小说家，惯用诙谐的文笔嘲笑当时的社会，曾被称为"穷人的诗人"。——中译者注
② 诺瓦利斯（1772—1801），德国消极浪漫主义诗人。——中译者注
③ 斯坦尼斯拉夫·斯塔席茨（1755—1826），社会批判作家，进步学者和政治家。
④ 左里安·多列加－霍达多夫斯基，亚当·查尔诺茨基（1784—1825）的笔名，民俗学论著的作者。
⑤ 克里斯汀·拉赫－席尔玛（1791—1866），华沙哲学教授，1831 年后流亡英国。

主义诗歌的爱好者，勃罗金斯基的崇拜者，曾经把他的《威斯拉夫》译成德文。他应该不仅是影响了自己的儿子们，而且也一定对他们的朋友发生影响。他每年都同爱尔斯涅一道创作一首共济会的颂歌，他们都是共济会的成员；人们可以认定，肖邦对柯尔堡和爱尔斯涅建立了共济会式的联系。在这种关系上有一件事也是很有意思的，奥斯卡·柯尔堡也写过一部歌剧《威斯拉夫》，那是根据勃罗金斯基长诗的脚本写成的，脚本作者是塞威利娜·普鲁莎科夫卡[①]，这个名字也是我们在肖邦书信里常常遇到的。

这一环境和它对肖邦的影响还没有加以充分的研究。只有一点却是不容翻案的：这个圈子所关心的是波兰人民及其艺术，"波兰人民"这个概念也扩大到远远超出世袭贵族的界限。这肯定是肖邦为他的民族利益吸取动力的泉源；没有这种泉源，他音乐的天才也不能从他这一方面去影响这个环境，这是不管我们的作曲家如何年轻都是在发挥这种作用的。

肖邦的青年期正好处在这个时代，当时"人民"这个字眼已经取得它今天一样的意义，也是奥斯卡·柯尔堡选作他的巨著的标题的字眼[②]。在 1820 和 1830 年之间这个字眼经常挂在一切进步人士的口上：那是在刊物上和政府中讨论废除农奴制度和保障农奴权利的年头，枢密院进行农民咨询会和辩论会的年头，这是农民意识觉醒的时代。肖邦一定是亦步亦趋地接触到农民问题，而且不仅限于在乡下；它一定也是肖邦家客厅里有时不免引起争吵的话题。当 16 岁的肖邦写信给比亚洛勃洛茨基报导斯坦尼斯拉夫·斯塔席茨的葬礼的时候，他补充了这么一句话："……我也得到一小块铺在棺材上面的丧纱作为纪念。"我们必须设身处地想一想，那一小块黑纱用作什么意义的象征。斯塔席茨在他死亡的瞬间化为象征。他首先就是农民的辩护士，他在枢密院为他们的自由进行斗争；他是那个空想——家长式的"赫鲁贝绍夫奖学基金会"的创立人，它的文化功效还没有受到足够的注意。对肖邦来说，那"小块丧纱"——即使建立在一种误解上面也是一样——具有根本的意义：它是艺术家和人民结成联盟的象征。

---

① 塞威利娜·普鲁莎科夫卡（塞威利娜·杜兴斯卡）（1825—1905），小说、儿童读物和关于勃罗金斯基、查列斯基等人的论著的作者。

② 奥斯卡·柯尔堡的巨著指那部包括三十五卷的主要著作，那是一部资料汇集，全名是《人民，他的风俗习惯、生活方式、语言，传说，俚谚、礼仪，咒文，娱乐，音乐，歌曲和舞蹈》。

译文篇什荟萃

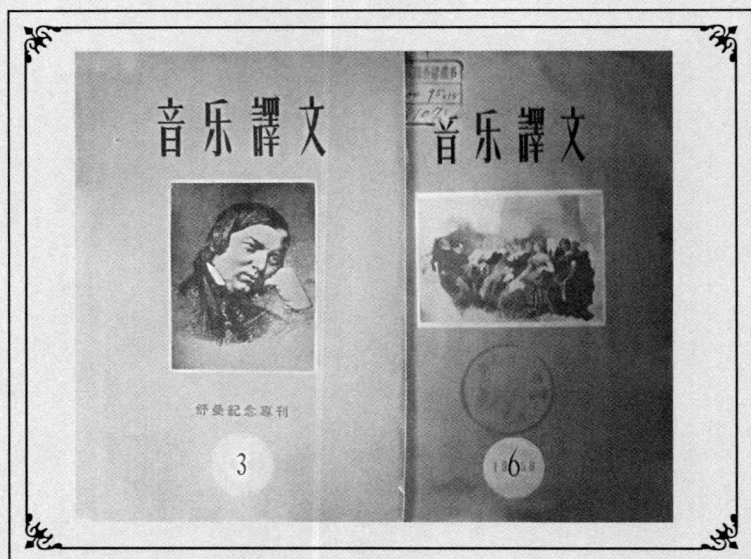

乐艺音乐名人轶事

三等小提琴手

小提琴手 Solomons 是英王佐治第三世（George III）的教师，有一次他对他那位神圣的学生说：拉小提琴的人可以分作三等：那些完全不会拉的人是属于第一等；那些拉得极坏的人是属于第二等；还有第三等的到底是什么呢？那便是拉得很好的。陛下既经飞越到第二等了。

黎斐译 H. Heine 的 Die Romantische Schule

明星和艺人

有一个娇养惯了的，给纽约的一般听众抬高了身价的歌艺的女明星，当她第一次在 Toscanini 指挥之下举行乐队试演的时候，竟敢随意增减各个唱音的时间。Toscanini 催促乐队照原来的步骤继续演奏之后，又命令道："赶上去，姑娘，赶上去！"

那个歌艺的女明星竟敢不受羁勒，气愤愤的说道："名师，你要跟着我的速度指挥，我是一个明星啊！"

Toscanini 把指挥台敲了一下，乐队即时停奏了。他尖锐不过的对她说："姑娘，明星是在天上的，我们这里都是艺人，好的和坏的，——你是一个坏的艺人。"

他随即扬起他的指挥杖,指挥他的乐队继续奏下去。

黎斐 Slezak 的 Meine S ämtliche Werke

原载《乐艺》第一卷第 1 号 1930 年 4 月

在巴黎

早既得到世界声誉的唱歌艺人 Leo Slezak 在他著的那本 Der Wortbruch 里面，把巴黎的音乐生活说得极为亲切有味，我特把他这一篇文章翻译过来，以实这一期的乐艺。你们除足以借此领略巴黎的音乐生活以外，兼可以知道好几个鼎鼎大名的国际音乐艺人的名字，并可以大略知道研究音乐是怎么样的一回事。这便是我翻译这一篇文章的一点用意。

辅叔

到了我的荣誉心要跳出维也纳，跑进国际的音乐界里面去的时候，我便感觉到有用意大利和法兰西的语言学习我所演唱的各部歌剧的必要。

你要用意大利和法兰西的语言演唱歌剧，只懂得它的发音，这自然是不够的，如果你要别人承认你用意大利和法兰西语言演唱的歌艺是很完全，那么，你必要把它那些和德意志的说话大异其趣的体制，和它种种特殊的地方细心研究。

同一篇 Arie，你用法国话唱来，无论它的音势，和它的体裁，都是和用意大利话唱出来的音势和体裁不同。为使我的唱歌艺能就在法国亦可以站在前头，所以我决意跑到巴黎那边去，以几个月的工夫从那个最有名的 Jenn de Reszke 促进我的唱歌艺能。

当我数年前第一次接受伦敦那间 Conventgarden 歌剧院的聘约的时候，我既经认识 Jenn de Reszke。

我当时从他得到了一种说不出来的印象。只他由自己散射出来的那种乐艺权威，便既经要使我表示极端尊敬。我自己是省不起，我生平是否在别个艺人面前也曾得

153

到这样伟大的印象。

当他在伦敦的时候，他的精力既经是逐渐衰耗了，他时常因为生理上的缘故，不能够登台演唱，所以我屡曾替代他演唱了好几次，像 Lohengrin 和 Meister signer 的 Stolzing，我都曾替代他演唱过。

他在美国的声誉是没有别一个唱歌艺人可以比得上。只就他的歌艺代价来说，自有唱歌艺人以来，亦要推他为第一。就闻名世界的歌艺大王 Caruso 亦未曾得到这样高额的报酬。

他对于 Jean de Reszke 是不能够用一定的数目聘他到来唱歌，他的条件是要于收入的总额之中收取若干份。他对于一般听众竟能够使出这样一种不可思议的吸引力，使到各人都要奉他若神明，所以凡遇到他登场唱歌的那一晚，亦可以得到不可思议的入款。

他本来是一个波兰人，他有许多土地在 Warschan 那处地方，他自己却在巴黎过活，他的晚年不是在巴黎，自是在 Nizza 享受他的生活幸福。

当他在巴黎教授歌艺的时候，全世界各国既经具有很好的唱歌艺能的艺人都到来向他求教。他那座像宫殿一般的住宅是在 Bois de Boulongne 附近，里面特设置一座极精巧的戏台，他的教授方法是要教你在戏台上面实地演唱。凡关于巴黎的一切音乐生活，你都可以在他的宴会上面得到最详实的消息。巴黎的音乐生活自然是当时的巴黎一切精神享受的中心。

他要把歌艺当做是他的最高生命，因为他那时的年纪既经是很老，不能够公开演唱，所以他要把他的歌艺生命寄托在他的一般学生身上，在他的一般学生们当中，亦没有一个不把他当作是神明。

我投身在这个别有天地的环境之内，经过没有多久的时间，我们两个便做了很好的朋友，就到了后来欧战发生，我们的友谊亦不因此减损丝毫。

那时我们来往的音问都是经过瑞士，在欧战的过程当中，从未曾中断过。

——我当时和我的妻子到了巴黎之后，便在 Auteuil 那处地方租了一所小房子。在我未到巴黎之前，我虽然曾在维也纳的宫廷歌剧院里面度过好几年的唱歌生涯，但是到了巴黎之后，我又好比一个大学生，要跟他的先生好好的学习。

我那一次居留在巴黎，足足有七个月之久。在这七个月当中，Jean de Reszke 便同我的歌艺奠定了一个很好的根基。除了授课的时间之外，我日中差不多都是停留在他的家里，我和他的家庭因此更加亲善起来。乘着这个机会我亦结识了许多最豪爽，最有名的人物。

Reszke 是非常好客的，他的生活是再豪华没有的。

凡居留在巴黎的世界上的王公贵人，和大名鼎鼎的艺人，以及一般大权在握的政治家，是没有一个未曾做过 Reszke 的宾客。

那时俄罗斯那个大公爵自是他最亲近的一个外宾。每一次晚餐后的聚会，我和我的室人被他招去，那种豪奢的光艳，除了在宫廷里面，我从未曾见过。

一个 12 个人的餐会，每一个用餐人的后面，都站着一个仆人，那些仆人穿着一件红外套，和一条长仅蔽膝的白绸裤，脚上穿着一双长的丝袜，头上戴着一座白的假发，至于那张餐台，更是堆满了艺术化的陈设和香花。

宴会的外观虽然是这样堂皇，但是在宴会的经过期中，所有一切的谈话均是极之自然，极之亲切，全没有半点生硬的气象，人人都能够得到最大的快乐。

在这样的宴会上面，我自然是结识了很多最爽快的人物，我这里要先记起 Adelina Patti，我那天晚上刚好是做了她的唱歌伴侣。

她是很矮小，很丰满，很活泼的一个妇人，她的面容，不论在什么时候，总是露出一个欢天喜地的样子。她向我们说了许多辩白的话，说她为什么不喜欢像普通一般艺人一样在戏台上面唱歌，要在客堂上面唱歌。那个叫做 Duval 的仆人低声对我说："她不愿意在戏台上面唱歌，因为她不愿意踏上戏台上面去。"

这几句话是很刻薄的，因为那个戏台只高出平地三级。

因为在这样一个金碧辉煌的客堂上面，我的享受歌艺能力不容易集中起来，尤其是因为我自己跟着要唱几首法文的歌，而且是在座的那个作曲家 Reynaldo Hahn 的歌，我精神上受了种种的刺激，所以我对于 Adelina Patti 的歌艺，得不到正确的享受。Reynaldo Hahn 是一个不可多得的作曲家，他亦是我在巴黎所结识的一般最有意义的人们当中的一个。

当他口里衔着一根烟卷，坐在钢琴前面，把他创作的乐歌一面唱着，一面自己伴奏，几乎唱不出正确的音来，在座的人们个个都站在他的身旁，放声大笑。他有好几首庄重的歌，既经被我编入我的演唱歌目里面，它是充满了一种别有风味的芬芳，并具有一种特别的刺激性，最足以帮助唱歌人得到最大的成绩。Reynaldo Hahn 是巴黎的各个交际社会里面的骄子，人人都向他表示最大的尊敬。他是极诙谐的，不论他在什么地方，他都能够和他自己和他的同类说出许多开心的谐话，他的谐话是有特别一种风味，虽略带讥讽，但是绝对不会令人难过。

一句用德国话不好说出来的谐话，用法国话说出来却不碍事。Reynaldo Hahn 曾有一次不着痕迹的对宴会的女主人说："Le diner ètait excellent，toutètait froid exceptèle lechampagne！"——（大意是：这个餐会真是好极了，一切都是很凉快，而香槟酒却这样温暖。）

我因为得到名师 Jean de Reszke 的导引，所以能够走进巴黎的上等交际社会里面去，凡巴黎时下所发生的一切娱乐事件，我都可以得到相当的享受，尤其是每一次的歌艺总演习，我都可以分得一席。巴黎的歌艺总演习，比公开的表演更为重要，这是巴黎的一种特别情形。

凡远方的艺人临时到巴黎来做第一次的表演，那么，这样一个总演习是要把整个巴黎的视线集中在它的身上。

在这样一个总演习的大堂上面，没有一次不坐满了社会上最有名望的人们。过来还有歌艺界的名人和外交界的重要人物，简单的说一句，凡社会上略有名望的人们，没有一个不争先恐后的来到。

演习堂里面的空气好像马上便要爆发似的，里面那种得未曾有的气象，只有曾经身历的人们才可以心领神会，干枯的笔是不可以把它形容出来。

在总演习的期间当中，最足以引人入胜的自然是那一般听众们，尤其是如果你坐在 Jean de Reszke 的身旁，你更会感觉得加倍得意，因为在座的人们当中，没有一个不是他认识的，至于世界上略有名望的人们，人人都知道有 Jean de Reszke，这更用不着我说起。

他有一种特别的才干，对于座上他手指着告诉我的人们，他都有一个最深刻的批评，他只说出三两个字，那个人的优点，或弱点，以及其他各种特殊的地方，便被他尽数形容出来了。

不论在那一个的演习堂上面，你坐在 Jean de Reszke 的身旁，不要半刻的工夫，关于全场的人物，你都知道很清楚，因此你亦可以得到一个更高的享受。

在 Jean de Reszke 的包厢里面，不论哪一次，都是连站脚的地方都没有，各人都要到来听他对于那些表演艺人的批评，各人听了 Jean de Reszke 一句话，便欣欣然有喜色，要把 Jean de Reszke 的批评当作是他自己的批评，要在别人面前夸耀他的乐艺批评的天才。

在巴黎这个地方，各个艺人能否得到一个很好的成绩，完全是要看他在总演习的时候能不能够表演出很好的艺能。

各人在总演习的时候得来的成绩，便好像燎原的火焰一样，不要半刻钟的工夫，便走遍了整个的巴黎市。那个艺人的艺能是否得到一般听众的赞许，抑或在巴黎站脚不住，便既经得到最后的决定，后来的正式的公开表演，对于那个艺人的声誉，是一点关系都没有。

课曾看见过 Jean de Reszke 授课的情形，亦要向他表示极端的钦佩。

上午 9 点钟他便开始授课，往往到了晚上 8 点钟，他还未曾休息，他的精神，尤其是他那种最热烈的情感，就到了晚上，亦是同早上一样兴奋。他的工作能力，真是有些令人想不明白。他的教授方法，是要他自己用足度的唱音唱给你听，用来做学唱的模范。他亦是一个人，他怎能够由早上 9 点钟支持到晚上 8 点钟呢？

好一些他教我学唱的歌段，我是终身不会忘记的。不论怎么样一处无关紧要的地方，经他唱出来之后，都充满了一种令人沉醉的法力和芬芳，不论你怎么样的努力学唱，你总是唱不出来。在我跟他学习歌艺的期间当中，我才明白了里面的奥妙，为什么他会做了全世界的宠儿。除了他那种不可及的歌艺之外，还有他那种最仁爱的心事，和他那种和蔼可亲的态度，不问谁看见他，都要向他表示敬爱。

当他向你说出他的歌艺的经历，或向你说起他那个最著名的唱低音的兄弟 Edouard，又或说起英王怎样把他在宫廷里面接见，又或说起他在意大利的歌艺生活，你便可以听见许多不可思议的，豪华的事实，并可以见得他的生平是充满了那种无往不利的幸福。像他这样时常被幸福的神高照的生活，求之于历来的艺人当中，确实可以说是绝无仅有的。

他的指导和他的劝告已经帮助我在歌艺上得了不少的成绩，这样的至宝，我自然是永远不会把它忘记。

Jean de Reszke 只有一个儿子，他的儿子是充满了希望的，乃竟不幸早死，他受了这一场最大的打击之后，不久亦逝了人世。这个歌艺上的损失，是人人都应该表示哀悼的。

当我后来接受了纽约那间 Metropolitan 歌剧院的聘约的时候，Jean de Reszke 既经是不在人世。那时因为那间歌剧院的合唱歌队，要到来巴黎做一个歌剧旅行，所以我乘着要扮唱 Rhadames 和 Othello 的机会，再度和巴黎人士相见。

那时我的一般歌艺伴侣都是世界上最闻名的艺人：Enrico Caruso，Antonio Scotti，Amato. Didur，Geraldine，Farrar，Destinn. Frances Alda，都是世界上一般最伟大的艺人当中最伟大的那几个，兼又得到 Toscanini 做我们的指挥。

那时的巴黎完全沉醉在我们的歌艺里面，那间伟大的 Châtelet 剧院每天晚上总是塞满了人，那种兴高采烈的情景确实是很少见的。

我最记得在那间 Grand – Opera 为一般被击沉的潜航艇的士兵家属表演募捐的那一晚。那种豪华的景象简直是向来所未有，只那些入场券的价值既经是压倒一切。

那天晚上所演唱的歌艺，都是各部歌剧里面的片段，要各个艺人把他最大的艺能尽量贡献出来。

Caruso 和 Scotti，Geraldine Farrar，Bella Alten，演唱 Bohême 的第三幕，Burian 和 Olive Fremstad 演唱 Tristan 二部合唱的爱歌，其余各个节目，我用不着拿来说了。

那天晚上我所演唱的是 Othello 里面垂死的一段。

因为那天晚上所有一切无论是歌艺抑或是剧场里面的布置，都是一种的义务捐，所以全部骇人听闻的数目，可以尽数用来抚恤那艘被击沉的潜航艇的士兵家属。那天晚上的表演，直到了夜间一时才告完结。

巴黎是慈善事业的黄金窟，而且一切慈善事业都要付托在艺人的肩膀上面，所以我在那间 Metropolitan 歌剧院的合唱歌队居留巴黎的 14 天之内，除了 6 天晚上在 6 间最伟大的歌剧里面把我的艺能贡献出来以外，兼先后于 4 天晚上在 4 个盛大的音乐会上面唱了好几首的歌。

此外还有那个在 Sarah Bernhard 剧院里面白天举行的艺人会，由早上 11 点钟开始，直到了晚上 6 点钟才告完结。

所有巴黎里面时下的艺术，无论是歌艺，诗艺，或别样的美文学的作品，又或是最新的形象作品或音乐作品，都在那天的艺人会上面得到相当的介绍和认识。Edmond Rostand 演讲他的最新作品，只费了三刻钟的时间，我乘着这个机会得重和那个世界著名的演剧女艺人 Sarah Bernhard 相见。她向我说了许多恭维的话，并请那天晚上到去她那间剧院里面看她排演 Aiglon。

我一年前既经曾和她见过一次面。那时我和她的见面，说起来是很可笑的，她有一座避暑楼台在那个 Belle Ille 小岛上面，这个小岛本来是一个旧式的要塞，那时政府里面的大人看见她这样有功于艺术，所以特把这一所地方送给她，并同她起了一所极漂亮的房子。在 Belle Ille 小岛的对面，就是那个公众避暑的游埠 Quiberon。我那时刚好是居留在这个游埠里面，有一天我同几个朋友租了一只船，到了 Belle Ille 小岛上面，除了要看看那个旧式要塞之外，并没有别的心事。

当我们到了 Belle Ille 小岛上面之后，我们误入了她的领土里面，忽然间来了一个年纪既经不小的妇人，她向我们说了好几句极严厉的话，她最后那一句话就是：Allez – vous – en！大意是：你好快快走开！

这个年纪既经不小的妇人原来就是那个被人当作是神明一般看待的 Sarah Bernhard，那时我由这个世界闻名的慈惠的悲剧排演艺人得来的印象自然是不见得十分高明；我们被她这样指斥了一番之后，只好有些不好意思的离开她的领土。

在同一年的冬天，我的歌艺女伴侣 Lilian Nordica 在纽约那间 Plaza 酒店特为那个 Sarah Bernhard 开了一个盛大的宴会，我亦被我的歌艺女伴侣一起请去。

那天晚上照例把在座的各人分作两行跳舞的行列。到我行近 Sarah Bernhard 的面前，把她那个白嫩的手轻轻吻了一下之后，照例我便要向她用说话表示我的殷勤，我乘着这个机会，便把我和她在那个 Belle Ille 小岛上面第一次见面的情形，向她述了一遍。

她当下也不晓得说了好几遍抱歉的话，并说当她居留在那个小岛上面的时候，时常有人到来把她搅扰，所以她那天才会对我说出这样不客气的话。

我劝她把她的领土用篱笆围好并养一头凶恶的狗，用来驱逐那些到来搅扰的外人，免使她自己要亲自下逐客令。

她当下便答应了我。

我现在把我居留巴黎的生活回想起来，我还觉得很得意。尤其是当我回想起跟 Jean de Reszke 学习歌艺的时候，更要令我感觉得十分快活。只可惜那七个月的修业时间过得很快，如果能够由我的感情做主，那么，我必定会继续停留在巴黎，度我那种最得意的大学生的生活。但是实际上那里可以由我的感情做主，于是由一个大学生又变成了一个职务羁身的艺人，我们没有法子可以摆脱日常的烦恼，和所负的责任，这是无可奈何的。

我居留巴黎的生活自是我的生活过程当中最愉快，最难得的一个阶段，我由 Jean de Reszke 得来的好处，我是永远不敢忘记，我要把他和我所最敬爱的师傅 Adolf Robinson 永远供养在我的心头。

署名"黎裴"译

原载《乐艺》第一卷第 4 号 1931 年 1 月

介绍中国音乐新近李惟宁君的海外荣誉

1. 李君略传

四川李惟宁君留学欧洲，专攻音乐，最近在维也纳广播电台开音乐会，全部节目均为李君之作品，由当地歌人及钢琴家演奏博到各报不少的好评，现在将李君小传及各报评语，摘录数则，以供关心音乐之友人之观赏：

西方音乐就是中国人也拿来做专心研究的对象了。中国人不独进我们的大学，就是进我们的音乐院也不是稀罕的现象了。在这些中国音乐家里面有一个李惟宁，李君生于中国扬子江上游的四川省，生长于一个著名的学者家庭里面。他本来决定了去研究科学，因此考入北京那所著名的清华大学。在那里他初次听到欧洲音乐。贝多芬的作品给予这个少年有力的震撼，从此立志要学习一种乐器。最先他学习小提琴，接着便 Trompete，Trombone 以至 French Horn 都尝试过。一年之后，这个 17 岁的少年已经做了学校乐队的指挥了，但是因为音乐的缘故，荒废了学校的功课，于是丧失了他的免费学额，受尽父亲的责难，李惟宁的生活因此陷入困难的苦境。经过种种的失败，他只得倚靠教英文和音乐来维持生活，到后来得到他哥哥的援助才得到留学巴黎的机会。Vincent d'Indy 赏识他的天才，慷慨予以两年的救济，李惟宁自此为有名的 Schola cantorum（即 d'Indy 办理的音乐学校）的门徒，接着到维也纳从 H J. Mar 及 K. Weigl 研究音乐。他有意深入欧洲音乐的精髓，他那一部管弦乐的三重赋格曲，多首的钢琴曲及风琴曲，和那些收入那音乐会节目的变体曲及赋格曲给予我们一种能言的或者更正确发音的证明。他的抒情作品比较与中国的声音世界更为接近，可是他仍能够用一种语调法（Ansprechende Melodik）把捉住李惟宁寻求他的歌辞不限于中国古典的及现代的诗人，而且找到——F. von Schiller。这首根据译成中文的，Schiller 的戏剧 Wilhelm Tell 里面的诗篇，渔郎 Fischer knabe 谱成的乐歌尤其是值得注意的珍品。

附节目单

18 点钟（下午 6 点钟）：李惟宁，现代的中国音乐作品。演奏者：Erika Rokyta（Soprano）；Jahn – Beer（钢琴）伴奏：作曲者本人

1. 乐歌

    a）Voraber（偶然?）徐志摩辞

    b）俘虏生活的哀怨，（虞美人，浪淘沙?）李后主辞

    c）玄鹤（不著撰人）

2. 钢琴：

    自有主题的变体曲及赋格曲

3. 乐歌

    a）渔郎的歌 Schiller 原作，郭沫若译辞

    b）深夜，李惟峨辞（Lee Wei O）

    c）渔父，张志和辞

    d）湖上（?），白乐天（居易）辞

译自维也纳播音周报 Radio – Wien 第十卷第四十二期

2. 在 Ravag 广播电台上的中国作曲家

维也纳播音台将给听众在 7 月 16 日下午 6 时一个特别有兴趣的贡献。Jahn – Beer 教授夫人将演奏那位在维也纳留学的前茅的中国作曲家李惟宁的钢琴作品，此外还有 Erika Rokyta 夫人唱李惟宁的丰富的，同是特色的，有充实的内容的最好的乐歌的一部分。

那些优美的，有些古典，有些现代的中国文歌辞的德文翻译是 Ernst Gombrich 博士的手笔，Rokyta 夫人亦用中文唱一首歌，而这首歌是 Schiller 的戏剧 Wilhelm Tell 第四幕渔郎的歌的中文译辞。

李惟宁生于南中国。在北京他初次听到西洋的音乐，贝多芬使他神魂奋发到这个地步，使他决定了把他的工作完全贡献给艺术。他在巴黎研究，d'Indy 是他的教师，后来他遊维也纳，入音乐研究院从 Prof. Josef Marx，学习，M，氏离校之后，便从 Prof. Karl Weigl 学习对位法及作曲法。更从 Ieonie Gombrich – Hock 教授夫人学习钢琴，现在那些奥大利的听众可以确信，那位仅仅 24 岁的中国艺人已经成就了怎样令人惊叹的［家数］呵！

译自 7 月 14 日的维也纳回声报 Das Echo

3. 无线电中的中国音乐

维也纳广播电台昨天给我们一回兴趣的音乐日，开头是一个专家的一篇好玩的演讲，像 Hadwig Kraus 博士的一样，说些关于维也纳旧日音乐会的特殊情形，接着是那位不久以前在这里和我们认识的少年李惟宁的［中欧］音乐，中国诗和德国诗的乐歌及钢琴曲，这一切都显出是认真努力，替巴黎的及维也纳的作曲师承创造荣誉，尤其显明得到成功的是那些钢琴变体曲及赋格曲，更得 Bertha Jahn – Beer 用精熟的技巧得体地演奏出来，在那些抒情曲里面亦是一样显明地，通过了另一种混合的原素。可是这一点不妨事。我们的宾客和名家似乎认真地要深入西方文化的精髓，而同时他那完全异样的天性却始终不能遮掩。这种方法他可以给他的祖国一些艺术方法的革新，对于这"世界音乐"却传播来一种太古的，值得尊重的文化的标记。他的乐歌由 Erika Rokyta 精心地演唱，那些歌辞由 Ernst Gombrich 小心地翻译。那位作曲家自己伴奏也给予我们他那维也纳学派的证明。

译自维也纳日报 Die Stunde1934 年 7 月 18 日

4. 广播电台上的新中国音乐

昨天维也纳广播电台的播送给我们认识了那位南中国四川省的音诗人李惟宁，这位天分极高的艺人在巴黎及维也纳受过超卓的大师的教诲，那些乐歌和钢琴曲使大家认识了那位异国作曲家的本色的创作。他的作品在曲调方面几乎彻底地表现出强的中国的色彩，同时乐句及和音却从欧洲的模范派脱胎出来，李惟宁对于自己的作品说得很巧妙："中国的曲调披上欧洲的衣裳。"基本性格的强调的浪漫主义化，有些地方那被活泼泼的戏剧场面充满了的乐歌引起一种有力的升腾，同时把它那本色的歌辞精力弥满地描写出来，就是那种民歌式的地方色彩亦不时见到，那位作曲家或者最显明地经历过他故国里那忧郁的情调的僻路。歌曲用小调（Minor）为主体，但到处仍用大调（Major）表现出新鲜的进行曲的节奏。"深夜"是他最美丽的乐歌的一首，把歌词巧妙地发挥，有些地方像是一首旧的教堂歌曲，同这相反的是"湖上寓兴"那种新鲜泼剌的跳舞动机。在这两部歌曲的中间一部比较伟大的，就是那自有主题的十段变体曲。在那富丽的发明里和可惊的幻想的繁华里那位音诗人亦在这创作里面表现出他那凌驾一切的理论的技能。一种丰富的，宏伟的，灿烂的而且不时又很繁复的钢琴章节透露出那位有经验的专家和能手。那篇光荣地结束的末段赋格曲显示出那对位法的使用的一切形式而结束时那一种精力弥满的升腾简直是那位伟大的 J. S. Bach 的家数，李惟宁是一个才满 24 岁的少年，已经不愧为与于中国现代有数的作曲家之列了。Erika Rokyta（Sobran）及 Bertha Jahn – Beer（钢琴）对于那精心的作品是超卓的演奏者。　　　　J. H

译自 7 月 17 日的政府机关报国闻报 Reichspost

5. 李惟宁的"作品演奏"

一位少年的中国家，李惟宁，巴黎 Schola cantorum 的免费生，Vincont d'Indy，Joseph Marx 及 Karl Weigl 的门徒，昨天在播音台上让他的作品得到出台的机会，他的创作的试演，一首钢琴的变体曲和一些乐歌证明了现代中国人在西方音乐里面所得到的成绩。

从那首由 Berta Jahn – Beer 巧妙地演奏出来的，自由主题的变体曲及赋格曲，简直使人不会有这种感觉，它是一个外国人的作品，那一章钢琴曲完全适应那乐器表现能力。李惟宁写出来的那轻快地，透彻的钢琴章节使人记起 Francois Couperin 和 d'Indy 的师承，同时亦不妨说是属于舒北而特①，门迭而斯尊②及舒曼的浪漫的钢琴曲一派。

在那充满着深刻的表情的，由 Erika Rokyta 演唱的乐歌里面更强烈地露出那异国的感情。在这里我们遇见一种特有的，自由狂想的，几乎可以说是朗诵式的使用的凑

①　今译舒伯特。
②　今译门德尔松。

合，Arioson 的质素，模仿调的部分以及——即使它的音响是那么特别——一种欧化的民歌体的渗入。最后一点在白乐天作诗的那首"湖上寓兴"里面极显著地表现出来。

译自 7 月 17 日维也纳日报 Der Wiener Tag.

原载《音乐杂志》（音乐艺文社编）第一卷第 4 期 1934 年 11 月

贝多芬，一位革命家

这篇文章是 Gustav Ernest 写的，原文登在德国《音乐月刊》（Die Musik）第 26 卷第 5 期，那时柏林广播电台正在实行播送贝多芬的全部作品，Ernest 特写这篇文章作为介绍，原文篇幅颇长，现在只译一个大概。

音乐史再没有记载到第二个音乐家，像贝多芬这样，用他的作品有力地打动大众的心坎；对其他的音乐家，不论是当时的或是后代的，也不会像对贝多芬一样卑微地表示最高的敬意。他，彻头彻尾是一个民主主义者，真切地感念到大众的命运。他是音乐史上最伟大的，音乐革命的活动也是最长久的作曲家。他的出身本来低微，所以他的哀乐就是大众的哀乐，大众也从他言论上和行动上听到自己的心头跳动。从这点出发可以明白，他对于少年拿破仑的丰功伟业表示极度的兴奋与景仰，以至为他写成一部庄严宏伟的《英雄交响乐》，是因为拿破仑当破坏之后，一手收拾政治的残局，使世界再上轨道，可是当他正要把他的作品发出去，奉献给拿破仑的时候，已经得到拿破仑称帝的消息。他一听莫名其妙：难道这一次的终极目的竟只是自私而不是为公？于是撕破那张献辞，践踏那叠谱稿。因为，它现在已经完全丧失掉它的意义了。他当初认作解放民众的领袖竟变成一个给民众带上新的枷锁的暴君。

他的第五交响乐，正如众口相传，说是《命运交响乐》，或许是最普遍化的，就是一个最平凡的听者也会受到剧烈的震撼，他的灵魂不由自主地跟着它一起飞跃。结章那凯旋的节奏带来一种确信，即使命运怎样将他磨折与戏弄，凭着坚强的、最高的理想和力量，终归会达到他的目的。许多人说，这本来是英雄交响乐的结束，可惜英雄交响乐的历史是他生平最伤心的幻灭。然而他对未来的信念是不会动摇的，所以结末一阵凯旋的喇叭声终于唱出达到目的的福乐，而这种福乐是属于大众的。

到了他的晚年，他的生活一天天凄惨下去，命运给他最残酷的试验，只有他的信念到底不曾动摇。也许第九交响乐的首章有一种感慨的、痛苦的战栗，可是到后来，他使尽平生的气力，再度发动那场过去的战斗，给生命的主意和目的的疑问一个明白的答复。那种旧的确信挟着新的力量再度抬头。我们头上的势力断不会教人类受苦，生命的终极意义应该是——快乐。人类的声音这一次带来了愉快的消息。革命家仍然是革命家，管他什么形式不形式，要走新路便得有新的创造，于是打破传统的束缚，由凌驾一切的合唱：《致欢乐》成功这部作品的结束。

这样，贝多芬用这三部作品表示他的革命性，同时说出他对人类的永远渴想，在形式上这位大师也因为有自然的美感得到永不磨灭的印记。

在当时他受人赞赏多半是将他看作破坏者同时又是建设者，却不因为他是开启浪漫主义的门户的古典派，同时也是浪漫派，使古典主义和浪漫主义融合成最完美的一致。在我们现代，他就好比一座灯塔，给那些受尽波浪颠簸的音乐船指点出一个不受时间与流行的压迫的艺术安全港。至于我们对于贝多芬精神上和灵魂上人格的伟大比所有从前的人都更加了解得清楚。我们当严重的国难时期始终依赖他，他纵然受尽最甚的苦难也永远不会怀疑人类和人类的肯定的精神。我们从他汲取这种确信，它也一定会给我们一个新的春天。

原载《新夜报·音乐周刊》第 17 期 1935 年 3 月 14 日

雷革尔论音乐名家

  雷革尔（Max Reger 1873—1916）[①] 是近代最重要的作曲家之一，假如许特劳斯是标题音乐的代表，那么，他就是绝对音乐的。他的渊源是勃拉姆斯。勃拉姆斯说过，他生平三乐之一是及见舒曼，雷革尔生平乐事之一则是及见勃拉姆斯。他的大风琴曲批评家公认为巴赫以后的绝作，他的学问，他的技巧都是令人咋舌的。不过因为太深奥，所以至今还不能深入民众，这是音乐史上少有的不受了解的伟大音乐家。但是那又何伤乎他的伟大呢！这里译述的评语是他的夫人编集的。俞平伯序王国维的《人间词话》说，"明珠翠羽，俯拾即是，莫非瑰宝。装成七宝楼台，反添蛇足矣。"很可以在这里应用一下。

  巴赫是一切音乐的起点和终点，每一种真正的进步都建设在而且立脚在他上面。这个家伙不时有新的意境。（论痕迭尔）

  上帝宠子莫查尔特。

  贝多芬的工作比海顿的和莫查尔特的都较艰难。他缺乏这两位大师所有的能力的轻易。可是你试打开他最小的一本综谱！你试追踪随便那一部的音调，就是中音提琴部也可以！忽然间在你眼角上便会掉下眼泪来了。

  舒贝尔特把他的歌辞谱到这么完善，使人不能把它重谱一遍。

  要是你们崇拜德国大师

  我的责任所在，也必要

  对伟大的门迭尔斯尊

[①] 马克斯·雷格尔。

永远表示崇拜。

舒曼是历代最伟大的音乐家之一。我真不能了解，为什么有人要委屈他。

贝多芬的第 10 部交响乐是李斯特的《浮士德交响乐》。马克斯·雷革尔作证。

我们德国，不妨长跪向上帝感谢，假如他 500 年间再给我们赏赐一个天才如瓦格纳者。

勃禄纳（A. Bruckner 1824—1896）[1] 是美丽到使人下跪。

勃拉姆斯所以得到保证不朽者，断不是在依附古代大师，乃是为他的确知道在他独特的灵魂的性格的基础上面解化新的、意料之外的灵魂的情趣。

柯臬尔尤斯（P. Cornelius 1824—1874）[2] ——他的《巴格达尔的理发匠》（Der Barbier von Bagdad）[3] 可谓工致：民众的鲨鱼子。

我认为他的（沃尔夫 H. Wolf）《潘贴西列亚》（Penthesilea，根据克莱斯特的悲剧写成的交响诗）无论如何是我们近数十年间所创作的最有价值的、最有生命力的一部作品。

许特劳斯在写 Don Juan，Till Eulenspiegel 及 Tod und Verklaerung（《死亡与神采》）[4] 的时候不是已经变成古典了么？

原载《新夜报·音乐周刊》第 51 期 1935 年 11 月 17 日

---

① 今译布鲁克纳。
② 今译彼得·科内利乌斯。
③ 今译《巴格达理发师》。
④ 今译《死与净化》。

Chopin 作品笺*

（一）

　　我在梦里也不曾想过要做音乐的郑康成，我没有这种野心和无耻。假如一定有人问我的动机，我可以干脆地回答：耘人之田！干吗要管闲事？这理由不光是天晓得，人也晓得，不是？

　　这些"笺"一概依据 B. Scharlitt 的解释，他的 Chopin 传（1919 年于莱比锡出版）证实和改正了前人各种存疑的和歪曲的记载，所以他的话是靠得住的。颜之推教子说：窃人之财，刑辟之所处；窃人之美，鬼神之所责。先此招供，以明心迹。

Nocturne in C minor （Op. 48，No. 1）

　　这首乐曲[1]通称夜曲之王，这已经不是夜曲，而是一部音乐的英雄剧。所以亦是 Chopin 全集里面少有的丈夫气的创作。阔大的规模和饱满的感情演奏起来需要雄伟的手法。它的英雄性格和 polonaise 同一源流：波兰的战士魂。最显明的地方是第二音题，当真把凯旋歌具体化了。那位英雄不愿意在地面上，做晦气人，要从上帝夺取幸福。一场拼命的恶斗，自己已经三番五次摔倒了，正如波兰诗人 K. Ujojski 说过：为了一两滴的幸福不惜糜费一海的眼泪。可是即便这样他也断不觉得疲倦。也许他心里已经明白这种强弱悬殊的战斗是枉然的，但是任他受尽说不出的痛苦，他

---

　　* 根据 Scharlitt 的解释而译，以笔名"伊微"发表，刊登在《新夜报·音乐周刊》上。

　　① 指《c 小调夜曲》

169

也一样不肯罢手。他的英雄主义告诉他，屡仆屡起的结果到底可以得到胜利，使他忘记了一切的苦恼；挺起胜利者的胸膛，在腾沸的凯歌声里使他自己唱出赞美歌。每一次的胜利加强了他对悲哀的夜色的斗争，当他在胜利的瞬间再次受创的时候。他对它——在主句里面——使出坚忍的沉力，于是着着胜利，在中段显出，终于可以向世界欢呼他的胜利。现在它的力量再占上风，那个在战斗中受试验者的倔强便屈伏下来。结末那重复的主句变了，英雄性的热烈的沉力软化了：那一场在争胜负的战斗又将凭倔强的勇气意识地继续下去。

凭着这首小规模的 Eroica，Chopin 在人类的音乐英雄里面争到了一个地位。

第 18 期 1935 年 3 月 21 日

（二）

Polonaise in A flat major（Op. 53）

这是一幅战争的音画，朔旁的压卷 Polonaise。写 Polonaise 本来就是朔旁的特长，这首 Polonaise 更是出类拔萃的一首，要把那种排山倒海的气势在钢琴上面再现出来，当真只有钢琴狮子（Klavierloewe）才做得到。一开头那 16 小节已经把我们卷入战争的氛围里面去了，每一小句那忐忑的，逐步急迫的升腾造成一种非常的紧张，我们知道：这是在准备着一些大事。可是第 17 小节的主题偏带出它那种灿烂的繁华和气魄。这是波兰历史上的广大和强盛，累代抵御土耳其和鞑靼建立的功业和光荣，现在在主题里面，就说是绕着形而上的曲径罢，凭音乐闪出光灿灿的新生命。从能耐和苗壮的自觉得到必胜的决心，于是接着奏出来的便是一声号令，踏着铁蒺藜向前进。战争开始了。目无余子的百胜波兰骑士欢呼上阵！刀枪猛戳，鼓角齐鸣……好一场没命的厮杀也，马队的铁蹄被他形容得这么逼肖，使人可以想见当日那种惊天动地，纵横驰骋的壮观。这种手法真是后无来者。后来乐曲的节奏渐渐弛缓，就好像转一口气，再来排除万难、实现冲锋的计划。在接上去的，显然升高了的那几节描写那亢奋的进攻，当真比得上幻灯影片般真切。现在音程越来越缩小，越尖锐，越强烈……临末就像是猛力的一砍：障碍消除了。

接着是再来一次催战的招手，跟着那一阵迅疾的强调的，描写出比先前更加勇敢的冲锋。现在已经是直捣敌人巢穴的时候了。号角的声音挟着顽固底音雷轰地震的气势飞奔前去：那队前卫的人马风驰电掣，砍瓜切菜般把敌人收拾干净……一片广漠的战场，战马张着闪亮的眼睛，骑士挟着灿烂的长枪都在眼前活动：胜利的队伍正在整队还乡。末段形容那凯旋的，满载荣誉的军队是那么出色，辉煌和有力，从先前的音题转到一首威武的，壮阔的颂歌，使那幅超绝的战争的音画达到了它的最高点。

第 19 期 1935 年 3 月 28 日

（三）

Polonaise in A major（Op. 40，No. 1）

这是 A flat major 的姊妹篇，所谓 Triumphpolonaise 者是也，这两首乐曲风格相同，那种宏伟的规模与不可一世的气概也相同。我们的音诗人写这首乐曲的时候，曾经预定作波兰复国时国王登极的"颂歌"。它是一首凯旋的赞美诗，它的节奏是那么富于战士的印记，和 A flat major 是一个样子。使人惊异的是第三段那种喇叭的刻画，简直就近乎是管乐队的气势，毫无逊色的亦是第四段是底音里面显出来的擂鼓。至于它所以站在 A flat major 那一首的后头，这理由是因为它不是一幅实在的战事画，主要的是一种对军神的膜拜，波兰民族热烈地渴望着由他来夺取最后的胜利，把祖国从莫斯科的暴虐统治解放出来。比较起来它那种应愿力 Suggestivkraft 或许比在 A flat major 里面的更强烈。一种战栗的证据是那位作者自身的经验。当他写成功这首 Polonaise 之后，他自己黄昏时独自弹奏，忽然间他好像看见房门洞开，一队人马穿着波兰的服装，还有贵妇们穿着古波兰的服饰向他房里涌进来，就跟他乐曲所描写的一样，直跑到他的面前。这种情形把他吓得亡魂失魄，慌忙从别一门口逃出，这一夜再不敢回来睡觉，怕那出鬼影戏会再来一次。

Chopin 半世飘零，沙龙的粉香虽然教他倾颓，教他迷醉，他的心却始终是眷念故国的。他对波兰的终极希望，就是有一天"玉辇再来，铜驼无恙"，可是俄罗斯在波兰的统治日益稳固，他自己又手无寸铁，而且他逼到不能回国，等于受了无期流刑，那他除了借音乐的力量再现出故国的繁荣和民族的希望之外，还有什么旁的方法呢？他的 Mazurka 和 Polonaise 所以比旁的乐曲都要多，就是这个缘故。其志可哀，其心也就苦尽了。可是这还是说的公事一方面，至于私情，则他的未婚妻 Maria Wodzinska 既毁约于前，他的"保姆"乔治桑又绝情于后，直到困顿巴黎，守床待死的时候，他的姊姊才关山万里，赶来诀别，总算在他气绝之前，还看到自己的亲骨肉，这真是家国偕亡，心魂尽碎了！天才如此收场，我们凡人更应该向何处立足？夜凄血淋，气短愁长，掩卷泫然，真不知地狱人间，相差能有几许也！

1935 年 3 月 25 日，夜半记。

第 20 期 1935 年 4 月 4 日

（四）

Prelude in D minor（0p. 28，No. 24）

按照作者的编列，这首序曲是第 28 集的最后一首。这种先后的分配并不是编年，而是编调。D minor 是和 A minor 同一时期创作成功的，可是因为调类的关系 A minor 给他编作第二首了。这第 24 首的创作时间比第 15 首的《雨滴序曲》要早 8 年，那时朔旁"不惑之年"才过一半，在音乐上却已经"从心所欲不逾矩"了。不独不逾矩，而且简直创立新矩了！此其所以不愧为天才！

当朔旁经过 Stuttgart 要去巴黎的时候，他得到华沙陷落的消息。共赴国难已经没有机会，丧乱又给他伤心惨目的想象，以至剧烈地震撼他的灵魂，他对上帝和人生的信念都变了样子，真可以说一夜之间，他在思想上是从春华转到秋实，在艺术上是从小子变成大师了。至于那一时期最出色的作品就是这首 Prelude in D minor。在这里面他不光是说出内心的痛苦，绝望，愤怒以至复仇的心事，他更把波兰民族直接造成这种变乱的煎迫的惨痛和倔强的反抗全都注入音乐里面。在钢琴曲里面这种内容是前无古人的，不止在钢琴的表情力上面，他压根儿就将整个音乐的演化向前进了。

从开头那几节逐步升高到原始的骚乱的那些饱满的，强硬的音响说出人类的灵魂的那种普罗米修士式的倔强 Prometheus Trote（普罗米修士是希腊传说的英雄，他因为偷了火送给人类，惹得主神 Zeus 大发雷霆，把他锁住在一座山峰上面，让老鹰每天啄他的肝脏。歌德有一首诗唱他那种正义的倔强。舒贝尔特和 H. Wolf 都曾经把它谱成乐歌），它要冲上天堂，抢到上帝面前去和他算账。它从痛苦的解救生出英雄的勇敢挣扎起来，向那位，对于生灵的一切悲哀和痛苦以至地上一切欺天背理的行为老是忍心在那里装聋作哑，漠不关心的全权上帝说出他那种反对的意见和热烈的控诉，要他来一次慈悲的心软，可是"一叫千回首，天高不为闻"。于是不胜悲愤，决定实行一种强项而英雄的尝试：把全世界毁灭。结束的三响炮弹是用来象征那尝试的。这种气概在序曲里面真是旷代无匹。

第 21 期 1935 年 4 月 11 日

（五）

Mazurka in C major（Op. 56，No. 2）

朔旁的 Mazurka 是真正始创老牌 Mazurka。Klezynski 说："它是我们大师王冠上最贵重的珠宝。"所以"即使朔旁的作品不幸全部消灭，只剩得 Mazurka 留存人间，他也可以因为它而保持着他永久的伟大"。它包含着那种天衣无缝的结构，新鲜泼辣的节奏，热烈深刻而至沉痛的感情，直以之冠冕百代可也！

朔旁曲的 Mazurka 实际上只是一个虚名，因为它大部分已经不是舞曲而是音诗。它是三种波兰舞的综合：Mazurka，Kujawiak 和 Oberek。Mazurka 是热烈的、雄健的，Kujawiak 是沉郁的、感伤的；Oberek 是轻快的、乐生的。朔旁把这些舞曲点化成三位一体，而它的基调则多含 Kujawiak 的感伤。

这首 C major 是朔旁天字第一号的 Mazurka。它的地位正好比那首 Polonaise in A flat major，它一方面是音诗，同时却又明明是舞曲。前无古人，后无来者，至矣尽矣，蔑以加矣！这样说法，绝对没有半点过火。在这里那位音诗人天赋的乐趣当一番幸福的时候把内心那些因莫斯科的残酷建造起来的障壁通通毁坏，他的力量从抑制中解放出来，于是尽量放纵一下。还有值得惊叹的，便是他栖遁异域，受到不少的外来影响，却始终能够保存那种道地波兰色彩，就连他自己也不惮烦地反复说："还没有失掉自己。"是的，他永远是一个波兰人。他感觉到：他的民族在他的心里活着，这民族对生活的态度是肯定的，能够给快乐得体的表现，即使是戴着枷锁，他的筋骨也要跳舞的。波兰这种永远不消灭的乐生态度，黄连树下弹琴的苦中作乐，在这首压卷 Mazurka 里面得到一个最成功，最清楚的投影。他"给全世界亲吻"。凭着这个，那些美丽的神光，受着快乐的驱使，这种快乐是酒神侍从式的陶醉，森林

173

和草原，花园和田野。是的，就是太阳，月亮和星辰也和人类联合起来，一齐转动着他们的舞步。

第 22 期 1935 年 4 月 18 日

（六）

Berceuse in D flat major（Op. 57）

1849 年 10 月 17 日夜半，我们的音诗人朔旁断了他最后的一口气息。可怜他在瞑目之前，总想向在场的人说几句话，但是他刚一开口，早又喘成一处了。临末只游丝一般断续地呼出几声 Matko！他终生想念着他的母亲，这种孺慕之情就凝成这首摇篮曲。

男人女性，好坏很难说明，总之这种女性的温柔造成朔旁生平的悲剧。据他的朋友说，他对小孩子的温情与耐性，简直像是世间难得的慈母，这种性格让这首摇篮曲如实地给证明了。周围是夜的沉静，母亲在摇篮的旁边，一派母爱的祥光散射出来，自己陶醉在这超人世的光华里面，完全忘却地面上的忧愁，享乐着最高的婴儿的幸福。这无疑是我们的音诗人当创作时记起来的童年情景。他有一个妹妹哀蜜梨，她睡在摇篮里面，朔太夫人从旁唱着美妙的波兰《引眠歌》，这种慈祥的情景永远不能教朔旁忘记，可是慈母连同她的一片温存，他今生是再没有享受的希望了。凭着这种感情，朔旁的这首摇篮曲也就只立千古。那甜蜜带些忧郁的音题几乎把所有引眠歌的神异融成一片，就是所有母亲的慈爱和母亲的幸福，对儿女将来的无穷的希望，当母亲守着摇篮幻想出来的借歌声表现出来的一切，在这里得到精纯的浑化，如果要在姊妹艺术里面找个得体的比较，那么也许切里尼 Benvenuto Cellini[①] 的冶金艺术有点相似（切里尼，1500—1571，是文艺复兴后期的意大利雕刻家及冶金艺术家）。假如切里尼的艺术品可以说是用符咒造成的，那朔旁的摇篮曲更是神来之作，而切里尼艺术所缺乏的那种迷人的、工细的音色，朔旁的则非常丰富。像摇篮曲包含的那种半音的奢华显示着母亲对儿女所期望的黄金的将来，的确说得上是朔旁生平最神圣的成功。听它从第 15 节起那种摇动的、定规的，就正是表现出夜眠

---

① 今译本韦努托·切利尼。

的情调，由底音伴奏着的、超凡入圣的曲调在颜色的和合里面继续开展，使人的神思越来越缥缈，勉强用文字来形容，那就是巧夺天工了。到了那个延长的七度和弦，母亲和儿子都梦游太虚去了，音色的神化消失了，听众那时感到的就是一种幻灭，像是被人家赶出天堂。

第 26 期 1935 年 5 月 16 日

（七）

Barcarole in F sharp major（Op. 60）

这首摇船曲和那首摇篮曲（见笺第六）都是朔旁当乔治桑时期的作品。乔治桑在朔旁的生活上、感情上及创作上发生过怎样重要的影响，大概稍为留心欧洲音乐史或文学史的人都已经知道，这里不妨从略。乔治桑和朔旁感情破裂之后，朔旁写信给他的姊姊，说他与乔治桑的八年生活，是她一生最精粹的生活。不过在乔治桑一方面更有权利说这句话，没有乔治桑保姆一般的调护，也许朔旁压根儿就活不到39 岁。只看破裂后朔旁的那种狼狈情形，已经尽够证明乔治桑的功德了。

朔旁生平写 Barcarolle 只有这一首，然而是多么可爱的一首啊。它代表朔旁柔媚的、艳丽的作风。实际上它也是一首"夜曲"，可是并不阴沉，而是愉快的、迷人的，因为 Eros（希腊的爱神）在做主人。

在这首摇船曲里面描写一对情人，当清朗的月夜凭着神奇而密切的和歌唱出他们甜蜜的苦闷的时候，他们坐在一只划子里面任它在水面一路滑溜过去。像这二部的歌唱一般的曲调（Kantilene）由左手的描写"风清月白偏宜夜，一片琼田"的音题伴奏着的手法，无疑是属于朔旁的神工。这一段固定的伴奏和那老是美妙地开展的唱和，使听者恍如身临威尼斯，夜行船的情景历历在目，到了平衡的伴奏的音题，因为调子转入 F sharp minor 开始不安的时候，听者可以"看见"刚才的琉璃水面要变成风起水涌了。那些捣乱的野鬼要用阴谋来扰乱那种轻快的歌唱，我们可以从那渐来渐密的散乱的和弦得到报告，同时电光闪烁，好像就要打雷的样子。但是，害怕什么呢！他们要反抗一切精灵，凭着崇高的爱！他们全不理会那种威吓的危险，拼做了同命鸳鸯，两人偎倚得比先前更紧贴，继续他们夜游的清兴。至于他们甜蜜的唱和对着精灵的暴力响动得越发美妙……末了终于证明 Eros 的权力高于一切：在他的神力底下就是脱索

175

的精灵也要屈伏。阴霾渐渐消散了，汹涌的波浪也渐渐平静了，一阵轻风吹送着轻舟缓缓前进，那对坐在船上的爱侣为他们战胜一切的爱情唱出一首凯旋歌。

第 27 期 1935 年 5 月 23 日

（八）

Fantasia in F minor （Op. 49）

天下凑巧的事情真多，巧事之一就是朔旁写这首幻想曲。要不是朔旁生平写过 Polonaise，那可真有点近乎是奇哉怪事。因为一个对人生否定的作曲家，为什么会肯定地写出这样的幻想曲？虽然幻想可以自由，可是要幻想也得有内容，乡下人说皇帝天天用金糖喂猪，亦幻想也，然而事实则何如？我不是皇帝，也不曾在御前行走，但是总不妨代他更正。然则朔旁这种幻想有什么根据呢？嘿，他是波兰人呀！波兰人对人生的态度是肯定的，朔旁少抱大志，就是当他漂流到巴黎，做了"亡命客"的时候，他还说过"我要给我自己创造一个新世界"。（给他的先生 J. Elsner 的信）一类的壮语，只可怜他"未见"二毛，即逢丧乱，靡是流离，至于暮齿，而且死生契阔，不可问天，况复零落将尽，灵光岿然，那就不消沉也得消沉，不悲观也得悲观了。杜工部咏怀古迹第一首："支离东北风尘际，漂泊西南天地间。三峡楼台淹日月，五溪衣服共云山。羯胡事主终无赖，词客哀时且未还。庾信生平最萧瑟，暮年诗赋动江关。"是我每想起朔旁就要低徊咏叹，以至惨然泪下的。如果更要附会下去，那么欧洲的东北是波兰，西南就是法兰西了。

夜色已经抵死笼罩着朔旁的后半生，只偶然灵光一闪，闪出他本来的肯定精神，因而唱出这首幻想曲，那岂不是更加可贵么？不错，他的 Mazurka，Walzer 以及 Polonaise 都有时具有这类似的精神，但总比不上这首"太阳中心"的幻想曲！假使波兰当日有了一个 J. Pilsudski，朔旁的音乐也该会成为雄伟的一面的罢！尼采就曾经想把朔旁放在和瓦格纳对等的地位，他梦想过一种支使人生的，肯定人生的"主人音乐"。这种主人音乐在朔旁的幻想曲里面响着，那是一种变成音响的力量和勇气，威仪和繁华，一种变成音响的"意志到权力"Wille Zur Macht（尼采的哲学名著），那是波兰式的意志到权力，波兰史上有名的 liberum veto（波兰国会议员的抗议的绝对自由）。而且不独在精神上，就在形式上这首幻想曲也是特别自由的，每一种思

176

想都有它独立的地位，几乎可以说是不管全体，可是它却有无比的效果，真所谓
"不合一切规矩，却又没有错误"。艺人的幻想已经破空飞扬，全无窒碍了。

在这曲的开头，我们的音诗人还未曾逃出那由俄罗斯的残暴造成的愁惨，哀悼
他那沦亡的祖国，一种轻愁的进行唱出百孔千疮的波兰的哀歌，可是这种哀悼引起
他回忆中的故国，它本来曾经是地上一个极光荣而且极骄傲的国度，因这回忆更唤
醒了他那生气勃勃的、自由的、倔强而勇敢的意志：复兴波兰！于是哀歌诗人忽变
作战歌诗人，来一曲壮丽的"英雄操"。凭着这热烈的，酣放的、力量出众的主题，
这有时好像是喇叭声，终于升腾到好比真正的凯旋进行曲，"贵族共和国"便复活
了。这是当日的波兰，一个有这样的权力和这样的光荣的历史的国家，是断不会永
远沦亡的。事实也真的是没有沦亡！因为中间那插曲一般与天媲美的第二主题预告
着它的复活。不过这种事并不是自然会来的，第一要实行流血的战斗。这种工作成
功与否，全视子孙能不能够"绳其祖武"，恢复过去的英雄精神，做一个不辱家门
的好汉。现在那个热烈的、凯旋进行曲一般的主题再来一次。只有这样才可以办
到，——重复的复活主题在宣示——把未来的影象完全实现。那复兴的波兰将会怎
样呢？会比从前更要出色：像造成这首乐曲的顶点的，绝顶庄严的，真正神圣的结
束一般出色。百年前朔旁做了一次预言者，现在他的预言已经大半应验了：

请看今日之波兰，终是波兰之天下！

第 28 期 1935 年 5 月 30 日

（九）

Ballade in F major （0p. 38）

钢琴诗人不独会写抒情诗，而且会写叙事诗。叙事诗者 Ballade 是也。抒情叙
事，本难兼擅，亦如中国诗词两道，几隔鸿沟。临川偶一填词，人必绝倒（李清照
语），以辛稼轩之豪气，论者乃以为只当为词。因知兼人之才，古叹希遇，令朔旁
两臻绝顶，其殆词家东坡之流亚乎？毋怪乎海涅为之低徊赞叹，以朔旁为系出莫查
尔特，腊法耳[①]（S. Raffael，1483—1520，文艺复兴期的意大利大画家）与歌德，

---

① 今译拉斐尔。

他的真正的祖国则为诗之梦境也。

Ballade 成为器乐作品，完全托始于朔旁。黎斯特的交响诗无疑是受了他的影响。天才不可测。

据朔旁自己说，他这首 Ballade in F major 的内容出自密奇维支①（A. Mickiewicz，1798—1855，波兰的大诗人）的叙事诗 Switez，Switez 是立陶宛的一个湖，关于那个湖有一段传说，传说的内容就是密奇维支叙事诗的内容：

普鲁金的一个长官被这个湖弄到没有一刻的安宁。因为湖面像是发亮的冰块，每当夜里便会发出一种像是兵器声和钟声一样的音响。他于是决定查究一下，派人织成一面两百尺深的网在夜里沉到湖底，看会不会捉到什么东西。他是一个虔诚的教徒，所以临时带领僧侣在岸上先来祷祝一番。待到大网起处，但见一个活生生的女人，珊瑚色的嘴唇，雪白的脸庞，光亮的头发还是湿淋淋的。大家一看，有些吓呆了，有些便没命逃跑，那个女人却开始说话，他和那些百姓所以这次不致遭殃，完全因为他是 Switez 君主的后裔。Switez 现在是一个湖，从前却是一座城，由图汗统治。当立陶宛受到俄皇猛烈的攻击的时候，侯爵门多格便向图汗求救。图汗慷慨答应了，立刻出兵应战。但是他担心斯维台兹的妇女和小孩，他怕没有人能够保护他们。那时他的小姐向他说："在男子出去打仗这一段时间，我负责保护他们。"可是图汗刚好离开，俄国兵已经蜂拥入城。斯维台兹的妇女知道不能挽回，为了免遭污辱起见，决定先行自杀。那位侯爵公主极力劝慰她们，她们始终不听。到了那些妇女就要先杀儿女然后自杀的时候，她跪下来祈求上帝援助。可是奇怪，她的祷告还未做完，她已经觉得她脚下的泥土连连松陷。斯维台兹沉了，从此变成一个湖。现在在四周生长的花草，就是当年的妇女和小孩，谁要采摘，便要遭殃。俄皇当初曾经因此丧命。现在那些花因此立陶宛人还叫它做沙皇花。故事说完，她便转身沉入湖中。

这是朔旁的 Ballade in F major 的本事，但是不要弄错，以为它是一种标题音乐。朔旁是不很摩登的，他从诗人得到的只是那种氛围气，我们或许可以说，文字终止的地方，他的音乐才正式开始。密奇维支的诗的效力，不过是使听者有点头绪而已。从开头的那段呼吸着超人间的福乐的、打动人心的 andanto 之后，忽然接上一段 Presto，造成一种戏剧式的战栗，这使人想见那可怕的故事，心不住的跳，脉息也增加速度了。这个映现出一些使人心寒的异感，奔逃的情景因此历历在目。虽然这样

---

① 今译亚当·密茨凯维奇。

他还具有神秘的吸引力，当那个第二主题达到了使人窒息的顶点的时候。到了它像刚才一样忽然停止之后，第一主题便阴影般温柔重复一遍，然后出其不意地转入 A minor。做结束，凭着这个正好表示全篇故事得到和解的收场。

第 29 期 1935 年 6 月 6 日

（十）

Etude in C minor（Op. 10，No. 12）

Etude 是练习曲，朔旁的 Etude 自然也包含有练习的成分，但是岂止练习而已哉，正如他的 Prelude 不止是序曲一样，他的练习曲本身就是音诗。因为朔旁是"优生的钢琴天才"，所以朔旁的思想与感情，都借钢琴发挥得淋漓尽致。练习曲于是从"手指体操"进步到诗意的表现。如果说巴赫以后的音乐逃不出平均律钢琴集 Wohltemperierte Klavier，那么朔旁也同样主宰了音乐的新地。

这首 Etude in C minor 是那首有名的所谓革命练习曲，和那首 Scherzo in B minor 及 Prelude in D minor 与 A minor 同是 Stuttgart 时期的作品。那时他得到华梭陷落的消息，国仇家难，给少年朔旁一阵无情而有力的打击，使他几乎失掉他的知觉。他的生活态度改变了，他的艺术亦跟着到了顶点。新音乐从此给他开了大门，Eckhard 之名言"痛苦是引导我们达到完成的境地的最快捷的动物"，信乎其不可诬也！

这位"优生的钢琴天才"的音乐机构一定具备一架出人意外的翼琴，那些琴弦的振动完全是灵魂的度数。这是朔旁作品的特征，而 Stuttgart 时期的作品最先得到实验。他内界的思想，就是音响的振动。

朔旁当日的愤恨除了对人类之外还有上帝，他说"也许连上帝自己都是一个莫斯科恶棍"，他要复仇，"啊上帝，把地球翻转来罢，看他在这上面吞灭今日的人类！"他向上帝所要求的工作，他自己要用音响来尝试。他觉得自己就是复仇上帝，正与贝多芬听见拿破仑在耶那打败普鲁士军的消息，奋然叫道："我该可以把他打败！"同一样的气概。他要用形而上的音乐武器来惩罚侵略的敌人。

一开头的不协和音已经有一种无比的神力显示出来，准备凭那猛烈的、像是一颗使世界变成灰烬的炸弹的结束让自己得到满足。在中间却好像因为沉沦的波兰那种无法消除的痛切的哀号引动所有的复仇神鬼都来参加这世界法庭的审判。达到这种戏剧式的魄力朔旁只在第 25 集的 Etude in A minor 里面再来一次，自然那一次更要高了。这两首练习曲是钢琴文学里面古往今来最大势力的音乐戏剧。

第 30 期 1935 年 6 月 13 日

（十一）

Etude in A minor（Op. 25，No. 11）

这篇小笺的标题及曲名已经都给写在纸上之后，忽然听到一阵狗吠，这使我记起故诗人徐志摩的一句话："O Lord，Must the dogs bark when the nightingale is singing?"本来夜莺与朔旁可以有点关连，因为朔旁是夜曲歌人，而且他的性格也常常是女性的，可是事有凑巧，——也许是不凑巧，偏偏这首 Etude in A minor 是男性的一首。那我这次的卖弄便免不掉要碰一鼻子灰了，活该！

这首练习曲达到钢琴的语言能力的顶点，它的意义是新时代钢琴音乐的出发点。它是一幅无比的伟大的音画，它用一种神力把那阵急变的狂风表现出来，可是它没有模仿管弦乐的痕迹，完全是从钢琴的精神产生出来的形相。朔旁不独造成了"钢琴的哥白尼"的地位，而且根本以音乐创作者及音诗人的资格完成了他的显赫的作品，因为它的基础以及范围都是特别的，对着这部作品便是他的两部协奏曲都要显得渺小哩！最是显明的是那恶浪一般的，在键盘上面泛滥的，勇敢而特出的过板：恶狠狠地流过去的，摧陷全世界的暴风的呼啸凭使人惊奇的真实再现出来的繁音，同时音乐的美学规则却完全不因这种叛乱的气势有一点忽略的地方，相反的它得到正当的使用。朔旁在这里也始终保持他的本色"绝对音乐家"，他从不会越过这个范围。至于他本来是温柔的夜曲歌人，居然能够使出凌驾一切的气力兼做这幅巨大的音画的创造者，这只可以由他性格的混合来解释。这位波兰大师兼有两个灵魂：一个女性般温柔的和一个英雄的灵魂，这种矛盾不能得到调和，是造成他生平的悲剧的主要原因。两个灵魂的争斗女性的常占上风，这是朔旁大部分作品的印记。可是有时后一个得到发言权的时候，他又成功一个道地的音乐叛徒了。造成这顶例外的王冠的正是这首 a 小调练习曲，因为他凭它得到最高的成就。那种特别的"暗夜"在这里完全化作英雄性的整个：那节充满对莫斯科的愤恨的，丧葬进行一般的哀诉主题（左手）不像平时一样是任情的惨痛，却是一种由钢铁一般的钟声伴着的沉着。它由那些处死的生物宣示出来，他们已经有一种因那（右手猛击）恐怖的暴风的呼啸而接近世界的沦灭的预感。当它（左手）响动过去的时候，大风暴（右手）越来越凶，要用那猛烈的，震慑一切的威势来压灭它。结末来了末日的审判……世界沦灭：一切都毁坏做一堆，这中间一阵恐怖的嘈闹表示再来一次叫喊的哀诉主题，那些生物枉然在恳求慈悲，结果是一起给埋掉。

第 32 期 1935 年 6 月 27 日

（十二）

Nocturne in B major（Op. 32. No. 1）

这是一篇酬简 Without Words，金圣叹说："谁人家中无此事，谁人手下有此文。"头一句是要分清的。如勃拉姆斯家中，也许不会有此事，就说普通人家，此事亦不一定是酬简式。——这是废话。

朔旁的这首 B 大调夜曲虽然与酬简有一点共同，但是说一模一样，那又错了，因为那种秘密的罪孽，那种英雄性的流血，都是在西厢里面找不出来的。朔旁生平有戏剧的天才，这就是说，紧张、热烈、刺激以至血腥场面，他都能够把它描写得淋漓尽致。他的先生厄斯纳曾经写信给他，劝他创作歌剧，也许就是知弟莫若师。但是朔旁缺乏驾驭乐队的天才，他一切都得集中在钢琴上面。至于他钢琴作品的成就，那真是了不起，芬克说，四面的一首夜曲，在恐怖紧张的复杂与高昂上与真正戏剧精神上，简直超过一部有四百面谱表的歌剧。

说到这首 B 大调夜曲的内容，正跟降 D 大调夜曲一样，描写爱的一夜。不过它不比降 D 大调夜曲是一种甜蜜的陶醉，却是一场为爱死灭的愁惨的境界……因为一番秘密的，造孽的爱情在暗夜里发生，忽然间却得到流血的、悲剧的收场，使这场面显出特别恐怖的，是因为事情发生完全出乎意料之外。音乐和"本事"是吻合的，从开头到那段尾声都没有一些预兆。那一双造孽的情侣的甜蜜的昵爱在这神奇的 B 大调曲调里面毫无挂碍地一直唱下去，就好像要唱到末尾似的。好像就要收梢了——忽然间 B 大调突变到 b 小调，于是乎，悲剧开始。那甜蜜而罪恶的昵爱主题一下子哑了——好比对着那段骤入的声明无可挽救的吟诵相显失色，那一对罪犯来不及提防，已经抖做一团了。敲门声响得非常清楚，接着便是死神入门……这是那位回家的被骗的男子的面相。从他那种不留情面的手段造成现在那一阵使人毛发直竖的死亡的惊叫。……凭着那最后的，好像完全疲惫的几小节结束了这一场悲剧：此仇虽报，此恨难消，绝望之余，那位实行了荣誉的复仇的英雄也死在那双造孽情侣的身边。

第 34 期 1935 年 7 月 14 日

（十三）

Scherzo in B minor（Op. 20）

这首 Scherzo 发表的时间是 1835 年，今年刚好是它出版百年纪念，不过它出版比创作迟了四年。创作的动机是他得到华梭陷落的消息，那件事已经说过好几遍了，这里不妨从略。

一开头就是战栗的、恐怖的激荡。在朔旁的作品中再没有别的作品表现他那种对立关系像这首 Scherzo 的开始和弦一般清楚，这是说的他为人与作曲家的关系。那时的人已经魂不守舍，在音乐上也立刻发生类似的状态。灵魂的乱声在不协和音里面反映出一幅最真切的影象。在这里像是电光一闪，显露出一个创造天才的内界的预兆，从此要开一条新路。尼采说得好："为了能够再现出内界的状态，一种紧张，先得找到相当的印记。"可是这在旧规律里面视作禁例，而又不能找到适宜的替代，那么，除了自己毁坏这规律之外，自然没有旁的办法。他实际上需要这么多的禁例，于是终于把这些禁例凑合起来，这些不协和音对于当日的音乐家的耳朵就好比玄堡（A. Schoenberg）的音乐对于现代音乐家一样，是一种使人头昏脑涨的家伙，但是为了能够再现内界的状态，一种紧张，那就不得不伸手去把捉这禁例的印记，凭着这些及其他类似的冒险，他把声音艺术从懒惰的轨道的平凡推进一个阶段，他的后人凭着继续增长的勇气一面使用一面又更加扩充，可惜在我们现代却无论如何是超过需要，因为朔旁的不协和音对于那种灵魂状态是唯一可能的印记，现在的过度摩登派却以为非这样做不算特别，这便对于天才本来根据歌德的意思是一种善举，现在反变成灾害了。也许我们这一代的心理已经认为不协和音是唯一可能的音乐的印记？不管怎样，……我们的大师却不是这种意思，因为他的音乐即使陷入病态，也不失他天才的烙印的。就是最病态的音乐，作品也是一样：Scherzo，他晓得怎样用诗意去美化他的病态，把那些"自然的不美"改造成"超自然的美"。他的 Scherzo 是珍珠，它的成立和真的珍珠的成立有相向的情形，所以也同样有说不出的精巧与魅力的光华。不过因为除此之外还是属于稀罕的种类，所以就颜色上说：它是黑珍珠。

一开首那些战栗的、恐怖的加弦表示出一阵凶野的绝叫，一个人已经贴近疯狂的边沿，实际上他创作这首乐曲的时候，他当真几乎丧失了知觉。这场凶耗的对他心境的破坏的功效在他在日记里面记得明明白白，他那种可怕的绝叫与哀痛的诅咒就是这首乐曲的钥匙，"莫斯科指挥世界！哦上帝，你在那里吗？……在那里……而不复仇？你对于莫斯科凶徒的罪孽还受不够吗？……也许……也许……到头来你是……连自己……都是一个莫斯科凶徒？……"这种受难人对他的造成灾难者的反击与愤恨在文字上已经够吓人。现在转到音乐上去才得更加彻底的投射，那个与上帝争论的地上人似乎用自己的话向他叫喊了一遍之后，现在想用他的话重复一遍。像朔旁这样，在受到焦灼的苦难之后，无疑是高扬到要侮蔑神灵，他的日记显示出他对家庭的渴望与忧虑，这篇创作就像幻灯影片一般真实映现出来，在第一段火山爆喷式的气势之后接上一段充满了对俄罗斯的愤恨的哀诉，这里面可以见到，他对父亲、母亲、兄弟姊妹的恋慕，恐怖时期中他们的命运的忧惧，种种伤心刻骨的感情。到了结末，正如他的日记一样对整个地球，尤其是对法国发出他愤怒的使气，因为法国不曾帮助波兰，那种热烈的忿激，开头的那种凶野的狂暴再回转来，在双手通过全盘琴键的半音阶之后，凭那段反复九次的不协和音的叫喊做结束，它就是开始时奏鸣过的。

第 35 期，1935 年 7 月 21 日

苏联作曲家米亚斯科夫斯基逝世纪念

廖辅叔、马璟舒辑译

苏联部长会议艺术工作委员会、苏维埃作曲家协会及莫斯科国立柴可夫斯基音乐院谨以沉痛的心情发出：苏维埃音乐艺术的杰出工作者，苏联人民艺术家，斯大林奖金获得者

尼古拉·雅科夫列维赤·米亚斯科夫斯基

（Николай Яковлевнч Мясковский）

逝世的消息，并对逝者家属表示同情的吊唁。

纪念米亚斯科夫斯基

卓越的苏联作曲家和音乐活动家之一，苏维埃社会主义共和国联盟的人民艺术家尼古拉·雅科夫列维赤·米亚斯科夫斯基逝世了。

苏联音乐受到了重大的损失。出色的交响曲作家及室乐大师，里姆斯基–科尔萨科夫和里亚朵夫的学生，米亚斯科夫斯基，在苏联音乐文化的发展上担任了重要的角色。

米亚斯科夫斯基生于 1881 年 4 月 20 日。30 岁那一年，米亚斯科夫斯基在彼得堡音乐院毕业。自从胜利的伟大的十月社会主义革命之后，这位作曲家才得到献身于大规模的创作和音乐社会事业的机会。米亚斯科夫斯基在创作组织上和苏维埃机关中领导着巨大的工作。

作曲家创作的道路在革命以前就已经开始，而且经过了 40 年以上的长时间。在他身上反映出那为了建立苏联音乐艺术的现实主义倾向而进行的艰难和矛盾的

184

斗争。从他那最优秀的 27 部交响曲、室乐作品、大合唱和歌曲中，很显明地感觉到它与古典传统的活泼的联系，纯粹俄罗斯民族的基础，倾向于苏联实际状况的伟大思想和形象的具体表现。他的第五和第 16 交响曲、荣膺斯大林奖金的第 21 交响曲、"列宁之歌"、一系列的四重奏及其他作品，全都收进了苏联音乐的宝库。

联共（布）中央 1948 年 2 月 10 日历史性的决议，帮助米亚斯科夫斯基完全确定了音乐创作的现实主义的位置，作为这位熟练的作曲家最后作品的证明的，就是那部荣膺一九四九年度斯大林奖金的大提琴和钢琴的奏鸣曲。

另外一件关系重大的事，是米亚斯科夫斯基在莫斯科国立柴可夫斯基音乐院以教授资格从事将近 30 年不断的教育工作。在他班上培养成功的有 80 多位作曲家，他们多数都获得了广大的声誉。作为高度原则性的、深刻地忠于艺术的音乐家，米亚斯科夫斯基，在音乐界是具有广泛的权威的。

苏联政府对米亚斯科夫斯基在祖国音乐文化的发展上的功绩是有很高的评价的，曾经发给他四次斯大林奖金，授予列宁勋章，而且加他一个苏联人民艺术家的光荣称号。

赫连尼科夫、萧斯塔科维赤、沙坡林、格利埃尔、哈查图良、列别介夫、贝斯巴洛夫、阿尼西莫夫、扎哈罗夫、? 拉基、科瓦里、普罗科夫耶夫、谢巴林、斯维什尼科夫、克尼柏尔、瓦西连柯、坡坡夫、库哈尔斯基、亚历山德罗夫、穆拉节里、杜那耶夫斯基、彼得罗夫、卡巴列夫斯基、里凡诺娃、戈尔剑维则尔、戈鲁别夫、布达什金、戈罗金斯基、费恩堡、爱斯特拉赫、克努舍威茨基、茨干诺夫、施林斯基、吉列尔斯、奥波林、戈罗凡诺夫、加乌克、胡波夫、霍洛基林、巴拉? 年、伊康尼科夫、查普雷金、雅鲁斯托夫斯基、格罗雪娃。

杰出的艺术家

苏联艺术遭受到巨大的损失。我们的时代的卓越作曲家之一停止了心的跳动。尼古拉·雅科夫列维赤·米亚斯科夫斯基逝世了。

死亡从我们的队伍里带走了一个卓越的、独创的艺术家，他的工作在 20 世纪俄罗斯音乐艺术的发展上，苏维埃音乐史上，造成了一座显著的里程碑。

米亚斯科夫斯基的作品很明确地指出了苏维埃音乐艺术和优秀的俄罗斯古典音乐传统的活泼的继承关系。

米亚斯科夫斯基是一个有渊博的学问和高度原则性的音乐家。难得有一个苏联音乐家，尤其是莫斯科人，不曾去向米亚斯科夫斯基领教过。从他那里永远可以得到原则性的、直爽的、不敷衍的、对自己作品经过考虑的评价。找他的有作曲家、演奏家、批评家、音乐学者、他的学生们和不是他班上的学生们。米亚斯科夫斯基总是拿自己高深的学问传授给他们。使人惊奇的是他怎么会有这样多的时间去了解所有苏联音乐界突出的新出品，并且熟悉这一部或那一部有趣的音乐作品完成的经过。

米亚斯科夫斯基的一生——是忘我地献身于他所爱好的艺术的，他为它献出了他所有的精力与优美的才能，所有崇高的思想和感情。1881 年他出生在一个军事工程师的家庭，如同他父亲一样，他受到了军事工程的教育。幼年的时候他已经爱上了音乐，一直幻想着这就是他真正的职业。1906 年他进彼得堡音乐院，1911 年毕业。他的老师是里亚朵夫和里姆斯基－科尔萨科夫。毕业以后他开始独立的作曲工作，可是给第一次帝国主义战争打断了，因为他加入前线去做军事工程师。

十月革命以后，米亚斯科夫斯基很快地便退伍了，他到了莫斯科，他有充分的时间交付给创作的工作。

米亚斯科夫斯基走过了很长的创作路程。他有过很大的艺术的成就，偶然也遭遇过创作的失败。但是作曲家很容易克服所发生的困难，从不会在困难中迷失方向的，也从不改变自己对艺术的忠实和深刻的工作的原则；这里包含了他创作的一种最宝贵又最有特性的优点。在长久的年代，米亚斯科夫斯基创作方向的显著的特征，曾经是在艺术形象上热心于具体表现现实的题材。

米亚斯科夫斯基初期的交响曲使他获得最广的声誉的，就是第五交响曲（1918 年）。这部作品是密切联系到作曲家的生活印象的。所谓生活印象，就是作曲家当帝国主义战争期间在前线得到的材料。他当时在乌克兰记下来的那许多真正的民间曲调，在这部作品里占有了相当的地位。歌唱似的曲调性，就是这部交响曲的基本的优点。

得到人民承认的，还有作曲家以后陆续发表的一大批作品。献给苏联航空英雄的第 16 交响曲就属于这一时期。在这里面有很多歌曲的主题。最有名的就是"苏联航空员之歌"，用在交响曲的结尾。还有第 21 交响诗，获得了 1940 年度斯大林奖金，也给收入苏联音乐的宝库。

他最好的室内乐作品，就是那一系列的弦乐四重奏——第五（1939 年）和第九（1943 年）。此外是获得斯大林奖金的几个歌曲，如"列宁之歌"，献给斯大林的那一首"全心全意"、"茂盛的白杨"和两集浪漫曲。在伟大的卫国战争期间，他的第

24 交响曲占有极重要的地位，呼吸着宽广的曲调的气息。同时又完成了那部大提琴和乐队的协奏曲。因此作曲家获得了第三次斯大林奖金。

1948 年 2 月 10 日联共（布）中央的决议在苏联音乐历史上有很大的重要性，帮助米亚斯科夫斯基最后确定了现实主义的方向。他那部经常在音乐会演奏的，一九四九年获得斯大林奖金的，为大提琴与钢琴作的第二奏鸣曲，很清楚地说明了这一点。

米亚斯科夫斯基——对自己非常苛刻又非常勤劳的艺术家。他这种优良品质很好地表现在他的创作上面与多方面的社会音乐活动上面。一直到死他才停止了他紧张的创造工作在最后的两年间他作了两部交响曲（第 26 与第 27）、舞曲主题的交响组曲、第 13 部弦乐四重奏和一系列其他的作品。米亚斯科夫斯基在莫斯科回应柴科夫斯基音乐院以教授名义长期担任作曲系的教育工作有很大的重要性。他那特别细心地对于青年作曲家适应每人个性的照顾，很有效地帮助他们发展个人的天才。因为这个缘故，在他的学生中间在个性上，在作品上出现了多种多样的风格的作曲家，也就并不奇怪了。米亚斯科夫斯基学生中间有很多是有名的音乐工作者，例如卡巴列夫斯基·哈查图良、布达什金、谢巴林、莫克罗乌索夫、戈鲁别夫、费雷、贝科等等。

尼古拉·雅科夫列维赤·米亚斯科夫斯基全心全意地忠于苏联祖国的音乐，他是惊人的强毅的工作者和大师。他那不知疲倦的深刻体现苏联现实的努力，对于伟大的苏联艺术及其未来的繁荣的不可动摇的信心，是苏联每一个音乐工作者的最好的榜样。尼古拉·雅科夫列维赤·米亚斯科夫斯基的光辉的容貌，永远存在我们的记忆中。

鼓舞人心的大师哈查图良

我们亲爱的尼古拉·雅科夫列维赤，博大心胸与伟大天才的人物，优秀的音乐家，杰出的作曲家，好几代作曲家的导师和教师，他与我们永别了。

伟大的生活——充满了崇高的向上的努力和不断的创造的探索，创作的喜悦和对自己成就永不满足的感觉；充满了不知疲乏的和深入的工作，在亲爱的人民幸福上面完成的工作——贯串着作曲家的一生。

所有的人，不单是认识和爱好尼古拉·雅科夫列维赤的音乐，大量优秀的交响曲、四重奏及其他作品，而且只要你稍微认识到他本人，他那天才的、细致而又深刻的理性的魔力，伟大人物的——思想家的、艺术家的魔力，就会长远地印在你的心坎。

他的学生对于尼古拉·雅科夫列维赤的逝世有一种锐敏的、沉重的、悲痛的感觉，——还有我们那些年轻的伙伴，在他教导之下刚从音乐院毕业的学生，和那些在他贤明教育之下在我们祖国得到了广大的声誉的作曲家。

是的！尼古拉·雅科夫列维赤过去是而且永远是我们艺术上、道德上、事业上真正的导师，他教导他的学生对崇高理想的事业，为人民利益的创作，要求一种严肃的、苛刻的态度；对音乐，对伟大的俄罗斯音乐古典传统有虔敬而忘我的爱好，对民间音乐有热烈的爱好。

作为一个严谨而又严肃的、独创性的作曲家，尼古拉·雅科夫列维赤具有无可估计的坚强的教育天才，他永远照顾到青年作曲家独有的个性；他永远不强迫别人接受自己的意见，相反地，他永远——这正造成了米亚斯科夫斯基教育方法的特色——努力在他的学生的个性范围之内使他们发展，使他们习惯于独立的音乐的思想，帮助他们改善、进步、成功，不怕承认自己的错误，而要克服那些错误；他就这样永远亲切地帮助天才青年。

我们大家差不多都是抱着畏怯而又欢欣的心情给他看我们初学的作品，出来的时候总是兴奋地感觉到自己是接触到一位真正的艺术家，经常从他的指点得到种种宝贵的意见。

我们优秀的音乐导师又亲切的朋友，尼古拉·雅科夫列维赤，对于伟大的苏维埃祖国是一个热烈的爱国者。表面上他好像只是浸淫在音乐里面，但他对于苏联人民那种多样的紧张的生活上的形形色色的问题，都有经常不断的接触与了解。

当我们在着手新的作品的时候，我们永远要想起我们亲爱的导师。只有我们的新作品具有崇高理想、现实主义，形式上是完美的，才算是对我们优秀的教育家，亲爱的尼古拉·雅科夫列维赤·米亚斯科夫斯基的最好的纪念。

最后的道路

莫斯科艺术界8月10日礼葬了卓越的苏联作曲家与教育家，斯大林奖金四次的获得者，苏维埃社会主义共和国联盟的人民艺术家尼古拉·雅科夫列维赤·米亚斯科夫斯基。

在莫斯科音乐院礼堂里堆满了鲜花的灵前，来了各音乐组织的代表们，从米亚斯科夫斯基生前得到过很大的帮助，替他们解决过音乐艺术创作问题的代表们；来了他的许多学生，他们现在已经成了很著名的作曲家。光辉的教育家、深刻的、细心的导师，米亚斯科夫斯基培养了大批有才能的音乐家。军乐工作者光荣地，沉痛地担任了扛送灵柩的职务。死者是写作了军乐队的交响曲的第一个苏联作曲家。

灵柩周围放满了花圈，有苏联部长会议的、苏联部长会议所属艺术工作委员会及无线电广播委员会的、莫斯科和列宁格勒的作曲家及文学家的、全俄罗斯戏剧协会的、最高军乐指挥学校的、大戏院的、爱沙尼亚歌舞剧院的与爱沙尼亚作曲家协会的、莫斯科爱乐社的和死者生前许多朋友们的。爱乐社乐队、独奏者、合唱团，在斯维什尼科夫指挥之下奏出了哀悼的音乐。

移灵之前举行了一个追悼会，苏联作曲家协会总书记赫连尼科夫致开会辞，详细讲述米亚斯科夫斯基的生活和创作的道路，以及他在苏联音乐艺术发展上所担任的角色。

赫连尼科夫指出，尼古拉·雅科夫列维赤·米亚斯科夫斯基是我们作曲家的前辈，在他的创作中鲜活地联系了苏联音乐与俄罗斯古典音乐文化的传统。

苏联部长会议艺术工作委员会由副主席阿尼西莫夫代表讲话，他说到了米亚斯科夫斯基音乐的构造方式，又说到他在自己作品里面反映出我们斯大林时代的理想，米亚斯科夫斯基的作品在曲调的语汇上存在着与人民的深切的联系。

无疑地——阿尼西莫夫同志说——他的学生们一定会发扬米亚斯科夫斯基最好的创造思想的优良品质，创作出具有斯大林时代有价值的、适应苏联听众需要的作品。这个就是对于卓越的作曲家最好的纪念碑。

沙坡林教授代表莫斯科音乐院讲话，说到米亚斯科夫斯基的爱国主义，他那伟大的天才，他那渊博的学问以及他那谦虚的态度。发言人号召苏联年青一代的音乐家完成自己对祖国所负的任务，学习米亚斯科夫斯基完成自己任务的榜样。

哈查图良代表他的学生说出了最后的"告别"，他想念到尼古拉·雅科夫列维赤如何谨慎地亲切地教育青年，灌输那对祖国艺术的热爱，教育他们对本身业务的严格的要求。

随后发言的是兄弟共和国的音乐工作者，爱沙尼亚作曲家卡普。大提琴家罗斯特·罗坡维赤以感动的心情表示了青年的悲痛。格罗夫尼亚代表苏联科学院及历史艺术研究所论述米亚斯科夫斯基在音乐科学发展上的影响。最后由祖金上校发言，指出了米亚斯科夫斯基在军乐工作者教育上的功绩。

在诺伏介维赤公墓临穴的时候，米亚斯科夫斯基的学生，作曲家卡巴列夫斯基说，尼古拉·雅科夫列维赤将在他的作品中，在他对苏联音乐工作者所慷慨提出的智慧的建议中永远地活着。

下午 5 点钟完成了葬礼。

译自 1950 年 8 月 12 日及 15 日的《苏联艺术半周》

原载《人民音乐》第一卷第 2 期 1950 年 11 月

依照新的方式来工作

马璟舒、廖辅叔合译

1950 年 5 月间，苏联作曲家协会理事会召开了第四次全体大会，检阅了乌克兰、白俄罗斯和斯维尔德洛夫斯克等组织的创作活动，并且特别提出关于音乐批评的问题。这一次检阅发现了苏维埃音乐在社会主义的现实主义道路上更进一步地高涨，同时也显露出我们作曲家组织在工作中的许多重大的困难、疏忽以及错误。这许多困难和错误都密切牵涉到苏维埃曲协组织中缺乏良好的批评与自我批评，缺乏创作的讨论，缺乏使我们作曲家激动的创作的基本问题上重大原则性的争论。就举白俄罗斯组织为例吧，培养友谊的关系和无原则的结合代替了战斗性的、原则性的以及真正党性的批评；批评家常常保持沉默或则从恭维的说话跨到细致的耳语。所有这些都完全不符合苏维埃批评的伟大的思想教育的任务，亦即不符合指导推进创作运动的任务。

假如批评不断地发挥它的作用，提出合乎标准的评价，提出严格的要求，正确地扶助真有独创性的作品，那么，新音乐的宽阔的河流将会有更好的、更有价值的、也更完善的表现。在苏维埃曲协理事会第三次全体大会上，或者不久以前列宁格勒组织的创作检阅上，新作品的目录很明显地证明了：对于那些要向社会公开演出的作品的选择与评价，都很缺乏严格的批评与标准。因为这个缘故，有些杰出的作品也不免在大量极平庸的、甚至于不够格的音乐里面给埋没了。

在苏联曲协理事会第二次和第三次全体大会上，只有在评论新作品的时候，才顺便提到音乐批评的问题。但是就在当时，我们的音乐社会已经判明了，我们的批评是显然落在创作生活以及提上日程的创作问题的后面。苏维埃音乐批评的重新建立是缓慢的、迟钝的。我们的批评家和音乐学者的集团，还没有马上认识到联共（布）中央 1948 年 2 月 10 日的历史性决议所赋予他们的重大使命。然而领导组织

（曲协秘书处，音乐研究委员会）未能适应此项使命，组织音乐学者走向执行重要的任务——积极帮助作曲家以及苏维埃音乐。大多数的音乐学者就在联共（布）中央决议之后，仍然是在苏维埃音乐的迫切问题上、在出版进行上、在大胆说话上、在对新作品的负责批判上犯了各种各样的偏向。

苏维埃作曲家协会过去是，现在仍然是对这种事实表示放任。举一件事就够说明，所有领导人中间，就是在音乐研究批评委员会的成员中间，有些音乐学者差不多没有发表过关于苏维埃音乐的研究与批评的论文。

最近数年，在苏联作曲家的创作上发生了决定性的转变，为苏维埃音乐批评的发展造成了新的有利的环境，这种环境应当帮助它向前推进与发展；确定了苏维埃音乐现实主义的方向，产生了大量作品，鼓励了批评家大胆地、尖锐地、有内容地讲话；揭发了曾经在音乐学和音乐批评上的世界主义以及形式主义的错误。好像是，我们的音乐批评家应该站在创作运动的前头，对作曲家提供直接的帮助，号召他们前进，向他们提出具体的创作问题，发起新的歌剧、大合唱、交响曲和歌曲的创作。但是我们的批评并没有比创作前进一步，它总是赶不上创作。

在刚刚举行的苏维埃作曲家协会理事会第四次全体大会上，音乐批评问题成为我们团体注意的中心。曲协总书记赫连尼科夫的《关于音乐批评的情况和问题》的报告很现实地、准确地向苏维埃音乐批评家提出了一系列的创作问题，迫切需要解答的问题。

很可惜，就在大会本身组织及辩论进行中，已经表现出曲协在批评方面不能使人满意的情况。有时候为了想"缓和"一下尖锐的评价，便不免要为音乐学者的无所事事辩护，把那些并没有什么了不起的事情加上一些比实际来得好看的粉饰，也没有向音乐学者提出尖锐的批评意见，指出他们在音乐批评范围内脱离了日常的工作。

报告指出：1948年2月10日联共（布）中央决议之后，音乐批评家曾经有了相当分量的一定的工作，例如揭发了苏维埃音乐上形式主义及世界主义的真相，宣扬了俄罗斯古典音乐的现实主义的传统……。

"但是如果测量一下，苏维埃作曲家走上社会主义的现实主义的道路的基本程度，如果测量一下，他们新出产的大量作品的情形，这些作曲家企图替我们的实际生活赋予具体的形象的倾向，我们就会更多地发现，他们在创作实践与理论之间的意义的矛盾。"

在矛盾的日益增长中，我们的理论脱离了创作实践的行为，当然，这是批评家集团的错误，但是也应该由曲协的领导方面负责，因为他们没有好好地联络与动员这种组织。根据乌克兰、白俄罗斯与斯维尔德洛夫斯克创作组织的报告和补充报告，第四次全体大会看到了不能使人满意的音乐批评工作。其中比较好的算是乌克兰，白俄罗斯就完全不行，普遍的落在创作实践的后面。

1950 年 3 月间举行的关于音乐学问题的科学会议、苏维埃作曲家协会第四次全体大会以及我国音乐学者实际考察的结果，我们所得到的结论是，现在演成的情况，只凭微小的力量不切实地深入工作，是不可能轻易克服的。批评家和音乐学者的干部远不是全都处在协会的照顾之内，没有全部编入工作的范围之内。干部的调查与了解也并没有做得完全，因此之故，也就不可能很适当地把他们组织起来。曲协的最大错误和不幸就是在于还没有发动批评家集团的工作。全面的工作一天得不到向上的开展，任何个人的成就都是不能保证胜利的。这种说法适用于我们生活和工作的任何情形——在音乐批评上也是一样。

没有理由可以断言，苏维埃音乐学者没有前进，或者说苏维埃音乐学者没有做事。如果真是这样武断，那就正是鼎鼎大名的贝力克典型的新俄罗斯普罗音乐家们所乐闻的呢。不是的，苏联的音乐学者在俄罗斯及外国音乐研究上是做了许多工作的，他们在各个音乐院里面开了许多新的课程，编了新的教本，在自己工作的主要范围之内提供了新的材料。音乐学教育家的干部在各省已生长起来了，而且积极活动了；有才能的专门生音乐青年都走入创作生活，但是这种工作暂时还很少经过人民的评判，也很少注意到人民的教育，在出版上的反映也极微弱，而对于曲协特别不好的就是——这种工作差不多只溜过它的面前，差不多没有注意到它的目的，原因就是与苏维埃音乐的创作实践缺乏联系。

在总书记的报告里面，向音乐批评家所提出来的问题，没有一个不是重要的，或者说，没有一个不是根本的，形式和内容一致的首要问题的中心是音乐手法对于体现新面貌和我们实际的题材的准确选择——目前每一个作品所包含的问题——音乐批评家都只是很少、很浮面地去接触。要使这种特别简单而又大众化的任务得到完成，是同那些问题密切联系着的，这是多样的、有丰富内容的、复杂的创作工作的结果，只有这样，才能够把握而且打动那些要求严格的苏维埃听众。所有这些都牵扯到真正专家本领，服从伟大的现实主义的思想和音乐形式的问题，而在最近一个时期，有些批评是发生过偏向的。

在苏维埃音乐任何一个部门的发展上，都发生了特殊的创作问题，我们的批评却总是很少接触到或者忽略了。这样一来，显明的、具体的问题，印象深刻的、丰富生动的、对苏维埃歌剧那么重要的性格描写，所有歌剧方法的、在一定程度上富有表现力的宣叙调的重要发展，差不多得不到批评家的研究。管弦乐法的问题，器乐上标题的重大问题：所谓标题，有如俄罗斯古典大师所曾经了解的、知识广博和革新意义的，但又不是狭义的教条的（如我们有些批评家所主张），就放到我们作曲家的面前，也就是——放在我们批评思想的面前。还有，最后解决创作问题联系人民的问题，音乐语言真正人民化的问题。民间歌曲生命的支柱应该永远立脚在我们作曲家和批评家注意的中心。

但是，前面所说的，音乐研究和音乐批评问题的处理总是落在创作生活的后面，只有个别的论文才能够发生一些实际上有效的影响。

苏维埃音乐学者常常做一些抽象的、就音乐本身来说并没有专门性的、使人信服的分析的空洞问题。音乐美学的范围内也是非常落后，不等到现成的科学中心机关有了特殊的处理之后，就不能够有所作为。我们的批评家对音乐美学的问题只有很少的兴趣，这无疑是由于够不上思想理论的音乐知识的水平，在研究分析的范围内，不会应用马克思列宁的辩证法。

音乐的和批评的一般缺点完全反映在"苏维埃音乐"这本杂志和作曲家协会音乐研究批评工作委员会的工作上。创作的讨论没有在杂志的专页上，也没有在会议上和大会上展开。比较好的时候，偶然有一些计划，但是很快地就无声无息地消散了。组织得不好，没有得到团体的帮助，出版上也无从开展。"苏维埃艺术报"上音乐批评的情形也使人不能满意。各省区的出版界，对苏维埃音乐的问题总是照顾得很少。

作曲家协会音乐研究批评委员会没有好好地领导音乐批评，有些工作部门根本没有受到他们的注意——例如，各省区的批评的领导，创作的联系及各共和国之间的交换经验。委员会对于群众工作，对于苏维埃群众的教育问题，对于音乐学者的宣传讲授的工作以及批评的执行工作，都是十分不够关切的。委员会在工作中完全忽略了这种责任性的题目，如研究人民民主国家的音乐，揭发音乐上及音乐学上那些反动的资产阶级的流派。还有，——简直莫名其妙的，音乐研究委员会对于苏维埃音乐上的人民性问题，好轻易地便从工作中跨过去了。

如第四次全体大会所记载的，"苏维埃音乐"杂志工作上与音乐研究委员会的工作上不能否认的；大家看得见的，在最近几年所表现的良好的活动。但是，现在要讨论的不是这个问题，所有这些活动（单单个别的演奏和著作），跟那些提到苏维埃音乐面前来的任务以及一些比较优秀的苏维埃作曲家在创作实践中所得到的答案比较起来，那就差得太远了。作曲家协会理事会秘书处很久以来都在容忍音乐批评的这种落伍状态，没有适当地帮助音乐研究委员会，也没有对它提出严格的要求。对于目前的这种情况，秘书处应当负完全责任，并且应当保证，在音乐批评和研究工作上来一番全盘的改造，而且，从此出发，也就要把领导落后地区的工作，作为本身的工作。

我们当前的第一重要的任务就是这样的任务，动员所有的团体，真正地把创作力量提高一步。有一种现象是绝对不容易造成的，什么现象呢，举例来说吧，像莫斯科音乐学者——苏维埃作曲家协会的成员的那么大的团体，关于批评的有系统的工作，并没有超过 10 人至 15 人来担任，这就是说，只占全体人数的十分之一。无论在什么地方，无论在任何事业上，这种现象都是不可忍受的。应当对人这样做：耐心，对每一个同志都要有计划地谈论他的工作，帮助他，同时在本身方面应当注意他对于总的工作的意见。这样，协会的工作便能够吸收所有的力量，也就可以提高到新的水平，非常重要的是要灵活地、不断地在全苏联的音乐学者和音乐批评家之间造成良好的联系。苏维埃作曲家协会音乐研究委员会应当成为全苏联的组织，应当更加积极地研究各加盟共和国创作的与音乐的生活，更加切实地帮助各地的音乐学者团体与作曲家协会。

如所周知，现在有这样的计划：取消好些音乐院里面的作曲系。这种办法只能增加在本位上发展创作工作的困难，只能使各省区的作曲家与批评家的干部损失了蓬勃的青年力量的补充。必须保留斯维尔德洛夫斯克和哈尔科夫及其他各大城市音乐院的作曲系，而且多方面地帮助这些系的质量的生长。

音乐批评和音乐研究委员会的中心工作应当是解决苏维埃音乐生活和创作实践的重要问题。作曲家协会所有的组织工作（有如其他关系一样），应当依照明显、实际的计划，在干部的研究及一切首位的和重要的严格选择的基础上好好地执行。

1950 年到 1951 年的冬季将要举行作曲家协会的第五次全体大会，主要的是讨论新歌剧的作品。那一连串的问题，关于美学的问题，苏维埃歌剧上戏剧理论与音乐语言的问题，对于我们的批评家是一种极重大、荣誉的任务。同特别尖锐的、坚持的创作生活一起，我们的面前提出了纯粹人民性的问题，各种音乐部类上——歌剧上、大合唱上、交响曲上、歌曲上对当代的、苏维埃的人民性的了解的问题。

对于作曲家协会非常重要的，是与国内各个学术中心机关建立联系，共同处理音乐学上的各种问题。可是并不是由这些最高学府或学术机关来代替，作曲家协会能够而且应当，第一步，在工作上和研究上，为苏维埃音乐发生自己的作用。另一方面，如果学术机关和专门学校的工作脱离了创作的实践，这种现存的特性的矛盾，将来只有加倍地严重。

我们优秀的有才能的青年音乐研究者，期待着作曲家协会的照顾和注意，他们还是常常不懂得怎样去发挥自己的力量，需要随时的创作上的帮助。每一年我们都会得到良好的补充：从苏联音乐院送出了一批又一批的青年教育家、批评家和教师。但是，很可惜的，他们中间只有寥寥可数的青年批评家参加了协会的活动。坚决提高结合青年工作的程度，依照布尔什维克的工作方式来实行整顿——这就是苏维埃作曲家协会不可拖延的工作。当然，前面所指出来的任务，是联系到音乐批评的发展和活动的，对于苏维埃联盟所有的作曲家的组织都有关系的。

苏联的音乐研究和音乐批评是在世界上最先进的国度发展起来的。同我们所有的文化一道，这些工作号召大家参加共产主义的建设。我们有共产党的明显的、正确的、智慧的指示，它给我们的工作指点出唯一正确的道路。我们有俄罗斯批评家——伯林斯基（В. Г. Беииский）、多勃罗留波夫（Н. А. Доброюбов）、车尔尼雪夫斯基（Н. Г. Черныщевский）、斯塔索夫（Стасов）、和塞罗夫（А. Серов）卓越的、古典的遗产。最后，我们有最好的人、有才能的学者和教育家、神奇的青年，把他们在真正创造性的组织里面结成一体，把这种团体动员起来，给他们指出努力的方向，——这就是苏维埃作曲家协会基本的义务和首要的责任。

过去不久的作曲家协会理事会的全体大会向我们的社会很明确地提出了音乐批评的情况、他们的困难和他们的任务。这个范围之内迫切需要的决定性的转变，在第四次全体大会之后的苏维埃作曲家协会对于批评家的工作，再不可以照老样子做下去了。批评的思想，战斗的、布尔什维克式的——创造的、坚持的——思想的真正的提高，对于所有苏维埃音乐文化的前途的发展，是具有决定性的意义的。

译自《苏维埃音乐》1950 年 7 月

原载《人民音乐》第一卷第 3 期 1950 年 11 月

苏联作曲家向斯大林致敬的信

马璟舒、廖辅叔合译

我们敬爱的领袖和导师约瑟夫·维萨里昂诺维奇!

在今天,所有先进的人类都对那些卑劣的、仇视进步、仇视文化的敌人——美英战争贩子的疯狂行为发出愤怒的呼声,我们的视线全向着您,伟大的共产主义的哺养者、和平与民主的旗手。

在伟大的卫国战争的那些年头,您领导了苏联人民对希特勒匪帮的最大规模的、自我牺牲的战斗。在您英明领导之下,英勇的苏联人民获得了对法西斯破坏者的世界性的、历史性的胜利,因此也就挽救了世界的文明。

由于不可避免的危机的恐慌抓住了资本主义的体系,由于害怕一天天在发展的民主运动,帝国主义侵略者正在准备新的、更残酷的、世界性的屠杀,他们妄想消灭我们伟大的胜利的成果,重新驱使千百万平民投入战争的火海。

但是,新的战争贩子的吃人计划,遭遇到世界上全体正义的人民最坚决的反抗。您在和平战线上英明的领导,您那光辉的名字启发了一切争取和平民主,对抗新的帝国主义侵略的勇敢而坚决地斗争的人们。我们今天发出了保卫和平的呼声,各国人民怀抱着深刻的、希望的心情向着您,大家知道,在您天才领导之下的争取和平的战斗,无论如何是一定胜利的。

我们,莫斯科市苏维埃音乐文化工作者、作曲家及音乐学者,由于您慈父一样的关怀,我们都收获了为人民利益的、迅速有效的成绩。在我们的国家里面,音乐是建设社会主义文化的助手,共产主义的人民教育的有力的手段。我们愿意,让我们的音乐为人民带来快乐,要在我们音乐里面具体表现光明的、进步的共产主义的理想,伟大的苏维埃胜利人民的乐观情绪。

和平的敌人企图妨害我们幸福的生活。他们想把我们人民投入新的世界大战的血海，他们要用原子弹和氢气弹来威吓人类。为了回答杜鲁门、丘吉尔之流无耻的威胁，世界各国千千万万的平民都在世界保卫和平委员会常设委员会的斯德哥尔摩禁止原子武器的宣言书上签了名。在争取和平的讲台上联合了所有有良心的、希望得到和平的人们，不论他是属于什么国籍、政治或宗教的信仰。爱好和平的各国人民、受到了先进的民主思想启发的人民，依照您斯大林式的指示，是一定可以制止新的世界大战的爆发的。和平的力量强过战争的力量，吃人的黑暗计划是会给粉碎的。和平的力量是无穷无尽的。

我们，苏维埃作曲家，向您保证，亲爱的约瑟夫·维萨里昂诺维奇，我们使用我们所有的力量，拿起艺术的武器，积极地为争取和平而奋斗。我们的歌曲，号召和平斗争的歌曲，在全国以至全世界都响起来了。我们的声音已经加入千千万万的争取和平的声音，我们一定要创作新的各种各样的音乐作品：歌曲、清唱剧、交响曲，号召各国人民参加和平的斗争，反对新的战争的威胁。

我们相信，在您天才的领导之下，反对战争贩子黑暗势力、争取和平的运动是一定胜利的，而且会给人民带来持久的、巩固的和平的保障。

祝您健康和长寿，亲爱的约瑟夫·维萨里昂诺维奇，为所有劳动人民创造幸福，叫和平与民主的敌人发抖吧！

全世界和平万岁！

译自《苏维埃音乐》1950 年 7 月号

原载《人民音乐》第一卷第 3 期 1950 年 11 月

无可估量的扶助

肖斯塔科维契①

　　党，伟大的斯大林教育了苏维埃人，一切现象和事物都要依据自己的，依据苏维埃式的标准去估量。艺术的创作已经变成一种从来不会有过那么高贵和艰巨的任务。

　　斯大林时代的事情和事业，我们这些日子的伟大性，只可以在伟大的作品里面庄严地表现出来。我们的人民对于艺术也提出了一天比一天增高的要求。党对于作家和作曲家指出来的某些缺点得到那么广泛的，动人的响应，并不是徒然的。就我们细心的、音乐的人民来说，这些指示就是准确之极的评价。苏维埃式的艺术标准同时也注意到深刻、目标明确和尖锐方面。因此，我们的艺术开始收获越来越丰硕的果实。

　　我曾经有过机会，衷心感觉到那种巨大的差别，苏维埃人与资本主义世界的生意人之间的差别，社会主义的国度与金圆"民主"世界之间的差别。当我在美国停留的那一段时间，我，正如苏联代表团的其他团员一样，代表一个伟大的民族，代表世界上最先进的艺术，真是说不出的骄傲。

　　苏维埃艺术是充满了高度的思想内容与真正的人性的。它的乐观主义是永不枯竭的，它的任务是高贵的，它的艺术形式也一定是十全十美的。

　　一个苏维埃艺术家的工作是光荣的，可是也并不容易。我们的人民向作曲家的创作提出了爱好者的高度的要求。在集体农庄里面，在工人俱乐部里面，歌唱也罢，演奏也罢，都是非常出色的，那些倒霉的、违反曲调规律的曲子总是得不到一点成绩。挤满了演奏厅的人们绝不要求什么轻松地消遣的音乐，他们要求的是道地的艺

---

① 今译肖斯塔科维奇。

术。收音机前面千百万的听众，电影院里面千百万的看客，——他们都是我们的法官。他们是这样的一族人民，社会主义的十月革命、党的大规模的培养工作、斯大林的事业替他们打开了文化和艺术的大门的人民。

伟大的社会主义十月革命教艺术家好好地考验他们的活动，教他们摆脱那许多陈旧的观念。由于布尔什维克党从这里面认清了社会主义的一种主要任务，创造了丰富的艺术生活，于是号召艺术家服从人民的利益，增加他们精神的财产。因此，艺术家的地盘是准备好了的，艺术家就应该在他的创作里面表现时代的最崇高的理想。

在完成任务，给人民提供成熟的、无愧于他们的劳作、满足他们的期望的艺术作品的任务的过程中，党是经常都在从旁协助苏维埃艺术家的。党，伟大的斯大林，总是为我们作曲家指点出来，如果一个艺术家停止为人民服务，那就不论思想上，创作上都是非完蛋不可的。

党，斯大林随时都在提醒我们作曲家，我们占有一份富饶的族谱以及辉煌的、追溯到我们祖宗的传统。天才的格林卡不独在人民身上看到了创作的泉源，而且看到了一位公正的法官，这并不是偶然的。他的"伊凡·苏萨宁"的音乐在贵族圈内得到了"马车夫音乐"的考语，他反而感到值得骄傲，因为他在人民方面得到了广大的共鸣。格林卡是不朽的，对他的爱也永远不会枯萎。至于沙里亚平晚年活动上面的暗影，难道不正是他背弃家乡、背弃人民的结果吗？虽然根据各方面的评判，他依然保有他早期的同样宏伟的嗓子，可是作为一个艺术家，他再也比不上当时俄国所认识的他了。还有，假如斯特拉文斯基没有离开他老家的土地，凭这位作曲家的天才难道用得着遭受那许多的失败吗？

我们可以指名道姓地说出一整批的艺术家，他们忘记了我们伟大的古典宗师的遗言，忽视了人民的需要和要求，因此受到了历史的自然行程的惩罚：他们在艺术上没有留下一点痕迹，人民也记不得他们。

凡是有知识、有文化的人，具备崇高理想和道德品质的人，在我们国内是受到非常的重视的。斯大林同志曾经为这件事发出号召，把那些新国家的建设者看作国家最宝贵的财产去照顾他们，培养他们。正如一个园丁栽培他的花木，我们伟大的领袖就在生活的各方面又关怀、又小心地去教育一种新型的人物。他们中间那些最优秀的人物之所以成为最优秀，就是因为他们学习斯大林的创造精神去建设、去创作——依照苏维埃的、布尔什维克的方式。

不单是在文件里面，在联共（布）党中央委员会的决议案里面，具体表现了斯大林同志对于纯粹的、高尚的苏维埃艺术所花费的热烈的努力。许许多多的艺术家都曾经分到过那种幸福，跟斯大林发生直接的接触，而且每一个人都受到了最深切的感动，感激斯大林对艺术的无比关切，感激他判断的精细、深刻与智慧。

就算是简短的一段谈话吧，也尽够解决那些重要的、原则性的问题了。斯大林同志与歌剧"静静的顿河"的作曲家捷尔仁斯基的谈话就是一例。

这位作曲家告诉我们，斯大林同志认为，现在已经到了创造我们自己的苏维埃式的古典歌剧的时候了。他提出一些意见，古典的苏维埃歌剧一定应该是深入人心的，而且鼓舞听众的志气的。它应该尽量遵从民歌的曲调性，就形式上说，它又要使人可以接受、可以了解。

伟大的斯大林不断强调，深入地而且全面地精通作曲技术的必要，为了可以通过各种各样的音乐手段的掌握，在音乐上充分表现那些鼓舞苏维埃英雄的思想和热情。

斯大林为苏维埃古典歌剧提出的要求，对于我们来说，直到今天都是我们创作的纲领。

作曲家阿力山大洛夫——驰名的苏联红军歌舞团的创造者——和约瑟夫·维萨里昂诺维奇·斯大林的会见，对于音乐创作的发展是具有重大的意义的。这位作曲家告诉我们说：

在一次演奏会上，斯大林同志听我们的歌舞团唱那首流行的歌曲"卸下马鞍来吧……"，我们的演唱是依照进行曲速度的。

"依我的看法，应该唱得慢一点"，约瑟夫·维萨里昂诺维奇说。

他又补充说，显然是在他谈话的对手的眼中觉察到疑问的存在，他简单而又明确地补充说：

"这是从草原上流传下来的啊，一首规模宽广的歌曲。"

……举行第十八次党代表大会的时候，我们练习了列别节夫·库马赤作词的"党歌"。歌舞团在克里姆林宫的音乐会排上了这个节目。

"等到演完全部节目之后，你们把这首歌再唱一次吧"，斯大林提出了请求。"可是你们试试看，像一首颂歌那样唱出来"。

到了这首"党歌"第二次——已经不是先前那样的进行曲速度了——再唱出来的时候，对于写这首歌曲的作曲家本人，它的音响就好比是一种启示。

"就叫它做'布尔什维克党歌'吧"，斯大林说。

"这种轻微的，然而是深刻的关于艺术趣味和表演风格的指示，给歌舞团的团员深深地记在心里。……"

在征选苏联国歌期间，苏维埃作曲家尽了不少的努力。当约瑟夫·维萨里昂诺维奇试听的时候，我也在场。他所提出来的关于有些作品不合适的理由，是多么可惊地正确啊：这一首是曲调太过柔软而且抒情的气息也太重了，那一首是形式过分地复杂、音乐语言不纯粹。对于那些为苏联国歌的制谱献出了他的劳力的作曲家，这种和斯大林的接触，就是真正地上了一课，这一课在他们的意识中会留下终身不磨的痕迹。

斯大林同志经常都怀抱着同样的温暖与父亲一样的关切，同样精细的对于创作方式的了悟的能力和音乐家、作家、画家、演员、电影专家以及建筑家谈论有关问题。他的话都由苏维埃艺术家好好地保存起来，一嘴传一嘴地好比是创作任务。

在斯大林同志身上有这样的一些话，它一直打动你灵魂的最深处。我们全体人民，世界上所有的劳动人民都听到了。

20 年前，斯大林同志说过："……我准备好了，将来也是一样，为工人阶级的事业，为无产阶级革命以及世界共产主义的事业把我所有的力量，我所有的才能，而且，如果需要的话，就把我所有的鲜血，一滴一滴地献出来。"

这些话说出了整个伟大的斯大林。这些话就是对我们全体的一种号召，体体面面地为人民服务。这些话教一个人感到对祖国、对我们的导师和领袖斯大林，应该担负起来的、但是还没有由艺术家清偿的、巨大的债务和责任。

译自《苏维埃文学》1950 年 4 月号
原载《人民音乐》第二卷第 2 期 1951 年 4 月

关于《巴赫全集》及《亨德尔全集》的新版

〔民主德国〕 乌施科莱特

几星期前，约翰·塞巴斯蒂安·巴赫全集新版的第一卷出版了。这是在政治上和艺术上都非常值得重视的工作，对德国以及全世界的音乐生活来说，它的意义都是不容忽视的。

这种新版的意义究竟何在呢？首先就在于它使德意志民主共和国和西部德国有名望的音乐学家和研究机关采取平等合作的方式在这件工作上统一起来。同时，德国东部和西部两个重要的出版社为这种全集订立了友好的契约。德意志民主共和国文化部曾经对这个计划提供了每一项必需的精神上和物质上的协助。全德国在巴赫和亨德尔作品的保存和推广上的共同工作是一个具有说服力的实例，证明我们为维持德国文化统一所进行的斗争是有成绩的，他也从西德有民族意识的科学家和艺术家得到了不顾波恩帝国主义者一切分裂企图的支持。

这种新版在艺术上的意义是根据科学和实践的最新成果和认识来清洗对巴赫和亨德尔作品的一切误解和歪曲，而且就现存的一切可运用的原始资料重新做了语言学和批评上的校订。负责的编印人努力使原始文字尽可能保持原状，同时不使巴赫和亨德尔的作品变成博物馆的古董，而是使它更清楚，更确切地为演奏艺术家所接受。因此这些作品在音响记谱上也就运用了现代的调号。就广泛范围的对音乐有兴趣的人们来说，它变成了高度地便于阅读。这种音响记谱式是德国版原文全集的首次工作，而且我们希望，这样一种结合人民的出版实践的先例将会有更多的后继。

至于一种新版的巴赫全集之所以必要，还有另一个原因，那就是现在通行的勃莱科夫—黑尔特尔出版社的巴赫全集是在 100 多年以前开始，而在 50 年前出全的。这部全集是那一个时代的产物，是沾染着一种浪漫主义和唯心主义的巴赫观的许多缺点的。此外，多年以来还陆续发现了许多新的资料，有许多一直认为是"道地的"作品已经考定不是出自巴赫的手笔。在预计 85 卷的每一卷都有负责校订人的一篇包罗丰富的校勘记，对一切改动、奏法、演出可能性和来源都已作出详细的说明。全集的次序分为如下的八部分：

1. 大合唱　2. 弥撒乐、受难乐、清唱剧式的作品　3. 经文曲、合唱曲、歌曲
4. 管风琴作品　5. 钢琴及抱琴（Laute）作品　6. 室内乐作品　7. 管弦乐作品
8. 卡农、音乐的供奉、赋格的艺术

可是这些卷册并不是依照这样的分类次序逐年出版的，它将混合各类来出版。出版的期限预定为 15 年。

依靠国家的慷慨支持，就有可能定下非常低的价格，因此新的巴赫全集一卷只抵旧的巴赫全集一卷价格的五分之一。类似的情形也适用于新的亨德尔全集。这也是我们祖国东部和西部的亨德尔专家的良好合作的结果。不言而喻，外国有名望的学者也参与了这个计划。可惜的是，到现在为止还不能达到有苏联和人民民主国家的音乐学家参加工作的目的。我们希望，在这里提出这几行文字会有助于尽可能快地弥补这个显著的缺陷。这两部全集的编印委员会愿请各位专长的同业参加这一个意义重大的计划。

佐治·弗里德里希·亨德尔作品的出版，由于所需要的工作规模巨大和在资料搜集上有困难，还不能采取像新的巴赫全集一样有系统的方式。因此编印委员会决定，首先印行那些对音乐实践最迫切需要的以及那些目前已能从事来源考订的亨德尔作品。

我相信，读者对最伟大的德国音乐家的两位的全集的出版消息是乐于知道的。

莱比锡的德国音乐出版社（德意志民主共和国）和卡塞尔的贝伦莱特出版社（西德）这样划分推广的范围：前者取得对苏联和人民民主国家的发行权利，后者则对资本主义的各国。德意志民主共和国参加这种出版工作的全体同业坚决相信，在这些全集的推广过程中将要表明，在和平各国里面，文化的爱护和文化的需要都是更强的。在巴赫和亨德尔新的全集里面的作品的爱护和流传上也将会证明这一事实。

原载《人民音乐》1955 年第 1 期

歌唱幸福生活的歌曲

（民主德国特稿）

汉斯·瑙米尔卡特[①]

    德国的青年歌曲和德国的群众歌曲的发展，是德意志民主共和国的作曲家以自豪的心情来完成的。我们国家在社会上、政治上和经济上的发展的在艺术上的真实的反映已经成为一种力量，要想到我们今天的生活就不能不想到它。

    法西斯蒂，包括他们的先辈和铺路的人，把德意志人民变成了一族"没有音乐性能"的人民。历史地形成的德国民歌从德国人意识中远远走开，代替它的地位的是许多短命的、或多或少地美国化了的流行歌曲。如果还有歌唱的话，那么，歌唱也已经退化为毛糙的吼叫。要描写我们国内对付这一份倒霉的遗产所采用的各种各样的手段和方法，这里不是适当的地方，可是无论如何，有明确的责任感的音乐教育家认为那已经开始了的普通学校的音乐课的扩充，人民音乐学校的加强、增加和组织的统一，工厂里面的音乐教育以及歌舞团是我们工作的第一步，而这一步所已经取得的成绩是应该使我们对前途有一个乐观的估计。

    德国的群众歌曲在这里起了重大的作用，而且不管学校音乐也好，工厂的音乐工作也好，许多大大小小的工厂文工团也好，没有德意志民主共和国当代作曲家这种新的抒情的、舞蹈性的、宣传性的、鼓动性的歌曲是不能想象的。现在已经可以明显地看到。这种歌曲发展的两个时期。

    一开头，大家对那新的歌曲，例如保尔·德骚、爱伯哈尔德·施密特、库尔特·施威恩等人送上去的作品，并不是热烈地接受的。正如当时搬走被破坏的房屋的

---

    ①   作者为德国作曲家协会"青年音乐及学校音乐"委员会主席。

瓦砾一样，经过顽强的、坚韧的细致的斗争，人们心里的旧的思想垃圾才逐渐减少了。除此以外，这些新歌曲还给它的拥护者造成一些困难：这些歌曲作者主要是重复了"无产阶级文化派"、流行歌曲文化、为了国际的"工人音乐"的利益而否认德国的民歌传统，为一无所有的人故意提供原始音乐等的旧错误。他们承接魏玛共和国时代汉斯·艾斯勒或库尔特·施威恩的音乐上意义重大的创造，对歌唱的和乐于歌唱的劳动人民的合理要求注意的不够。我现在还清楚地记得战后头一批为器乐伴奏的合唱团和歌队写成的作品引出来的热火朝天的讨论。事情也当然不能有另一个样子：这些作品是从最诚恳的心底里写出来的，写的人又具备了广博的政治知识而且经历了最艰难的政治经验。它的风格纯真的，它的内容是正确的（那是长久以来不大习惯的东西），而且常常表现了作者的艺术本领。可是它们总是无例外地缺乏一样东西，缺乏了"德国的腔调"，它不是诉诸整个的人，也许它能说服理智，可是说服不了那颗心。它的歌词内容是非常正确的，它提出号召：把垃圾和瓦砾搬走，建筑起新的房屋，建筑得更好，保卫和平，要富裕，要幸福！这每天都由当时苏战区的劳动人民在实行，那些思想虽然有过激烈的辩论，在某些地方还有过争执，但对人民来说却是了解的、熟悉的。

汉斯·艾斯勒的《新德国民歌》（依照约翰尼斯·罗·贝希尔的歌词）引起了这一发展的激烈的转变。它们在柏林第一届全德青年大会期间发表，立刻给在群众歌曲方面工作的作曲家指出了新的前进方向，也就是指向"德国的腔调"的方向（其中个别的表现形式后来才由恩斯特·赫·梅雅尔加以研究），指向大众化的、民歌式的曲调的方向。不错，在他之前已经有一些音乐工作者试图这样作（赫尔穆特·柯赫、安德烈·阿斯里耶尔、根特·柯汉、汉斯·瑙米尔卡特），可是艾斯特，那些天才地写出来的、使工人运动的朋友和敌人极度惊异的歌曲作者都能给当时那些成名的和还未成名的作曲家以至日益增多的业余作者们依上面这种意义来指点出努力的方向。如果有《新德国民歌》，那么在此以后发表的奥特玛尔·葛斯特、恩斯特·赫·梅雅尔、列奥·史丕斯，以及其他作者的歌曲，就都是不能想象的。此外，这些歌曲在艺术价值上、在形象塑造上、特别是在努力追求大众化的程度上都是各不相同的。可是这类歌曲的有些作品是贯彻了它的意图的（《德意志祖国，赞美你》《德国，我的悲哀》《古老的曲子》）今天仍然可以在我们青年文工团的节目单上听到。可是，立刻受到听众和歌唱家的热烈欢迎，立刻在和平阵营的各国传唱开来，而且通过德国两部分的聚会、通过在柏林举行的第二届联欢节也和西德的以及其他资本主义国家的青年工人结识了的，换句话说，得到世界性的胜利的，却是

"在公路上，在铁道上"，也就是《蓝旗歌》。

我个人认为这首到处闻名的歌曲根本上是一首青年歌曲，也是伟大的、难以达到的范例，是旧与新的，传统的与现代的，曲调上与和声上的运用的恰到好处。

由于我们的许多歌曲的确还没有反映出那种无疑是存在着的对新的可能性的强烈的追求和作曲艺术更大的探索，我也就不得不承认他们的指责而且相信，我们对于这种意见是不应该一摆手了事的。关于我国人民性命攸关的问题——其中之一是最广义的德国人民艺术的问题——的全德会议将会促进德国群众歌曲的新的繁荣。我们是富裕的：我们占有我们社会主义的现代的许多财富，也是我们在现代民歌领域内能够供给我们德国兄弟的东西：内容、气魄、多样性、色彩和节奏。我们愿意而且感激地给我们的财富加上一些我们还未占有但是我们祖国西部的德国作曲家能够供给我们的东西：一切乐器最美的也是最复杂的、人类的嗓音的知识以及这种知识在歌曲创作领域上的运用。被有些专家称为"停滞"的新群众歌曲创作的创造性的休息，将会由一次新的，更大的高涨来补偿。关于幸福生活的歌曲，新的德意志民歌将比目前更能够打动人心，将以更大规模成为民族的财产，将在为德国共同的、和平的、幸福的将来的斗争中尽它自己的一份力量帮助德国人取得更高的成就。没有人这样问，问这一支曲调或那一支曲调的作者是住在什么地方的，谁也不会为某些曲调、某些乐谱加注脚。由德国两部分的作曲家创作的新的德意志民歌将会在和平世界的爱好和平的人民中间找到了知音。

原载《人民音乐》1956 年第 5 期

歌声洋溢在勃莱腾菲尔德

〔民主德国〕 维尔纳·萨尔霍夫

近年来在老马尔克各个乡村里没有一个村庄曾经像勃莱腾菲尔德这样，接待过那么多的访问者了。

前不久人们发现了勃莱腾菲尔德的歌舞团，一个劳动农民自己组成的迷人的艺术队伍，它好像在一个僻静环境中开放的一朵神奇的花，光彩夺目。如果你头一次来亲眼看到他们表演，你会忘情地欢呼起来的。在舞蹈队里纵情地跳着的是服装鲜艳的小伙子和姑娘们，合唱队里则是眼光严肃的，老成的男人和妇人，而乐队里的，又差不多都是些孩子们。大家都那样自然地、一点也不做作地、献出自己知道的一切——一种道地的民间艺术。

歌舞团是乡村教师莱恩哈德调到村里来之后成立起来的，这已经有五个年头了。莱恩哈德原来是在附近的城镇里领导一所比较大的学校，但是他自愿地要求人家把他派到这个小乡村里来。他在这里发现了姑娘们一口传一口地唱着的歌子。他向她们建议：她们不妨到学校里去一道唱，他很愿意帮她们的忙。这就是当初，五年以前的开头。

莱恩哈德老师也许真是一位捕鼠人①，当他陪着我横穿过这个乡村的时候，我这样想。他和这里的每个人都建立了亲密的友谊。他向一个坐在肥料车上面的合作社妇女熟悉地打了个招呼，随即郑重地告诉我，叫我注意她穿着工作裤和长筒靴的那付神气。接着，一个瘦长的青年骑在马上从我们面前踱着。老师告诉我，他叫阿迪，舞蹈队的成员。我们来到了机器拖拉机站，实际上这不过是一个停车场。这

---

① 捕老鼠人是一个传奇性的魔术师，他吹着他的长笛把老鼠从哈米恩逗到威塞河里去。后来，因为那里的人骗了他，不给他报酬，他又把他们小孩子拐走，以这个故事为根据，捕鼠人成为善于逗引人的通称。

里整个分队都参加了歌舞团。分队长，瘦长，强壮，唱男低音。我们这一趟是很耽误时间的；因为我们沿路都要停下来和人们打招呼。算起来全乡包括婴儿在内有300来人，积极参加歌舞团活动的就有72人，那就说差不多我们碰到的每一个人都是属于歌舞团的了。然而我们还得赶快去向老奶奶维塞尔问好，莱恩哈德是从她那里采访出最美丽的歌曲和诗句，然后把它记下来或者编成乐谱的。

我们还看到了那套乡村广播设备，这套设备，是他们用提前完成供应计划所得到的奖金购置的。他们不仅会唱歌和舞蹈，他们也是优秀的农业生产工作者，而歌舞团在这里是把全乡各色各样的人连结起来的一个无形的纽带。

铁匠弗略格尔是一个高大的、严肃的人，他老爱用他的眼角向四方瞄来瞄去。"他是一个怪物"，老师在我的耳朵边轻声说。他的儿子正在给一匹马打蹄铁。爸爸和妈妈弗略格尔都是古老舞蹈的内行的好手。他们不知疲倦地在锻冶场的满地煤灰的水泥地上面跳给大家看，老师和他年轻的朋友蹲在地上，研究了那些步法并把他们记下来。

这里是维塞尔一家人，每逢歌舞团要登台表演的时候，他们就让那个小兄弟去代管庄稼；因为爸爸和妈妈在合唱团里，那个美丽的褐色头发的姊姊又是最好的舞蹈演员之一。当然，歌舞团踏上征途的时候，别的人家总都来帮忙。那一次歌舞团在西德12天的旅行演出正碰上收获时期，可是家里一切都进行得井井有条。

在一个质朴的客店大厅里，对着一个装有旧铅皮布景的小舞台，我们斜坐在一张东倒西歪的花园椅上，我观看了歌舞团的每周一次的总排练。这个迷人的艺术团的全部秘密终于在我面前揭晓了。他们在那里，那不过是一群热爱自己生活和生活中的美的人们，在同伴们的快乐的感染之下真实地表演他们自身、他们自己的生活。一群老妇女，表面看来似乎是懒洋洋地蹲在火炉的周围，然而她们都是最严厉的评判者，她们尖锐地提出她们的意见。

现在到了唱出乡村的快乐的歌曲的时候了。是一首在演唱时挤眉弄眼，幽默得使人不能忘怀的新歌。伴奏音乐的节奏暗示出那个情郎的心急的敲门，他无论如何要想出办法来秘密地溜进他岳父的住宅。姑娘们带着嘻嘻的笑声给他指点道路。这真是本色的，茁壮的民间艺术。

莱恩哈德总是在他们中间，不动声色的，简明的指点着。他向他的朋友们解释的只是那些他们已经知道的东西。他很快地校准一件乐器，亲自按其手风琴，他的指挥很经济，没有夸耀，他改正一个舞步或者一个唱音。究竟这个队伍是怎样亲密地团结在他的周围，那从一首唱得很甜的牧歌上得到了说明。这是由他自己根据古老的片段编成的，这首曲子在最后发展成为光明的、规模巨大的颂歌，唱到"兄弟们，现在手是握紧在一起了"的时候，那是多么强烈有力啊。

我们再也分别不出来：业余和专业区分的尺寸究竟在那里了，事实上正是这样，凡是真正的人民性得到承认的地方，那里就必然会产生高贵的艺术。可是他们仍然保持谦虚。不论什么，不论是两年前全州决赛的伟大的胜利，他们被评为全州最好的舞蹈团；不论是他们得到的奖金使他们能够购买新的服装，乐器；不论是他们在西德的那一次胜利的远征，在西德，群众要求他们唱一次德意志民主共和国的国歌，从而造成暴风雨般的动人的场面；—这一切都不能使他们骄傲自满。

这些人，这一切都是那么简单，这些人，他们做了他们每天的工作，他们体会到，空闲的时间不是用来东站一会，西站一会或是闲逛逛，也不是用来喝烧酒的，他们了解而且能够歌唱他们生活的美丽！

原载《人民音乐》1956 年第 8 期

音乐的历史——奏乐的历史

K. G. Fetlerer

我们翻一翻汗牛充栋的音乐史从福凯尔到我们现代，那么在分析音乐视察上会有一些意义的改变显现在我们面前。一会是历史传记的，一会是风格的占上风，一会是关于大师的个人风格的问题提出来凑在一起，一会又忙着特一时期和种类的风格的共通性。引人注意的是值得考究的音乐遗产多半是同一宗，我们拿来作个别的考究或综合的论列的就老是固定的一批作品和名家，据主观的估价是认为具有"音乐史的意义"的。

这种艺术的作品估价的狭隘化本身就具有一种非常主观的重量，因此不免达到音乐史的观点不合理的狭隘化。换句话说，使人达到艺术音乐。与民众音乐的根本区别，这不独在分界上不时陷于偏见与勉强，而且这两类内在的关联亦不能够显露出来。可是假如要造成一幅音乐生活的历史的时间图画，那么，光是指出某一种作品在当时带来新的质素而且在独特的范围内受到创新的，领导的及鼎革的估价是不够的，必须明白指示，实际上在民众的各方面。弹奏的是什么，而且弹奏得怎么样，不应该光是在受过专门教育的上层。这共通的音乐生活具有另一种动力与另一种速度，尤其是另一种估价标准，比起我们现在流行的音乐史的见解来是不同的。

19世纪独创的尖端引起风格演进的登台的破题儿第一遭，可是同时刻画出一时代的真实奏乐的画面。我们不妨说贝多芬时代。他的作品究竟有多少部是真正在他生前接近广大的群众？不是有普赖耶尔、万哈尔、吴尔夫尔、许太贝尔特及张三李四，在当时占有巨大的出版数量，把持了演奏节目，在家中，在公共场所都享受到比贝多芬不同的声名，贝多芬的意义不过由少数人认识吗？许密德曾经把贝多芬面相的变迁指示给我们，它一纪到一纪一代到一代，可是也从一族到一族，一处到一处都曾被解释为各不相同。我们试看同时的批评，那么我们便得到不同价值的相同

211

的面相。

只要一位特殊的名师的作品受到考察，解释的歧异立刻发生，假如你要接近一群观点不同的音乐的解释，那么，在这一批人中间，因为要钻研固定的作品而且要试行分析歧异就越发加甚了。不管是另一支民族的根源或是一种假定的联结社会学的音乐理想，不管各色各样的奏乐体裁和目的决定性造成同时同地的音乐生活的差异，它终究有权利被认识而且被估价，虽然对于后来风格的进展也许没有什么意义。只有这样才会在时间界限和地域界限上展开一幅真正的奏乐画面。

不错，这一类参考材料的源泉大多数是难于达到而且大部分是已经丧失。因为的确是有活气的，大都没有记录下。可是关于这种音乐生活会取另一种形式得到保存，并不如我们一瞥眼时所料想的零落。语言，尤其是方言的变迁，正如同绘画文献一样灵活地指示出音乐的练习，音乐的遗物反为是办不到的。风习，奏乐及某种奏乐体裁的根源有时会——正确的估计——比死手稿更能够在过去世纪的音乐解释上供给比较深入的眼光。民歌因为具有外形的复杂的特色对于我们今日是人种方面，血统方面以及民族方面都是自然的音乐的表现的最有力的支持者。

但是我们应该明白，民歌的定义已经划入狭隘的范围，所以民歌仅仅是触及本问题的表现的支持者的一片段。民众音乐这就广泛得多了。从中古的守望呼声到大学生的吹哨，从礼拜乐器到儿童玩具，从祭吊的号啕到挽歌中间有一段悠长的进展而且跟音乐的基本部位始终有一种一联，这不仅是跟艺术音乐偶然的接触（民歌的主题等等）时是休戚相关，而且具有本身价值。我们现在的人种民族观点正好就历史上及现代的奏乐的特色认识民俗的及它艺术表现的本质，这是有最重大的意义的。民众音乐及音乐生活应该就这字面的最广义在它历史上及现代的意义予以探究，希望可以刻画出一幅过去及现代的音乐在生活上的肖像，尤其是希望可以指出在不同种族的民间音乐具有什么意义与地位。莫薛尔在他《发乐的民间古风》一书中所发出的开步走应该有后援上去，使它在民俗学上也是在音乐史上因此得到这一类的论断的衔接。

在评传式的音乐史研究方面有人反复证明，独特的大师能够认识这个或那个同时的或崭新艺术形式或表现方法而且它给他种种鼓励。可是有时不免发生假设的出轨，有如这类问题，什么音乐手段，什么乐器供给独特的大师支配。一位艺术家对于各种艺术趋向的态度固然重要，图书馆及乐器作为他精神的受用与发展的泉源固然是有重大的意义，然而起码有同等重大的意义却是对于在他周围的，他跟它而且在它中间长大的音乐的认识。我们试考核我们音乐的传记，我们便明白，对于这样的课题是很少受到重视的，而它在创作的了解上及一位大师的艺术进展上却都会贡献了很多有价值的智识。文学史及艺术史，尤其是前者，因为奈德勒根据种族及地域的垦荒的观察方法，在有些启示方面是比音乐史进步了。跟民俗学及一般的文化史的联结将给音乐史开辟重要的地面和观点，必须经过深入的工作才会得到解释。

我们音乐史的考察，以音乐作品的考察居多，尤其是极顶作品。直到比较新近的时代才有人同时留心到小家，而这方面论到时代和地域的风格的标识比起艺术的巨头来是显示得更为明澈的。但是观察高峰与深谷时很容易忽略了平地的观察，然而峰峦却是由平地发展上去的，尤其是内部的基础，它正等于高山和平地没有它山岭是无从突兀来的。

真正的音乐生活，一个时代的奏乐及它与生活的联系比较某一社会阶层的奏乐范围更广大。弹奏钢琴的"高等仕女"直到我们现在在音乐生活中占有不能小觑的百分比。假如有人估量她的音乐财产只着眼假克拉墨尔练习曲到朔旁旋转舞曲，撇开那些流行的油腔滑调之类，那么，要宣告这范围内真正的音乐财产便会得到错误的形相。这是一件实事，历史家考察过去的奏乐情形时应该顾到的实事，假如他愿意深入一个时代的音乐生活并从这了解赢得艺术的个别现象的话，一个时代和环境在它全部显示方式中的奏乐的认识也为天才问题，同时也就是区域文化史的奠基给民俗学及种族学供应极有价值的材料。

奏乐的历史大大超出登台表演的历史，它的问题值得更有力地收入音乐史家的视野从而丰富了音乐考察的成果。

原载《音乐月刊》第一卷第 1 号 1937 年 11 月

新音乐的世界观照的基础

H. Uldall

在创造工作的静止中间常有关于音乐的意义和目的问题向艺术家提出。这种思索纠缠着每一个真正创作的人。似乎的两条路给那苦行的人展开：一条路是彻头彻尾遵守那原则"为艺术而艺术"，另外一条则倾向于一种音乐在相当程度上适应听众的领略能力。说到第一条路时，信徒们说，它是为纯粹艺术，就是音乐本身服务。他们看见别一种也许更单纯的音乐，不免带有相当的轻视，因为它不否认，它的本分第一是说向一般人，他们叫它"目的音乐"，那是不愿意明了真相，原来他们自己也隶属于一个目的：音乐作为自我目的。假如我们抛开手法的技能不论，试来把一方面是音乐作为自我目的（为艺术而艺术的音乐）另一方面是所谓目的音乐两者较量一下，那么，一个人便不免怀疑，那一种音乐比较具有更大的德行的价值。结果两边都宣传它的特殊立意，它的特殊目的，因此永远不能超过时间，这个该不是艺术的最后的意义，不能给予有思想的人以满足。那么一定还会有第三种可能性。

那是什么道理呢，我们的大师不朽的作品不独在技巧方面对于"出类拔萃"的人士是一件艺术品而且打动了一切有心领略的人，艺术家和爱美者？那是一点不固定的什么，它表面上不显露出来，然而是作品的灵魂的先决条件：一种理想！一种意识不到的理想，它不推动创造者，而且同时——不管是因确证，不管是因渴慕——在人心上居留，只要他有心听赏。这共通的理想是创造者与听赏者中间契合的条件。

我们不是曾经站在一幅中古的单纯绘画的面前受到深深的感动么？因为它给我们展开了特强的一种世界观照的确证——这种情形之下是一种宗教力。不是巴赫的每一部作品都是对他造物主的颂歌，贝多芬的每一个音符都是为他伟大的人类的理想服务，莫查尔特①的每一部作品都是祝福一切的乐艺女神的超凡的赞美么？

可是在最近一代的音乐演进中——从艺术品中自我的显明反映起到终于不顾一切但求独创的奇形怪相的欲望——那根据更高的思想而献身艺术的迫切感觉却是丧失了。这是物质时代；这时代再没有神明，虽然圣火有为它燃烧的可能。

我们大家都困在伟大的变动里面，我们的时代把捉住这场变动。前线战士那一代人有了世界大战的经验，这种经验为新认识开辟土地，于是乎成立新国家。我们的国家，不仅是表面的政治的组织，而且是同命运同患难的民族的灵魂。这种理想，在许多要点上跟中古时代的宗教理想相同，对于少年音乐家无形中将是他创作的基础。

现在怀疑派再不能发问，音乐能不能够接受国家的服役，而不致损害了艺术价值；因为在这基础上面因为国家理想从内部达到音乐的成果，跟艺术和时代精神的混合并不是混在一起，至于这种混合不妨说是取标题音乐（Programmusik）的形式为一种决定的世界观作宣传！

少年艺术家再不是为一种群众写作，他为他的民众创作！根据这种意义在音乐大学里面应该加入这种教育。这种达到完满价值的人，达到好国民，达到人的成熟的教育是技术家之外达到真正的艺人风度的先决条件。第一着在音乐学校里面，也应该提倡教育。教育养成人格。因为这样未来的少年艺术家，虽然他的神经系统仍然保持敏感，可是外表上却是改观了。从梦游的美术家身上可以变成一个十足的壮汉，从浪漫的世界陌生人身上变成一个武夫，他拿起长剑跟拿起竖琴一样具有好手法。

这世界观照的基础为艺术的创作，发生出来的效果是确定目的而且指示方向的，它领它走上健全的，实际的轨道，而且因为这固定的联系使创作的意志得到巨大的冲动。创作者可以说是感到脚下是坚实的地面，再不是含糊地悬在半空，他晓得他为谁而且为什么创作：只要艺术是贡献一种理想的服役，它永远会发生有成果的功效。理想决定作品的目的，目的主宰形式！我们还在寻求新的形式来把握我们的时代精神，可是我们认识到，有一条路沟通着节日音乐及庆祝音乐，露天音乐及吹奏音乐，大众合唱，少年音乐及民众乐器的音乐，在这条路上少年音乐家可以向他的同胞发言。

这音乐的新扩充对于它历史的演进具有斩截的意义。关于乐调，和声，复音，

---

① 今译莫扎特。

调性和无调性主义的讨论，比起这个来是显得减少重要的意义了。风格的趋向作为价值的估定如"罗曼主义""新现实主义""新古典主义"或者甚至于"新精神主义"将不过是在一些落后的智识分子的区别中产生。为德意志音乐还有一种区别"好"或"坏"！

还有不容忽视的一点是因为今日的国家思想将有什么东西从这种音乐的世界观照的培植发展出来。我们还站在起点。在我们面前是一片未经耕种的田地。过去一代的音乐家受了麻痹的感觉的苦楚，以为音乐是到了进展的尽头，走入了一条死胡同。我们今日却从这麻痹的感觉解放出来了。我们的课题是伟大的，我们可以抱着健康的乐观，瞭望着我们艺术的持续的进展。

原载《音乐月刊》第一卷第 2 号 1937 年 12 月

顾斯塔夫·马勒

——一位伟大音乐家又是伟大人物的画像

〔民主德国〕乔治·克涅普勒

40 年前，顾斯塔夫·马勒①卒于维也纳，得年 56 岁。

顾斯塔夫·马勒的作品在德国是流传得太不广了。而且，即使是刊行了那么多的书和文章，究竟他的创作对我们今天有什么意义，却还是没有恰当的重视，还是几乎没有正确的了解。虽然有许多同时代的人、朋友、学生、他自己的妻子收集了关于他生平的丰富的材料而且试图衡量他的作品的价值，可是如果我们想要了解顾斯塔夫·马勒，就必须对这位伟大人物和他的重要作品重新来一次估价。

他的作品，干脆地说，是分歧的、支离破碎的、充满了矛盾的。我们对它不能够像对其他伟大人物——幸福时代的儿子——的作品一样充满感情和幸福的心情来肯定它，不能够全面而且没有保留地来肯定它。可是如果我们学会如何认识与了解，懂得把伟大的和美的东西从混乱的、邪路的东西分开来，那么我们就会看到，它是配受我们的赞美和我们的喜爱的。

一

顾斯塔夫·马勒活在一个艰难的时代，对人们来说，要想保持心地的纯洁和对人类的爱而希望不卷进工人运动，那是困难的。他也活在一个艰难的国度，迅趋没落的奥匈帝国里，束缚在俾斯麦和威廉二世的战争政策上，本身却又对那驱赶到一个帝国之内来的许多民族进行压迫，这样，奥地利资产阶级就提供了一幅凄惨的图

---

① 今译古斯塔夫·马勒。

画，恩格斯曾经用如下的话刻画出它的特性：

"一种在强大发展中的，可是由于长期的高额保护关税造成了大部分还是使用落后生产力的工业（我所见的波希米亚的工厂设备给我们证明了这一点）；多数工业家本身——我指那些比较大的说——正如工业本身一样是同交易所一道畸形生长的；城市里面是一帮政治上漠不关心，生活上倾向享乐的庸人，他们首先只想到他们的安静和享乐；乡村里面是迅速的负债造成小土地占有的各个吞并；作为真正的统治阶级是大地主，可是他们对他们的政治地位，即保证他们比较间接统治的地位，却是十分满足的，至于大资产阶级，数目不多的金融巨头因而也密切结合，着大工业，他们的政治势力的影响还间接得多，可是他们也是十分满足的；在占有阶级中间亦即是头中间，并没有把间接统治转变为直接的，立宪式的统治的愿望，至于小头则没有要求分享政治权力的认真的努力；结论是：冷淡和停滞，只有经由各种不同的贵族和资产阶级彼此之间的民族斗争和与匈牙利联盟的发展才能到把它破坏。"

工人阶级还未达到决定性地来影响祖国命运的程度，他们的领导人中间有些倾向已经渐渐显著，那就是放弃革命的工人政策，与统治阶级谋求妥协；奥匈帝国最重要的问题之一，即各被压迫民族的解放斗争，是奥地利社会民主党从不了解的。一言以蔽之——不管当时奥地利工人阶级所标志出来的组织上、政治上的成绩是多么大——他们的领导人中间已经显示出向机会主义的发展，这种机会主义就是注定了后来把奥地利社会民主党全盘摧毁掉的。资产阶级的知识分子，请注意，那是有点腐朽的——几乎全都是腐朽的——对奥地利这个国度还不知道事实是怎么一回事，就更谈不到怎样去改造它了。

顾斯塔夫·马勒是1890年7月7日在摩拉维亚的一个破落户家庭里出世的。他家里的人都是些渺小的人物（犹太商人）。他的祖母，一个串门小贩，有一次据说是触犯了小贩条例，要罚很大一笔款子。那位老大娘不服。她徒步赶去维也纳，要向皇帝亲自提出她反对罚款的控诉。这类顽强性总伴随着奥匈帝国那些摩拉维亚、波希米亚、加里齐亚小城犹太区的多数小贩和商人。他们需要这个，他们要求从他们生活的狭隘、龌龊和无知解放出来。这一类顽强性，转为天才，也伴随着顾斯塔夫·马勒。

马勒是在伊格劳上的文科中学，15岁他到了维也纳，三年之后他得了奖，离开了乐友社的音乐院。他的中学课程是随时跟私人补习的，以便交得出伊格劳的中学毕业试卷。接着这个青年便在维也纳大学听各种讲座而写下了他早期的曲谱。我们不知道那是什么东西，他后来把它们全部毁掉了。

他20岁接到了设在巴德·霍尔地方的一家小戏院的第一次聘约做乐队指挥，同时写了他第一首认为值得保存的曲谱《哀歌》。接着又是一些奥国省区小戏院的聘约和他初期一些歌曲的曲谱。24岁，他写了《一个漫游少年的组歌》，自己写的歌词。第二年他打下了他的第一交响曲的草稿。1885年他做了布拉格的乐队第二指挥，一年之后他到了莱比锡，职务同前。过了两年，他就做了布达佩斯歌剧院监督，在那里住了三年之久。这一段时间里他完成了他的第一交响曲和一批歌曲，歌词是从《男童的神奇号角》选出来的。1891到1896年是作为汉堡市立戏院的首席音乐队指挥度过的，就在这一段时间他建立了他那特殊的工作方式，这是由于他那无比的坚韧产生的：一年到头处理戏院监督和乐队指挥的业务，只有暑假才变为一个作曲家，而作曲家却是他的本业。他这样足足了坚持了15年。在他汉堡工作的那些休假时间他总是在奥地利的老家度过的，同时产生了第二和第三交响曲。

1897年发生了一件几乎不能置信的事：不管政府和国家机关是怎样布满了反动派，各种各式的黑暗人物，反犹太的狂徒和进步的敌人，不管马勒怎样受到了仇视，造谣诬蔑，而且受到了肮脏的反犹太的煽惑传单的袭击，他却仍然被任为维也纳皇家歌剧院的监督而且任职到十年之久。爱好音乐的群众，其中进步的知识分子起了极大作用的群众的喜爱、崇拜和赞扬酬答了他的工作。他的成功不仅使维也纳歌剧院达到了在他以前没有达到过，在他以后也还没有再达到过的艺术上的成就，而且帮剧院赚了一笔钱。

第四、第五、第六、第七和第八交响乐再加上一大批的歌曲都是他在维也纳任监督和乐队指挥的工作期间产生的。他以积极的作曲活动度过他仅有的几个星期的休假。在冬季几个月，他就趁他戏院活动可以偷空的短促的清晨为他夏天产生的作品加工和配器。

马勒的结婚也是在维也纳时期。一个42岁的人和一个从维也纳艺术家庭出来的年轻得多的少女恋爱了而且结了婚。结婚之后生了两个女孩子，其中之一是5岁的时候夭折了。马勒始终没有从这一场损失的惨痛恢复过来。

1907年马勒从歌剧院监督的职务引退的时候，一方面也许是有一定程度的轻松之感，同时却也充满了失望的怨苦。他虽然并没有放弃他在维也纳的住宅，——"可惜我始终是一个渝肌涘髓的维也纳人"，他那个时候这样写——而且继续在他那亲切的维也纳的名山中消磨了每一个夏天，可是他还在生活的剩余的五年间他却把他的工作地区和经济来源转到北美合众国去了。他以名人的身份出现，得到了神话一样的报酬和顺利的工作条件，赞美者和朋友都不缺少。马勒说服他自己，说他是满足的……

由于越出凡人的工作负担他害了心脏病，心脏病过早地夺去了他的生命。51 岁的时候，他就在他还乡的第四次休假旅行期间卒于维也纳，时间是 1911 年 5 月 18 日。

二

马勒怎样看这个世界？在他那无休无止地活动着的头脑里面，在他那博大的、爱着的、苦恼着的心胸里面反映了什么？是什么东西推动他、差遣他不知疲倦地写作？

马勒爱世界，爱自然，爱人类。自然的美丽反复勾引他去赞美它，新的人和新的遇合反复引起他的憧憬。从骨子里说，他是一个道地的乐观主义者。可是他不能够毫无挂碍地献身给他的乐观主义、他对人类的爱和自然的爱。世界上是太多的痛苦、太多的残酷。他经常引述陀斯妥耶夫斯基的名言："当大地上、还有一个生灵在受苦的时候，你怎样能够幸福呢？"

他的学生和朋友勃鲁诺·瓦尔特报道过一件事情，这件事情在马勒的世界图画上投下了一道强烈的光芒：

"如果我没有记错，那就是马勒去年享受到的夏天，一桩恐怖得出奇的事故凄惨地影响到他的心境。他告诉我，他在托比亚科他的作曲室里面正在工作的时候，忽然听见一阵无法形容的声响因而大吃一惊；接着便有一样'灰黑得可怕的'东西从窗口冲进来，他毛骨悚然地一跳，对面看见一只老鹰，用他那怪异的气氛填塞了整个小屋子。恐怖的遭遇很快就结束，老鹰狂风暴雨一般飞进来，也狂风暴雨一般飞走了。当马勒惊恐过后喘不过气地坐下来的时候，一只乌鸦从沙发底下爬了出来又飞了出去；原来音乐的沉思的平静的工作场变成了战场，在这战场上面进行了'谁也不饶谁'的无数斗争中的一场斗争。在马勒的叙述中还颤抖着那对自然界残酷的那么直接的示威的恐怖的余波，从此以后这就成为他深刻的人间苦痛的根由之一，而且似乎有意给他震动的灵魂重新猛烈地引起回忆。"

不言而喻，这里面远不止是反映一种对自然的偶然的、个人的理解。对 19 世纪末期那些温情的、眷念人类的艺术家来说，正是一件典型的事例，他们从自然界所观察到的残酷，也使他们好像看到了社会里面人类共同生活的规律。因此在他们眼中自然界也同时是社会的反映——或者反过来说，社会是自然的反映。在他们心目中，残酷就是"生活的"规律。而且一点不假，在奥匈帝国时代一个资产阶级艺术家探索的眼光前面是提不出多少可喜的事物的。贫穷和无知就是顾斯塔夫·马勒作为早年的生活经验一起带到路上来的。因此他的眼光一辈子保持着锐利和清明。奥匈帝国和威廉德国的——而这一圈子里演出了他工作的重要的一部分——戏院、音乐会和艺术企业的世界从来没有使他感到满足，从来没有使他得到一幅人与人之间的关系的友好的图画。小器、妒忌、同事与上级的阴谋诡计，对伟大的艺术作品的理解和表现拉扯成为"传统"的"粗率"，广大的群众方面对最伟大的杰作也恰好是浅薄的、表面的了解，这就是他的生活经验。

对这个世界的大人物他是不大当他一回事的。他在他维也纳监督活动的十年间为了他艺术工作的精纯和廉洁曾经对皇帝和皇室官吏进行了一番大丈夫气概的小战斗。例如有一次那个皇帝要把一个没有天才的女歌手（他从前的情妇之一）硬向他推荐的时候，他拒绝让她出台，除非是在戏目单上加注："遵从最高的命令"。（皇帝只好作罢。）这一类的事情在马勒生平是有过不少次的。

什么地方有纯洁和人类之爱？谁还有对比较崇高的事物的兴趣，对比较深刻的关系的理解？什么地方有不仅限于追求浅薄的成绩，追求金钱，追求廉价的成绩的人？根据当时资产阶级艺术家的直接的生活经验，这一类人只是寥寥无几的。一两个朋友，或许他本身就是艺术家或学者——这在当时是社会圈外的人物——在他们身上你才可以找到知音，同他们一起在宝贵的时刻你才可以证实灵魂的共鸣。

我们假定马勒和少数其他精选的人物碰头的世界究竟是什么样的世界呢？根深蒂固的一点是对物质环境的轻蔑、否定。在他们心目中，最不值得注意的是"现象世界"中演进的事物。重要的、决定性的、唯一有价值的是只有精神的事物，而对这些精神的事物无疑是只有少数人才有缘分。这一类思想，用各种不同的图画装扮起来，还加上各种不同的附件，对当时资产阶级知识分子的理解来说是非常具有特性的。在这样一种思想骨架之内艺术就给指定一个特殊的地位。它是"道地的"，干脆就是"主要的"。艺术是注定了要越过生活的庸俗性的，因为他是从另一个世界产生的，唯一能够做到的是使一些少数人转移到这另一个世界中去。这种只有少数人能够乘着这种见解的艺术的翅膀飞到一个更好的世界去的事实，因而艺术只能够成为贵族式的艺术的事实——看起来是毫无惊人之处的，它毋宁是证实了这种理解的正确性。

这样的一种精神位置是欧洲各国 19 世纪末期的许多艺术家把守着的。他们对世界的残酷的抗议是消极的抗议，他们的药方是放弃小圈子之外的一切。从这种态度里面我们看到了形式主义的最深的根源。

如果顾斯塔夫·马勒有意识地去形成他的世界观——他在他写给朋友和他的妻子的书信里面常常这样做——那么，他并没有越出这种观察的范围。在他心目中日常生活也是庸俗的、不重要的、一点也不说明什么的；至于他和他们打交道的绝大多数的人们则是浅薄的、胡闹的、平凡的。"离群索居"、"独得真吾"——，这就是从日常生活脱出来的东西。一个人必须生长起来，越过这一点生长起来，以使找到通往上帝的一条路。至于上帝呢，对马勒来说那就是爱情。他，怕见人——又被无数的人包围着——孤独地生活着，在他心灵的寂寞中间找寻对人的联系。一个人越是"独得真吾"，他就能够在"爱"中间与别人联系得更加亲密。

要是马勒停留在这一种态度上面，他就不可能成为他所成为的那种伟大的音乐家。正当马勒又受苦、又斗争、又作曲的时候，有一种力量已经着手结束使他受苦受难世界的残酷的工作，而这种比他所能做的更有效果的、生来领导为爱与和平而斗争的力量就是，工人阶级。在马勒的世界观里面，残酷和个别的人达到与人类的友爱的内心的道路是作为"永恒的"范畴而定型的。他的想法是，世界始终是这样的，至于各个时代的一切伟大的灵魄共同的东西，那就是内在化的爱跟上帝的结合，对他来说，这就意味着与人类的兄弟般的结合。只要马勒依照这一类唯心主义的概念来思想，他就不可能越出他当时的资产阶级世界观的范围。如果说，他的想象是决定于历史条件，那为他的理想的斗争是在完全另一种战场来进行而不是在他总谱的篇页上面；一句话，无产阶级的阶级斗争将要确立一种社会制度，在这一种社会制度里面他那关于爱和兄弟友谊的理想才能得到实现——，马勒是缺乏轮廓清楚的认识的。

事实不曾给我们提出马勒与当时奥国社会民主党的关系的证明。例如他对维克多·阿德勒[①]的人格有什么反应，据我所知，是并不了然的。如果奥国工人阶级当时的领袖的对世界的看法上的动摇和模糊的政策没有给他留下什么印象，那似乎也不足为奇。至于说到列宁和高尔基所进行的意义重大的意识形态和美学的辩论（那是当马勒在日发生的）在奥国社会民主党的圈子里面是不可能想象的。关于艺术的思想和形式、艺术与工人阶级之间的关系。工人阶级与那似乎无从实现的理想之间的关系的讨论——对马勒来说，他的思想的这一类的启发也是没有份的。

---

① 维克多·阿德勒（1852—1918），奥国社会民主党的领袖之一。

至于他不能确知这些道理，却能预感到它们的这种联系，这就是他心胸的博大、使他显得出类拔萃的天才的本能的标志。在维也纳当新旧世纪交替的时期，像马勒所做的那样，从舞台工作者的社会需要着眼，对一个帝国宫廷歌剧院监督来说，并不是不言自明的事情。马勒夫人在她的回忆录中所报道的1905年发生的一桩事情给我们揭示了马勒气质的一面，在了解他的伟大和他的作品上是不可缺少的。这段报道——由于漠斯·费茨纳坚持他的反动偏见与马勒的态度对照，这段报道就越发富有启示性——抄录如下：

"顺便提一提，他（费茨纳）是激动的，恶意的激动。他是——5月1日——在环城马路碰到了工人队伍，充满了对'贫民'面孔的愤怒，他急忙转入一条横巷，回到他屋子里他还在感到追踪的威胁。不一会，马勒来了。他于是混合着幽默和厌恶在真正的光辉照耀中看到了费茨纳的逃走。可是他一点不在乎。他是太幸福了。他是在环城马路上碰到了工人队伍的，他还随同游行队伍走了一段时间——大家都是那么兄弟般地望着他——。这就正是他的兄弟！这些人就是未来！"

三

即使马勒的作品没有一行留下来，我们也会知道他是一个伟大的人物，他从音乐上看到了他理想的实现，看到了人类的人道主义传统的伟大的遗产。他劳动力的大部分是用在过去和当代的杰出作品的卓越的演出上的。他对管乐和关于他的演出的报道是有异常的启发意义的。

马勒从事音乐活动的时候，他感觉得自己好比是一个传道者。他需要传达一种极度急迫的使命，要讲说一点神圣的东西。他爱慕的杰作——莫差特、贝多芬、瓦格纳在他心目中是最崇高的，可是在名声比较小一点的作家身上他也有他的宠爱和发现——就是世界上最重要的东西。他不能容忍伟大的杰作受到艺术企业的草率、地方戏院的小器，平庸的只为混饭吃的音乐家的冷淡的待遇。他经常反复问他自己，他的职业是不是富有意义，他经常反复用一种想法安慰他自己，"谁知道，什么地方落下了种子！"

他同时代的人说过，马勒演出伟大的艺术作品（不管他是在钢琴上演奏还是指挥）总是给人忘不了的印象。他对音乐的艺术作品的内容能够汲取得那么深，表现得那么清楚，好像你从前根本没有听到过一样，尤其是他的歌剧演出显示出无可形容的力量。

同时代人的描写如果是可信的话——尤其是勃鲁诺·瓦尔特，那位出色的指挥，曾经以亲切的语句表现出马勒的工作方式——那么，马勒的秘密是在于，他对他所演出的艺术作品是同时从两方面去挨近的。一方面是乐谱字句的极细致的考究。没有一个音符和一个附点，没有一个休止符和一个表情符号是不重要的；这一切都是大师们关于他们的思想、感情的了解的指示。可是具有决定性的意义的，却是它究竟有什么话要说。在马勒看来，音乐表演的准确并不是为准确而准确，而是汲取人性内容的前提。勃鲁诺·瓦尔特写道：

"作为指挥的决定性的特点和力量，我愿意指出……心的温暖，这种温暖给予他的传达以人格的表达的深入人心的力量，它使人忘掉研究的一切周密性，他教育工作的一切痕迹，也忘掉实行中的一切绝技和美满。"

四

细心的读者也许会在马勒对世界和艺术的理解的说明中发现出一种矛盾。马勒本人常常使人觉得，他的艺术只是他自我向前发展的一种手段。他有一次写信给他的妻子说：

"现在你也许已预感到或者知道了，我是怎样对待人类的'作品'的。它们的确是飘忽不定的和死灭的；可是人类从自己身上造成的东西——由于不断的追求和生活所造成的，才是持久的。"

说到艺术作品"是人与人的了解的手段"的认识，（如穆索尔斯基曾经规定过的那样）对马勒的关于艺术作品的作用的理论来说是陌生的。可是马勒在这一点上却幸而不是始终如一的。我们已经引述了他的关于种子的思想，这种子就在不幸的情况之下也能够落到丰产的地面上的，而且，即使我们不知道有这一类偶然发出的论调，只就我们从他的音乐所了解的来说，那也是够清楚的，马勒注意到要给他的人类说些话。我们现在就挨近去看一看是什么话！

了解马勒作品的第一步应该是考察他的歌词的选材。各种不同来源的诗篇的曲谱在马勒的创作中是扮演着一个重要的角色的。现在我们就看一看，马勒使用的是一些什么字句。

马勒的第一部歌曲集（不算那些他认为不值得保存因而烧掉的曲谱）是《一个漫游少年的组歌》。那些字句是出自马勒本人的。因此越发有理由认为是他的世界观的直接表白。那是不幸的恋爱的歌曲，在那里面已经包含着那从自己的痛苦扩大到世界痛苦的"泛滥"。在那四首歌曲的第二首里面（《今天早上走过原野》），那个不幸的人向自然界寻求安慰。虽然自然界显得那么美而且充满希望，却还是安慰不了他：

也许现在我的幸福也要开始了吗？
不！不！我以为，
我身上永远，永远开不出花来！

"解决"是在最后一首歌曲——在睡眠中，在梦中。

……当时我就不知道，生命干什么——
一切，一切都得到补救！

这种思想的和感情的内容并不是新的。类似的内容高于 19 世纪已流行的货色。这个 24 岁的青年在这部作品上面所显示的典型的东西是那些重弹奏出来的音乐和词句的民间音调。

特别是爱情的表现，自然界的和平的表现和安慰的表现是不折不扣地保持了奥地利民歌的音乐语言的（见例 1）。

例 1

（歌词译文：今天早上走过原野，露珠还在草头上，大路上有一棵菩提树，树下睡一觉是休息第一遭！）

马勒在《一个漫游少年的组歌》里面已经为痛苦的、绝望的表现使用了不协和音的手段。在这部少年作品里面已经按照这个方式建立了对马勒来说是非常特别的音乐语言，那注定是来表现尖锐的对比的。对别的歌曲的考察还要引我们更加走前一步。

马勒 28 岁那一年专心致志地从事于阿尔尼姆和勃伦塔诺《男童的神奇号角》为名的古代德国民歌集。从集子里面 700 首诗里面他在几年里谱制了 24 首。看一看吸引他的是哪些内容，那倒是满有趣的。集子里面的民间故事诗、神话、传说材料和战争歌曲他全都放下不管。他所选的歌调约有半数是愉快或者悲哀的情歌，没有比较深刻的世界观的意义。另一半可就是显示非常确定的世界观的诗歌。这一类歌曲在集子里面是十分稀罕的。因此，马勒的选集就越过了一种简单的恋爱的悲哀的或快乐的经历的范围，那一类诗歌的内容在集子里面有了更大的百分比。事情很清楚，马勒是十分有意识地选择这一类歌词的。

这 12 首歌曲中间有 3 首是采取天真的民间的方式讲述人与上帝的和解的。这 3 首歌曲（《原始光》《我们享受天堂的快乐》《天使在歌唱》）全部被马勒用到他的交响乐里面去，因此在他的创作里面就赋予它们一种特殊的着重的地位。我们已经知道，马勒的宗教并不是从神学的意义上去理解的，对他来说，上帝是人类爱的象征。

其他歌词说得还要清楚。给兵役和战争打上野蛮和毁灭人类的烙印的歌曲不下5 首（《哨兵的夜歌》《漂亮的喇叭吹起来的地方》《起床号》《鼓手》《在萨尔斯堡碉楼上》）。其中印象最深刻的也许要算《起床号》。骷髅向"爱人房屋"行进的恐怖的幻象造成了对战争的可怕的控诉，而当马勒给他的士兵的爱情表白放在民歌的温暖的人性的曲调的基础之上的时候，就越发打动人心了。

因此，正如我们谈到《一个漫游少年的组歌》的时候已经指出来的一样，确定了在这一领域内的马勒式的风格要素：善与恶的尖锐对比。可是有一点区别。在那里仅仅是爱情与爱情的失望的对比：在这里却是战争和死亡毁坏了爱情同伴的友爱。马勒为此选择了尖锐的不协和音（见例 2）。

例 2

（歌词译文：大清早一把把骨头排成行，排成队，就好比是一行行、一列列的墓碑。）

那一首《地上的生活》给我们指示出类似的情形。在温暖的、简单的民间曲调里面显示出母亲对孩子的关系（见例3），对那个饥饿的、垂死的孩子则用了刺眼的颜色。那一阵陪伴着那放在尸架上的孩子的震动人心的场面的尖锐的叫喊不仅仅是对这一个孩子而是对那使孩子们饿死的社会制度的野蛮行为发出来的（见例4）。

例3

（歌词译文：等着吧，等着吧，亲爱的孩子！明天我们就赶快收割！）

例 4

（歌词译文：小孩子躺在尸架上！）

马勒曾经反复运用一种艺术手段，这种手段在音乐上是少有的，而他却就是善于以特殊的大匠手法去掌握它：反语。又有一首歌给我们对马勒的了解提供了最便捷的通道。《在帕都亚的圣安东的对鱼说教》里面他叙述道，虽然一番道德说教被"鱼儿"——马勒心目中的世界是充满了这一类"鱼儿"的——以极大的兴趣接受了，却并不因此对它们习惯的懒惰和偷窃的生活有最轻微的改变。马勒为表现他那反语——刻毒的批评选择了一段安逸的乡土曲调（见例 5）。

例 5

他所想望的反语的效果就从那一方面是音乐的安逸另一方面是包含在字句中的
尖刻的对比中产生出来。仅仅在少数地方马勒以锋利的刻画冲破了乡土风味，展开
了一种扭扯到奇形怪状的曲调进行（见例6）。

例 6

这一首歌曲，可是不带歌词，做了马勒的第二交响曲第三乐章的基础，这一乐
章自然也像歌曲一样有相同的表示。我们不妨仔细来看看这部第二交响曲，以便从
那一边深入地观察一下马勒的世界。

马勒一生曾经费过不少力气让听众了解他音乐的内容。他经常通过书信和谈话
作出说明、引言、暗示、解释的指点。马勒年纪越大，对于他的解释的误解、误会
的经历越多，他就越发对标题的解释起了根本的怀疑。他认为问题是在于越过直接
的因素，越过加工的素材，去说清楚音乐的实在的内容。我们就说那上面提到过的

第二交响曲第三乐章吧。素材是圣安东对鱼说教的故事，可是乐曲的内容却是对人类的卑劣的绝望。即使就歌曲说素材是关系重大的，马勒的幻想也直接由于素材的牵引，可是他认为重要的首先就是——尤其是对交响乐章来说——要使听众能够摆脱素材的影响，完全跟随内容——对世界的绝望——的进行。

在他那第二交响曲里面马勒志在表现他当时一个伟人的生活。在这段巨大的第一乐章里面（用马勒自己的话）"生活、战斗、苦难和愿望在这一严肃震撼到最深处的顷刻又一次"……"最后一次在我们精神的双眼之前掠过"。第二乐章是一段"对他的青春和丧失掉的天真的忧伤的回忆"。至于第三段呢——正是这一段整个音乐材料和"对鱼说教"的材料完全等同的乐章根据马勒的说法有如下的内容：

"不信的、否定的精神支配了他，他凝望着现象的纷纭庞杂，把只有爱才能给予的支持连同他的童心一起丧失掉：他对自己和上帝绝望了。世界和生命对他都是纷乱的魔怪；对一切存在和变化的嫌恶用铁拳揪住他，逼到他发出绝望的号眺。"

为什么马勒对标题式的说明那么不敢信赖，看了这段话该是够清楚的了吧。在这一点上他与他当时的"标题音乐家"，尤其与理查·史特劳斯有了尖锐的区别。史特劳斯碰到类似的情形一定满足于描写一下游鱼的密集和攒动、鱼尾的拨打之类了事。马勒的艺术却在这一类细节的自然主义的描写到了智穷才尽的时候才开始。

马勒在第二交响曲中的英雄的灵魂戏院还有怎样的发展呢？直接结合那第三乐章的是《原始光》的温暖的中音部：

> 童稚的信仰的动人的声音响在我们耳朵边。
> 我从上帝来，又想再找上帝去！
> 亲爱的上帝会给找一点光明，
> 照我走到永恒的幸福的生活！

最后的乐章带来了第一乐章的怀疑和绝望。末日审判出现了，至于"解脱"则由马勒以如下的说法描写出来——又是依照他自己的语句：

> 神圣的、天上的合唱轻轻地发声。
> 复活，是的，你要复活。于是显现出上帝的荣华！
> 一道神奇的、柔和的光辉照入了我们的心坎——一切都是静穆的、幸福的！
> 看啊：那不是审判——没有罪人，没有判官，没有伟人——也没有小人

——那不是惩罚也不是奖励！
一种至高无上的爱的感情用幸福的知识和存在照透了我们的内心。

我们不会忘记，马勒曾经反复指出过，那些宗教的主题描写、以及与天主教象征的说法的联系对他来说仅仅是爱、幸福、和平的一种隐喻。因此他克服了——这是他交响乐的内容——他的"世界苦"和他的绝望。

如果我们要逐一说明马勒的九部交响曲，哪怕是仅仅采取提示的方式，也会大大的突破阐述的范围。这里只能够说这么一句，那就是这些交响乐都是以类似这样浩大的内容做基础的。交响乐处理人类最深刻的问题的概念，是由马勒从贝多芬那里接受过来的。他的每一部交响曲都关系到人类存在的问题的一种深刻的辩论。

"我们音乐所演奏出来的到头来不过是整个的（也就是说感觉的、思想的、呼吸的、遭难的）人。"

我们从前已经说过，在他的世界观里面，在他有意识的去建立它的地方，他不能超越他的时代和他的阶级的唯心主义的世界形象的范围。可是我们也看到，他对工人阶级的态度，即使它思想上没有什么深厚的基础，却把他提高到这一世界形象的范围之上。

这一点也同样更强有力地适用于他的作品。特别富有特性的是他对他同时代人的音乐的意见。一方面他拒绝当时一般人——尤其是理查·史特劳斯——对于"标题音乐"的理解：用音乐手段去模仿表面的进行。说起理查·史特劳斯，他音乐的天禀和作曲的才能是不断得到马勒的赞叹的，他的肤浅和表面也不断引起他的嫌恶。史特劳斯对于素材的黏滞——我们今天要说他的自然主义——不能使他满足。马勒所着眼的是论述人类生活中更深刻的联系，——对他那比较年轻的同时代的人物泽姆林斯基尤其是阿诺尔德·玄堡的试验他不表示什么喜爱。虽然他着重表示赞同玄堡的发展；他确信青年是必须要有发挥才能的机会的。可是这一种音乐并不能使他满意。

如果是未来的音乐，那我还写交响乐干吗？

他问道。——他看见一个青年作曲家沉溺在印象主义的情调音乐里面，他写过如下的话：

情调音乐是一块危险的土地。您相信我吧：目前还是守着旧的好：主
题——清楚而且如画，使人不论在任何变换形式和向前发展的情况之下都认得
出它——然后是变化多端的而且首先是内在思想的逻辑的发展——另一部分则
是经由互相排比的主题的真正对立的处理。

这一般重要的说明是比作曲技术问题的意义大得多的。对马勒这里所提出来的
对立的、如画的主题的要求并不仅是从他自己的作曲技术出发而是从他的世界观出
发的。他坚守他音乐上的立场，他对一位受敬爱的朋友提出了他认为真实和良好的
意见。他参加进去，他为它奋斗。他的音乐是热情的号召，号召大家不要放弃对人
类向前发展的希望和战斗。

他针对他认为恶的东西树立起他的理想。就是恶的东西他也用同样的大匠手法
和同样的打动人心的力量来表现。

我们已经说到过，马勒是远没有达到他的时代的全部真实的认识的。当他在人
类的卑劣或命运的"残酷"中看出恶来的时候，我们是不可能跟随他走的。同样的
理由我们也不可能接受他与上帝一体的解决办法，即使我们把上帝限于理解为爱的
象征的时候也是如此。我们已经学习过，怎样更尖锐地去分析世界上各种坏事的根
源而且找到了克服这些怪事的更具体，更有希望的道路。可是马勒仍然说出了极为
重要的意见。

究竟马勒在世的时候资产阶级知识分子的观点有什么危险的地方呢？危险是在
于他们的怀疑态度。在这条道路上再多走几步，就会达到对世界的根本否定。这样
就一切都是"恶的"，这样就再没有希望，再没有和平，再没有爱。这样也就——
现在我们回到上面引述过的马勒的作曲技术的解说——用不着"对立的、如画的主
题"，也就达到了玄堡的作曲方式，在那里同样没有强烈的对比，没有斗争因而也
就完全谈不到胜利，因为他的作曲方式的丑恶歪曲的灰色加灰色正好符合他的世界
图画的悲观沮丧的灰色。从资产阶级的怀疑态度、从对客观现实的诬赖、从对在地
面上获得和平和幸福的可能性的否定出发，就产生了那一些马勒曾经那么尖锐、那
么清醒地拒绝了的形式主义的试验。他拒绝了它们，因为他拒绝了怀疑态度。

这样我们也必须了解他对民歌的关系。从他初期作品起一直到他的晚年作品他
始终引用他童年在摩拉维亚家乡听到的民谣、奥地利人民的乡土风味的和胸音头音
迅速轮换的歌谣以及德国民歌的朴素曲调。当然，问题并不仅仅在于马勒运用民间
音乐的曲调，对他特别显示出特性来的还在于他是如何运用。我们就暂且把这个问

题弄清楚一点吧。

我们可以在 19 世纪到马勒生前这一段时期十分清楚地从他们对民间音乐的关系去分别三帮作曲家。其中有一帮——为了开门见山，也是最重要的、最有意义的——是因为人民解放的斗争意义重大所以他们认为人民的音乐也意义重大。属于这一帮的首先就是 19 世纪的俄罗斯民族乐派，属于这一帮的是斯美塔那和德沃夏克，属于这一帮的是肖邦和威尔迪。这一帮作曲家的特色是，他们有意识地在他们人民解放斗争和他们音乐之间建立起一种联系。

如果缺乏这样一种有意义的联系，那么对民歌的关系也不会那么深刻。照近前一世纪末叶和 20 世纪初叶，当工人阶级走上了政治角力场的时候，资产阶级作曲家就很难，甚至于不可能找到他们的艺术与政治斗争之间的联系。可是他们可能预感到，如果他们脱离了民间音乐，这就会从他们的艺术剥掉力量和沃土。因此就产生了下面的对立的两派：

资产阶级的怀疑派也依据冷酷无情的逻辑发展到民间音乐的否定。可是谁愿意保持他对人类的信心，他就不能不忠实于民间音乐。这是一种艰难的、一种充满矛盾的课题。在 19 世纪末叶，在残酷的帝国主义的现实中间，那开朗的、朴素的、道地的、深刻的、加上痛苦和快乐的明显的对立的民歌似乎不那么轻易就可以找到立足之地了。因此在这一类大师的作品里面民歌便以悲剧的方式受到了糟蹋和损害，好比一个美丽的梦，使人几乎不敢去问津。

这样一种对民歌的复杂关系表现得富有特殊性格的就是约翰尼斯·勃拉姆斯的作品，再晚一代而且发展到更厉害的程度的就是顾斯塔夫·马勒的作品。

关于第三帮作曲家我们用不着在这种关系上多费唇舌，那是一些较后于马勒的同时人物，民歌是作为"材料"听候他的使唤的，民间文艺的特征只是当作有趣的调剂来使用。他们不论对人民还是对民间音乐都缺乏真正的联系。这样的一帮我们就指出斯特拉文斯基的初期作品。

我们已经知道，马勒是始终为了真正人类感情的温暖的表现才引用民歌曲调的。在这种技术里面包含着一种道地现实主义的因素，因为这是以一种认识为基础的，那就是因为这种感情是从人民产生的。民歌音调的伤害和歪曲马勒是用尖锐的不协和音和强烈的重音来表现的。正如我们先前已经指出来的一样，它所描写的是马勒认为恶的东西。有时候他来得非常接近现实，最接近的时候，就是他把战争和压迫与和平和幸福有意识地对立起来的时候。（除了已经提到的那些歌曲之外，读者不妨考察一下那首《钟楼里面被迫害者之歌》）。

话又说回来，马勒实际上并没有摆脱他当日的资产阶级的怀疑主义。在他一生的最后几年里，也处在美国时髦潮流的影响之下，他深深地陷入了神祕和悲观的倾向，这种倾向他本来就是一辈子都不曾完全摆脱干净的。他的第六交响曲，他自己称之为"悲剧的"，描写"命运"如何去毁灭人类。在他的第八交响曲里面，那是他拿一首拉丁文颂歌（《来吧，造物主精神》）和歌德的《浮士德》的收场诗凑合成为大合唱一类的作品，他并没有依照歌德所赋予浮士德的积极乐现的解决，反而依据神祕的思想来解释并制作那一篇收场诗。尤其是他的《大地之歌》完全灌注着悲观主义和退隐思想。"这是根本可以忍受的吗？"他自己问道，"人类不会因此自杀吗？"

马勒拿这一部作品、这一段自白尖锐地刻画出他当时的资产阶级艺术和他自己的艺术沉溺下去的危险。这一面艺术的镜子不仅是照出了资产阶级世界的支离破碎，它给人类照出来的支离破碎是不可避免的、不可克服的。说起来倒够特别，由于中国抒情诗歌的德文翻译的刺激，马勒在他的《大地之歌》里面听从一种音乐语言的使唤，想用"中国的"音色来代替他本来乐观的作品的民谣式曲调，而这种所谓中国式却是什么都可以说，就是说不上是道地。在这一部作品里面马勒是更多地属于那一帮作曲家，在他们心目中民间文艺是被认为有趣的材料的。陌生的异国情调的音符做了那种神祕悲观的世界感情的注脚，这种世界感情就是这部作品的温床。

假如这种世界感情是他的最后的说话，那么，马勒就不会是在历史上得到应得的地位的伟大人物和伟大作曲家。他之所以伟大，是在于不管在他身上和在他周围的一切扰乱，他始终能够回到乐观主义和战斗的人道主义方面去。他对苦难的，战斗的人类具有那种深刻的同情，这是每一个伟大艺术家的标志。他懂得去反对那种建立在苦难的赞美和理想化上面的危险。他是一个现实主义者，他在一定程度上理解到而且表现出来，悲哀和苦难是可以在斗争中打败的。

如果我们谈到马勒的伟大，忽略了他的作品并不能免除危险的和邪僻的倾向，那是严重的错误。可是如果我们不能够因此仍然听到正直的人道主义者顾斯塔夫·马勒的伟大的呼吸，那么，我们也就会丧失一些意义重大的东西。

译自民主德国《音乐与社会》杂志 1952 年 1、2 月号

原载《音乐译文》1955 年第 5 期

每一点真正的音乐批评都是音乐学的
建筑石料

〔民主德国〕皮什纳（H. Pischner）

当我们在德意志民主共和国又一次召集音乐批评会议的时候，在我们思考和讨论的后面挺立着德国音乐批评的伟大的榜样：罗柏特·舒曼的形象。处在一个伟大的进行社会性和思想性辩论的时代，他认为参与政论性工作和创办一种杂志是一项迫切的任务。他说，他的杂志应该"不仅反映目前的时代，而且要认识旧时代，对那即将成为过去的时代当作非艺术的时代来斗争，对那将要到来的时代当作新的政治时代去进行准备而且加以促进"。

当然，我们对舒曼的这种见解必须在他的时代的历史事变的范围内来观察。这种思想在今天还有它的意义。首先他就表明自己赞成一种明确的态度和公开的批评性的辩论："那种互相恭维的时代已经逐步走向坟墓了……"

因此我今天也就胆敢不照互相恭维的时代的原则行事，而是为音乐批评提出坦白的明确的意见，依照舒曼的原则："谁对一种事物的坏的方面不敢进行攻击，对好的方面也只能捍卫一半。"

不论什么时候，批评都是对艺术创作者和艺术欣赏者进行思想教育和艺术教育的一种重要的手段。当我们今天讨论音乐批评的时候，首先就必须提出这个问题：我们在什么时候在哪一个世纪写我们的音乐批评。今天的批评是发展社会主义文化最重要的杠杆之一。它不是在真空地点进行，而是面对伟大的世界政治的事实，置身于社会主义胜利的世纪。

我愿意在这里结合德国统一社会党文化会议的提纲来说，提纲里面指出："社会主义的戏剧批评、电影批评和艺术批评必须成为对读者和艺术创作者进行思想教育和艺术教育的重要的手段，必须成为群众性政治工作的有效的工具。"因此必须注意，到目前为止，我们的音乐批评为社会主义建设的一般群众性政治、文化工作服务到什么程度。社会主义的批评家必须以他的全部工作促进社会主义文化的传布。可是这就意味着密切结合我们的生活。问题首先就在于我们的批评帮助唤醒而且促进劳动大众的文化需要。它应该促使群众自己在我们社会主义文化的发展过程中越来越成为主动的参加者，从而发展他们的艺术创造的才能。

我门应该如何估计我们音乐批评的一般概念？这并不仅是什么个别的报纸批评，而且是广泛得多的通俗科学工作，它要求高度的科学质量。音乐批评在这一般意义上就包括我们交响乐队和歌剧院的节目解说，音乐会、歌剧、电台的会前讲演，通俗科学性的传记及其他许多东西。

每一点真正的音乐批评实在都应该成为建筑音乐学这座大厦的石料。

音乐批评中的党性

音乐批评的目前状况应该如何估价呢？我们不妨断定，近年来是有改善的。当然，不论是质量上还是数量上，这些评论都还不能符合音乐这一思想教育性的艺术所提出的要求。我们还需要克服对当代音乐尤其是对社会主义阵营的音乐进行根本的辩论和探究的畏怯心理。我们的音乐批评还远不能贯彻真正党性的、政治教育和思想教育的功能。我们所缺乏的是真正系统性的音乐批评。我之所谓系统性是指系统地阐明而且分析我们社会主义音乐发展的总过程的音乐批评，亦即是自觉地发扬真正的新东西，铲除垂死的旧东西。

我们还在某一种意义上缺乏系统性，那就是对重要的音乐事件不论事前事后都处理得不够彻底。只有系统的事先讨论和事后批评才能给读者透彻的报道和指点。我们距离这种系统性还是很远的。

我们在音乐批评这个领域内是有伟大的传统的，除了前面提到过的舒曼之外，还有 18 世纪的一些音乐作家，我们古典作曲家的书信、A. B. 马克思、勃伦德尔①等 19 世纪的音乐学家的许多著作，还有最近几十年的优秀的音乐批评还未曾加以收集，这次会议之后我们应该出版一本德国的以及外国的音乐批评的选集，这样的选集应该从最新的科学认识的观点出发批判地选出过去音乐批评的优秀范例。这也会有助于我们的音乐批评。

我们的音乐批评应该在我们伟大的新生活里扎根，同时结合解决一般政治的和

---

① 勃伦德尔（Brendel. F. K, 1811—1868），德国批评家——编者注。

文化的课题。音乐批评的党性可以说不在于勉强树立什么进步的标准或者给音乐来一个牵强附会的内容解说，而是要音乐批评多方面地和社会主义建设的思想和政治上的总的进程结合起来，当然还要照顾到音乐的特殊性。

同时也要求我们的音乐批评家比现在更加热心地参与我们共和国的公众的政治生活和文化生活。当我们谈到音乐工作的党性的时候，并不含有只限于对德国统一社会党党员所要求的那种党的政治性意义。我们提到音乐批评的党性还有另外一种意义，那就是在更广的意义上赞成新事物、反对旧事物的一种贯彻始终的态度。正如在政治上不可能有第三条路一样，音乐批评也适用这一原则。就音乐的特点和音乐内容问题的特点而论，在音乐批评方面有时是会特别困难的，但这毕竟是可能而且必要，即使是对某些实验企图也应该明确立场和态度，例如那些根本就注定失败的以及那些具有恶意冷嘲特征的音乐或者那种虽有良好的企图而结局依然没有出路的音乐。一方面清楚地指出这一切，另一方面则为那些贯穿着社会主义精神的音乐付出应有的力量，即使它目前还有某些不够完善的地方——这里就表现出党性。关键就在于音乐批评家的态度和社会意识。

古典遗产和社会主义文化

大学教授劳克斯博士在统一社会党文化会议召开前已在德累斯顿发表了一篇文章提出一个问题，他问到德累斯顿对真正社会主义的音乐推广的任务已经完成到什么程度。恩斯特·克劳泽发表意见说："德累斯顿本身就有带着许茨、威柏、瓦格纳或理查·史特劳斯这些名字的伟大的古典传统……当然，同时代的德累斯顿作曲家也起着并非等闲的作用……"可是后面他却说："……真问题是看德累斯顿的音乐机构能够不能够使那些杰作真正贯穿着对现代生活和现代进步思想的认识。另一方面我倒觉得我们共和国其他音乐城市如马克思城或马格德堡，由于它们比较缺少特殊地方传统的关系，尽可以承担起那种举行属于社会主义音乐和各族人民的音乐节的任务。"

这里有一点根本错误，那就是似乎我们一面占有我们古典的传统，另一面则有我们新的社会主义文化。可是过去那些最伟大的大师的渴想、希望和心愿只有到了今天社会主义社会才真正能够成为现实，工人阶级是这种文化的合法继承人，而且他们是唯一能够创造性地使之继续发展的。如果我们把它从社会主义文化那边划出来，那我们就不免使一座生气勃勃的城市失去它的活力了。为什么马克思城或马格德堡应该比德累斯顿更适宜于推广社会主义音乐呢？正相反：恰好是存在伟大的古典传统的地方，现在会达到一种新的社会主义的质量而且创造性地继续向前发展。不言而喻，我们也愿意在马克思城或马格德堡能够开展社会主义的音乐生活，可是我们在德累斯顿那样富有传统的城市却更有实现我们计划的把握。

我们音乐批评的着眼点

音乐批评的最基本的前提是确定思想立场，思想立场是在一件音乐作品里面宣示出来的。我们这里还有大批的音乐批评在是与否之间来回摇摆。对艺术里的资产阶级颓废现象和我们社会主义文化的各种成就是一视同仁地平等看待，也就是说没有采取一个原则性的立足点。

首先需要立刻做到的一点是在我们的日报和专业报刊里除了民族文化遗产的作品和其他国家的古典作品之外要在更大程度上重视德意志民主共和国、苏联和人民民主国家的当代作品。事实上，在我们乐队指挥中有许多人存在一种苟安思想、偷懒思想，懒得管我们德意志民主共和国的作曲家。这里需要和我们的演奏家进行一场突击的辩论，使他们对我们的新作品给予足够的注意。音乐批评负有更大的责任。我们是从国家利益着眼来鼓励作曲家的，可是如果批评家支持乐队指挥的懒惰，或者对我们的作曲家的作品不肯给予应有的注意，甚至不如对待资产阶级颓废现象那样来估计那些作品的意义，那么，这种批评就是名副其实的对我们的背后袭击。我们必须逐渐摆脱这种片面性。音乐批评应该重视对我们的作曲家——也对我们的演奏家——提出恰如其分的评价，而且指出作品里和艺术造型里那些新生的东西和力求上进的东西。

还有一件事情我们也不应该只凭一只眼睛去看，那就是我们不大看到、不大考察和选拔资本主义国家的进步的东西。我们甚至可以说有责任在更大得多的范围内对他们那些思想上以及经常在经济上陷入困难境地的作曲家进行真正的帮助。我们这方面的工作做得十分不够。我们很少干预西德的论争。我们的分析非常不够，有时甚至于指出了错误的方向。

音乐批评当前的问题

还有一个重大的缺点是我们的批评没有照顾到音乐的各种类型。舞台作品、交响乐、室内乐以及歌曲创作是得到讨论的，可是娱乐音乐、舞蹈音乐以至民间音乐的广大领域也同样属于音乐，因而也属于音乐批评家的任务范围。我们不能够随便对待这一领域，好像它并不存在那样。每一个振动的音响都提供一定的意识形态，因而人们就必须表示应有的态度。

正是在舞蹈音乐和娱乐音乐里存在着我们必须进行辩论的重要的现象。例如，在施威林《北德日报》上发表过一篇题为《面临一次爵士音乐的复兴》的文章，对一位用尽一切努力去创作一种纯洁的舞蹈音乐的艺术家柏恩德·戈隆斯基（Bernd-Golonski）进行诽谤。我们这里有人想拿爵士音乐的问题来搞政治。我今天不可能深入讨论这个复杂的问题，可是我们的出版物却也应该对此表示态度，而且根据我们文化政策的精神来进行。

关键的问题是我们日报的主笔和编辑也可以在这个问题上依靠他们的音乐批评家，同时不要以为这些部门是轻易的小事情。

我还要就我们协会的刊物《音乐与社会》说几句话。这个杂志工作的主要缺点目前是：在第一部分或多或少地发表了一些原则性的文章，可是在后面那些消息报导里就几乎找不到什么原则性的东西，有时候甚至可以说与第一部分的内容正相反对。在这些报导里常常可以断定是一些对演奏的谈论，对作品谈得非常少。除此之外，我们的杂志还没有从音乐这一领域中充分反映出社会主义阵营的整个远景和巨大的力量。

关于音乐在文化启蒙范围内的作用我也要说几句话。我们的国家为推广音乐付出的力量是史无前例的。可是我们如果问一句，作为国家财力支付对象的那些人是不是已经进入演奏厅了呢？我们不能不承认：还没有达到足够的程度。因此我们必须完成一个重大的教育任务，而音乐批评是能够而且必须大力协助的。我们要指示我们的演奏家安排怎样的节目才能够吸引那些音乐经验还未丰富的听众，包括演奏家和音乐批评家在内我们负有共同的社会责任。此外，音乐批评还要影响读者，以便为演奏厅争取到新的听众。我们必须大家一道来进行工作。这不单独是音乐批评的任务，可是它能够进行出色的协助。

我们在德意志民主共和国是有极强大的潜力的。最近几年在我们这里已经产生了真正的经济奇迹。这是历史的真实。除此之外，我们知道，音乐具有怎样的道德教育的力量来帮助人们更快、更好地完成他们的任务。让我们共同想想办法，使音乐的这种力量对尽可能多的人发生作用，使我们努力促进服务于这种力量的新的音乐创作，使这种创作能够送到最广大的群众中去吧。我们在音乐批评问题上的考虑应该根据这种意义继续前进。

摘译自民主德国《音乐与社会》杂志 1958 年第 1 期

原载《音乐译文》1958 年第 6 期

爵士乐和民间音乐

〔民主德国〕克奈普勒（G. Knepler）

　　莱吉那尔德·鲁多尔夫（R. Rudorf）最近尽了很大的努力来宣传爵士乐，他做了一系列的无线电广播和演讲，听众的数字据鲁多尔夫本人估计是 5 万人。鲁多尔夫在一篇宣言里发展了他的理论，而且要求发刊一种杂志，在高等学校里设置讲座，召开一次会议，组织俱乐部以及诸如此类的各种措施。这一切都应该为研究爵士乐的历史、传授爵士乐的作曲技术和演奏技术尤其是为了在德国千百万青年群众中推广爵士乐而服务。支持这些要求的是鲁多尔夫推敲出来的一系列的论点。如鲁多尔夫在他的宣言里面所表白，他藏有范围非常广泛的唱片、书刊以及全德爵士朋友的通讯录。他认为可以自负的是他已经彻底探究了爵士乐的发展而且能够科学地加以阐明。在德国作曲家协会内举行的一次讨论会上，他曾经有机会更进一步地阐述他的论点，而且答复各种不同的反对意见。

　　这个题目是重要的。爵士乐具有极大的吸引力，尤其是对于青年。因此必须弄清这个问题，究竟我们对鲁多尔夫同事的努力应该采取怎样的态度。

　　首先来一点澄清：鲁多尔夫的论据之一是这样的：纳粹反对爵士乐，他们辱骂那是"原始森林居民"的流行土语中的一种低级的表现形式。于是鲁多尔夫继续说，谁反对他的论点，谁的论据就和纳粹同一个方向。这种把纳粹论据和反对鲁多尔夫的论据等同起来的行为实在是一种毫无根据的耸人听闻之说，非加以认真驳斥不可。我知道，在我们同事中间没有一个人不是衷心敬佩黑人的创造天才，尤其是他们的高度发展的音乐才能的。黑人的音乐、舞蹈和诗歌艺术以万古长存的珍宝丰富了人类的文化。如果德国作曲家——音乐家协会会员中有人因为还没有克服掉纳粹意识而把黑人看作低级人种，他就与协会的章程和精神处于不可调和的对立地位。对一切民族的文化成就的尊重和领会是不言自明的道理。对黑人来说，我们不仅对

242

他们的艺术成就感到高兴；我们也钦佩他们为了平等的权利和反抗美国统治阶级的野蛮的种族政策而进行的斗争。——可是这和我们现在所从事的对于鲁多尔夫的论点的探讨是毫不相干的。

鲁多尔夫的根本论点是，爵士乐是"城市黑人无产阶级的民间音乐"。这样的武断是站不住脚的。事实上爵士乐虽然也包含黑人民间音乐的一些重要因素，可是它和黑人民间音乐是不能混为一谈的。爵士乐之不能算作黑人民间音乐，正好比圆舞曲不能算作奥地利人民的民间音乐一样。

说起来，爵士乐的发展史是音乐史里复杂而又不甚了然的一章。鲁多尔夫自诩对这个题目已经研究过两千种文献，而且能够综览以至论述爵士乐发展的历史。我不敢夸这样的海口。我也认识关于这个题目的最重要的文献，并曾有机会同几位专家，首先是民间音乐的内行研究者阿·劳伊德（A. L. Lloyd）和那位卓越的黑人歌唱家奥勃莱·潘基（A. Pankey）谈过这个问题。爵士乐发展的历史究竟是怎样的呢？好些决定性的问题还不曾加以探究，特别是关于音乐技术和思想的发展之间的关系问题。这种情况首先是由于论述爵士乐的大多数作者都是从无批判地赞叹而不是从科学的研究出发。是不是鲁多尔夫已经补上了这科学工作的一课了呢？

他的出发点无疑是正确的：布鲁斯、圣歌（Spirituals）①、劳动歌，还有那所谓"顿脚歌"和"呼喊歌"是道地的、常常是打动人心的优美而又深刻的美国黑人无产阶级的民间音乐。它起源的因素可以追溯到非洲、欧洲和美洲。黑人在美利坚合众国的境况在这种音乐里得到了反映。这是一个具有高度资质，但被迫在残酷条件下讨生活的民族的音乐，这里首先关系到歌唱的民间音乐。可是舞蹈和节奏的因素在这里也极易辨别；奏乐和舞蹈紧密地互相结合，这是黑人奏乐的特征所在。

可是这还不是人们所惯于称呼的"爵士乐"。这一音乐形式的历史是同新奥尔良、芝加哥等美国城市联系起来的，时间则是新旧世纪交替的那几十年。这里就混合着种种彼此矛盾的因素。一方面爵士乐包含黑人民间音乐的因素，另一方面却为颓废的和腐朽的因素所侵入，后一情况实际难以分析——至少在目前的研究水平上是难以分析——爵士乐是在美国城市最下层发展起来的：在最便宜的啤酒馆和酒店里、在流氓盗贼进进出出的夜市里、在妓院里。除此之外，黑人再没有别的地方可以玩耍、奏乐和挣钱。这并不是说，他们的弹唱因此一开头就丧失了它的人格、它的尊严和优美。依据内行的一切报导，似乎就在这样的地方也还会即席演奏出道地

---

① 今译灵歌。

的民间音乐来。可是如果说爵士乐面对这一类的出生地点的影响还能够一尘不染，那就比奇迹还要出奇了。

黑人音乐——正如同每种音乐一样——是由各种不同的因素组成的。他们被迫去奏乐的阴暗的环境，十分显著地要求着某种内容因素——加上相应的技术因素——并使其他因素趋于萎缩。大多数的作家对这样腐朽的情况是一无所知的。我们用不着同这样的人多费唇舌。众所周知的是，在所有资本主义的城市里，西柏林也并不落后，爵士乐最粗野的形式正对青年人发生摧毁性的影响，而且属于许许多多种美国用以麻醉和毒害人们的手段当中最有功效的一种。

另外一系列的作家，特别是接近马克思主义的作家看得很清楚，爵士乐已经开始了它的堕落。可是他们把问题看得太简单。遗憾的是对那位著有功绩的美国音乐史家悉尼·芬克尔斯坦（S. Finkelstein）来说也没有例外。他只看到了爵士乐的一种堕落：由于娱乐垄断企业尤其是唱片康采恩所造成的堕落。没有疑问，美国那些强大非常的娱乐工业是应该负责的，它使得在资本主义势力下每一角落的千百万人都受到了爵士乐的毒害。可是芬克尔斯坦对这一重大问题的看法是太简单了。对他来说、一方面是黑人音乐家演奏的"道地的"爵士乐，另一方面是堕落的"商业性"的爵士乐。这一种是道地的、"热的"、即兴性的——黑人的道地的产品；另外一种是伪造的、"甜的"、依照大出版社大批出版的乐谱演奏的。可是事情就恰巧不那么简单。如果认为思想影响是开始和结束于娱乐工业侵入的地方，那就是机械的理解。思想影响显然细致得多、猛烈得多，它是从无数的水道偷偷地渗进来的。

如果有谁忽略了这一点，即在所谓"道地的"爵士乐里面也已经渗入了颓废的因素，那么，他就不能了解爵士乐的问题。这些因素是这样造成的：爵士乐那些富于特征的、节奏的基础常常扩张到电动机式的地步，那些富于特征的动机反复由于漫无节制因而发展到害消耗热病的地步；黑人舞蹈的豪放和解脱常常变成了歇斯底里；强烈的、不怕走向极端的表现力常常质变为空洞的炫技和丑角把戏：由于对黑人民间音乐原有的因素加以虽然巧妙但却放肆的运用，于是就产生出一种服从美帝国主义利益的麻醉音乐。

当然，在极端情况之下应该毫不含糊地说明：这里是堕落的、商业性的爵士乐的典型的例子，那里却还有片段伪造不来的民间音乐。可是极端情况可以适用的事情却不能适用于整个广大的领域。有人曾经尝试过，在即兴性的和对谱演奏的爵士乐之间划一条分界线。当然，即兴演奏是早期爵士乐的重要因素，可是作为科学的区别的标志，这种手段却是不适用的。说到有些黑人艺术家，他们的本领本来是即兴演奏，可是由于夜市烧酒和麻醉毒药的气氛因而肉体上、道德上都趋于堕落，却也是可以惋惜然而无法争辩的事实。他们本人是这样，难道由他们演奏出来的音乐不也是这样吗？有人曾经试图把道地的爵士乐和那所谓"热的"爵士乐（即利用尖锐的切分音的爵士乐）等同起来，又把那商业性的爵士乐和"甜的"爵士乐视同一律。依照这种说法，那么，越是尖锐、越是倔强、越是变化剧烈的就越是道地的爵士乐，可是这一种区别的手段也是无能为力的。说"道地的"黑人音乐，再没有比布鲁斯或圣歌更道地的了，可是这两者都无论如何归不到"热的"这一个概念下面去。归根结蒂，只好信赖内行，听他指出什么是道地的，什么是商业性的爵士乐，因此，你也就没有稳固的地盘可以站脚了。这个决定性的问题，即使鲁多尔夫毫无批判地复述他那两千种文献的内容，也是不能解决的。

有一个问题值得提出来，为什么我们那么急于探讨爵士乐的问题。我们姑且假定我们能够真正把道地的爵士乐从商业性的爵士乐里区别开来，把第一种好好地加以培护，这样不会给第二种开放门户。即使人们不仅尊重和珍贵黑人音乐而且热爱它——难道就需要像鲁多尔夫所建议的那样采取创办讲座、杂志以及俱乐部种种非常措施吗？为什么对法兰西民间音乐、俄罗斯民间音乐或者德意志民间音乐不进行这样的培护呢？这一些类似的问题都是需要鲁多尔夫一系列的答复的。

照他的说法，爵士乐不仅是黑人的民间音乐，它还越出这个范围，是世界上某处无产阶级发展起来的独特的民间音乐。同时他还认为爵士乐是整个北美洲的民间音乐，那么，它也还是白种人口的民间音乐了。最后他还达到了一个惊人的结论：爵士乐不仅是黑人的民间音乐，不仅是独特的无产阶级的民间音乐，不仅是整个北美洲的民间音乐，它还通过特殊的关系和德意志民间音乐结合起来。

我们用不着详细地探究这些论断。说到各国的无产阶级发展了一种自己的音乐，那是尽人皆知的，用不着为这件事情多费唇舌。鲁多尔夫的主张，说什么爵士乐已经成为北美洲全部人口的民间音乐，使人明白了一件事情，即证明他在对待如何区别"道地的"和"商业性的"爵士乐的态度上并不严肃。只有当人们想着那些由娱乐垄断资本整百万整千万张发行的唱片、广播电台和有声电影加以推广的黄色音乐才会达到这样的结论。不错，这种音乐泛滥到整个北美洲——还加上其他世界的很大一部分。这是民间音乐吗？事实上北美洲的民间音乐是由各种不同类型的音乐组成的。许多民族把他们出生地的民间音乐保存起来而且继续加以发展。美国的无产阶级，特别是矿工和铁路工人、牧童、伐木工人、水手和其他许多行业的工人发展了他们自己的音乐。一种美国真正的人民文化，有一天将会使得多民族的和多社会阶层的民间音乐得到丰富多彩的发展。就是在今天情况之下华盛顿的国会图书馆也藏有一套民间音乐的唱片,那是由各种最不相同的类型的成千乐曲组成的。谁对这一切毫无所知,才会对鲁多尔夫关于爵士乐作为美国民间音乐的论点表示一种表面的信赖。

特别奇怪的是爵士乐的德国泉源的发现。这显然还应该给爵士乐在德国的研究加上爱国的意义。说起黑人在发展圣歌的时候除了别的因素之外也运用了新教圣咏的旋律,这是不容争辩的。可是这仅是一种因素,而且决不是最重要的一种。有些作家在提到别的因素之外也提到这一种影响。R. 勃列什(R. Blesh)恰巧是在这一方面做过认真的探讨的,他列举爵士音乐的祖先的时候举出苏格兰的、爱尔兰的、英吉利的、法兰西的、意大利的、西班牙的和克列奥尔的音乐,可是就没有德意志的份(勃列什:《灿烂的喇叭》,1946 年纽约版,175 页)。

当然,这并不是决定性的。我们将因圣歌而得到喜悦,即使它的来源不是德意志音乐而是其他音乐。圣歌、布鲁斯、劳动歌无疑是美妙的,不容争辩是道地的黑人的民间音乐。我们一定应该加以爱护,并更好地认识它、更经常地演唱它、保罗・罗伯逊唱出来的每一小节都会丰富我们的音乐生活。没有对手的贝西・史密斯(B. Smith)和玛利安・安徒生(M. Anderson)①的唱片使我们百听不厌。像潘基那样的大艺术家,他在德意志民主共和国的演唱旅行是一次名副其实的胜利游行,他那震撼人心的黑人圣歌的演唱将会丰富德国青年的文化。黑人女歌唱家霍普・福伊(R. Foye)的唱片虽然可惜太少,却实在应该更经常地让人家听到。这几位以及其他黑人艺术家并不热衷于"热的"爵士乐,难道是偶然的吗?

专家们将会愿意从事探究爵士乐这个复杂而又未得阐明的问题。为了努力创造新的德意志舞蹈音乐,无疑也要弄清楚爵士乐的问题。可是我们自己还不了解的东西是既不应该拿来传授,也不应该对着千百万年轻人来讨论的。

现在我们来说鲁多尔夫登峰造极的论点。他认为,如果有人向大家演出道地的爵士乐,他们就会"从更好的实例中得到疗治同时就会背弃对黄色音乐的崇拜了"。原来我们应该依照"热俱乐部"的榜样建立我们共同的利害关系,在热俱乐部里面向年轻人具体说明爵士乐和黄色音乐的区别。

设想一下这样的场面,这会是什么个样子!人们在演奏"道地的"爵士。由于没有人确切知道这是什么东西,我们唯一的办法是一切依靠那些本身同样不甚了了的伙

---

① 今译玛丽安・安德来达。

伴。接上来的是鲁多尔夫同事和他那带有正面和反面的实例的讨论的专家本领。至少那些"反面"实例直接地从文化野蛮的仓库里搬出来——除此之外还有什么地方呢？要发生的事情就是面红耳赤的辩论：布吉-乌吉（BOOgie-WOOgie）"道地"呢还是劈拍舞（Be-bop）① 才算？"胖子"瓦勒②的演奏是不是一种正确的风格呢？诸如此类还有许多，——而这样的事情在无数的地方进行。试问究竟有什么收获？

不管鲁多尔夫同事头脑里装的是什么，也不管他的用心始终是多么好——只要有人想把德国青年拖入一场没有结果而又没有意义的关于"道地的"与"非道地的"爵士音乐的讨论，那就是对美帝国主义卖了一个不小的人情。

不错，一场关于爵士乐问题的、关于它与民间音乐的关系和矛盾的探讨，只要真正是建立在科学上，都可以说又好又需要。可是如果像鲁多尔夫在他的论点里所建议的那样把它彻底放在中心地位上，那是完全错误的。我们很希望鲁多尔夫同事首先用同样的劲头投向那对我们来说是极端迫切也是十分关切的任务：研究而且推广我们德意志的民间音乐。

署名"居甫"译自民主德国《音乐与社会》杂志 1955 年第 6 期

原载《音乐译文》1958 年第 6 期

---

① 今译比博普爵士乐。
② 原文"Fatas"Waller.

亨德尔和他的时代

〔民主德国〕梅耶尔（E. Meyer）

乔治·弗里德里希·亨德尔在他生平最后一段时期（从 1739 年到他 1759 年逝世）主要是从事于清唱剧的创作，在他早年，这种体裁也已偶然作过他创作活动的旁支。清唱剧构成了亨德尔作品的顶点。

为什么亨德尔背离了意大利的歌剧而倾向于清唱剧呢？考虑到亨德尔的整个创作力量和个性，我们对这问题只能够提出一个答复，亦却是罗曼·罗兰的答复：清唱剧是这样的一种艺术形式，作曲家可以凭借它直接诉诸人民。清唱剧可以由人民主动地加以爱护：千千万万从资产阶级、小资产阶级甚至无产阶级和农民出身的人们都可以在推广亨德尔清唱剧的工作上通过当时英国已经产生的数目繁多的合唱团体去尽一份力量。他们，这些普通的劳动者们，从那些使亨德尔的清唱剧创作出类拔萃的那些富于人道主义和自由斗争精神的卓越的语言和音响感到了彼此的一致，毫无疑问，首先是那些吸引亨德尔倾向清唱剧的原因——而且不必提到歌剧，歌剧是由一些附庸风雅的富豪捧场的，在这方面又有形形色色的宫廷的阴谋诡计施展它的伎俩。凭借清唱剧，亨德尔和人民建立了直接的、密切的联系。这里面存在亨德尔转向清唱剧的决定性的、内在的理由，这一理由较之任何对歌剧企业发生的宫廷指令都有无比深刻的意义。

使亨德尔离开意大利歌剧企业的原因还有好些。首先应该指出，民族问题起了重要的作用。在英国，这就是亨德尔为它献出他的清唱剧创作的国家，由于资产阶级的迅速发展，形成了一种积极的、战斗的民族意识。为了达到他那经济的、社会的、政治的和文化的目的，资产阶级需要一个强有力的民族国家，从而也就需要在人民的所有阶层中间传播而且加深民族思想。亨德尔在英国活动的时期可以证实是有一次英国民族文化的新高涨。

这种高涨在科学领域内所表现的也同在艺术领域内所表现的一样。说到亨德尔歌剧的音乐，虽然是充满了一种道德气质和一种公认的优点，它的音乐语言是深入人心而又通俗的，因而它的许许多多的乐章能够赢得无数爱好音乐的英国各阶级市民的心，远远超出歌剧本身的范围，这种事实决不止是从亨德尔歌剧个别曲目的加工和改编本在沃尔什、罗哲尔及其他出版家的无从计算的重版中得到了证明。可是它们形式上和文字上都是意大利的，语言是意大利的，它的结构是意大利正歌剧的复写，而且在亨德尔歌剧中出现的角色也大多数是亨德尔旅行意大利期间连续找来而且作为主角订立合同的意大利歌唱家。这种意大利因素的优越地位曾经遭到许多英国人的拒绝，特别是那些进步的市民阶级的代表。除此之外，那些从古希腊取材的脚本和亨德尔歌剧中多数据为题材的脚本一样，在大部分英国观众心目中是过时的。人们从当时戏剧的发展着眼，希望在歌剧领域内看到现实的市民的主题。毫无疑问，《乞丐歌剧》（The Beggar's Opera）是以进攻在英国的意大利歌剧的姿态出现的，可是在反对亨德尔歌剧事业的各种不同的力量中间，它却是从左面来的一种进攻；它的基础是力争上游的阶级民主的爱国主义，它必然要去对付那种宫廷的、反民族的现象，这种现象是不可避免地常常存在于一个外国的歌剧团体里面的。

最后，伦敦的意大利歌剧团里面又因为那些阉人闹出一种不可告人的买卖，面对这种不可告人的买卖，亨德尔是做不了主的，但是他却做了那些漫画家和讽刺文人的箭靶子。光是浮士蒂娜和库佐妮这两个女歌唱家的不和，她们终于闹到这个地步，就是每一方都雇用了一大群的黑幕作家，互相在报章上把那些最惊人的指责发表出来，到有这么一个好日子，这两位女将竟当着太子的面公开演出了一场大打出手。

这种种因素合在一起，渐渐地就挖掉了亨德尔的歌剧活动所托身的墙脚。事实是这样，在英国人民中间，由于他们那种勇往直前的、力争上游的民族意识，歌剧的这种制度变成了一种异类。它基本上只得到贵族集团和宫廷属下的豪门的支持；由于它那外表的框框，歌剧陷入了宫廷的公式主义和虚浮的泥淖。亨德尔的音乐宏伟的、包罗万象的、人道的而且往往是英雄性的内容必然要打破这样的框框。亨德尔那种精神饱满的、接近人民的音乐赋给了那些主宰着他的歌剧脚本的古希腊的大理石象以新的人性的生命，可是它却完全不适应贵族的要求——因为贵族所欣赏的只是意大利人连同他们的阉人和花旦纯粹是显示排场的、矫揉造作的花腔歌剧。

于是乎约莫到了 30 年代末亨德尔就离开了歌剧，可是对我们后人来说，这却无论如何不能妨碍我们在我们的的音乐实践中比目前①更进一步地去研究和介绍亨德尔的歌剧。可是他为自己那大型的新创作选择了清唱剧这种颂歌性的、史诗性的包罗万象的形式，却完全是符合当时先进的资产阶级的意旨的。在清唱剧里没有意大利派在歌剧里摆下的绊脚石。他的清唱剧是用英文写成的。它的歌词具有毫无隔阂的内容的现代精神，同时充满了世界观的力量，这种力量必然打动了当时经过启蒙的、向前看的人们，而且提携他们向前进。他现在的确是面向全体英国人民而发言的。如果顺便要强调一下，亨德尔是反对（反动的）托利（Tory）党，支持（进步的）惠格（Whig）党的，②惠格党也相应地支持了他，同时却也不能忽略这一点，惠格党也正如托利党一样是贵族和豪门阶层的政党。

不错，在当时统治阶级的两种派别之间有一种原则性的区别。托利党是旧式的地主贵族领头，反对自由主义的国内政策，赞成依照詹姆斯③的老样子来设计英国的国家建制的党派。惠格党的当权派则是当时大资产阶级的政党，亦即英伦银行周围的金融巨头、南太平洋公司、殖民地和成长中的工业的政党，此外也有一批大地主；他们是主张战争的扩张的。不错，这两个敌对政党之一的惠格党表现了比较有远见的自由主义的度量，面临当时资产阶级进步的潮流显示出比较巨大的转变。他们是促进了资本主义的发展的。可是两者都是主张剥削劳动阶层、主张奴隶贸易、主张他们本阶级的特权的。

如果有人试图把亨德尔牵入党派斗争的旋涡这种说法是正确的话，那么，亨德尔却决不是惠格党的"代表"，他的目标和使命都远远超出了惠格党自由主义的范围。

重要得多的，是判明英国资产阶级内部的一种尖锐的对立。面对衰老的封建世界，资产阶级在当时的英国无疑是表示出一种进步，可是在小有产者、小商人和手工业者作为一方面，和当时的大资产阶级包括不少贵族作为另一方面之间却存在着深深的鸿沟。前一面的各阶层和联合他们的全体英国人民是首先真正为了民主的自由挺身而出的，亨德尔要用他的清唱剧来向他们致语的也就是这些人。可是在惠格党内部却是由大资产阶级和贵族来发号施令。亨德尔对惠格党的关系可能比他对托

---

① 我们可以说，1952 年以来，哈勒市亨德尔纪念音乐会每年的歌剧上演都产生了开拓新路的影响。——原注。

② 托利党和惠格党是 17 世纪末叶在英国形成的两个政党，托利党就是保守党的前身，惠格党后来演变为自由党。——译注。

③ 詹姆斯二世生于 1633 年，1685 年起立为英国国王，1688 年被逐，因为他试图反对改革的措施。——译注。

利党接近一些，因为后者一贯地反对任何精神的进步倾向，而且企图堵住向前的资产阶级的道路。可是一个贵族、大资产阶级政党永远不可能成为亨德尔的清唱剧的决定性的鼓舞力量。他的眼光看得远一些。

在为了民主和自由、为了物质的和精神的向前发展的意义上，亨德尔是资产阶级的极清醒的代表。这个阶级已经进行过一场胜利的革命。他身上有什么资产阶级进步的东西呢？首先是自由思想的有意识的提出。这种思想之于亨德尔并不是拿来装璜门面，而是占据了他创作的中心地位。他的许许多多作品都是反复歌颂自由思想以及争取自由的斗争的。在清唱剧《伯沙撒》里面有一首大型的合唱曲，唱出来的是："战争和奴役都不要再有……。"同样的话在其他的一系列的清唱剧里面都可以看到（如《犹大·麦卡白》①《应时清唱剧》《以色列人在埃及》《扫罗》以及其他）。值得特别指出来的是，亨德尔是根据一桩现实的事件来写他的《犹大·麦卡白》的，那就是一支从苏格兰开来的反动军队的入驻，其目的是企图恢复封建的生活方式和早就过时的特权。这种反动的威胁促使亨德尔向英国人民发出应战的号召，并提出保卫自由的警号，所谓自由，并不是随便一种没有特定意义的自由，而是一种十分具体的自由，亦即是发展了的资产阶级民族国家的自由，从而促使英国在当时世界中造成一次意义重大的社会性的跃进的自由。这是一种民族独立和资产阶级进步的自由，正面对抗着那些愚民主义和封建主义的反动势力，这种势力当时又对英国民族昂起了头。清唱剧的脚本的编写总是有亨德尔积极参加的，全部构思都是一种战斗民主主义的构思。

从圣经的题材中亨德尔始终一贯地注意选取包含战斗的、自由的插曲的题材。凭借他那许许多多歌词的选择，这位革命的市民亨德尔宣示了他的决心，要在他的作品里表现争取资产阶级自由的战斗的思想。

非常值得注意的是这样的事实，那就是在亨德尔的清唱剧里，人民所扮演的角色和巴赫的清唱剧里的完全不同。在巴赫笔下合唱连同它那深刻的人道的言词发出了教会公众的声音，它阐明了而且人性地深化了他在受难乐和清唱剧里所包含的事件；在亨德尔笔下，合唱担当了人民的角色，他们直接而且主动地干预历史事件。

在亨德尔笔下，人民占据了清唱剧的中心地位，他们往往是中心的、也就是实际在行动的因素，合唱作为一种积极的行动力量，它的意义在亨德尔笔下较之其他作曲家要巨大得多。由于亨德尔提出了人民群众的创造性、历史性的作用，在1789

① 今译《犹大·马加比》。

年以前人类的整个精神历史上，他成了思想最开明、意义最重大的人物之一。

亨德尔用特别深入人心的强烈的抒情性创造了他的一些自由歌曲。对他来说自由首先是美的、温柔的、人性的现象，它意味着一切人类苦难的终结，人道的快乐、爱和兄弟友谊的概括，正如作品《犹大·麦卡白》里著名的那段"来吧，向人微笑的自由"所印象深刻地给人证明的一样。可是我们也同样容易在赞美自由的曲谱中找到光芒四射的胜利的喜悦和简洁雄劲的纵横的才气。如果我们常常强调说，巴赫是更深刻、更细致的灵魂画家，——那么，像亨德尔那欢呼的自由合唱中所表现的那样痛快淋漓的凯旋，就算巴赫也是无能为力的，巴赫当时创作的环境是社会发展受到抑制、受到妨碍的德国。亨德尔的创作中生活着一种不可抗拒的光明和快乐。正是由于这种贯注在亨德尔音乐中的乐观主义的、彻头彻尾是健康的、肯定生活的、充满自信的力量和坚强的性格，使我们同样相信，他的音乐对我们今天来说也是特别重要。

在这种关系上，我们也需要认清楚亨德尔面临当时直接的社会问题所采取的那种民主主义的甚至于乌托邦的态度的真正意义。他认为，英国劳动者阶级的穷苦生活是可以通过慈善事业得到减轻和改变的。他本人所从事的慈善事业可以奉为模范。他始终一贯地为救济所和医院、为减轻陷入窘境的人们或孤儿的苦难而集中自己的力量，是的，为当时社会上处境最坏的而且是最受屈辱的人们，为私生子、为弃婴、为被驱逐的人们、为欠债坐牢的囚徒。他花去他一半的财产去消除这些在穷人中间最贫穷的人们的苦难。都柏林"弃婴医院"长期从亨德尔和荷加尔特①得到物质的支持。这个医院直到今天还保存着亨德尔捐赠给它的《弥赛亚》的手稿的真迹。他是把做好事当作他的使命的，可是他的所作所为和当时以及后来那些官办的"行善会"的虚伪的"慈善事业"毫无共同之处。那些人以为拿一点伪善的布施就可以开脱他们用资本主义的剥削所造成的大众的贫困的责任。亨德尔经常援助那些非婚生育的弃儿这一事实，正好意味着一种对被社会遗弃的人们的承认。就亨德尔这方面说，这是对那由上层传播开来的顽固的阶级成见的明显的示威，这是亨德尔富有性格特征的一面，他在这一点上同讽刺画家荷加尔特取得一致，荷加尔特是对剥削和统治阶级的虚伪道德的最尖锐的控诉者。

怎样的一种人类之爱、怎样的一种对平民的爱滋润着亨德尔的心灵啊！在临终

---

① 荷加尔特（william Hogarth1697—1764），英国画家，代表作有铜刻画传《卖笑娘的生涯》和《赶时髦的结婚》等。——译注。

的病榻上他遗嘱捐赠 1000 镑给贫苦音乐家救济协会，送 1000 镑给他的工友和穷朋友。这种慷慨并不是他生平和性格的无足轻重的或者随随便便的特点，而是表现出在他的坚信和他的创作之间的深刻统一，它显示出他作为艺术家和作为一个人是同样地伟大。

因此，亨德尔在《犹大·麦卡白》里恰好是歌颂了犹太人民的自由斗争，也就不是偶然的了，在亨德尔的当时，犹太人在英国是被压迫的、被剥夺权利的，亨德尔在他的清唱剧里一次又一次示威地站在被压迫的和被剥夺权利的人们这一边。

亨德尔也像巴赫一样从意大利人那里听来好些大众的音乐形式，例如西西里舞曲；他在《弥赛亚》里面使用了西西里的风囊笛，在其他好些作品里面使用了钢片琴、铃鼓、小鼓、猎角和其他乐器，这些乐器当时基本上还是民间乐器。[①] 他特别对英国民间音乐表示亲近，英国民间音乐是以宽广的、愉快的大调性和生活气息显示它出众的特色的。亨德尔的旋律的标志是通俗、雄劲、高度的简明性；它是在民间的土壤上生长的。这种精力饱满的旋律的力量，在他的任何一类作品甚至他那对位的总体（Kombination）的副声部中都可以找到。在他的笔下没有一点歪曲，没有一点拼凑、含糊或矫揉造作的东西。

亨德尔是一位德国音乐家，在他生活的后期他越来越同英国人民建立紧密的联系。

亨德尔在他的亦即德国的传统的基础上建造他的巨作，可是在他的后期，由于在生活上和英国人民已有着数十年的联系，他就越来越多地受到了英国人民的启发，他拿他的清唱剧献给英国人民，他从他们那里吸收了他们的音乐语言。乔治·弗里德里希·亨德尔的作品作为一位伟大的德国大师的作品是我们古典遗产的一个重要的组成部分，可是它也是英国古典遗产的一部分。

在社会发展上，英国当时走在世界各国的前头，一般说来，亨德尔和英国民间音乐以及英国普通人民的联系证明了他和当时先进的国度和进步力量的关系。要不是他同英国人民保持那么密切的关系，他的音乐就不能那么生气勃勃而且得到普遍的赏识。具体的社会性的目标是他的创作事业最使人钦佩的特征之一，另一方面他那胸襟广大的市民性的国际主义也应该予以强调，甚至在确立带有具体历史性的民族目标时，他也没有掺杂一点狭隘的东西。他以最出色的处理手法结合了几个民族的人物品性和艺术风格，他在创作方面以德国传统为基础把英国的、法国的和意大

① 参看塞劳基：《亨德尔是大众化音乐的促进者》，载亨德尔纪念论文集，1954 年莱比锡版——原注。

利的特点结合成浑然统一的整体。

他的音乐的资产阶级进步性的另一特征是他作品的绝对的入世精神。弗里德里希·勃路美说得对："亨德尔的清唱剧是和新教毫不相干的；它是伦理思想和人类理想的宣告，它站在忏悔和寺院的对面……连弥赛亚之为人类救主也更多是从黑暗和苦难到光明和自由而不是从原罪到悲悯，而且英雄也多于殉道者。"① 人类灵魂的一切活动都用最强有力的现实主义塑造出来，可是说来说去首先应该提到的还是曾打破了封建束缚的资产阶级英国人的乐观主义精力充沛的特质，正在开展的资产阶级的坚定的信心。当时英国的生活给他以克服一切虚无缥缈的冥想、一切痛苦的呼号、精神的和感情的狭隘。亨德尔善于用生动性、活泼性以及丰富的想象力的手法来刻画人物性格，这是很少人可以相比的。如果说他特别擅长于描写人类愉快的、精力充沛的特点，那么，他对温柔、悲哀和亲切也决不生疏。他对形形色色的自然现象也能够那样丰富、那样多样而且使出那样一种多面手的本领用音乐表现出来，因此对于亨德尔的总谱的研究就会反复引起我们的惊叹。

末了还要指出亨德尔作品向前看的一种因素是他战斗性的自觉。他和巴赫迥不相同的一点是在亨德尔笔下表现出一种崭新的、性格强烈的大胆的旋律处理手法。他的主题好比用大理石雕刻出来，充满了魄力，同时又具有非凡的独创性。这种博大的、宏伟的、胜利的自豪达到了这样的高度，使我们自然而然地爱上了它。至于生活上亨德尔也从来不是一个奴颜婢膝或畏首畏尾的人。和巴赫相似，他从来不能忍受别人的欺压，他始终保持一个昂首挺胸的战士姿态——他毕生的经历的每一页都给我们指出这一点。

亨德尔的人格通过一种高度的世界观的完整性显示出它的特色。他创作的一切主要特征造成这样一种综合的效果，他凭他宏伟的作品有力地促进了英国资本主义时代精神的发展，而且越出英国的范围一直影响到其他各国。

力量、人民性、战斗的态度、对自由的热爱、人道主义、朴实有力、博大的胸襟——这些特点一起构成了他创作的精髓。

译自梅耶尔著《音乐论文集》
原载《音乐译文》1959 年第 2 期

① 见《论新教的教堂音乐》，1931 年波茨坦版，154 页。——原注。

乔治·弗里德里希·亨德尔

1959 年 4 月 14 日在哈勒亨德尔逝世 200 周年纪念周开幕式上的讲话

〔民主德国〕格罗提渥总理（O. Grotewohl）

200 年前的今天，乔治·弗里德里希·亨德尔逝世于伦敦。这是人类的一位天才，他的作品直到今天还始终以它无可比拟的多样性和深刻的思想，以它的热烈的情感和人民性使我们感到不同寻常的喜悦。

三千人在伦敦西敏寺参与了他的葬礼。他们尊敬这样一位享有世界声誉的伟大艺术家。亨德尔的作品的意义和影响是由这样的一个时代所促成的，它结合了具有全欧意义的两次革命：17 世纪的英国资产阶级革命和 18 世纪的法国革命。

亨德尔处在新时代的前夕

乔治·弗里德里希·亨德尔的音乐坚决地打上了伟大的精神运动，亦即是在当时反对封建专制主义的斗争中形成的资产阶级启蒙运动的烙印。可是这种音乐又反过来对启蒙运动发生影响。

在这一辩证的矛盾中亨德尔作为这一上升时代的开明通达的世界气度的伟人出现在我们面前，我们也看到那些最先进的事业在艺术上培养了他。他在哈勒、威森菲尔斯、汉堡、意大利和英国的居留和旅行并不仅仅是简单的旅程的站头，而是他自己在精神和音乐的发展上的重要阶段。

艺术的活动力和毅力促使亨德尔十分清醒地做出他终身的决定。它引导他摆脱历史上落后的德国在当时那种小器的、衰败的关系，因为德国不可能为他那向前冲击的创作提供社会的基础。他主要的作品是在英国人民中间写成的，当时英国资产阶级正好居于欧洲社会发展的首位，因此亨德尔就成了德国人民和英国人民的伟大作曲家。我们在纪念亨德尔逝世 200 周年的时候也意识到，他那伟大的作品是在人道主义精神上把德国人民和英国人民结合起来的。

亨德尔是在 1685 年 2 月 23 日在哈勒诞生的，当时德国人民还是非常艰难地从 30 年战争那种可怕的、兵连祸结的后果中喘过气来，那些割据一方的诸侯——德国分崩离析的因素正在发生支配性的影响。只有少数的城市由于德国劳动人民的勤勉才勉强得到恢复而且为新的发展创造了条件，只有少数的德国人当时能够突破环境的狭隘和局限而挺身站立起来。

这一类人中间有伟大的哲学家莱布尼茨，历史学家和自然权利、人民权利的第一位先驱战士普芬朵夫，还有法学家托玛西乌斯（哈勒大学的创办应当归功于他）。莱布尼茨哲学的乐观主义震撼了正教关于地球（哀号和眼泪的溪谷）的想象，普芬朵夫和托玛西乌斯教导了所有资产阶级会社从契约中摆脱出来，因而也就是间接地教导了个人有权去反对封建的暴政和专断，托玛西乌斯居然达到了废除异端火刑的目的。凡此种种在当时那个事业贫乏的德国已经算是不同凡响的了。

初期启蒙运动的这样一些经验和思想影响了那个年轻的亨德尔，他在哈勒大学学了一年法律，其时托玛西乌斯正在那里任教。亨德尔当日走的也是许多德国有声望的音乐家走过的道路，就是伟大的亨利·许茨（H. Schuetz）和约翰·库瑙（J. Kuhnau）——他是巴赫托玛斯乐长的前任——也像其他许多作曲家一样是学法律出身的。当时的作曲家两只脚都踩在地面上；他们愿意承担一个结合实际的、为向上的资产阶级因而也是为逐步形成的民族利益服务的、面向时代的人类的使命。亨德尔在汉诺威逗留的期间也认识了哲学家莱布尼茨。在德国初期启蒙运动的时代开辟了这样的一条发展的道路，正如后来亨利·海涅所说的："德国精神最崇高的花朵是哲学和诗歌。"这种崇高的思想性和强烈的感情的统一长期以来都在德国人民的音乐传统上得到它的表现。年轻的亨德尔在哈勒凭借他的老师弗里德里希·威廉·札霍夫（前译查豪——编者）的帮助从音乐的一切门类所能吸收的已经是一些道地的、大家公认的遗产，它为他与德国民歌和德国艺术音乐建立内在的联系打下了基础。

一种具有特色的、动人而又美丽的德国歌曲的花朵已经及时地——在中世纪的末期即德国商业城市的发展期间形成了，在德国第一次伟大的革命事变：德国农民战争的前夕，那种富有特征的德国歌曲以它罕有的内容丰富性向前发展，同时凭它的抒情性和它那特有的腔调给德国总的音乐创作直到今天的发展提供了基础。它结合着那非常丰产的中世纪漫游乐手（民间乐工）的传统，由于他们的遭遇他们也互相紧密地结合起来。

农民战争前夕德国歌曲的这些花朵是德国文艺复兴最出色的凭证。事情好像是这样，从 16 世纪初叶的事变出发的这一道力量的长河是在地底下奔流的，它越过了德国灾难深重的时代，经历过农民起义的失败之后继续往前奔流。

事情好像是这样，它发生了越过 30 年战争的影响，然后再由 17 和 18 世纪的德国作曲家重新吸收过来，重新加以塑造。就在巴赫和亨德尔兴起之前在音乐创作的领域内已经产生了许多伟大的值得注意的事物。

音乐的社会力量

自古以来音乐就能够激发人们蕴蓄的深刻的感情而且鼓舞人们奔赴伟大的目的。我们今天也都知道，多少伦理教育上的效果是从音乐产生的，音乐的特点在于感情力量和精神逻辑活动的结合，它帮助我们更深刻地去认识这个世界的美以及获得改造这个世界的新的力量。

说到在上升资产阶级的时代里，恰巧就在音乐方面完成了思想的深刻和表现范围的扩大化，那是富有特征性意义的。德国人民在音乐发展方面参与了决定性工作的一份；他们早就对世界文化做出了这一贡献。

虽然 17 和 18 世纪的德国作曲家主要是为贵族老爷们而写作、但他们还是自己时代的儿女，就这样的意义说，他们面对着反抗流传下来的封建世界观的社会斗争中所涌现的一切重要的进步的精神潮流，都是采取开明的态度。甚至在音乐家作为乐长和管风琴师必须隶属于一定的宗教关系时，在他们的曲谱里也显示出这样的一种"双重面目"。宗教音乐里资产阶级反对中世纪既成法规的影响在当时来说是显然具有积极的、更生的意义的。重要的一点是，资产阶级的"面目"在这种音乐里是如何得到显示、是采取什么方式显示和贯彻下去的。这种音乐和人民群众的生活过程结合得越紧，它作为艺术——世界观的因素也就越发便于贯彻，从而也就同时取得那在萌芽中的现实主义的特征。像巴赫和亨德尔这样的大师就可以在 16 和 17 世纪德国巨大的音乐财富上面进行建立。

当亨德尔从哈勒到汉堡去的时候，他就来到一个向经济的成熟上升的城市，这里也有了英国启蒙运动隔海传来的重要的影响。他在这里和约翰·马特松会合。在这位爱国音乐家和新闻记者的身上他认识到当时最进步也就是最重要的一位音乐理论家——按罗曼·罗兰的说法是一位音乐界的莱辛，比《汉堡剧评》[①] 还早 60 年。在汉堡亨德尔写了他的第一批歌剧。也许他在这里产生了对于德国民族歌剧的开始的希望。在这里他也对其他民族的音乐所提供的一切新鲜事物扩大了他开通的眼界。

当亨德尔又要离开汉堡向意大利进发的时候，他准是为了找寻一个他能够写出为人类发展尽力的伟大的、形式明确的作品的地方。伟大的意大利音乐家当时不论是在器乐领域还是歌剧领域内，都取得了在更强烈的性格刻画、更大的表现力量和音乐思想更深刻的融化的意义上的重大成就。亨德尔通过他在意大利得到的启发使自己具备了旋律的丰富性、艺术的多样性、形象性和戏剧的造型能力。对我们来说，德国音乐的经典大师离开了捷克器乐的传统也是不能想象的。亨德尔在晚年对那边传来的艺术的新脉搏也很表示注意。

在当时最先进的、克服了封建专制主义、建立了资产阶级关系的英国，亨德尔创造了带有人民性的英雄人物和激动人心的民族事件的那些规模庞大的清唱剧。伟大的英国诗人米尔顿在他的诗作里面一时无两地描绘了乐观主义的、向前冲击的、改革当时整个世界的英国资产阶级所特有的对未来的幻象和他们的广阔的世界。亨德尔以音乐家的身份参加进去。他在自己的艺术里抓住了全体人民群众在他们的斗争中，在他们对和平和幸福、对摆脱自然界和社会的束缚的渴望中，在他们的胜利中和历史性的乐观主义中的那些富有特征的性格。当时音乐上闻所未闻的表现力的扩大和丰富给他提供了揭示这些带有人民性、民主性的精神的伟大题材的可能性。

一位自觉的人类进步的代表

乔治·弗里德里希·亨德尔也特别善于提取前一时代在精神领域和音乐领域内所发展了的新的因素，并以完美的形式把这样一些新的因素提到更高的阶段，变为他的作品的决定性的特征。

他对音乐的颂歌、对音响艺术打动人心的力量的颂歌，同时也歌颂了他自己的创作力量。像那首由他谱曲的《亚历山大祝典》里面所说的一样，他也"把各个声部向饱满的合唱"统一起来，他也"解除了歌唱的束缚，给予它力量和庄严的音响，让它隆重地发出前所未闻的声音"。至于他那首西西里亚颂歌结尾合唱：

---

① 《汉堡剧评》是莱辛对汉堡民族剧场 52 次演出的评论，它一方面反映出当时德国戏剧的情况，一方面也发展了莱辛现实主义的戏剧理论，是德国古典文学的一部名著。——译注。

　　死者复活，生者消逝，

　　天声在万有中归于沉寂，

所包含的对宇宙万有及其不断的变化和消逝的深刻而又清醒的理解，这种普罗米修士式的认识，人类可以在地上造起天堂的认识，也正是亨德尔的深刻的信念。

　　像他那样用音响来描绘各族人民的快乐和苦难、欢呼和哀号、战斗和胜利的人是很少的，他反复赞美艺术的人性的创造，赞美音乐的深刻和丰富。

　　的确，音乐帮助人类去发现世界上崭新的东西，首先就是感情生活的宽广，从上古到我们今天诗人和音乐家都歌颂过音乐这种影响人类思想和感觉、事业和愿望的力量。几乎没有别一种艺术能够像它那样把人类提至高处，让人类的成长超越他自己，激发他们走向高贵的、创造性的、改造世界的事业。

　　当我们在这里谈到音乐在各国人民历史上的力量的时候，使我想起年轻的弗里德里希·恩格斯关于1842年莱茵音乐节的报导里面的几句话。在这一个3月已见开端之前①的时候他这样谈到音乐：

　　"……只有它容纳广大的人群参与活动，甚至因此在表现力方面获得了显著的优势。它是唯一的一种艺术，其中欣赏和生动的表演合为一体，它的活动地盘也相当于古代希腊诗剧的范围。"

　　年轻的恩格斯继续阐述道，德国人民成功地把人类感情的最内在的秘密从它隐藏的深处揭示出来而且借助于音响加以申述：巨细不遗地去感知音乐的力量，逐步深入地去领会乐器的和歌唱的语言，这是一种对音乐在德国人民生活中所起的非凡作用的认识。对我们今天飞跃的社会进展来说，音乐的作用已经不仅是号召和督促，而是更为全面了。

向不合理现象进行斗争的工人歌手们

　　当德国工人阶级登上历史舞台的时候，它最优秀的人物特别关切德国民歌。弗里德里希·恩格斯，这位卡尔·马克思的亲密战友，在他的不来梅的求学时代里就已经名列合唱团而且热衷于音乐工作。特别有特征意义的是他对德国民间歌曲和大众歌曲的关怀。他是革命斗争歌曲的热心收集者，马克思和恩格斯

---

① 指德国1848年3月革命前的一段时期。——译注。

50 年代的通信表明，马克思曾经把各国的人民诗歌和民间歌曲寄给他那位住在曼彻斯特的朋友。从同时代的报导里面我们知道，在马克思全家和恩格斯一道旅行的时候，民歌在他们旅行期间占有一个极重要的地位。恩格斯去世前一年，以 74 岁高龄还同朋友一道在伦敦参加《弥赛亚》的一场演出的盛会。

前面已经说过，在有组织的工人运动的初期，歌曲就起着重要的作用。自从前一世纪 40 年代以来，说到那些受"正义同盟"支持的工人社团的集会，就不能不想到歌曲。在卡尔·马克思的一篇报告里面我们可以读到：

"这些工人社团的规章是各处一样的，每个星期有一天规定开讨论会，另外一天则是社会性质的漫谈、唱歌、朗诵……"

不论在什么地方，只要是有关动员群众的事情，工人歌手们也准在场向不合理现象进行斗争。当 1848 年 6000 德国工人宣告自己的阶级的团结以四列纵队的雄姿向巴黎市政府行进的时候，走在前头的是五百名歌手。在法国三色旗和束上一条写明"博爱"字样的口号带的德国黑红金的旗帜之下，他们高唱德国歌曲和法国歌曲。当时的报导说，当这些合唱队到达市政府门前唱出了马赛曲的时候，呼声达到了高潮。

我想提醒一下，克拉拉·蔡特金和卡尔·李卜克内西是如何评价德国古典音乐特别是 18 世纪德国清唱剧的意义的。列宁，他可以反复无数次倾听《热情奏鸣曲》，他曾经深入地追溯德国工人合唱团队的发展，认为这对一般的政治性的工人运动具有巨大的意义。

正是这种工人歌手运动重新领会了亨德尔那种具有通俗性和指示前进的思想的作品的意义，从而成为许许多多工人歌手大会演节目的组成部分。1911 年莱比锡举行了第一次的工人亨德尔纪念大会。第一次世界大战之后这一良好的传统又得到继续，——1926 年再一次在莱比锡，1928 年在汉诺威。至于这里，亨德尔诞生的城市哈勒，革命的工人运动从 20 年代起就已经注意到这座城市最伟大的儿子弗里德里希·亨德尔的创作。

纳粹党篡改亨德尔清唱剧的题目和歌词

法西斯主义的黑夜急躁地中断了亨德尔的作品在德国的广泛研究和演出。那些伟大的歌颂解放、富于人民性的清唱剧从演出节目单上消失了，因为这些作品是和纳粹党的种族迫害行动不相容的。接着纳粹党就企图利用亨德尔的名字，和他那具有最崇高的人民友谊精神的音乐来刺激沙文主义的感情。他们在第二次世界大战期间窜改了他的清唱剧的题目和歌词，这就引起了全世界具有正义感的人们一场愤怒的风暴，而且——在国内也必须认为是德国音乐语言学家的光荣——就在他们身上也遭到了反抗。

最近发现的文件揭示出这宗举世周知的事实，那就是依照纳粹当权派的安排，亨德尔纪念会必得屈居冲锋队的霍斯特－威塞尔纪念会之下。从那些发现的文件所提供的意图也可以看出，那些纳粹党徒和军国主义者的疯狂和骄横到了什么程度，他们打算在建立世界统治之后就要把葬在英国西敏寺的亨德尔的遗骸运到德国来。这种罪恶的计划在 1940 年那个纳粹政府首脑和司长叶革尔和当时的哈莱市长魏德曼两人之间的通讯有如下的"根据"：

"下一步同英国的决战引起了这个问题，我们……是否需要利用这个机会……把亨德尔运回德国来。"

收信人立即给予答复说：

"我对这问题自然也已经动过脑筋，即将到来的英国的挫败对这里的亨德尔研究和推广将能发生怎样的影响，因而也达到了一个内容广泛的结论……"

这个"结论"主要有这样的一些主意，一切亨德尔的纪念物品，特别是他总谱的原稿都从英国搬回来。

1940 年 7 月，他们在纳粹党为掠夺各占领国家的艺术宝藏而组织的委员会里面已经提出了这个问题，打算将所有亨德尔的收藏都从英国搬到德国来。可是伟大的战神和人类的理智却不肯这样干。

可是还有必要指出这样的事实，那就是当时那些以贪得无厌的沙文主义和反犹太的方式作出种种勾当的同一批人今天在西德又已经窃据了多种多样的领导地位，而且采取多样的形式来表现他们那老一套的统治世界的计划。

文化和音乐需要和平

目前，当我们在这里，在亨德尔诞生的城市哈勒举行纪念伟大的作曲家和人道主义者亨德尔这样一个庄严的集会，而且还派遣一个代表团去伦敦到西敏寺亨德尔墓前献上花圈的时候，我们敢于指出，在我们的国家，德意志民主共和国，法西斯主义和军国主义的根已经给挖掉了，我们要就力所能及做好一切工作。使和平、各国人民和人类的文化今后不再遭到侵犯。

因此我们要从这一见地出发，再一次表示欢迎苏联提出的缔结对德和约的建议，因为这是欧洲和平的重要保证。苏联政府这一建议在两个德国都引起了广泛的表示。这一和平条约的根本思想得到了一切渴望和平的人们的响应。

现在日内瓦外长会议和一次最高级会议的召开已经为期不远了，到今天为止我们还未见波恩政府同意我们的建议：两个德国的代表共同参加日内瓦会议，以免给世界提供一幅德国兄弟分裂的图画。波恩政府依然死守住它那德国军国主义和它的复仇政策的旧立场，它依然反对和平条约；它依然反对两个德国的邦联形式，它反对谅解因而也反对重新统一。

可是我们仍将抱着谋求谅解的精神继续努力，而且遵照亨德尔始终崇奉的崇高的人道主义。在战争的世界里，音乐的总概念又会是僵死的擂鼓声，这种声音今天还在我们耳边震荡着。可是同将来毁灭一切的原子战争的恐怖序曲此较起来它将是微不足道的。文化和音乐需要和平，为了能够发挥作用。

愿来自东方和西方、北方和南方的最近在我们这里逗留的客人们得到确证，证明我们这里艺术和文化是服务于和平和人类进步的事业的。

亨德尔的作品属于社会主义的民族文化

中国人民自古相传的一句名言说：

"其治厚者其乐厚，其治薄者其乐薄。乱世则慢以乐矣。"

关于这样的"慢"和这样误解排除障碍的所谓"自由"，在我们要听到的亨德尔的宏伟的清唱剧《伯沙撒》里已经有了警告意义的申述。亨德尔用出色的音响刻画出对人民罪犯的审判的景象，这些人民罪犯要把人类投入死亡和沉沦，可是亨德尔也刻画出善良和平的胜利，和一个结束各族人民之间的争端的时代。

在德意志民主共和国各处，在城市也在乡村，在戏院和音乐演奏厅，在我们社会主义工厂和农业生产合作社的俱乐部，劳动人民和艺术家一道使亨德尔的音乐成为他们自己的伟大的体验对象。我们可以根据最近期间的经验说，亨德尔的音乐正在通过一种完全特别的方式成为我们社会主义的民族文化，因为这种音乐——用赫尔德尔的话说——善于强烈地诉诸人心，而且常常是用最简洁的音响。

对于我们音乐生活的高涨富有特征性的一点是把1959年亨德尔纪念年的条件和1957年我们音乐生活的实践做一番比较。这一时期的德意志民主共和国的音乐会听众增加了70万人，1952年以来从亨德尔诞生地开始着手的关于亨德尔各种各式的作品的推广工作无疑是做出了富有意义的一份工作，因为亨德尔那种欢快的、乐观主义的音乐可以培养艺术的接受能力和趣味。

亨德尔的作品向我们提出了道义性的要求，尽一切方法去改善我们的音乐推广工作。我们说这句话是要在这样一个时代，社会主义和共产主义的思想在整个地球上都越来越发生巨大的影响，过去时代在所有作家、画家、戏剧家和音乐家进步的艺术作品里所梦寐以求、倾心以赴的崇高的人类理想，已经开始变成为活生生的现实。

技术进步上的巨大革新和劳动人民在社会生活各个部门的创造性的活动，将使全部的物质财富和文化财富回到创造这些财富的人民的手上。劳动过程的机械化和自动化，新的、预料不到的自然力为和平建设的解放将在我们的社会主义发展中越来越使沉重的体力劳动减轻到最低限度，从而引导到劳动日的具有深刻意义的缩短。

六天工作周已经开始转为五天工作周和四天工作周，劳动者将摆脱劳动的重压和折磨，他已经开始张开双臂去迎接光明，迎接新的、幸福的生活。因此我们今天就必须使我们的全部意念和工作都朝向一个方向，以便劳动人民较之目前有日益增加的自由和时间去满足他们广泛得多的文化要求。每一个工人、每一个农民、每一个知识分子都将有更多的业余时间去发展他创造性的才能，独立地进行艺术活动，读书、看戏和听音乐会，音乐爱好者的人数将要大大地增长。

我们可以根据自己的经验说，我们共和国的人民具有迫不及待的兴趣去认识过去和现代的音乐创作上一切伟大成就的真实本质和它们全部的美。因此亨德尔也才算找到了他真正的听众。这是从事生产劳动的人们，他们凭他们的劳动一天天地改变着大地的面貌，他们建设着光明的、美丽的未来。亨德尔关怀的正是他们，当他说道：

"我很难过如果只是让他们得到消遣，我想望的是改善他们啊。"

亨德尔作品表露出来的这种伟大的伦理力量正好符合于社会主义国家人民对艺术的理解，他们的生活决定于一种新的崇高的道德。我们今天纪念乔治·弗里德里希·亨德尔，目的是要使我们民族的和人类的伟大人道主义者的心愿和希望在我们德国这个和平国家里面，在我们的德意志民主共和国成为生活中美好的现实。

译自《新德意志报》1959 年 4 月 5 日

原载《音乐译文》1959 年第 5 期

舒曼书简

致弗列希西格[①] （1828 年 3 月 17 日，茨维考）

现在学校是在我背后了，世界却和我对面：当我最后一次离开学校的时候，我忍不住流泪了；可是快乐还是多于痛苦。现在那个内心的、真实的人必须站出来，而且表明他是什么人。投入生存，抛入世界的黑夜，没有向导、老师和父亲——我就这样站在那里，可是整个世界在我面前还从来没有像现在这样闪烁着美丽的光辉，我和它对面站着，愉快地、自由地笑对着它的激变，引导我，好朋友，引导我进入活跃的生活，要是这个狂放的青年沉下去，就把他拖上来吧！如果我将来不照这样办，那就半是警告、半是保护地把这几行字放到我眼前来吧。

你的弟弟刚才跑进来，把你的信交给我。由于这一下思路的中断，你和后世损失了一首美妙的小调幻想曲（因为我们的书信总有一天是要刊印的）。我敢打赌，自从我们看过《蒂坦》[②]之后你没有写过诗。让·保尔在我这里是占有第一位的，我把他放在一切人之上，甚至席勒（对歌德我还不了解）也没有例外。可是《散步》[③]近来使我入了迷，我也衷心记起我们克洛普施托克式[④]的黄昏散步。

---

① 爱米尔·弗列希西格（1808—1878），舒曼同学，比舒曼高一班，所以1827年已经到了莱比锡。他后来在茨维考做牧师。

② 《蒂坦》是让·保尔（1763—1825）的范围最广泛、意义最重大而又最有特色的长篇小说之一。

③ 《散步》指赛梅（1763—1827）的旅行小说《到西拉库斯去的散步》。

④ 克洛普施托克（1724—1803），德国启蒙运动时代的诗人，法国革命后，他和席勒同被选为荣誉公民。

致母亲（1829 年 6 月 24 日，海德尔堡）

从莱比锡到海德尔堡的行程像是飞过成百重的春色的天穹；夜行必然带来疲劳和困倦，可是频繁变换的、愉快的、有教养的旅伴也弥补了我夜行的损失。我和维里巴尔德·阿列克西斯①很快就交上了朋友，到他换路向北，我向南行的时候，我们还是依依不舍。我们刚到哈瑙，就向右拐弯驶往法兰克福。请你原谅我不对法兰克福发表意见；因为这封信不免要变成一本对开纸的簿册。附近的天主堂正在对我进行袭击。人们唱起歌来了。只要我一听见音乐，我就写不下去。因此我现在只好搁笔，顺便说一句，我的住处右边是疯人院，左边是天主堂，我真的不免疑心，一个人发疯好呢还是信天主教好。

（25 日清早）

5 月 13 日，下午 2 点半钟，我进入法兰克福，同德国那些皇帝加冕礼比较起来无疑：是寒伧一些，可是心里却同任何东西一样丰富。第一件事，我当然要做的，是像凤凰一样从邮车的尘土里面突然出现，第二件事是吃他一块正式的牛排。然后同阿列克西斯穿过这座有趣的城市而且在莱茵河岸上踱来踱去。法兰克福的园林和广场是罕与伦比的，莱比锡同它比较起来是相当空虚的。远处是陶努斯山蔚蓝的山脉绿条清晰地穿过金兰的晚霞。美因河像银带一样飘荡地流过春天的花园。成千的姑娘们双双穿过林荫道，孩子们玩得欢天喜地。——现在是越来越沉静了，月亮照过白色的鲜花，夜莺迷人地唱了起来，飘荡的丁香和起伏的槐树放出了强烈的芳香。我毫无目的地从北踱到南，从东踱到西——似乎在一场梦里已经来到过这里，那些花园住宅里面已经熄灭了最后的灯光；我只听到一个人，那准是一位姑娘，一直弹钢琴弹到深夜。她停止了，我从槐树影下站起来，沉默地、简直心不在焉地走了。——"四个十字铜元才给开门!"，门前的守门人对我喝了一声。我给他钱，笑了一笑，又回到卑湿的大地。然后我恬然入睡，而且做着回到茨维考的梦……

如果说我昨天做了一次诗意的漫步，那么，14 日我就做了一次历史的、访古的或者艺术的旅行。大清早我就受到一种强烈的渴望的支配，要弹钢琴。我信心十足地跑到一家第一流的最好的乐器商店那里去，我自称是一位年轻的英国爵士的家庭教师，他想买一架三角琴，就是这样在众目睽睽、窃窃私语之下弹了三个小时之久。

---

① 阿列克西斯（1798—1871），马尔克区历史小说作家。

我告诉他，两天之内给他回信，看爵士买还是不买；可是我早就到了吕德斯海姆而且喝着吕德斯海姆酒了。在旅途上再没有比在陌生的、古老的城市里面漫无目的也没有任何向导地跑遍这个城市一切偏僻的角落，搞一些轻松的恶作剧更有趣了；阿列克西斯也有同样的心愿，于是乎我们就在这个城市的那些最古老的地区朝拜了四小时之久。在这个城市里，每一分钟部可以使我们感到新奇多彩、有趣而富有诗意，它的街道不像我们那里那样千篇一律、对称均匀，直线绵延，可以跑上两个钟头也跑不到头。下午我们得到公使馆参事乔治·杜林的邀请，我们只遇见他的十分有趣的太太和斐迪南·黎斯①的太太，一位美丽如画的英国妇女。当她说英语的时候，那就像是天使的絮语。谈话绝大部分用法语。我们接着就同杜林去参观了史台德尔博物馆，歌德诞生的老家和贝特曼花园。阿利阿德妮在那索斯！丹涅克尔②！你想一想一个妇女的最高理想境界，骄傲地、轻易地，凭借自己的尊严和美丽在她手下驯服一只暴怒的豹，豹似乎还想反抗，可是柔顺地依靠在她手上，她骄傲地抬头望着天空。这个比喻是多么美妙啊，美可以驯服一切，驾驭一切，即使最凶野的势力也没有例外，够了：这样的东西是不可能描写的，只可以观看和感觉。

上威斯巴登去的行程好比是一幅生动的、开心的霍加特③或荷兰派的绘画。车中坐着六个人，一位长着希腊式鼻子的美丽的威斯巴登富有教养的姑娘，一个前大学生，一个自暴自弃的睐眼睛的投机商人，两个去威斯巴登浴场的老太婆和维里巴尔德·阿列克西斯，他正在闹头痛。天气好得很，我毫不犹豫地同马车夫坐在一张凳上，高举着手向前行驶。嗨！马跑得多得意啊，我的心情又是多么轻松舒畅啊，每到一家客店又怎样的停下来去补充粮草啊，我又怎样的同全车的旅伴高谈阔论啊，到我在威斯巴登同他们告别的时候，他们大家又是多么难过啊!! 我真不知道，我什么时候能再有这样得意的神仙一样的兴致！威斯巴登很漂亮；可是那些千篇一律的大理石房屋，大厅和宫殿给人冷冰冰的感觉，那些小巧的法兰克福或纽伦堡的房屋和街道在我眼中亲切得多。9点钟我们离开威斯巴登：我闭上双眼，以便用全部的、充分的、冷静的灵魂去欣赏莱茵河老大爷的初见的面貌。——当我张开双眼的时候，它在我的眼前是那么安详、沉静、严肃而又骄

---

① 斐迪南·黎斯（1784—1838），贝多芬的同乡和学生，钢琴演奏家兼作曲家。他和威格勒共同编印了那套《贝多芬生活纪录》（1838及1845年）。

② 约翰·亨利希·丹涅克尔（1758—1841），德国古典派雕刻家，席勒的少年朋友，《阿利阿德妮在那索斯》是他的名作之一。

③ 威廉·霍加特（1697—1764），英国铜刻家兼画家，英国现实主义的开路人，作有社会批判性的讽刺画甚多，并著有《美的分析》。

傲，活像是一位老迈的德国的天神。5点钟我们到达吕德斯海姆。吃过一些湿润的、丰富的饮食之后我们从阿斯曼斯豪森出发踏上那壮丽的尼得瓦尔德山脊，眺望着全部迷人的莱茵区的最灿烂的景色。吕德斯海姆岸边停着许多船，船上非常热闹和活跃。老船夫和他的姑娘领我上船——莱茵河风平浪静，吕德斯海姆连同它那灰暗的罗马式古迹在水波里面投入它的倒影；高山上孤独地矗立着罗胡斯教堂。我们游来游去——我的心完全充实了。我让船靠岸，莱茵河流逝的水波静静地、静静地为游客阖上了入梦的双眼。

抱着惧怯和敬畏相交融的欢乐的感觉，5月17日，星期日，我第一次脚踏莱茵河的彼岸；我们渡过宾根那边去。在一座罗马碉堡上面可以看到亨利四世皇帝的狱室——一个令人寒心的洞穴，一个小偷看了都要感觉羞耻——此外还可以看到莱茵河的整个西岸。古堡风穴里设置的风籁琴凭它那错综的和弦把我在当地吸引住了好些时候。我们在宾根吃午饭：顺便开上一张莱茵河菜单：

精美的汤，牛肉或猪排加上三种青菜，芦笋牛舌头，小肉包子，清炖小牛汤或蒸猪肝，白鳝或萨门鱼，鲜斑鱼，鸽肉包子，三种烤肉和精美点心。

如果你那个海德尔堡的（诗神的）浪子给你报告他的旅行一直说到菜单，你现在还不满意的话，那我就真的不知道应该如何着手。啊，我听见你在叫喊，当儿子1830年复活节回到家里的时候，应该给他摆上什么好吃的东西才行呀！——什么也不要，我亲爱的妈妈，除了汤和一小块肉或烤肉之外。

经过这一番俗事旋行之后，我上了邮船，以便上科布伦次去。我在莱茵河的彼岸一所乡村教堂下来，一个人在那里过夜：阿列克西斯继续向科布伦次进发。这一天我的旅行日记用八个苦恼的字结束：莱比锡雪茄烟完了。

5月18日（星期一）早上几乎比从前所有日子都美好。清早5点钟我踏上了那壮丽的古迹施托尔岑石壁，一座壮丽的骄傲的石壁；景色简直是无从描写，因此也就再无他求了。一点钟到达科布伦次，总的说来我觉得相当烦累，一部分原因是由我的旅伴阿列克西斯造成的，他从这里去巴黎。科布伦次气象很宏伟，摩泽尔河流入莱茵河并不坏。星期二，5月19日，我参观了爱仑勃莱屯施坦要塞，而且在葡萄园里踱来踱去。我准备要度过的一晚本来是相当空虚的，可是客店的主人却安排了一个正式的音乐晚会，因此我就从那架三角琴的古老匣子逗出了迷人的音调（有时断了一根弦，真是妙不可言）接着是尽情地谈，尽情地唱，而更多的是尽情地喝车叶草浸过的葡萄酒。星期三，5月20日，早上6点钟，我大模大样地、精神饱满地站在汽船上面。同船的客人相当的讲究，可是我还是躲开了日常的胡聊，我跑到三等舱去找那些退伍的荷兰老兵打交道，请他们讲一些战争经历，特别是滑铁卢战役。汽船的内部布置的确是豪华得很。甲板上的热闹给我带来更多的乐趣，要是我会画画，那就有一套极妙的人物，这边是两个老兵躺在他们的背囊上睡大觉，那边两个优雅的大学生来回踱方步，这边两个太太笑得个半死，那边两个穿着红衣服的水手在拨火，那边有一个画家戴着眼镜描绘这一带的风景，这边是一个英国人板起气愤的脸孔，拉扯他那条盖过耳朵的硬领，那边是一个厨师戴着白帽子，手上拿着生牛排，忙得不知道向哪边走，这边是我自己坐在那里做诗，同时注意观察一切，那边有一个漂亮的堂倌跳着跑过来，送给我一杯吕德斯海姆酒，等等，等等。内部的布置并不差多少，我可是更喜欢甲板，我脱帽露顶坐在船头，欣赏那凶野的狂风，狂风吹乱我的头发，我因此写了一首东北风的赞歌，上帝为证，这首诗倒不坏。

美因兹城有它壮丽的红色的塔楼和数以百计的船舶，它壮丽的、骄傲的光辉穿过树林射过来。晚上我清点我的钱包引起我极大的但是预计到的惊奇，原来我算来算去只剩得三块钱。

第二天早上，星期四，5月21日，我坐上一架寒伧的出租马车。幸亏我碰到一个好旅伴，一个年老的、有风趣的、络腮胡子的克劳仑式[1]的少校，他做过约阿希姆·穆拉特[2]的副官，在拿坡里和西班牙住了14年，曾同穆拉特一道受到死刑的判决，可是又宣布无罪释放了，我自然愿意让他带头讲话。我从美因兹到海德尔堡没有看见一张漂亮的面孔。在沃姆斯我们吃了中饭，去参观那座大教堂和路得礼拜堂，马丁·路得曾经在这里提出他的信仰自白书。我们问那个向导，这个礼拜堂经历了多少年。"120年"[3]，他回答。我们笑了。我的笑可并不是极高兴的，如果我的手偶然在背心口袋边滑过。可惜那个好少校还未到达曼海姆就和我分手了，我四点钟到达曼海姆。要继续坐车，由于已知的原因是做不到的，因此我愿意步行。晚上九点钟左右我带着快乐与忧伤相交融的心情到了久已渴望的海德尔堡。

---

① 克劳仑原名卡·葛·萨·海恩（1771—1854）。法学家，官吏和流行小说作家。

② 约阿希姆·穆拉特（1771—1815），拿破仑的妹夫，参加拿破仑的雾月政变，后任元帅和拿坡里国王。

③ 按马丁·路得生于1488年，1521年到沃姆斯，既然路得在这个礼拜堂提出了他的信仰自白书，从这个礼拜堂的存在算到舒曼参观的时间已经过了将近300年，那个向导说它经历了120年，无疑是把时间缩短了。

致维克（1829 年 11 月 6 日，海德尔堡）

唉！我干吗要离开您的莱比锡呢，在那里音乐的全部奥林匹斯山是那么壮丽地为我展开，在那里，您像是祭司一样在我面前站着而且为这个眩目的学徒轻轻地、强有力地揭开眼前的翳膜！我当时怎样设想的，今天已经实现了：整个而论这里对音乐的爱好是普遍的，可是人才难得。您知道，我对绝对的理论是不大喜欢的，因此我只是悄悄地打发日子，即兴弹琴多，依谱弹奏少，好几部交响乐开了头，没有一部是完成的，在罗马法研究和法规大全之间偶然插进一首舒伯特的圆舞曲，那部三重奏常常搅扰我的梦魂，有时又想起我最初在您身边度过的神仙一般的时辰——这样子，我相信，我没有什么大退步，也没有什么大进步，那无疑也就等于停滞不前。可是我感觉到，弹强音的时候比从前饱满，弹弱音的时候比从前自由得多也活泼得多：可是在工夫方面和准确方面我却是失败了。决不是过高估计我自己，同海德尔堡所有钢琴演奏家比较起来，我非常清楚地、谦虚地知道我是高出一筹的。

对付蒂博①组成了一个反对派，我也参加了进去。您简直不能想象，在他那里我虚度了多少美妙的、纯洁的、宝贵的时间，他在法学上无穷无尽的多样性之外对于音乐却有那么严重的片面性和真正学究气的见解，它使起死回生的、教人眉飞色舞的、压倒一切的精神受到多大多大的痛苦。

14 天之前我从瑞士和意大利旅行回来，在经济方面我变得更贫穷，可是在世界见识方面却变得更富有，内心更加充满了崇高的神圣的回忆。您还没有——上帝为证——领略过意大利音乐，意大利音乐只应该在天底下听——意大利天底下，天逗出来美妙的音乐！我在米兰斯卡拉剧院多少次想起您啊，而且我是怎样醉心于罗西尼或者更多的是巴斯塔②，关于她我不愿意加上什么形容词，由于敬畏而且几乎是由于膜拜。在莱比锡演奏厅里我有好几次醉心到神经震颤，而且畏惧这位音乐的天才；可是在意大利我也学会了爱她，我生平只有一个晚上，好像上帝站在我面前，他让我睁开眼睛静静地朝他面孔看了几眼——这样的一晚就是在米兰，我听到了巴斯塔和罗西尼。这也是唯一的一次，我在意大利听到了有关音乐欣赏的一次；除此

---

① 蒂博（1774—1840），法学家，也写过有关音乐的论著《论音乐的纯洁性》，片面地颂扬了帕莱斯特里那派的音乐。
② 玖迪塔·巴斯塔（1798—1865），意大利女高音歌唱家，1822 年在巴黎初次登台，长于戏剧性的表演，特别是演唱罗西尼和贝里尼的歌剧。

之外，在意大利听音乐是几乎谈不到的，您还想不到那是怎样的一塌糊涂，它像火一样把一切都一扫而空。

舒柏特始终是我"唯一的舒柏特"①，更加上他的一切都倾向于我的"唯一的让·保尔"；每当我演奏舒柏特的作品，就好像感到我是在读一部用音乐谱出来的让·保尔的小说。最近我弹过他那首四手联弹回旋曲，作品第 107 号，我是把它算作早期作品的。也许您不妨拿这种平静的雷电交作前的郁闷同我做一番比较，或者拿这种巨大的、静寂的、压抑的、抒情的癫狂和那种完全的、深刻的、轻盈的、灵巧的、飘荡在这种十足真实的整体上面的忧郁做一番比较。除却舒柏特的音乐之外，再没有在思想进行和思想结合方面以及在表面上合乎逻辑的跳跃方面那么独出心裁的了。而且像他那样在各种各色的大批音画中间能够刻画出唯一的个性的人又是多么稀罕啊！而且又是最少数的人为他本人和他自己的心灵写过那么多的东西；依照我简单的判断，如果对别人来说他们写下他们一瞬间的感情的地方是日记簿，那么，对舒柏特来说那就不折不扣是乐谱，他向乐谱交托下他每一点情绪，当别人使用文字的时候他那彻头彻尾是音乐性的灵魂写着音符，多年以前我开始写过一本音乐美学，范围相当广泛，可是后来我明显地感觉到，我缺乏精确的判断，更缺乏客观。可是您得明白，在我心里有什么东西在催促我、推动我，如果我把我的交响乐全都写下来，我的交响乐已经可以写到作品第 100 号，而且我在整个管弦乐队里面又感到多么舒畅啊，有时候我觉得自己浑身是音乐，除了音响之外什么也没有，也正因为这样，我觉得无从下笔。

现在说到请求，唯一的只有请求，第一也是最恳切的是："请您答复我，"第二也是更恳切的是："尽可能快！"上帝为证！在这里我得不到您的书信，正如在莱比锡听不到音乐会一样难受。您在莱比锡有帕加尼尼，而且听了四次！不！四次，四次这个词儿就够把我带到绝望上去。请您给我谈一谈愿上一学期的全部生活和活动，也谈谈您目前的学生，您的克拉拉和您另外两个长着音乐性的大眼睛的小孩。您能够把从 4 月到 9 月的音乐报在 14 天之内寄给我吗？这里没有人定阅，您却也许已经用不着它。还有一些比较不大重要的请求，请您给我寄些乐谱，依照定价计算，全部舒柏特的圆舞曲，莫舍列斯的 g 小调协奏曲和洪美尔的 b 小调协奏曲，两者都不要分谱，附带条件是如果我不喜欢，我可以退回去，全部舒柏特的作品，从作品第

---

① 舒曼从不喜欢舒柏特的音乐。1828 年他曾写过一封信给舒柏特。可是舒柏特已经来不及读他的来信了。

100 号算起；请您特别不要忘记那部五重奏，此外，凡是我离开莱比锡之后出版的有趣的钢琴作品而您又认为我会喜欢的都可以寄给我；赫尔茨和车尔尼的一些新作也可以加上去，因为我在这里已经被人领到一些人家里面去。

蒂博和他的亨德尔歌剧咏叹调一定得躲到桌子底下去。

致洪美尔（1831 年 8 月 20 日，莱比锡）

首先希望您先生阁下原谅这个给您写信的陌生人放肆的冒渎，他多年以来一直钦佩您的作品；由于我各方面听人说，凡有请求大师指示迷津的学生都从未遭到冷淡的拒绝，于是我就鼓起了信心。

我从小就已经热爱音乐，如果容我提出证明，我可以整天坐在钢琴前面即兴弹奏。我的父亲，萨克逊邦一个小城的书商，一个目光远大而又目光敏锐的人，也许比我母亲更易于承认选择艺术职业的价值，我的母亲也像所有母亲一样，对所谓糊口的职业是认为胜过危险的艺术家生活的。虽然曾经和乐队指挥威柏先生商量过有关我的音乐教育的问题；可是由于那位大师远在英国，我的父亲 1826 年不幸亡故，事情就给拖下来了。作为一个盲目的自然主义者我没有向导地走我的路，三年前我考入这里的大学，可是在良好的指导之下我照旧热情地继续我的钢琴弹奏和作曲。由于我实际上随谱视奏一切协奏曲，可是基本上还是不得不从 C 大调音阶开始，您可以想象得到，我的教师还要做些什么纠正和改善工作。我的进步给我增加了勇气，学习变得更严格了，一年之后我已经能够安定地、稳当地、技术上无懈可击地演奏那首 a 小调协奏曲①（事实上只有这一首）有时还公开演奏。

1829 年复活节我去海德尔堡，"你要在世界上干些什么？"这个念头突然向我来一次袭击。我不必谈到那场斗争，它经历了整整半年，最后是对艺术的爱好得到了胜利。我写信给我母亲，请她写信去莱比锡问维克，问他是否相信，我在音乐上能够有些出息。后者的答复是令人鼓舞的。我迅速地赶回莱比锡，带着强烈的企图和火热的意志。可是我发觉我那位原来的老师变化得多厉害啊！同从前不一样，并不是每一个音都在天平上面衡量过，每一乐章，一页一页地，一丝不苟地认真学习，他让我好的坏的混在一起弹下去，也不管什么触键法和运指法：一切都应该才华焕发地、帕加尼尼式地演奏，因此我弹起来总不够活泼和迅疾。我的教师要通过这种

---

① 指洪美尔的 a 小调钢琴奏鸣曲。作品第 85 号。

方法使我摆脱某种程度畏怯的、几乎是机械的和死扣出来的弹奏。我也看到，他的方法用在他的女儿身上比用在我身上要合适一些，他的女儿的确显示出出类拔萃的才华，我对这样一种自由的处理却不敢有什么信心。虽然这样，我也很容易觉察到，我在莱比锡居留的一整年对于表演、理解诸如此类的问题也许已经有了比较自由的见解，可是就演奏的真正功夫而言却是收获很小的。

现在我充满信赖地求助于大师，大师是否容许我在一段时间内享受到大师的指导。我羞怯地奉上一部协奏曲的第一章独奏部，也许较之一切描写更能判断我目前学业的立足点。由于我已经试写了协奏曲的体裁，我还要提出一点，那就是在这之前我已经大大小小写过许多东西，对我来说，协奏曲形式似乎比较奏鸣曲的形式来得容易一些，因为它自由一些，放肆之处，还请原谅。

致弗力肯① （1834 年 9 月）

我用不着对您说，您的艺术家的遭遇深深地感动了我，正如您不顾一切始终清醒地保持您对艺术的爱好使我感到高兴一样。除此之外，不用我说您也知道，您那位受尽推崇的爱涅斯蒂妮作为艺术家使我感到多么深切的兴趣，而且我是多么希望她对我们也许要携手前进的每一步都从远处感受到。

您那首升 c 小调变奏曲我已经仔细推敲过了。我对那个主题有意见，它本身就已经具有太多的变奏性、对于变奏曲本身，我要指责您的是那里面太多性格相类似的东西。虽然对象始终都应该固定放在前面，但是用来察看的染上各种颜色的玻璃却应该像用颜色玻璃凑起来的窗户一样，穿过玻璃周围的东西一会像夕阳一样是玫瑰红，一会像朝霞一样金黄色，诸如此类。说起来我像是在反对我自己，因为我这些天正在根据您的主题写了变奏曲，我要把它称为"悲壮的"②；可是我曾经试图把这种悲壮的东西用各种颜色表现出来，如果其中真有什么悲壮性的话。也许在付印之前我可以先给您看看。如果您喜欢的话，那么，对我就是莫大的快乐，我将能够随时给您传达有关我们的艺术画片的消息。最新的和最重要的事情是那个老迈的路

---

① 弗力肯是波希米亚的一个男爵。他的女儿（即信中提到的爱涅斯蒂妮）曾从维克学钢琴，舒曼因此与她相识，而且私订婚约。弗力肯得到消息之后，就把女儿带回去，一年之后，婚约解除了。但是他们始终维持着友好的关系。

② 悲壮变奏曲即后来出版的《交响练习曲》，作品第 13 号。

德维希·彪纳①昨天在这里举行音乐会。您知道，他当时是同贝多芬一样有名的，他为霍夫曼小说里的人物乐队指挥克莱斯勒提供了原始的形象。可是他那寒碜的容貌使我感到难过。老狮子脚爪上带着刺——这就是那副容貌。前天他在我家里即兴弹奏了一两个钟头；旧日的光芒有时还在闪动；此外就一切都是阴暗的、沉闷的。如果我有时间，我倒愿意为报纸写一篇彪纳气派，他本人为我提供了许多材料。

请容许我再提一些问题。您的爱涅斯蒂妮学习得又多又好吗？请您也以我的名义要她弹音阶，天天弹，不要超过一刻钟，可是一切都要依照适中的速度。没有手指就没有艺术，没有拉斐尔也没有莫扎特、歌唱和歌曲也不要完全忘掉；嗓子是太娇气而且太柔滑了。请您向她提出我的记念吧。我以深深的敬意问候这位出色的女儿的父母。

致多尔恩② （1836 年 9 月 14 日，莱比锡）

正当我前天收到您的信而且准备写回信的时候，您猜谁跑了进来？——肖邦。这是极大的快乐！我们度过了美妙的一天，我昨天还在继续庆祝这一天。可是今天我打定主意坐下来，要还清我的旧债，尽我在那么狭窄的空间所能做到的那样。好吧，（1）我差不多每天都在想念您，常常是忧愁地，因为我的学习总是那么乱七八糟；始终是抱着感谢的心情，因为我无论如何还是要比您所想象的要学得多。

大卫社只是一个精神上的、浪漫主义的社团，正如您早就察觉到的那样。莫扎特是一位同样伟大的社友，正如现在柏辽兹一样。至于您是社友，并不需要经过书面的聘请。弗洛列斯坦和埃塞比乌斯是我的双重性格，我愿意像拉罗一样把它溶合为一个男子汉。

（2）对于那首幻想曲我当然非常高兴。而且您尽可以相信，出版家如果不怕编辑，也就不必让外间知道我的事情，也许最好就是这样：同时那些黑色的、印得正确的乐谱却那么逗人喜欢。我劝您注意我那首升 f 小调奏鸣曲，可是更要注意那首刚在哈斯令格尔那里出版的没有乐队的协奏曲。我愿意听到您对这些作品的意见。

我从肖邦那里得到一首新的叙事曲③，据我看来，这是他最有天才气息的（不

---

① 路德维希·彪纳（1787—1860），写过歌剧，也曾参加过《新音乐报》的工作。
② 亨利希·多尔恩（1804—1892），作曲家，曾任里加、莱比锡、柏林的歌剧院乐队指挥，舒曼跟他学过音乐理论。舒曼写这封信的时候，他在里加。
③ 指肖邦的 g 小调叙事曲。

是最天才的）作品；我也告诉他，这是所有作品中间我最心爱的一首。经过一段长时间沉默的考虑之后他郑重其事地说——"这使我高兴，这也是我最心爱的作品。"除此之外，他还为我演奏了一大批新的练习曲、夜曲、马祖卡舞曲——一切都是无可比拟的。看他是怎样坐在钢琴前面的，那真是动人心魂。您将会非常喜欢他。可是克拉拉却是更大的演奏专家，她几乎比他自己为他的作品赋予更多的意义。您考虑一下那些完美的东西吧，那样的一种本领，似乎连自己也说不出所以然来的。

致阿朵尔夫·亨塞尔特① （1837 年 9 月 2 日，莱比锡）

关于您对踏板的意见我完全同意：我在我的乐谱的开头也总是注明"踏板"，如果踏板准确到一秒钟的程度，那准会造成全新的效果。在表情记号上我有一个问题：我们要不要使用德文。我不久就要给您寄上我的一些"幻想曲"；您可以看到，那还是好看得很的。那就是不用 Allegro 而是"迅速"或者"热烈"或者其他什么。

顺便想起：在我还未得到您的消息之前，我在一些乐谱本里面为我的一些小曲子加上了题目；例如在《狂欢节》里面，在《幻想曲集》里面，都是这样。您可以看到《梦境的迷乱》——《夜里》——《为什么》——根本就有许多。您喜欢的将是后者，《狂欢节》会差一些。我刚刚写完了 18 首大卫盟友舞曲——正当我生活艰难动荡的时候。因此也请您原谅我字体的潦草！

致克拉拉 （1838 年 4 月 13 日，莱比锡）

这套音乐现在是在我手里了，而且总是怎样一些美丽的旋律啊！想想吧，在我上一封信之后我又写完了一整本新的东西。我要给它题名为《克莱斯勒利安那》，而且把它献给你——是的，献给你再没有任何别的人；——当你发现你自己的时候，你将会嫣然一笑。现在我的音乐在我看来是那么不加雕饰，妙造自然，那么千言万语地自肺腑中流出！每当我给别人演奏的时候，大家都受到这样的感染，我现在常常喜欢弹给别人听。什么时候能够当我靠钢琴坐着的时候，你就站在我身边呢？唉，那个时候我们两个就会像孩子一样哭一场——我知道，这是会把我制服的。

---

① 阿朵尔夫·亨塞尔特（1814—1889），钢琴演奏家兼作曲家，他的早期作品得到舒曼极高的评价。后来做了俄国的室内乐演奏家和枢密顾问官。

李斯特的幻想曲是我听你演奏的作品中间最不同凡响的一首。把那些他还不认识的托卡塔和练习曲弹给他听吧，也请他注意那些帕加尼尼练习曲。当你到达的时候《童年情景》也许就可以完成；我非常之喜欢它，我每一演奏，就为我自己留下丰富的印象。最近在印刷中的东西是幻想曲，为了有别于那些幻想杂曲，我加上"古迹、凯旋门和星象"以及"诗"一类的题目。最后那个字眼我想了很久都没有想好。我想，对音乐作品来说那却是一个非常高贵而又恰当的字眼。

可是有时你也许不免要忍耐一些而且常常要骂我一顿。我有一些缺点，可是比起从前来是减少了。我们长期的等待也有某种好处，有些事情在别人牵涉到婚姻问题的时候就不免宣告完蛋。我刚刚发现，婚姻（Ehe）这个字是非常富于音乐性的，干脆就是一个五度：

再谈谈我的缺点吧。我有一个可恶的缺点，为了对我最亲爱的人表示好感，我会认为可以通过许多恶作剧来证明，例如有一封信早就应该作复的了，却还是搁在那里。你会说："亲爱的罗柏特，写回信吧，它已经搁了很久了。"你以为我会照办吗？不，我还会胡扯各种各样可爱的原谅的理由，诸如此类。此外我还有一个非常顽劣的缺点——那就是：我十分崇拜漂亮的妇女和姑娘的面貌——我可以堆上笑容而且胡天胡帝地赞美你们女性。因此，当我们有时穿过维也纳的街道，碰到什么美女，我蓦然惊叫："你看，克拉拉！瞧瞧这天仙化人吧。"诸如此类的话，你不要吃惊，也不要骂我。可是我也能够做到非常严肃，常常是好几天——你也不要理会我这一点；那大多数是我灵魂的活动，一些关于音乐和作曲的思想。世界上发生的一切：政治、文学、人类都使我激动；对于一切我都按照我的方式进行考虑，然后一切都通过音乐来发泄，去找寻一条出路。也正是这个原因使我的许多作品那么难于了解，因为它关涉到一些距离遥远的引人入胜的事物；有时也是意味深长的，因为时代的一切大事打动了我，然后我就不得不在音乐上把它表达出来。也正因为这个缘故新近的音乐作品使我感觉满足的是那么少，且不说手法上的一切缺点，他们就在最低级的音乐部门的音乐感兴上，在平凡的抒情叫喊上也只是来回兜圈子。这里所见到的最高的成就都达不到我的音乐的品格的初步。那一种不妨说是一朵花，这一种却是思想上丰富得多的诗——那一种是粗糙的自然的萌动，这一种却是诗人意识的劳作。这一切也并不是我在作曲过程中知道的，它是事后才来的。

我也说不出它的所以然，正如局限在个别的乐章里面不能一般地论述音乐一样，可是我却在进行思考。简而言之，你会有时发觉我非常之严肃而且简直不知道如何衡量我。由此可知，当我作曲的时候。你就不要太多地注意我；这是会把我引到绝望的地步的。我也可以答应你，只是偶然的会在你门口窃听一下。这样子，就会有一种美满的诗人生活和万紫千红的生活；我们要像天使一样一起弹琴和赋诗，而且给人们带来快乐。

对门德尔松我兴趣不大，倒是他对我的兴趣多一些。但直到现在为止他还是我眼前最卓越的人物。有人告诉我，他对我并不是真诚的。如果真是这样，这就会使我伤心，因为我对他是抱着崇高的情意的，而且始终保持不变。可是你可以把你所知的顺便告诉我；这样至少可以小心点，如果有人在我背后指手划脚，我可不愿意浪费任何一点什么。至于我作为音乐家对他的态度，我清楚地知道，我还能够跟他学上好几年——可是他也可以跟我学到一些东西。像他在类似的环境中长大的一样，从小就是注定倾向音乐的，我将凌驾你们全体——我从我创作的魄力上感觉到这一点。

致克拉拉（1839 年 1 月 24 日）

关于协奏曲①的意见我已经同你说过：它是交响乐、协奏曲、大奏鸣曲之间的杂种。我明白，我不能够为演奏家写协奏曲；我必得考虑一些别的东西。此外我写完了的有：变奏曲，可是没有根据一定的主题。我要为它题名为："花饰"，它是采取特有的方式把所有一切交错起来的，除此之外还有一首小回旋曲，小曲子，我还有许多小曲子，我打算把它们巧妙地编起来，总名之曰"百花小曲"，正如有些人这样来称呼一些图画。你喜欢这个名字吗？

亲爱的克拉拉，也许你容许我提个意见吧：你常常为那些人演奏《狂欢节》，他们还根本不认识我；那些幻想杂曲不是更合适些吗？《狂欢节》总是一首勾销另一首，并不是每一个人都能忍受的；在幻想杂曲里面却每个人都可以畅快地借题发挥。可是你喜欢怎样就怎样吧！我有时心里这样想：作为一个小姑娘，你自己在音乐方面也许注意得还少一些，那就是亲切的、干脆是令人爱慕的、不加矫饰的东西。浪漫主义的东西并不寄托在音型和形式上；反正那是会在那里的，作曲家根本就是

---

① 这里指的也许是那首由出版商哈斯合格尔称为"没有乐队的协奏曲"的 f 小调奏鸣曲，作品第 14 号。

一个诗人。在钢琴上弹上一些《童年情景》我会为你更好地提出一切的证明。可是我有时候不免有点担心的却是我们也许会在音乐趣味问题上不时吵吵架，因为每一个人都是那么敏感的。因此还是稍为提防我一下吧；我发起热来可能像玻璃碎片那么轻微地刺伤人。最后还有一个请求（我在做一次讲演）：千万不要再称我为让·保尔第二或贝多芬第二！我真会因此恨你那么一分钟；我宁可比别人差上十倍，但是我要有自己独特的一点东西。

致楚卡尔马里奥^①（1839 年 3 月 10 日，维也纳）

杂志也好，我也好，都不愿留在这里，我们根本和这个地方合不来，经过从各方面切实的衡量之后，事情的真相显示出来了。主要的障碍是图书审查。

致克拉拉（1839 年 3 月 11 日，维也纳）

整个星期我都是坐在钢琴边上作曲呀，写呀，笑呀，哭呀，扭做一团。你可以在我的作品第 20 号（《大型诙谐曲》）里面找到一切美妙的描写，它已经在刻版了。

《童年情景》收到了吗？你意见如何？《孩子的请求》《入睡》和《诗人的话》请你加倍地弹得慢。我这样说真是太放肆了，是不是？可是我了解你，小克拉儿，和你的火力。

致克拉拉（1840 年 3 月 18 日，莱比锡）

我差不多整天同李斯特在一起。他昨天告诉我："我觉得好像我同你已经交了 20 年朋友。"我这方面也是这样。我们彼此之间已经可以斗蛮劲了，而且我常常有理由，因为他太过于任性而且给维也纳教坏了。可是他演奏起来却是那样的超群出众，又大胆又疯狂，同时又是那么温柔和芬芳馥郁——我从来没有听到过这样的演奏！可是克拉拉，这样的一个世界再没有我的份了。像你所从事的艺术，像我也常常在钢琴边上进行作曲的时候那样，这种美好的安乐生活，我不愿拿它去和他的全部豪华做交换；同时也多少有些浮夸的成分。

---

① 楚卡尔马里奥（1803—1869），德国民歌收集者，也是刊行者之一，曾参加《新音乐报》的工作。

致门德尔松（1845 年 10 月 22 日，德累斯顿）

最好的门德尔松！

现在你该是在我的交响乐中间了吧！您还记得 1841 年第一次试演吗——还有开头那些堵塞的小号和圆号？音响效果像是真正的伤风鼻塞；只要我一想起就不得不笑。现在请您接受谢意吧，您又记起了我的乐曲，又为它付出辛苦的劳力。我抱着衷心的快乐回想那演出的第一晚；它进行得多么出色啊，我再没有听过这样的演出。也许我明天可以办到，可是我缺乏这样的进取精神。我还没有恢复我全部精力；任何一点简单的生活秩序的扰乱都使我手足无措，从而陷入一种病态的、激怒的处境。因此，当我妻子去找您，引起我的烦恼的时候，我还是宁愿留在家里。凡是称心行乐的地方，我还得远远地离开。事情总是这样说：希望吧，希望吧——我愿意这样。

克拉拉带着真正的快乐告诉我，您对她是多么亲切和善良，您知道——她从来就是崇拜您的，而且您那方面的每一个赏识的标记都使她感到幸福。作为不断用功、不断要求上进的艺术家而且根本作为一个女人她也配受到一切的眷顾和鼓动——她是上天赐予的一份赠礼。总之她满怀幸福地从莱比锡回来，而您就是幸福的主要的根源，她毫不隐瞒这一点——最后我们还深入研究了您的管风琴奏鸣曲——可惜只能够在钢琴上；可是我们真的不用看题目也听得出来是您的大手笔。那种道地诗意的、新的形式在每一首奏鸣曲里面又构成了完美的画幅！如果我听巴赫的时候只是想象到他自己坐在管风琴旁边在演奏，那么，听您的时候就更多的想到一个按链的司乐女神采齐丽亚——多么美啊，恰好这也是您夫人的名字。的确，亲爱的门德尔松，那么纯粹的和声！那么越来越纯粹、越净化的写法再没有人写得出来了。我又赞美了您一次吗？我可以吗？当然，世界（包括世界上许多音乐家）懂得什么叫做纯粹的和声呀？瓦格纳又写完了一部歌剧——无疑是一个才华洋溢的家伙，充满了疯狂的意趣而且是越出一切常轨的大胆——贵族的倾倒还是打从《利恩齐》算起的——可是他的确不能完善地写上四小节，几乎不可能一气贯注地写和想。他们缺乏的正是这种纯粹的和声，这种四声部的圣咏技巧。这样子怎么可以持久啊！现在呢，全部总谱已经漂亮地印了出来摆在我们面前——还加上五度音程和八度音程——而且他也愿意修改和涂抹——太晚了！音乐没有丝毫的地方胜过《利恩齐》，还不如说更加黯淡，更加勉强！可是你这样说，人家会认为"哦，妒忌"？因此我只对您说，因为我知道，您早就一清二楚的了。

致门德尔松（1845 年 11 月 12 日，德累斯顿）

当约阿希姆①演奏那部小提琴协奏曲的时候，我又从心底里怀念着您；我不能第一次听这样的一部乐曲之后提出批评，可是我真是五体投地。我心目中涌起了一幅图画，我不能保持缄默，那是：典雅女神的画像，她霎时间像是忘却自己，她像缪司自己一样呈现她的本来面目，她受到了更热烈的启示；我立刻就要把它画出来。当然，您自己非常喜欢这部协奏曲，事情也真的是这样：正如作曲家所认识的那种情况，还是没有人懂得他的作品。

希勒②要为那些预订音乐会做很多事情；他满腔热情而且显得很快乐。唉，我老是那么无所事事地袖手旁观，我是多么难过啊！最近我试图做做指挥工作，可是还是不得不放下来，我觉得非常吃力。可是总的说来我是好多了，比您在这里的时候好多了；就是进行工作我也觉得增加了力量。

关于《唐霍塞》也许不久面谈吧。我必得收回一些话；那是我看过总谱之后写信给您谈到的一些话，从舞台上一切都是另一种样子。许多地方使我深受感动。

致多尔恩（1846 年 1 月 17 日，德累斯顿）

我希望您看看瓦格纳的《唐霍塞》，这个包含好些深刻的、独创的东西，比起他从前的歌剧来根本就好上 100 倍——当然有些地方音乐上是平凡的。总的说来，它对舞台具有巨大的意义。根据我对他的认识，他具有相应的胆量。我觉得技术和配器是出色的，就本领而论同从前简直无从比较。他又已经写成一部新的脚本了：《罗恩格林》。

致勃伦德尔（1847 年 8 月 8 日，德累斯顿）

今天早上我稍为细致地考虑了我的提议；我扼要地把我的想法告诉您。我想在作曲家大会上组织一个维护古典作品反对时髦改编的工作部。这个工作部要负起责

---

① 约瑟夫·约阿希姆（1831—1907），伟大的小提琴家，在莱比錫受到门德尔松的赏识。1869 年起任柏林音乐学院院长。
② 斐尔南·希勒（1811—1885），钢琴家，指挥家也是作曲家。

任来，就所有比较古老的重要的作品的新版本加以鉴定，加以审查，看那些出版物保持原样到什么程度，看哪些地方遭到没有理由的窜改，然后希望在明年可以再度举行的全体大会上提出关于审查结果的报告。此外我想建议成立一个探索古典作品受损章节的工作部，这一工作的意义正如我从前已经提出过的一样（《新音乐报》第十五册第 149 页）。这个工作部必须负责找出一切符合这个规定的章节，而且在下一次大会上提出意见。这准会引起有趣的、彻头彻尾是实际上激动人心的辩论。莫扎特的安魂曲也许会趁这次机会提出来，关于这部作品一直还流行着各种最荒唐的想象而且它还谈不上歪曲，除了某些章节之外简直完全是膺鼎，这将是这个承担细致的批判的研究的工作部一项伟大的功绩。此外我希望提出有关法文标题以及在德国作曲家的乐谱里面滥用意大利文表情标记的问题，请您建议废除一切法文标题和肃清那些意大利文表情标记，这些表情标记用德文来说即使不比意大利文好也决不会比意大利文差。最后我还要提请大会注意，将来的，希望是每年一次举行的大会，应该采取什么方式做出一些安排，使得大会有助于对青年作曲家的鼓励，也许可以通过公开的号召，把一种比较重要的体裁（那就是说比较大型的教堂音乐、交响乐、四重奏等等）的原稿寄到工作部，由工作部选出优秀的作品以便在下一次全体大会上举行公开演奏——或者采用通行的悬奖征求的方式或者其他办法。

还有一个请求，请您给我几个字的通知，13 和 14 那两天有些什么议程，进行程序如何，星期日又有什么安排。也许我星期六或星期日可以赶来参加。

致勃伦德尔① (1847 年 11 月 20 日，柏林)

只是有关《仙女》的演出的几句话。它是匆匆忙忙赶出来的。我也想从亲自指挥的位置上退出来，可是我还是干了，为了避免更多的麻烦，可是麻烦还是不能避免。有些合唱很出色，乐队还行——可是那些独唱！尤其是仙女和男高音！在这样的城市收钱卖票却给观众送上这样糟糕的演出。

听说您在莱比锡有机会听到《仙女》，我只愿意向您提出请求，请您注意那个可爱的仙女。在这份工作上是花了心血的。这里流行的特别是这两种指责，——缺

---

① 法兰茨·勃伦德尔（1811—1868），1844 年起担任《新音乐报》的主编，他还有一项伟大的功绩是参与组织全德音乐协会。

乏宣叙调和乐曲连续不断的衔接——这恰好是我认为特有的优点，是一种真正形式上的进步——希望您仔细考察一下。莱尔施塔勃①这位出众的凡夫提出了这种指责，此外也有些人觉得好。

昨天晚上我在戏院里突然遇见了柏辽兹！他今天已经继续他的行程，上圣彼得堡去指挥自己的作品。

致启斯特纳② （1847 年 12 月 9 日，德累斯顿）

古老的自由瑞士的胜利打动了每一个人的心！我在爱申多尔夫的诗集里面找到了一首③，这对目前的状况是再合适不过的了，而且具有高度的诗意。

这样的一首曲子如果应该采用，那就必须及时地在世界上出现。赶快吧，赶快出版是必要的。请您马上答复我；这整本乐谱还来得及作为圣诞礼物送给梅特涅侯爵。

致赖涅克④ （1848 年 6 月 30 日，德累斯顿）

我原来不知道，您是我有些作品的朋友——从您的一些改编乐谱我应该是察觉到的。根本上，正如您也猜想到的那样，我不是歌曲改编的知己，至于那些李斯特的改编本有一部分对我来说简直是真正的嫌恶。可是在您的手下我却感到十分舒服，原因是您是少数了解我的人中间的一个——音乐不过是装进另一个容器而且不是李斯特式的加上胡椒和作料。因此我喜欢看到您的劳作而且对您表示深切的谢意。

致诺特博姆⑤ （1848 年 7 月 3 日，德累斯顿）

这一段时间我常常想起您，震撼人心的事变像对一切人一样也对您关于前途的

---

① 路德维希·莱尔施塔勃（1799—1860），柏林的一家音乐杂志的主编，也是舒柏特歌曲《天鹅歌曲集》的歌词作者。

② 尤利乌斯·启斯特纳，当时莱比锡的出版商。

③ 指爱申多尔夫 1810 年写作的《提罗尔的夜班警卫》。

④ 卡尔·赖涅克（1824—1910），钢琴家、指挥、作曲家兼音乐学家。特别是以莫扎特演奏家著名。

⑤ 古斯塔夫·诺特博姆（1817—1882），音乐作家，有论述贝多芬作品的著作行世，间亦作曲。

决定发生作用了！维也纳和柏林，正如您自己说的一样，目前都不是适于音乐家居住的地方。这里表面上是平静些；可是政治上相当懒散的德累斯顿结果也终将抵御不住巨大的、普遍的冲击。可是您是决定离开维也纳的了——现在您可以走了——对一个好音乐家来说，那边从来都是倒霉的，除非他是吹牛家或者百万富翁。把革命带到他们的音乐肚皮里去吧！可是《音乐报》①却提供了一个坏榜样，他们现在还尽是满幅都登载着关于中流演奏家的文章，对于创作艺术家却不知道说什么。那真是够惨的！

致赖涅克（1848 年 10 月 6 日，德累斯顿）

这一册前面那几首是我为我们大孩子的生日写的，就是这样一首接一首地加上去。我像是又一次从头开始作曲。您也可以这边那边发觉到我那旧日的诙谐。它同《童年情景》是完全不一样的。这里是一个比较老成的人的回味画面，也是为比较年纪大些的人写成的，至于那本圣诞曲集却更多的是虚构、预感、未来的情状，为比较年轻的人写的。在我所有的作品中间，我相信，这会是最流行的一本。

致力茨②（1848 年 11 月 1 日，德累斯顿）

由于我始终都是坦白的，这一次也是一样。您现在已经了解我歌剧的脚本，正如您所说的那样，而且也看过音乐的两幕。现在我对您的申请已经到了这个地步，如果您对这部歌剧并无兴趣，那就立刻答复我，这样我将收回我的歌剧或者同经理寻求我们一致的处理办法。

我的努力，正如您根据我生平的艺术活动可以相信的那样，并不在于强迫您或其他任何一个人说些无条件的恭维话，或对我的作品大发雷霆。不是的，我只希望对这样一份辛勤的劳作的成就，举足轻重的人能够对它表示艺术的关切，没有这种关切，在艺术领域内的繁荣是根本谈不到的。换句话说：指责是可以忍受的，但是不屑一顾，音乐部长先生，我却不愿让我的作品受到这样的待遇。

---

① 《音乐报》指当时在维也纳出版的《一般音乐通报》。
② 尤利乌斯·力茨（1812—1877），莱比锡剧院的音乐部长，舒曼当时把他的歌剧《格诺费娃》的总谱寄去请他审订。

致李斯特（1849 年 5 月 31 日，德累斯顿
附近克莱沙浴场）

赖涅克先生在德累斯顿的出现是那么倏忽——在我们只谈了一次之后，革命就把我们向四面八方拆散了——以致您所询问的关于《浮士德》的场景的问题我还来不及向他提出确定的答复。我认为这本戏就它所要求的耗费来做比较未免太短了，我一直打算再从《浮士德》加选一些别的东西来作曲。像这本戏目前的样子。我不愿意送到公众面前去。

可是，亲爱的朋友，在您心目中这些曲谱是不是太多莱比锡风味①呢？或者您还是认为莱比锡等于小巴黎，人们也可以弄出一点名堂来呢？说正经话！您是认识我许多作品的，我对您有稍为不同的想法，相信您不会一股脑儿那样说出您对艺术家全部生活的判断。只要您仔细一点去考察我的作品，您就不能不发现其中一种见解的相当多样性，我始终努力从事的是在我的每一部作品里面都端出一点不同的东西来，并不是单单注意形式。而且的确，在莱比锡会合起来的人也并不是那么糟——门德尔松、希勒、本涅特等等；我们也还能够同巴黎人、维也纳人、柏林人比一比高低。可是我们作品里面如果某些音乐特征有点相似，您就称之为凡夫俗子或者随意高兴的说法——那么，各个不同的艺术时代都能够提出同样的实证——至于巴赫、亨德尔、格鲁克，后来莫扎特、海顿、贝多芬都有成百处是雷同到可以互相掉换的（可是我把贝多芬的最后一些作品抽出来，虽然它们又指向巴赫）。没有一个人是完全独创的。对您那不公道和侮辱性的意见就说到这里为止。我们从此忘掉那天晚上吧——一个字是一支箭——主要是努力向前。

赖涅克告诉我，您还在魏玛住一些时候，也许愿来得及在莱比锡看我的歌剧上演（大约在 8 月底）。通过您的介绍也许在魏玛的演出可以成为事实，这是使我高兴的。

目前我们——受到革命的驱赶——在这里过着恬静的生活，虽然重大的世界事变吸引人心，可是工作的兴趣却不是减少而是增长了。我去年整年和近来一段时间

---

① 莱比锡风味指 1848 年 6 月 9 日在舒曼家中一个音乐晚会上引起的一个考语。李斯特赞美舒曼的 d 小调钢琴三重奏，可是认为那部钢琴五重奏是太多莱比锡风味，由此出发特别批评门德尔松的音乐而且认为梅耶贝尔高于门德尔松！据说舒曼气得跳了起来，抓住李斯特的肩膀，颤声说道：先生，您是什么人，您胆敢这样议论像门德尔松这样的大师！——随即跑出去了。

一直是忙于工作。我差不多完成了一部重要的作品，拜伦的《曼弗雷德》的配乐。

瓦格纳①在哪里？

致勃伦德尔（1849 年 6 月 17 日，德累斯顿）

如果我的妻子完全恢复健康，我将要来参加大会。

东方图画②随函附上；我以为，必须深入品味。如果容我请求的话，我希望您不要听一遍就下判断。

不错——要把时代引起的痛苦和快乐诉诸音乐，我觉得我比许多人先走了一步。至于您对别人提出某些意见，指出我的音乐正是在当代扎下深根的，比徒然好听和适意的娱乐还有力不相同的要求，这使我感到高兴而且鼓励我奔向更高的目的。并且使我乐于看到的也将是对这种意见的关切正在日趋广泛；我从远近的许多迹象都看到这一点。

整段时间我做了许多、非常多的工作；从来没有什么东西这样催促过我，同时却又是那么轻易。可是最后的那些进行曲③却使我感到最大的快乐。

致辉斯特龄（1849 年 6 月 17 日，德累斯顿）

随函寄上几首进行曲——可是并不是那陈旧的德骚进行曲（德国帝王军队的一种进行曲——编者）而是适当的叫做共和进行曲。我不知道有更适于让我发泄我的兴奋的办法——它们是在名副其实的心火熊熊中写成的。条件：必须立刻付印。

致坡尔（1851 年 6 月 25 日，杜塞尔多夫）

一些零碎的工作使我最近一段时间来不及集中精力去搞我们的路得歌词④。这部清唱剧必须彻头彻尾是通俗的，使农民和市民都能了解——就主角而论，他是一位那么伟大的人民的男子。我也将在这一意义上努一把力去处理我的音乐。

---

① 瓦格纳曾经参加德累斯顿的革命起义，失败后逃到魏玛，匿居李斯特家中，然后再流亡瑞士。
② 指他的作品第 66 号，四手联弹的钢琴作品。
③ 指那四首共和进行曲，作品第 76 号，参看后一封信。
④ 指清唱剧：《路得》。

致李斯特（1851 年 11 月 5 日，杜塞尔多夫）

我们昨天试奏了《曼弗雷德》的序曲；我本来的对诗的热爱因此又重新抬起了头。如果我们能够把这最高的诗人力量的强大的实证送到人们面前，那是多么美妙啊！在我看来事情已经算是商量妥当了。当然有些值得考虑的问题还得同导演讲清楚，例如第一部分的精灵也不一定需要在眼看得见的地方出现（如我所想象的那样）。整个作品不应该作为歌剧或戏曲或朗诵乐剧向群众宣布而是作为"配合音乐的戏剧性诗篇"。那将是一种崭新的、闻所未闻的东西。

致约阿希姆（1853 年 10 月 8 日，杜塞尔多夫）

我相信，如果我年轻一些，也许我会写那么几首自由诗来歌唱这只青年雄鹰①，他是那么突如其来而且出其不意地从阿尔卑斯山飞来杜塞尔多夫。或者也可以拿他同一条壮丽的长河做比较，他好比尼亚加拉，作为瀑布从高处奔腾而下，最能够显出它的美点，在它的水波上面驮着一道长虹，岸上是蝴蝶儿来回玩耍而且加上夜莺的伴奏。总之，我相信，约翰奈斯是真正的使徒，他也会写出一些启示录，这是那许许多多的法利赛人即使经过千百年之后也是无从猜破的。

这只青年雄鹰似乎在平地上觉得舒服：他找到了一个比较老成的护理人②这个护理人习惯于同这种雄鸟打交道，善于驯服那双野性的翅膀而又不致于妨碍翱翔的力量。

致约阿希姆（1854 年 1 月 6 日，杜塞尔多夫）

恭贺新年。亲爱的约阿希姆！但愿我们常常会面！嗯——约翰奈斯在哪里？他在您那里吗？那就请您问候他。他高飞呢——还是只在花丛中？他还不发出鼓角的声音吗？他应该永远记着贝多芬交响乐的开头；他应该试图做点类似的工作。开头是主要的；开了头，结尾就会自然而然的迎面而来。请您问候他，几天之内我还要

---

① 雄鹰指约翰奈斯·勃拉姆斯。
② 比较老成的护理人，指舒曼自己。

亲自给他写信。

只要我写信给您，我始终保持风趣；对我来说您就是一种医生。

选译自里查·闵尼希编《罗柏特·舒曼书信、札记选》

魏玛古斯塔夫·凯本霍艾尔出版社 1956 年版

原载《音乐译文》1960 年第 3 期

同列宁的一次谈话

〔美国〕 皮亚齐戈尔斯基

政府规定，艺术家应当在工厂、工会和红军俱乐部承担演出任务。有时一个晚上必须演上四场之多。音乐家和戏剧演员小组乘着雪橇或者骑马从一处跑到别一处。我们得到指示，对那些并不熟悉音乐的听众切不可演奏难于接受的乐曲。如果我们的演出是在一个巧克力工厂举行的话，我们就会得到巧克力，如果在一个罐头工厂演出呢，那作为报酬的就是鲱鱼。只有一次我听到有人抱怨，原来夏里亚宾唱了一场之后得到的却是一双儿童鞋。

…………

时间过得飞快。在革命的旗帜之下任何一点旧的东西都不容许继续存在。城市和街道的旧名字都必须改换。正当在艺术领域也要重新命名的时候，我同其他同事也被邀请去参加一次集会，会是由文化部长卢那察尔斯基主持的。在那些最重要的机构定出新名之后，有人建议，那个四重奏团，我也是成员之一，应该命名为"列宁四重奏团"。"为什么不叫作'贝多芬四重奏团'？"我那幼稚的声音传过了会场。当即有人在桌子底下撞了我一下。于是我们就定名为"列宁四重奏团"。我们的组织还经历了其他的变动。斐迪南·克里什由 L. 蒲尔发，一个出色的小提琴家来接替，K. 莫斯特拉斯的位置由 A. 扬波尔斯基来承担，那同样是一个典范的音乐家。

这一伙荣幸地带着列宁的名字的人物被邀请进入克里姆林宫。列宁非常亲切地欢迎我们。他独自一个人在那里。人们给我们安排茶点，我们演奏了格里格四重奏的一个乐章。当我们告辞的时候，列宁送我们到前厅，而且帮助蔡特林穿大衣。他同我们每一个人握手，说："谢谢，同志们。"然后对我说："您要留下。"我担心地靠近蔡特林的耳朵细声说："要是我不能很快出来，那就请你来接我吧。"他们于是离开了我们。

我跟着列宁走过一条狭长的过道，进入一间小书房。"请坐下"。我把大提琴搁

287

在我身边。他看了一眼。"那是好的大提琴吗?"

"不怎么样。"

"那些最好的乐器从前总是落在有钱的业余爱好者的手里。它们不久就会转到专业音乐家的手里,那些只是在才能上富裕的音乐家的手里。"在他身上一点不会使人感到那是一个掌握充分权力的革命家。他的衣服和他的鞋好像是在商店里现成购买的。他给人的印象像是一个慈爱的乡村老大爷,当他这样坐在一张挺直的椅子上面眼望着我的时候,正好比是要鼓励我说些什么,我的局促不安的感觉消失了。

"您还很年轻,可是您却有一个责任重大的职务。说来也怪,只有在音乐上和数学上满年轻的人就能够一下子出名。您可曾听到过一个小孩子已经成为建筑师或者外科医生的?"他微笑地说。

"不,可是我却听到过儿童棋手。"

"完全正确。您下棋吗?"可是不等我的回答他立刻转换了话题:"是不是真的,您在会议上提出了反对的意见?"

"我很遗憾",我结结巴巴地说。

"像您这样的年纪的人总是先把话说出来然后才去想的",他说,可绝不含有任何一点嘲讽的意思。"我对音乐是一无所知,可是我知道,就一个四重奏团而论,再没有比以'贝多芬'命名更为合适的了。"

"我真高兴,那您就不生我的气了?"

"不",他说,又笑起来了。"可是我很愿意同您谈谈。只有合理的事情才能够维持长久。时间会筛掉一切不纯的东西而且纠正种种错误,特别是像在我们所处的时代所发生的种种事情。列宁四重奏团将不会存在下去;存在下去的也许还是贝多芬。"他说话多用比喻而又不牵涉到什么重大问题。可是凡是他所说的都是深刻的合情合理而且是使人心悦诚服的简单明了。

后来我们的四重奏团在一次庆祝会上参加演出,列宁和托洛斯基都在会上讲了话,而且列宁的名字第一次没有同四重奏团连在一起。我走上前去向他致敬。他被许多人围着,可是他一看见我,就指着节目单上的那行字,字是这样写着的:"第一国家四重奏团。""您看见了吗?"他说。这是我最后一次看到列宁。

译自皮亚齐戈尔斯基回忆录德译本《我的大提琴和我》,原书名《大提琴家》

原载《外国音乐参考资料》1979年4—5合刊

卡札斯回忆录补译

〔美国〕 阿伯特·伊·卡恩

本刊 1979 年第四、五期合刊曾以西班牙杂志《白与黑》为底本，译出了阿伯特·伊·卡恩的《卡札斯回忆录·欢乐与悲伤》。当时编者即已指出，西班牙译者"从政治的角度删掉了其中有关他的一生中最重要的篇章"。为了让大家对卡札斯有比较全面的了解，我们再从德译本把一些最重要的篇章补译出来。

卡札斯自己说，他不是政治家。他对政治的见解有些地方是不大符合实际的。不过我们所要介绍的是卡札斯的思想，而不是什么杜撰出来的思想。至于他字里行间洋溢着的人道主义精神，追求和平、民主、正义和自由的理想，始终是非常动人的。

——译　者

为什么世界上竟有那么多邪恶的事物，为什么人类居然能够干出这一切，我简直不能理解，我也不能理解，在这样种种情况之下，生活的目的究竟是什么——我本身的存在的意义是什么。利己主义放肆地过它的好日子；可是，我问我自己，同情究竟在什么地方有过呢？我再也无法在音乐上得到乐趣了。当时也像今天一样，我并不认为，音乐或任何其他艺术已经提出了对这个问题的答复。音乐必须对某些事情有点好处；它必须是一个较大的整体的一部分，而且应该为人类服务。这样一来我就到达了问题的核心，即我对近代音乐的责难的论点：人性的缺乏。音乐家也是人，比他对音乐的关系更为重要的是他对待生活的态度。音乐和生活是不可分的。

当我在人类的天国梦想中找不到答案的时候，我试图从地面上梦寐以求的万应良方找办法。我读了马克思和恩格斯的一些著作，在我的朋友中间很有一些社会主义者。我希望从社会主义的学说找到我的问题的答案。枉然，我在这里遇到的也是不能使我满足的教条和乌托邦的梦想，在我看来它所有关于改变社会的从而改变人的本身的关系的一切幻想都是完全不现实的。我问我自己，只要一个人还是那么充满了自私自利的和玩世不恭的思想，还在奉行掠夺行为作为他根本的天性，那还谈得上什么改变呢？

我始终是一个极端民族主义的反对者。没有一个民族优于别一个民族——它可以是有别于其他民族，然而却不是更为优越。极端民族主义者妄图凌驾于其他民族之上。爱国主义却完全是另外一回事。对乡土的爱是深深扎根于人类天性之中的。讲到这里我不能不想到路易·康巴尼斯之死。我结识康巴尼斯，是他在西班牙共和国担任加泰罗尼亚的主席的时候。我同他并不总是意见一致的，但是他是一个爱国主义者。他，一个出色的律师，捍卫了加泰罗尼亚的工人事业。当法西斯分子把权力抓到手的时候，康巴尼斯是共和国的领导人之一，逃到了法国。佛朗哥要求引渡，贝当政府照办不误。西班牙法西斯分子判处他死刑。当他站在绞架前面的时候，康巴尼斯点燃了一支雪茄，然后脱掉鞋子和袜子。他要在绝命之际双脚紧贴着加泰罗尼亚的土地。

在我多次游俄的时期，除了圣彼得堡之外，我也在莫斯科、里加、基辅及其他城市举行音乐会，所到之处，劳动人民的可怕的贫困和贵族炫耀性的豪华之间的强烈的悬殊真使我惊心动魄；使我确信那是唯一的时代问题，即人民要对这种不堪忍受的关系起来造反。当1917年风暴终于爆发的时候，我感觉到会要发生什么不可避免的事情。同时，我公开承认，与这场革命跟踪而来的偏差和镇压使我非常反感。有一点我是清楚的，每一次革命都会有过火的行为，而且好像是不可避免的。至于造起反来，人会变得非常之暴烈，这也是我亲身经历过的。可是我还是长时间的不能原谅那样的行为，即以社会进步的名义对无辜的人们进行迫害，他们中间有许多人还是为了改善社会的关系作出过贡献的。任何目的都不能使这样的手段神圣化！

渐渐的已经成为习惯，我每年参加为拉莫列乌和柯龙的管弦乐队举行的义演音乐会。这一次音乐会恰巧排在我经过比较长期的演奏旅行之后回到巴黎的那一天。彩排定在早上——那是定例——虽然我经过一夜火车的行驶已经相当疲倦，我还是直接赶到音乐厅。指挥加布里尔·皮尔尼和我已经在两星期之前一致同意，由我演奏德沃夏克的协奏曲。排演正要开始，皮尔尼径直走进我的更衣室，以便再一次同我审核这部总谱和征求我的意见。在他的举动上我感到有些奇怪，他对我们的谈论好像是漠不关心，可是我还以为也许是有别的什么事情干扰着他。忽然间，他把总谱一扔，拉长了脸，嚷道："多么使人毛骨悚然的曲子。"我当初以为他是在开玩笑；说这是他严肃的意见，那简直是不可想象的。反正他本人是作曲家而且是跟马斯涅和塞萨尔·弗朗克学习过的。可是他继续说下去："这首协奏曲不值得演出。那压根儿不是音乐！"这一切是用这样一种口气说出来，使我再也不能怀疑：他是的的确确一板正经的这样想。

我不能置信地盯住他。"您莫非是发了神经病？"我问他。"您怎么能够对这样一部出色的作品妄加诋毁？"我继续问他知不知道，勃拉姆斯认为这是一部经典性的作品，而且说过，要是他知道，从大提琴身上可以发挥这样的效果，他也会谱写一部大提琴协奏曲。

皮尔尼耸一耸肩膀："那又算得什么？难道勃拉姆斯就不会出错？您究竟是一个音乐家，够条件去认识清楚，这是多么糟糕的音乐。"

我简直气得说不出话。"那您就是这样看待这部作品的了？"我说。"那么要您来指挥这部作品，显然是不能胜任的。既然我爱好这部音乐，我就不能为亵渎它去出一把力。我不干。我拒绝演奏。"

乐队队员拥到了我们这边，各个表示他们的态度。有人说道，会场人满了，我们应当开始。皮尔尼对我说："事已至此，我们没有选择的余地。您只好演奏了。"

"正好相反"，我说，"我回家去。"

皮尔尼跑到台上，赌神发咒地举起双手，竖起他的胡子和头发，当众宣布："帕勃洛·卡札斯今天拒绝为我们演奏。"

会场里出现了巨大的骚动。我要去说明刚才究竟发生了什么事情，可是在一片吵闹声中我没有办法说清楚。人们爬上了舞台，提出控诉，并要求退票。我瞥见作曲家克罗德·德彪西正站在我附近，我向他说明事情的经过，并告诉皮尔尼："这里，您问问德彪西吧，看他是不是认为，一个艺术家在这样一种情况之下还能够上台。"

使我惊奇的是德彪西耸一耸肩膀，说道："如果您真的愿意演奏，您就能够演奏了。"我回他一句："这也许是您的意见，德彪西先生，可是我向您保证，我不能考虑演奏的问题。"

我随手拿起我的家伙，立即离开会场。

第二天我收到一张法院关于破坏合同的传票。司法的程序经历了好几个星期。到了案件终于开庭审判了，连原告的代表也说，就艺术的观点而论，我的态度是有道理的，可是在艺术的条件和法规的条件之间却存在一定的差别。法官判决我败诉。我必须偿付违约罚款 3000 佛郎，照当时的汇率折算，这可确实不是小意思。

我承认——审判尽可倾向这边或那边——我今天也不会另作处理。一个人要就相信他自己的行事，要就不去沾手。音乐只可以毫不妥协地全心全意地去接近它，不可能像水龙头那样随便开关。

在我同皮尔尼争辩的那段时间里巴黎报纸曾在我身上大做文章，说我是好斗的，我的气质把我推到放肆的地步。实际上就气质而论我并不是那么喜欢吵架。事实正好相反，我认为，我对别人总是非常之关切，特别是对待他们各不相同的思想方法，不管我同意不同意他们的意见，我都不会同他们吵个不休，而是愿意向他们学习。至少我是努力这样做。至于气质这个问题，是不容易解答的。我相信，差不多任何人都有完全特定的禀性，这种禀性又无疑属于那构成个性的性格。接见记者的时候人们常常询问我特有的禀性。我呢，是不愿意使问话的人失望的；我知道，他们很愿意弄到一点什么激动人心的或者至少是不平凡的东西带回家去。我也知道，如果我告诉他们，说我非常喜欢玩多米诺骨牌或者说没有烟斗我一天也活不下去或者说我的眼睛非常怕光，因此总是带着一把太阳伞以便保护，他们是不过瘾的。可是此外我还有什么可说的呢？说实在的，我认为我自己是一个毫不复杂的人，只有非常简单的偏爱和嫌弃。即使是在音乐上我也是力求简练——也许这就是我今天的主要特性：我对一切矫揉造作的东西的嫌弃。

一种相当普遍的见解是认为构成一个艺术家的气质的应该是某一种怪癖，可是我恰好不同意这种意见。我不怀疑，在铜铁修配工和银行家中间会碰到脾气十分古怪的人。另一方面我又相信：假如我们今天能够遇见巴赫或莎士比亚，我们将会因他们怪癖之缺乏而感到惊奇，当然也有一些大作曲家具有过分的怪癖；我顺便想到的是理查·瓦格纳和那些故事，他的朋友，指挥家汉斯·里希特讲给我听的关于他和他那火热的气概，他的执拗和他的自我中心主义的故事。可是我却认为，这一类的性格并不构成一个创造性的天才的特质，而且还不如说是弱点，不如予以宽恕的弱点。对于一个艺术家来说，这是无足轻重的：不是他的怪癖而是他的作品值得别人纪念。有时候一个艺术家的特性还会严重地损害他的作品。

那年秋天我们开始了（巴塞罗那 88 名乐队队员的）认真的排练。没有乐队经验的乐手需要学习很多的东西，那些具有乐队实践的也许更要多学一些，因为他们养成的坏习惯必须戒掉才行。这个除了下苦功夫之外没有其他办法。首先我一小时又一小时地进行基本的乐队教育。我选定瓦格纳的《引灵神女》——多数乐手睡着了也背得出来而且总是漫不经心以至不管音准演完了事的作品——同他们一道反复揣摩，直到他们领会，每一个个别的音符都要注意，对每一个音符都要充满敬意。

我也非常重视这一点，即乐手应该像独奏一样演奏，另一方面又始终感到自己是整体的不可偏废的组成部分。正是这一种协调工作和一个乐团的成员的感觉，企图同心协力促成美点的实现的高标准的感觉，使我作为指挥得到不少的快乐，这是我从独奏活动中不可能获得的快乐。

"请您把这个看作大大的特权"，我告诉音乐家们，"我们可以使一些杰作获得响动的生命。然而我们大家也负有重大的责任。我们担当着一种职责，要把这些杰作演奏得尽善尽美。"

要做一个合格的指挥，就要使演奏忠实于原作。首先指挥必须对要演出的作品进行充分的了解。这里所说的不仅在于演出技术的外在表现与每一个别乐器承担的角色，而是也要顾及作品的整体，音乐的内在的意义及其本原的特质。这样的一种理解决不是什么静止的，它必须像生命本身一样不断地成长。不管一部作品已经指挥过多少次，我总在演出之前用同样的劲头进行准备，一连几天，有时甚至一连几个星期在排练之前给总谱和各个声部打上相关的记号，好像我是头一次演出似的。而且常常又发现一些新东西。

如果说 1931 年是我母亲逝世的悲痛之年，那么同时却也是一个诞生之年：这一年春天西班牙共和国成立了。

西班牙共和国的头几年，也就是说内战爆发之前的那几年，是我一生中最重要的年头。我不是政治家，我从来没有参加过一个政党。我觉得政治往往不免是一种肮脏的生意，可是一个艺术家遇到有争论的问题的时候，却不可能与他的良心协调一致，置身事外，特别是当权利和自由遭到危险的时候，更不能置身事外。如今却是共和政府，西班牙人从它得到权利和自由的政府。

从童年起我的父母就教导我，要高度评价共和的理想，从我青年时代以来我就知道，我的位置是在人民一边。试问哪一个热爱人类的人能够有其他的感觉？西班牙人的大多数都要有真正的民主；当人民，以压倒的多数投票赞成共和政府的时候，西班牙人的选择再也清楚不过了。西班牙人遭受饥饿和愚昧的苦难实在太久了，他们多少世代以来都在忍受着军队的、贵族的以及其他官府的骄横和腐败，给榨干了骨髓。现在他们要求公平待遇，过一种与人相称的生活。像西班牙绝大多数的艺术家和知识分子一样我也共有他们的希望。作为加泰拉尼亚人，我对共和国更加发生特别的感谢之情，因为它给予加泰罗尼亚以自治权，这是我的同胞和我长期所渴望的。西班牙共和国的诞生使我的一切梦想都实现了。

正当建国时期有一些人武断说，共和国是一个共产主义的政权。这是明明白白的胡说。这是世界上少数人编出来的神话（说不定他们自己也这样相信），这些人反对的是共和国的顺应人心的改革。那就是说，一帮子始终反对民主的人。这是法西斯蒂——佛朗哥、希特勒、墨索里尼——散布的宣传，后面两个人甚至以这种宣传作为公然干涉西班牙内政的借口。有些好心的人听任这种宣传的愚弄；我知道，人们有时候是会被一些最荒唐的东西弄得晕头转向的。实际上现在共和国在西班牙推行的改革在欧洲其他国家早在几十年前已经是理所当然的了。也许可以说，共和国在西班牙所推行的是一种新政（New Deal），在许多方面都相当于罗斯福在美国的新政。在那些无论如何都要维护他们的封建特权和他们的权力的大亨们眼中，这样的措施必然显得是极端革命的了。可是事实却是，在西班牙共和国中央政府和加泰罗尼亚的自治政府的组织都没有一个共产党员加入了内阁。

一天早上我坐在房间里写着我的清唱剧《马槽》，忽然听见好像有一辆汽车在我家门前驶过。三个德国军官走近来，敲我的门，问我在不在里面。我担心我的朋友会不会试图隐瞒我的住处，为了避免麻烦，我向下面叫道："上来吧！"听到了上楼的脚步声，我想道："你已经担心了这么长久的时刻也许现在就要来到了……"

那些军官走进我们房间，来一个立正姿势，伸手做出希特勒式的问候。其中有两个人相当年轻，一个已近中年。他们穿着整洁的制服和擦得发亮的靴子，身材高大，营养良好，完全占满了我的小房间。使我惊奇的是他们很有礼貌，是的，毕恭毕敬。

他们说："我们到这里来，是为了向您表示我们的尊敬。我们是您的音乐的极大的崇拜者，早就从我们的父母听到了关于卡札斯和他的音乐会的叙述。我们只想来打听一下，看您日子过得好不好，是不是有什么需要；需要多点煤或者多一点食品？"

"不"，我说，"我的朋友和我都有我们所需要的一切。"我急欲知道，他们打的是什么主意。

他们好奇地在我房间里东张西望。其中的一个——年纪最大的显然也是等级最高的——问道："为什么您呆在这么一个狭窄而又寒伧的住所？为什么您不回西班牙?"

我说:"我反对佛朗哥和他所代表的一切。到了西班牙有了自由的时候,我将要回去。要是我现在真的回去,我就一定会怎么想就怎么说。可是在西班牙,对想什么就说什么的人们,等着他们的只有监狱以及更坏的东西。"

"可是您总不愿意在这远离上帝的小窝里打发您的日子吧,这里什么人也听不到您的音乐。"

"我住在这里是出于自愿。"

不久他们就说到决定性的点子上来了:"正如您所知道的,您在德国极受欢迎。每一个人都认识您和您的演奏。我们到这里来,是为了给您传达我们政府的邀请。您被邀请到德国去,为德国人民演奏。"

我说:"我担心,我不能够。"

"为什么不能够呀?"

"因为我上德国去旅行同我上西班牙去旅行是完全相同的。"

沉默。空气显得紧张。军官们在交换眼色,我察觉到,他们是在努力克制自己。

然后是他们的发言人开口:"您对德国的想象完全错了。元首非常关心艺术和艺术家。他特别爱好音乐。如果您到了柏林,他将要听您的音乐会。我们大家都要欢迎您。此外我们还受权通知您,有一列专车听候使用。"

他们三人有一瞬间并不再对我显出威胁的样子,而只是显得可笑。要想用一列专车来影响我的决定,那是多么愚蠢,多么幼稚!我说:"不,无论如何我不会离开这里。您知道,近来我害了严重的风湿病;音乐会的问题目前根本不能考虑。"

过了一会他们放弃了对我的说服工作。

他们的头头请我给他们一张亲笔签名的照片。我猜想他们是要手上有一点东西,用以证明他确是到我这里来过,我满足了他的要求。

"既然我们到这里来了",他补充说,"您可以给我们一点个人的盛情的款待吗?您可以给我们演奏一点勃拉姆斯或者巴赫的作品吗?"我当时有一种异样的感觉,这个纳粹军官真的想听我演奏。

我告诉他,我那风湿的肩膀不容许我演奏。

他走到钢琴边坐下,弹了巴赫一首小曲的几个小节。他弹完了,又问我:"我们可不可以看看您的大提琴?"

我打开琴盒,把我的大提琴拿出来放在我的床上。

他们瞪着眼睛。"您当时在德国演奏就是用这个琴吗?"

我说是的。

他们中间一个人把琴拿起来，其他各人也都来摸摸它。我忽然觉得死一样的难受……

他们终于走了。可是他们上了车，却不马上走，停了几分钟之后又下车朝我的房子走过来。我走到大门口，问他们还想要什么，他们请我原地站住，照了几张像。他们似乎要多弄一点来过这里的补充证明。然后他们才开车去了。

德国崩溃之后还不到六个月，根据这一段短时间的经验，人们有种种理由，担心战后会发生最可怕的坏事。在广岛和长崎一闪之间就可以使数以十万计的人类归于消灭的原子弹，给全人类的未来投下了阴影。这是命运的多么巨大的讽刺！正当人类消除了法西斯对我们文明的威胁的同一瞬间，人类又造出了一种武器，威胁着要消灭全部人类的文明。

其他一些在我那个夏天访问英国期间的形势的发展也促使我产生越来越强烈的不安。度过了全部黑暗的战争的年头，我等着要看到的一天，是伴随着法西斯主义的末日，胜利会带来受它奴役的各民族的解放。可是现在却似乎有些强大的势力正在企图堵塞那通往联合国定下的目标的道路。希特勒和墨索里尼是垮台了，他们庇护的法西斯独裁政府仍然在西班牙掌着舵。还有更坏的消息：人们现在正对佛朗哥政权做出和解的姿态。一些头面人物正对佛朗哥发表赞赏的意见；一些报纸的社论正在恭维他的所谓政绩。"这是从何说起啊？"我问我自己，"难道西班牙人民，最早举起武器反抗法西斯主义的同一国人民，难道还应该继续在法西斯统治之下活下去？这又如何对得起成千成万西班牙难民，他们，包括站在同盟国一边的那些人，全都相信，同盟国的胜利意味着西班牙民主的恢复？难道他们注定要在渺茫的未来继续过他们流亡的生活？"这样一种叛卖的思想是我不愿意接受的，可是事实却说的是另一种话。英国的政府代表和其他有影响的人物想方设法来安抚我，他们说，我必须了解，外交就是那么一种错综复杂的事体，我要有耐心，让事情顺着它自己的轨道发展。正是这一类的劝告更加深了我对最坏的结果的恐惧。

为了我与我受难的同胞的命运和斗争取得一致，我决定在这决定性的时刻采取行动并针对关系到佛朗哥的每一种缓和政策表明我不容含糊的态度。只要我的人民遭受着这样的苦难，我怎么能够继续在音乐会上受人喝彩，接受褒奖？当人们邀请我去牛津大学和剑桥大学接受名誉学位的时候，我答复他们，只要这种对西班牙的政策维持不变，我就再也不接受这一类的荣誉。我声明，我取消一切在英国的音乐会，只有最后一次 11 月在利物浦的音乐会仍然如期举行。不得不采取这一步骤，我衷心感到遗憾，但是处在这种情况之下是不可能有妥协的余地的。

像千百万别人一样，我也希望，第二次世界大战对法西斯主义的胜利将会彻底改变这个世界。一个各民族之间的新的自由和友谊的时代是我所梦寐以求的。但是代之而来的却是冷战连同它的原子弹试验，再武装和严重的破裂。当我在轴心国家崩溃十五年之后，也就是一场死亡了 5 千万人的战争之后，我访问美国的时候，人们已经又在建造私人防空洞。我看到学校里的原子弹教程不禁毛骨悚然，还有一些教材，是教孩子们怎样躲到犄角里，怎样爬在书桌底下。我认为这一切纯粹是发狂。我知道，防御原子弹的唯一的武器是和平。

1958 年夏天我在阿尔柏特·施威策致美国和俄国政府的呼吁书上签了名，书中要求两国停止军备竞赛，禁止未来一切核试验。我在一篇公开宣言中说："我希望美国和俄国为了人类长远的福利把他们的分歧撇开一边。文明的人类不把他们的毅力用在使世界更为幸福和美丽的工作上，却在继续制造新的、破坏力更大的武器，这是使人难以置信的。"

1962 年年头，我宣布了我的决定，拿清唱剧《马槽》作我拥护和平的个人十字军。

"首先我是一个人，然后才是艺术家"，我宣告，"作为一个人首先我对我的同类的美好生活负有责任。我将要尽力所能及，凭借音乐的助力去尽我责任，因为音乐是上帝赐予我的表现手段。它克服了语言的界限，以及政治的和民族的界限。我对世界和平的贡献可能是微不足道的，可是我至少愿意将我胜任的一切贡献出来，以便服务于我认为神圣的理想。"

我的清唱剧演出的全部收入规定为促进人道主义和兄弟友谊的各种组织的基金。

《马槽》在我和平十字军征途上的首次公演是那年春天在旧金山的纪念歌剧院举行。这里是战争末期联合国宪章签字的地方。会场挤满了人——数以百计的人只能够得到站票——听众对我音乐的反应证明，他们对我的使命是了解的，而且同情我对和平世界的渴望。

1963 年 10 月实现了在联合国的公演。从我第一次在联合国的演出算起，已经过了 5 个年头，距离第二次世界大战的结束已经将近 20 年，可是和平始终是非常遥远。古巴的导弹危机——当时全世界已经滑到了一场核灾难的边缘——每一个人都还是记忆犹新，人们又已经听到了越南迫在眉睫的内战的不祥的消息。谁能够预言，摆在我们面前的一切将会是什么灾难？恐怖压迫着我，可是我从这次安排的事实重新找到了希望的根据。

一个月之后和平的希望又遭受到一次沉重的打击，使得各国人民同声哀悼：肯尼迪总统遭到暗杀。

我第一次遇见肯尼迪总统是在1961年秋天。他邀请我去白宫举行音乐会。相当时间以来我已经对他怀有深情的钦佩。对我来说他体现了面临威胁世界的危机时期迫切需要的那种性格：理想主义和领袖才能。大选之后我曾经写信给他，说我对他的胜利表示欣幸，因为这一胜利给人类带来了喜讯。我表示了我热烈的希望，希望他所寄托的自由和人类尊严的原则将要加速恢复我自己祖国的民主地位。肯尼迪总统给我写了一封回信，为我对他的信任表示亲切的感谢。

虽然我对总统具有那么崇高的尊敬和钦佩，要我接受他的邀请去白宫演奏，我仍然不免犹豫。我不能使人误会，我的登台意味着消除了我对佛朗哥在西班牙的独裁统治的厌恶，而且改变了我的意见，即凡是支持那个政权的都是不道德的。经过反复考虑之后，占上风的考虑是，我在白宫的访问将会推进我的和平努力，而且我同时将有机会向总统再一次提出有关西班牙自由的问题。我在写给肯尼迪总统说我接受邀请的回信里说："我知道，您的目标是促进正义的和平，促进全人类的互相了解和自由。这也始终是我的理想，它主宰我平生最重要的决定和最重要的去取。"

音乐会在11月13日晚上举行，在我第一次在白宫演出之后已经过了差不多60年了。音乐会结束之后我挥手请求停止鼓掌，说："现在我要为您们演奏一首加泰拉尼亚民歌。"我随即奏了那首《鸟唱》，西班牙难民的颂歌，表达了我第一件关心的大事：我自己人民的自由。然后我向总统的座位走过去，我们互相拥抱了。

回家之后，我给总统写了一封信："上星期一我全心全意地演奏了，从演出的效果来看，我觉得我得到了超出于酬劳以上的酬劳。如果我对您谦卑的殷勤发展为对音乐和文化的殷勤，我将不胜感激。11月13日这一整天对我来说实具有永恒的意义。我的访问和我同您的谈话加强了我的信心而且给予我新的希望，我们共同的理想，和平和自由，终究是会实现的。我感谢您，总统先生。"

1963年秋天我接到他的通知：他预定授予我自由总统勋章。他请我去华盛顿，亲自出席授勋仪式。在预定的日期临近之前，迎来的却是那谋杀的惊心动魄的一天。

玛蒂塔知道，这位伟大的、可爱的人物对我意味着什么，她起先隐瞒了这条消息。整个下午我都在接受朋友的访问，可是她吩咐他们，不要告诉我发生的事情。直到晚上我才知道这条消息。我生平看见过许许多多的苦难和死亡，可是从来没有经历过比这更可怕的时刻。好几个钟头我说不出话。好像一片美好的、无可补偿的世界刹那间化为乌有。多么惨痛的一场悲剧，这样一位年轻的父亲和骑士风度的政治家，正当全人类对他寄托着希望的时候，竟在光天化日的大街之上给凶手的子弹打中了，倒下了！多么巨大的疯狂啊！

如果肯尼迪总统还活着，谁知道将会发生什么事情。当然，没有一个人可以单独扭转各民族的命运，可是人们感觉到，在他任职总统的短促时间内他正在着手疗治这个世界的创伤和纷争。他死之后我们又经历了多么邪恶的争吵。假如他没有死，那些在越南城市和丛林中枉死的人们，也许其中会有许多人还能保存他们的生命！

有时候我放眼看望，不免感到深刻的震动。在今天世界发生的种种混乱中间，我觉得对人生的真正价值缺乏一种敬畏。在我们周围到处是美丽，可是许多人就是盲目的。他们面对着大地的奇迹，可是熟视无睹。人们是在慢性消耗的行动中，可是行程指向哪里，他们却很少考虑。他们不惜任何代价去找寻刺激，好像他们已经陷入了绝境。生命中所有自然的、平静的、简单的事物很少使他们得到快乐。

我们在这个宇宙中度过的每一秒钟都是新鲜的又是独特的。这一瞬间从前不曾有过，以后也永远不会再回来。我们在学校里传授给我们孩子的又是什么呢？不外乎是二加二等于四，巴黎是法国的首都。什么时候才会教导他们认识他们自己？对每一个孩子都要告诉他："你知道你是什么吗？你是奇迹！你是独一无二的！全世界没有第二个孩子和你一模一样的。千百万年过去了，总没有一个像你一样的孩子。看看你的身体，怎么样的一种奇迹！你的腿，你的胳膊，你灵巧的手指，你的行走。从你身上可以产生一个莎士比亚，一个米开朗琪罗，一个贝多芬。没有什么是你不能完成的。的确，你是奇迹。到你长大成人了，你能够对像你自己一样的，同样也是奇迹的别一个人加以伤害吗？不，你们必须爱你们，你们必须劳动——，我们人人都必须劳动——好让世界在它儿女心目中值得爱慕。"

在我悠长的一生中我已经成为多么非凡的变化和进步的见证啊！在自然科学、工业、宇宙航行方面都取得了不起的进步。可是世界还是始终捱受着饥饿、种族压迫和暴政的折磨。我们还是像野蛮人那样行事。我们像野人一样害怕我们地球上的邻人，我们武装起来对付他们，他们也武装起来对付我们。我痛恨，我不得不活在这样的时代，杀害他的邻人竟成为时代的律令。什么时候我们才能够最后习惯于这样的事实，即我们真是具有人性的生物？

乡国之爱是自然的，可是为什么这种爱要限于边境之内呢？我们是一个唯一的家庭——我们每一个人都负有对兄弟的责任。我们都是一棵树上的叶子，而这棵树就是人类。

译自《欢乐与悲伤》德译本，书名改题为《帕勃洛·卡札斯，漫长道路上的光明与阴影》

原载《外国音乐参考资料》1980 年 3—4 合刊

远东的阅历

〔西德〕维里·赖希

使齐尔品走向远东的首先是一种外在的原因：美国经理 A·斯特罗克为他定下了 1934 年春天和夏天环游世界的演奏旅行，4 月间即在中国开始。以后的行程是经过日本、菲律宾、新加坡再到埃及和巴勒斯坦。下一个季度再转到欧洲和美洲。

可是事情的发展却完全变了样子：在上海开过头几个音乐会之后，齐尔品碰见了那与他早年交上了朋友的钢琴家博里斯·查哈罗夫，查哈罗夫正在当地音乐专科学校任教。查哈罗夫介绍他的学生和他见面，其中有一位天赋极高的年轻的中国女钢琴家李献敏，齐尔品对她真的是一见倾心。

就在第一次见面的时候他立即下定决心，要使得李献敏做他的夫人。为了能够经常接近她，他解除了他继续旅行的义务，作为补偿是在中国和日本多开音乐会，接受了上海音乐专科学校的名誉教授及中国教育部音乐教育顾问的职务。使他大为失望的是李小姐由于她出色的钢琴演奏取得了一份奖学金，于 1934 年秋天去欧洲继续深造。他们俩直到三年之后才再度见面。

作为第一个音乐的爱情标志，他在这位女钢琴家的纪念册上写下了他当时正在谱写的一首钢琴曲的头几个小节：

《向中国致敬》

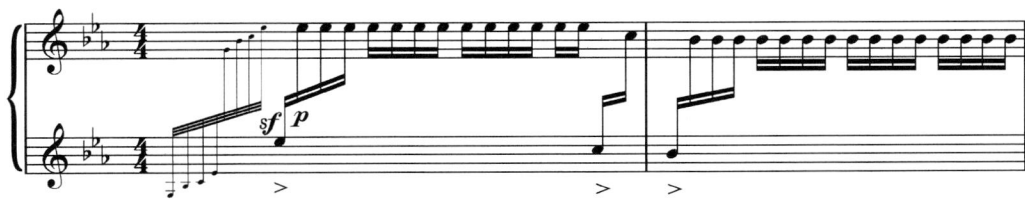

主题的旋律结构（多数由重音决定）可以不要音符的重复依照下面的方式写出：

这首曲子后来在《向中国致敬》的标题之下成为《音乐会练习曲五首》（op. 52）的第三首，是齐尔品 1936 年在巴黎完成的，同时也是他完全以五声音阶为基础的作品的第一部，五声音阶成为主宰他的作品今后多年的主要特色。

……

既然他对远东的音乐世界陷入"着魔"一般的倾慕，为了深入研究，他首先认真去熟悉那些古老的中国管弦乐器、中国民间的舞台艺术、道地的皮影戏和木偶戏以及残存的古老的皇朝的宫廷音乐。——对于那些在大城市研究音乐的青年，他也作为演奏艺术家、教师和教育考察家去同他们接近，使他不免感到失望的是为数颇多的"西方"的斑晶，它严重地伤害了他们作品的独创性和自然性。

为了在这里进行改革性的参与，第一步他在上海音专校长的协助之下举办了一次竞赛，征求一首具有中国风味的钢琴曲，青年作曲家贺绿汀以他的作品《牧童短笛》作为优胜者而崭露头角。——为了印行这首作品以及年轻的中国和日本的作曲家的其他作品，齐尔品也付出了他的力量。1935 年他在东京创办了一个出版社，到 1937 年为止以《齐尔品丛刊》的名义印行了 50 多首作品，其中有 10 首管弦乐曲，他还举办了一次日本作曲家的交响乐曲的竞赛。

齐尔品从远东的使人尊敬的文化，特别是它的音乐和文学所得到的创造性的启发都用来教导那些向他求教的青年音乐家，要他们好好运用。在一本 1936 年发表的题为《五声音阶的技巧练习》（op. 53）的教本里面他把传统的欧洲的钢琴技巧恰如其分地移植到五声音阶的领域之内，以便他们有机会在他们听觉上熟悉的范围之内进行技巧练习。这部作品有一段技术上提出意义深远的要求的走句是这样的：

练习的原则以音阶演奏和琶音演奏的五声音阶的五种调式的运用为基础，同时由八度音决定大指的按入（也就是说大指在第五指之后接着按下去）。

除了那纯粹是服从于教学目的的练习之外，齐尔品还添加上一系列短小的属于同一范围的表演乐曲。在《五声音阶的钢琴练习曲》（op. 51）这个书名之下齐尔品编了两部组曲和 12 首《中国小品》。为了显示五声音阶包罗万象的能量，他一会运用典型的欧洲舞曲的节奏，一会又——处在另一情况之下——运用中国的民间曲调。

指　法

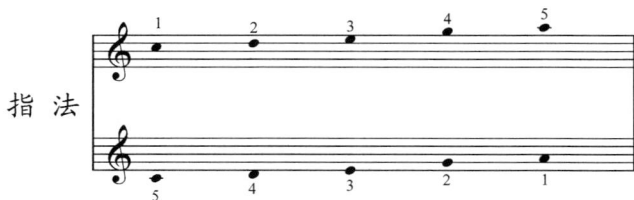

作品 51 号之一《海之歌》

《中国小品集》作品 51 号之三小调之四

最后他还用五部大型的协奏练习曲（op. 52）证明五声音阶在难度够高的协奏乐曲结构上的运用的能量。这一类乐曲的三首是受到远东生活的表面印象的启发的，其中之一——《琵琶》——反映了一段古老的中国传说，他试图通过在现代三角琴上面的叩打和踏板的效果来复制土生土长的琵琶类乐器的音响。

《琵琶》，作品 52 号之二（钢琴）

这首全部大约四分钟时间的乐曲是单独从 F 开始的五声音阶构成的；踏板是从头到尾一直在使用，从而造出一个活灵活现的五声音阶的音响世界。

这五部连续的曲集的中心是前面已经提到的乐曲《向中国致敬》，凭借这首作品齐尔品 1934 年开始了他作为"五声音阶"作曲家的工作，通过他给李献敏的奉献，对他来说也得到了在人的关系上决定命运的意义。

摘译自维里·赖希：《亚历山大·齐尔品》书中的一章
原载《外国音乐参考资料》1980 年 5—6 合刊

音乐中的"娱乐"

——纪念狄奥多尔·W. 阿多尔诺

（1979 年 8 月 6 日）

〔西德〕彼得·龙门霍勒

通过行事而不是
通过空洞的设想来表示赞同
当然会特别使我感动。

阿多尔诺致作者（1963.9.23）

　　说音乐是多少有点娱乐的性质而这种娱乐起码也是它实质的又是正当的任务之一，大概自有音乐以来，就是无可怀疑的了。即使我们不把音乐当作节奏的运动——舞蹈或者行军的刺激剂，以及作为结伴歌唱的组合力量的广大的领域：就在宗教仪式的以至肯定是代表性的功能（最广泛意义上的教堂音乐与国事音乐）方面也依然存在着娱乐因素，其中体现宗教和政权的只是表面的成例，无疑是受到音乐的支持的，同时——遗憾而又处在统治者猜疑的眼光之下——也在"娱乐"之中使人离开了正题一大段。

　　这样的思考——只要你始终一贯地想下去——终究会轶出这个命题，凡是音乐归根结蒂都是娱乐音乐，或者至少：也是娱乐音乐。这样一来，人们不免会问，今天"严肃音乐"与"娱乐音乐"之间的严格的划分是怎么来的，当代意识形态领域音乐范围之内严肃的、难的、深刻的防区与轻易的、也许甚至于是"肤浅的"，正所谓不严肃的防区的干净的划分是怎么来的？贝多芬晚年的弦乐四重奏和那些"小宝宝，你是我的眼珠子"的朋友之间，爵士专家和摇摆舞迷之间，点唱音乐会和迪斯科之间，爱乐管弦乐团和轻歌剧大会串之间的思想的扭打究竟是为了什么呢？

　　即使我们不能假定，音乐和音乐生活各曾有过一段天真无邪的时期，严肃与活泼，庄重与娱乐，孤高与通俗可以和平共处，另一方面我们又不得不承认：不知在什么地方开始了我们今天那么痛切地感到的疆界的分割，不知在什么时候在音乐的区域之间给挖开了这样的鸿沟。

郑重的音乐学直到晚近才开始解禁，让人讨论结合音乐的社会问题。1961 年出版的《古今乐典》这部百科全书第九卷 M 字部还没有 Musiksoziologie（音乐社会学）这条词目。1965 年出版第 12 卷才用 Soziologie der Musik（音乐的社会学）这一条补上去。由于这种关系它才有机会牵扯到 19 世纪的那些先驱：奇怪得很，在安勃罗斯或施匹塔的巴赫传记上已经提到了社会问题①。

音乐的商品性

正是那种社会性的观察方式，这是 19 世纪 60 年代在阿多尔诺强烈的影响之下形成的，在联系到严肃音乐与娱乐音乐成为问题的划分的时候，把音乐上的资产阶级生产方式和商品性质卷进来了。这种论证，随着时间的演进已经尽人皆知而且根本上完全正确的（虽然阿多尔诺在木刻般的庸俗马克思主义的形式上从来没有把它用到战场上），影响所及，就是资产阶级作曲家再也不是——像在封建社会那样——接受侯王或者教会的委托，而是为无名的、"自由的"市场去生产，从而使他的产品一下子给推到那些在经济意义上供应市场的物事：商品的身边。作曲家于是乎被迫去作出选择：要么抗拒他的产品的商品性质的倾向，让他的产品凭它的设计不作为商品去处理；要么那可得适应一般的经济的情况，写那样一种特别善于迎合商品的要求的音乐，以便适应市场的行情。

一边是，拒绝音乐的"商品性质"，引向"严肃音乐"，另一边是，适应市场和商品性质，引向"娱乐音乐"。这就是这样一个过程，约莫是从贝多芬，第一个"崇高的"资产阶级音乐家，也就是说自主地不受委托地进行创作的音乐家，开始成为事实，到了 19 世纪的后半形成了它的顶点：在严肃音乐与娱乐音乐之间划清了确定无疑的界线。最后一部在这种关系上经常听赏的作品，亦即依然无拘无束地把严肃的与娱乐的因素结合起来的作品也许就是莫扎特的《魔笛》，同时也是资产阶级夺取政权前夕一份天才的大手笔（"虽然只不过是，看客之群从景象上得到快乐；同时对行家来说也不失其更高的意义。"——歌德）。

---

① 龙门霍勒：《音乐社会学入门》，亨利斯霍芬音乐出版社，威廉港，1978 年版，页 18 及其他各处。——原注

"严肃音乐"的根源

我们今天所想象的"音乐史",一般都是,"历史性"的音乐同时也永远是"严肃的"音乐。要是探索一下我们的问题的历史的足迹,那就不免要探索音乐史上"娱乐"音乐的种种根源。可是在某种程度上只要你认为理所当然地去研究音乐的"娱乐"性质的时候,那就是你早晚会走上去的一条歪道,因为,正如我们开宗明义就已经提出过的那样,所谓娱乐性质根本就是音乐的与生俱来的组成部分。就我们的问题的含义来说,更难的然而也是更有出息的做法应该是颠倒过来,去寻找"严肃"音乐的种种根源,而且"严肃"的含义应该从今天音乐生活的分裂现象去理解,它的一方面正是显示音乐的专有性质的:音乐宣称是"无功能"(实际上没有一种音乐是"无功能"的),音乐"只是为它本身",这正是"为艺术而艺术"这个口号的意思。

就理论上来说,这一类作品只可以附属于资产阶级的那种社会结构,在那种社会里分工的两极化才使得"严肃"音乐与"娱乐"音乐走上了那样极端的划分。要找到这一类作品并不难,在此之前(只要你愿意,甚至在遥远之前)已经是可以找到的了。

音乐"本身"

让我们抓出两套特别接近我们问题的作品来看看吧:巴赫的《赋格的艺术》和莫札特的所谓的海顿四重奏(这是在那位父亲一样的朋友海顿的影响之下写成而且是献给他的四重奏)。不管它们那显著的差别,它们两者都是艺术上资产阶级生产方式的样板作品的例子,而它置身其中创作出来的社会制度却并不是资产阶级的;那部写于1749—1950年的《赋格的艺术》可以说还是完全应该算是属于封建专制主义的,至于莫札特的弦乐四重奏,成于1782—1785年间的,就社会性质而论却标志着资产阶级革命的前夕或者——换一个角度看——一个没落的时代的夕阳。两套作品无论如何在它的清单上都有一点在或一时代中产生的东西,同时却又是互相矛盾的;两者都不受委托的约束,也没有在理解上或者实用上多费心思。两者都更多地使人留下这样的印象,它们都只是服从那样的原则,亦即作曲家自己定下的原则:音乐"本身"是自由自在的。

这种情况特别适用于巴赫的《赋格的艺术》,他是用总谱写成的,乐队的编排可还是空着。这种音乐的推理和综合发展到那样的程度，以致那适应娱乐的最后一点痕迹都显得排除掉了。正是在巴罗克专制主义的范围之内，一切艺术都必须是"为"什么而作的，这一类作品就更不如说是例外了：事实上这些刻成铜版的乐谱证明是近乎没有买主的东西，后来巴赫的儿子菲立普·爱曼努厄尔是把这些铜版当作破铜烂铁卖掉的。莫扎特的"海顿四重奏"虽然没有人们给《赋格的艺术》做出的鉴定那样几乎是冷冰冰的专有性质，却依然主要是作曲家的独白：贝多芬之所以充满叹服的心情，抄那部 A 大调四重奏抄到手指起茧，自然不是偶然的了。

这里同时好像海岛一样显现出来的是：音乐作品在一种社会结构里面的自我满足，本来这种社会是对艺术生产提出接受外来支配的要求的，也正是这一点成为资产阶级艺术生产方式一般的准则，而且，延长到 19 世纪，导向音乐生活的，"严肃"音乐与"娱乐"音乐两个领域的划分，这是过去音乐史上任何一个时代都不曾采取过这样一种格局的。

资产阶级的生产方式

看起来好像资产阶级生产方式包含有一点东西，这就是在艺术作品上求得紧凑的形式，一切细则的关系归结为一个整体，归结为整体的互为补充、不可缺少的功能，使之成为一切细节赋予意义的总概念。在这种意义上说，"作品"就是资产阶级的业绩，远在"资产阶级时代"之前，一定是自从文艺复兴以来就是这样。

资产阶级生产方式的这一特点，只要它在社会的各个阶段，不一定是资产阶级阶段，还在应用，也许就曾经成为占统治地位的社会美学：无论如何对它的接受和承认不会有任何损害。艺术作品，音乐作品，凡是带有高度的"加工"性质的，例如在巴罗克时代，都会被认为是"难懂"的，却不论什么时候都得到承认，而且通向比较容易的品种的过渡更是水到渠成。另外一种样子却是进入道地资产阶级的时代，进入 19 世纪。从前只是当作倾向看待的追求复合的整体的艺术作品的癖好，现在却成为明摆的事情，而且越来越加深地驶向音乐生活的分裂。从贝多芬开始越来越清楚的是，"作品"的地区处于隔离状态：严肃音乐在这一意义上再也不是供人娱乐的了，正相反，它要求共成好事的努力，它提出一定的知识，超出于赏识者及爱好者的水平的知识作为前提，简言之：接受这一类的音乐带有加工的性质。可是这所谓"工"是资产阶级时代赋予了可以说是宗教德性的概念，"加工"是那种发动机，这是这一新的社会结构不仅隐蔽地从经济上，而且公开地从思想上替它鸣锣开道的。由它不可避免地要求提供的对面磁极是"暇日"和"休养"。

资产阶级艺术的双重功能

试就这一对面磁极，就暇日和休养设计出一种音乐的方案，那它就必然要具有构成这一种"加工"音乐的磁极的一切特点：它不可以要求多费气力，不可以创造行家式的前提，不可以成为"复合的整体"，这就是说，不可以要求整体与局部的辩证法。而正是这一类音乐就是 19 世纪以来的"娱乐"音乐。它所包含的娱乐的意义，再也不是自古以来的一切音乐都是为了娱乐的意思，像我们开头所阐明的那样，而是属于另一个范畴，一切资产阶级艺术，是的，根本就是资产阶级文化生活的功能的双重规范：它承担了娱乐的功能，把工作的模写的功能让给"加工"音乐。

对于资产阶级文化的双重功能作为资产阶级社会结构的模写本身的认识虽然是那么重要：它的困难还不在于它把音乐生活分割为不可调和的两半，而是在于这两半又还在不可分解地互相渗透。假如事实上一方面是贝多芬的弦乐四重奏，另一方面是约翰·斯特劳斯的圆舞曲，那我们很快就会了结 19 世纪音乐区域的分裂这个字的一重公案。然而事情却是复杂得多。贝多芬本人不仅不怕写作资产阶级历史时代崭新意义的娱乐音乐（七重奏、威灵顿的胜利等等），即使是他"最严肃的"作品例如第九交响乐也夹杂着这样的段落，需要与并无教养的人物沟通的段落：艺术这一种结合人性的契机在资产阶级世界之内现在已经不再提防"堕落"了。另一方面（1848 年）三月之前的啤酒花园音乐和咖啡馆音乐也同样活着，贡尔①、兰纳②和斯特劳斯家族的曲子断然是不仅免除了与作品相称的努力：正是约翰·斯特劳斯——儿子晚期的作品试图运用一种近似交响乐的笔法，这种笔法与其说是损害了它的通俗性，还不如说是迎合了更为确切。

娱乐的工业化

进入 19 世纪后半叶，资产阶级社会开始它的总体阶段，可以宣称为高度资本主

---

① 约瑟夫·贡尔（1810—1889），仅次于斯特劳斯和兰纳的舞曲作曲家，作品悠扬动听，但缺乏艺术的个性，而且过于注意迎合时髦的趣味。——译者

② 约瑟夫·兰纳（1801—1843），最早在维也纳主办露天游园音乐会的音乐家，19 世纪维也纳舞曲代表人物之一。——译者

义和工业化的时候，音乐的"娱乐"的课题亦随之归入总体：再没有一个领域被排除在这个社会的财富的"基本形式"，商品的范围之外，[①]"娱乐音乐"于是也具有近似于工业生产的消费商品的性质（街头音乐、轻歌剧、流行歌曲），而"严肃音乐"（也有戏称之为"曲目音乐"的）则高抬身价，在正规消费者心目中，这种身价却只能使人联想到讲究和沉闷。两者之间——直到今天——划分的鸿沟虽然是那么深，却又是命中注定地牵扯在一起。扩展的交响乐文献产生了（柴科夫斯基、拉赫玛尼诺夫等等），它在保持传统的表面形式的同时，毫无顾忌地按照娱乐音乐的样板行事。另一方面娱乐领域也通过对"严肃音乐"的借鉴和调剂不断刷新它的处理手法（柴科夫斯基——拉赫玛尼诺夫体和德彪西及拉威尔的法国"印象主义"的风格在伟大的好莱坞时代及其旁支和后代的电影音乐里面是可以屡次反复找到的）[②]。

当代的复旧倾向

这里提示出来的只能是一些历史的线条。它可以延伸到现实的当代。在 1970 年前后新马克思主义的倾向，把资产阶级文化现象的商品性质有分析地公开宣布之后，今天的倾向还不如说是复旧的努力，"严肃音乐"与"娱乐音乐"之间的区别不妨宣布为过时。也许是这样吧，就某种意义上说，在 19 世纪后半它是依然有效的；更进一步说，"E"代表"严肃"音乐，"U"代表"娱乐"音乐，这种略语的含义，由于美学领域急剧的工业化和市场化，已经模糊而且混乱到了荒唐的地步。话虽这样说，回顾一下——这也正是眼前这篇小文章的目的——音乐上的严肃与娱乐这个区别的历史的根源，那还是值得的。当代音乐生活的巨大的手腕，随便我们举出任何一个领域的名字，都没有例外地受到它的操纵，是愿意而且必须使人忘却，从前音乐界曾经发生过这样的事情，即为了保护取得真和美的权利，甚至于甘冒宁可教人难懂的风险，而且付出了辛勤的努力。如果说，资产阶级社会——凭借贝多芬的音乐——放射过人道主义的预言的火炬的光芒，那么，我们的音乐生活，总的来说，只要能够恢复一点人道主义的微光也是好的，可是不管你为一种自称为"通俗"的，甚至于支配了市场的98%的音乐的活动货架进

---

① 同上书，《音乐的商品性质的早期》，140 页。——原注，（原文如此，出处不详——编者）。
② 同前书，《街头音乐》，224 页。——原注（原文如此，出处不详——编者）。

行口若悬河的辩护，那也是无济于事。我们的社会，资产阶级的，曾经是肩负着那样的理想：自由、平等、博爱登上舞台的。我们常常愿意给当代音乐分一下类，随你说什么先锋派，什么所谓"古典音乐"、爵士音乐、通俗音乐、摇摆舞、求爱音乐、咖啡馆音乐或者工地音乐、抗议歌曲、中彩歌曲、流行歌曲、电台醒睡歌曲，还留下什么资产阶级的理想没有？平等：不错，命中注定的。自由和团结呢？谁愿意这样主张就由他主张吧。

译自西德《音乐新刊》1980 年第 1 期

原载《外国音乐参考资料》1981 年 3—4 合刊

社会关系认识的标志

——青年勋伯格与工人歌手运动

〔奥地利〕 阿尔布莱希特·杜姆林

（一）

"20 岁开始我有过一些朋友，他们引导我去接触马克思主义的理论。到了我作为合唱指挥——男声合唱团的指挥——从事工作的时候，人们管我叫同志。当时，社会民主党为了扩大自由选举的权利正在努力奋斗，我对他们的目标表示了强烈的同情……但是我从来不是共产党"。1950 年 2 月 16 日，亡命客阿诺尔德·勋伯格写下这段话的时候，杜鲁门是美国总统。在他任职期间"非美活动调查委员会"又重新恢复了那种臭名远扬的审讯；"非美活动"的意义首先就是共产主义。①

从勋伯格在好莱坞的朋友中间，艾斯勒和布莱希特是受到该委员会传讯的，而且不得不离开这个国家。正如阿多尔诺这一时期从艾斯勒那边远远离开一样，勋伯格也极力避开任何可能的嫌疑。可是通过上面引述的纪录"我同政治的关系"② 终于使人记起一件平时几乎不为人知的事实：原来他在青年时代曾经从事马克思主义的研究而且同工人一道搞过合唱团工作。1974 年施图肯施密特那本搜罗丰富的评传还是这样说："关于勋伯格与工人合唱团的活动一般人是不大知道的。（……）为工人合唱团创作而且包含社会主义运动的思想的曲谱好像他从来没有写过。"③ 迄今为

① 参看艾斯勒、布莱希特：《非美活动调查委员会的传讯》，载《两者之间的抉择》，第 15 年度第 87 册，（1972），柏林/西，1972 年版。也可参看阿尔布莱希特·别茨：《汉斯·艾斯勒。一个正在构造的时代的音乐》，慕尼黑 1976 年版，167 页及其以下。
② 刊于施图肯施密特：《勋伯格，生平——环境——著作》，苏黎世，1974 年版，507 页。
③ 同上书，第 33 页。

止人们所知道的有关勋伯格生平这一段的经历，只是在维里·赖希那里概括起来的一句话："作为施托克劳五金工人歌手协会的合唱指挥的一份职业（……），那位社会主义音乐教育家约瑟夫·硕伊给他找到的一份职业，虽然给他带来了丰富的艺术的满足——他居然能够同这个小小的业余合唱团排练勃拉姆斯的难唱的曲子达到了无懈可击的程度——可是只能带来微薄的收入。"[1] 这一点粗略的提示理应根据有关文件在后面加以具体化。

1923 年勋伯格曾经对他的学生汉斯·艾斯勒声明过："要是您在您生活上头一次一天有了两顿像样的正餐，三套好服装以及一些零用钱，那么您也将会放弃您的社会主义。"[2] 这一句表面上似乎是建立在唯物主义的存在—意识关系的基础之上的庸俗的理解的话，不妨认为是理解勋伯格对马克思主义的态度的一把钥匙。因为勋伯格自己正是在经济上陷入困难的处境的时候开始同马克思主义打交道的。1890 年他父亲的死亡对他的家庭来说也是威胁到生存的一下沉重的打击：搬了一次家又一次家，而且丧事过了没有几天那个聪明的实科中学学生阿诺尔德就已经退学而且由他的母亲逼他去当银行见习生。学校和职业生活的突然的变换，自己身受的物质的穷苦，加上对那怀抱着无政府主义思想的父亲和那唯心主义自由思想家叔父的怀念，使得那年轻的勋伯格倾心于马克思主义的阅读材料。

除了勋伯格上面提到的引导他"接触马克思主义理论"的朋友之外，还有一个大卫·约瑟夫·巴赫。1949 年勋伯格写过一篇对他艺术发展的回顾的文章，认为他对他性格的形成发生了重大的影响。他们是在 1893 年夏天认识的：勋伯格，银行小职员，巴赫，跟恩斯特·马赫研究哲学的，后来做了《工人报》的音乐批评家而且创办了工人交响乐音乐会。[3] 除了他的学术研究之外，巴赫还有诗人的野心，勋伯格曾经谱写过他的一些诗篇。这也说明，为什么勋伯格在 1895 年 7 月 25 日写给巴赫的一封信里面首先发表他对现代抒情诗的意见。可是他的阐述并不是仅止于此，它具有根本原则的性质：

"也许不妨说，这曾经是浪漫主义派的事情，在本性中去找到与他们的灵魂生活与感情生活的关系。可是我们，戴着社会生活认识的标志的我们，却要使我们同

---

[1] 维里·赖希：《勋伯格又名保守的革命家》，维也纳 1968 年版，第 22 页。

[2] 纳坦·诺托维茨：《与汉斯·艾斯勒和盖尔哈特·艾斯勒的谈话》，柏林/民主德国，1971 年版，第 41 页。关于勋伯格与艾斯勒的关系还可看参看作者在《音乐研究》的论文，1976 年第 4 号，第 431—461 页。

[3] 关于巴赫目前有一份最早的专题论述：亨利埃特·科特兰—威尔纳：《艺术与人民，大卫·约瑟夫·巴赫，1874—1947》（见工人运动资料集，第六集，林兹路德维希—博尔茨曼工人运动历史研究所），维也纳 1977 年版。

这种种敏感离得稍为远一点。也许我们还能够同样感受到浪漫主义派的那些天然敏感，然而说到自我创造，那么随人敏感之不够应用自然是不言而喻的了。我们必须善于划分从本性接受过来的敏感与从自己的生活汲取过来的敏感之间的区别。前者对于自我创作是不再够用的，因而如果你要在这上面试做你的才能的试验，那也是注定要失败的。也许顶事的倒是后者。只有它能够提供独具面目而又适应时代要求的创作的基础。就是在我们的生活中也是社会斗争的认识起着决定性的作用。

当然这里并不是对一种观点提出片面的指斥，而是正如社会关系的运动是阶级斗争的产物一样，美学也必须表现为唯心主义与唯物主义的世界观的斗争的产物，艺术也必须显示为从这些观点产生出来的艺术敏感的斗争的标记。

对浪漫主义派和对我们来说本性之为本性是各不相同的两种东西。我们的任务等等就是对它加以考察，说明我们在这些经验的基础上所赢得的东西也就是真正的艺术。①

巴赫与勋伯格之间的通信，过去一直是不为人知的，正如当前这封信开头所显示的那样，并不仅仅是私人性质，而是也指向一个共同的朋友集团，这个集团不妨认为是与那个政治结社一致的，亦即引导勋伯格去接触马克思主义理论的组织。②这封信的主要部分包含着青年勋伯格的一种美学纲领，也许可以说是我们从他早期有调性阶段所取得的唯一的材料。先行提出来的显然是巴赫的要求，现代的抒情诗人"只应该从本性取得他的联想"。勋伯格则敏感到这是浪漫主义的总括概念，他通过社会关系的认识同它区别开来。他反复说了三次，而且是越说越具体：这两个环节"社会关系的认识"和"社会斗争的认识"最后被他归纳为一个综合命题："社会关系的运动是阶级斗争的产物。"勋伯格在这里是那么明确地坚持辩证唯物主义，他对浪漫主义美学的想象却是那么模糊。事情也许是有点奇怪，勋伯格这封信是面对那位哲学大学生巴赫的，他原来是辩证唯物主义的行家，③ 又是作为启蒙老师出现的。说不定巴赫缺乏使他的理论知识应用于艺术和他作为抒情诗人的活动的

①　勋伯格 1895 年 7 月 25 日写给收信人名为"董约"的这封信现存纽约皮尔彭特·摩尔根图书馆玛丽·弗雷格勒·卡利音乐文献收藏室。作者的意见，认为"董约"即指大卫·约·巴赫，首先就曾被恩斯特·希尔马尔提出质问，参看希尔马尔：《采姆林斯基与勋伯格》，载 O. 科雷理什（出版社）：《亚历山大·采姆林斯基。维也纳乐派周围的传统》（评价研究集刊之七），格拉茨 1976 年版，第 71 页。后来却由（英格兰）温布莱的汉斯·杜布先生向作者证实，"董约"乃是巴赫的外号。

②　属于这个朋友集团的也许还有巴赫的兄弟，麦克斯·巴赫博士，他于 1898 年写过一本详细的《维也纳革命史，通俗本》。它到今天还被公认为典范著作。

③　"1899 年他在波希米亚社会民主'研究院'那份两种语言的学术评论上面曾经试图提出唯物史观作为一种研究方法的意见，几乎引起一场大风暴。"科特兰—威尔纳，前引书，第 100 页。

能力。勋伯格是在给他指路；他在阶级斗争促进社会进步的推论中看到那通过一种符合唯物主义的新艺术去取代那植根于唯心主义世界观的浪漫主义艺术的连续更迭的过程中艺术发展的积极的远景。

这封信还附有一句简短的附启，它具有重大的意义，它关系到勋伯格那从银行小职员到音乐家的通信，通信的时期和因由。附启说："今后写信不要寄到机关去而是：列奥坡尔德街第九号。"家庭地址的通知恐怕准是说明勋伯格那个银行地址作为通信处已经丧失了——从而也丢掉了银行职业。勋伯格同巴赫的通信正如诸如此类的所有通信，本来为了避免落到他那保守的母亲手上的（说不定连他与他表妹玛尔维娜·戈尔施密特的通信也包括在内），直到1895年7月勋伯格都是必须按照银行地址传送的。现在这个可能性显然是失掉了。因此迄今为止关于他银行工作的结束日期的种种说法，有些还是互相矛盾的说法不得不加以纠正：勋伯格一定是1895年7月放弃了他的银行工作。

关于勋伯格改换职业的原因过去一直说成是银行的破产，其实那是到1897年才发生的事。[1] 但是如果勋伯格当时是一个社会主义者，而且，正如亚历山大·封·采姆林斯基所纪录的那样，"他对他的乐谱比对他银行里的钞票更为重视"[2]，那么，说他离开银行只是由于外在的原因，那是不够真实的。就说他担任施托克劳五金工人歌手协会合唱指挥职务这件事吧，那也应该认为是出自确定的信念而不仅仅是由于物质的原因的——像他家里传开来的说法。要是勋伯格走向工人音乐运动的转变不是出自确定的信念，那么约瑟夫·硕伊，奥地利工人歌咏的创立人，也不见得会给他介绍那个职务，他在他那篇文章《工人歌咏联合会及其对社会民主党的意义》里面却是这样说的："要使得自由歌曲和工人歌曲唱起来取得诗人和作曲家所热心追求的效果，那只有有一个这样的合唱指挥才有可能，他本人就是站在我们党的立场上而且由我们歌曲中所表现的理想烧红了心的，并不是一个只是由于物质的原因来接受一个工人歌咏协会的指挥任务。这番道理是明摆着的"[3]。

说到勋伯格1895年恰巧是作为工人合唱团指挥来开始他的音乐生涯，那既不是偶然的也不是摆脱窘境的办法。这种职务的选择更多的是合乎逻辑地适应他政治—美学的目标的确立，"社会关系的认识"的结果。勋伯格之所以离开银行，是具有

---

① 参看勋伯格纪念展览目录，维也纳1974年，第158页。

② 见施图肯施密特的转述，《勋伯格，生平——环境——著作》苏黎士，1974年版，第30页。

③ 收入《奥地利工人歌咏协会全国联合会第五次代表大会纪录》，维也纳1909年版，第72－80页。也作为传单分发。引自赫伯特·施泰纳：《硕伊兄弟》，欧罗巴出版社，维也纳1968年版，第34页及其以下。

双重原因的：第一是出自他要做音乐家的愿望，第二是由于他政治的明确的信念。两个目标都在作为工人合唱团的指挥这一活动中互相统一起来了。

（二）

奥地利工人歌手运动，勋伯格作为合唱指挥给予支持达五年之久，是由约瑟夫·硕伊创立起来的。[①] 关于这个人的事迹，直到现在为止，不论是在通行的音乐辞典里面还是勋伯格从属文献里都没有什么比较详细的材料。他生于 1841 年，在维也纳学钢琴、作曲（跟泽希特）、和法国号，从 1865 年到强迫退休的 1868 年是帝国布格剧场乐队的法国号手。硕伊，1868 年写了著名的《劳动之歌》，1872 年创立了维也纳音乐家联合会，1878 年创立了第一个奥地利的工人歌咏协会的"维也纳工人歌手联合会"，1890 年创立了那个后来通过韦伯恩变得特别出名的"自由印刷工人"合唱团。除此之外，他还在 1891 年建立了"下奥地利歌咏协会联合会"之后，把先后成立的 101 个协会合组成"工人歌咏协会全国联合会"。硕伊不仅是组织者和合唱指挥，而且也是大量的独唱歌曲和合唱的作曲家。从 1895 年起他是《工人报》的音乐批评家，而且担任《工人歌手报》的编辑直到 1904 年他的逝世。大卫·约·巴赫描写他作为一个音乐家，"立刻站出来为勋伯格说话。正是这位约瑟夫·硕伊：奥地利工人歌咏的难忘的创立人，使广大的人民群众倾向音乐的第一位教育家，他实事求是地把事情抓起来而且给勋伯格安排了一个合唱指挥的职位"[②]。

关于勋伯格 1895 到 1896 年在施托克劳的合唱工作可惜所知不多，[③] 至于他在摩德林"自由思想"工人歌咏协会（从 1896 年起）的工作我们却得到比较详细的报道。瓦尔特·斯莫里安曾经发表过一些文件，[④] 从这里面不仅可以看到一些音乐会的节目安排，也可以看到在摩德林建立社会民主党的选举协会过程中所起的作用。勋伯格当时也被承认为党员同志。作者不厌其烦地要找到威列斯提起过的勋伯格在迈德林的合唱工作的日期，指出那迄今止无人知晓的事实，即勋伯格还指挥过另一

---

① 关于约瑟夫·硕伊的前后引述均见赫伯特·施泰纳的前引书。

② 大卫·约·巴赫：《青年时代记事》，收入《开创》的音乐活页，第六卷 8/9 月号，1924 年，第 317 页。

③ 据恩斯特·希尔马尔说，在施托克劳歌手联合会档案室里面保存有勋伯格本人创作的男声合唱的曲谱，但由于谜一样的原因至今还不能让人看一眼。

④ 瓦尔特·斯莫里安：《勋伯格在摩德林》，载《奥地利音乐杂志》，1974 年 4/5 月号，第 189 页及其以下。

个奥地利工人歌手的合唱团，那就是在维也纳工人区多瑙菲尔德的一个。它的出处是一份出版物，再下去是这样一段话："当然这个协会的主要目的并不是在于歌唱——这一点对于知情人大概是不妨由'高级'成员交代清楚的——而是在于为工会活动和政治活动提供一个集会场所。"① 当然，那些排练，正如硕伊所强调的，还是要求重视艺术的工作："在纯粹音乐条件方面我们所努力追求的，不外乎是每一个领导得好的歌咏协会都必须把它定为工作的目标。"② 对于排练工作的建议，他要求从歌词出发；在学习材料的选择上歌词是决定性的，在排练过程中必须使每一个人都对歌词有明确与透彻的了解。"诗歌必须经过讨论和解释，每一点误解都必须加以纠正，直到思想内容清清楚楚地显示出来而且使得字句与声音渗透歌唱者的血肉"。通过硕伊有关主题的解释，勋伯格在他信中所必须理解的种种提示，是在什么背景之下产生的问题也就一清二楚了。"首先必须选出好诗——美的、纯洁的、崇高的思想加上艺术上完善的语言——配上健康的、使人感到温暖的曲谱，促使诗歌取得更提高、更加强的效果：简单的、意味深长的民歌，强有力的自由歌曲和劳动歌曲，能使我们的思想和感情、我们为它而生、为它而死的崇高的理想得到真正而又雄伟的表现……我们既没有兴趣也没有时间在我们排练的晚上去和政治打交道，可是不言而喻，凡是我们所唱的必须发自我们的内心，除了一般的人类的快乐和痛苦之外，还有我们的思维和感觉所倾注的党的理想的追求"。③

勋伯格是支持这个党的目标的，因而也在工人合唱团里面从事这一种艺术的工作。由于他不能弹钢琴，作为合唱指挥工作上不能不受到影响；幸亏他有一个钢琴朋友在他预备工作的时候临时来帮忙，采姆林斯基又在指挥技术上给他指点。关于勋伯格究竟排练成什么样子，可以从他 1911 年给予他的学生波尔瑙厄的劝告看出来，那是当他的学生因为要当一个合唱协会的指挥向他请教的时候说的④。要不是他工人合唱团五年的实践，勋伯格还要到哪里去积累指挥经验来应付 1904 年已经实现的《佩列亚与梅里桑德》的首次公演呢？

勋伯格同工人合唱团做过什么样的文学工作？从《摩德林地方信使》的报道我们看到了两场音乐会的节目安排。除了勃拉姆斯的两首合唱（《摇船歌》《摇篮

---

① R. 弗棱克尔：《劳动之歌 80 年，奥地利工人歌手运动史》，维也纳 1948 年版，第 28 页及其以下。
② 约瑟夫·硕伊：《工人歌咏协会的任务》，载《奥地利工人歌手报》，第一册（1902），第 2 页及其以下。
③ 引自施泰纳前引书，第 37 页及其以下。（原文如此，引书不详。——编者）
④ 参看勋伯格纪念展览目录，第 199 页。

曲》）和约翰·施特劳斯的一首《歌手乐——波尔卡》之外还有一些政治性合唱曲如威廉·包姆加特纳的《谁是自由的》、朱利乌斯·奥托的《各国人民的自由进军》以及《自由还没有争取到》《自由玫瑰花，你何时开放》等等。那些几乎毫无例外地体现了1848年革命的自由理想的政治合唱曲都收入约瑟夫·硕伊编印的《四部男声合唱工人歌曲集》①，这是当时批评界认为"无疑是工人歌咏协会文献领域内最突出的现象"②；也许勋伯格也使用过这本书。他特别成功的一首合唱曲——相信准是在1897年4月4日在摩德林一次音乐会上演出之后立刻重演了两次③——是朱利乌斯·奥托的《各国人民的自由进军》。这位德累斯顿十字架合唱班长奥托曲谱的第二节写道："风暴摧毁了鲜花不少，/拗断了小树一行又一行，/树林也遭到同样的命运，/骄傲的檞树遭了殃，/但是它愤怒的威力/在消灭腐朽和衰老，/等到天空重复晴明，/年轻的生命可真美妙。"在多瑙河寡头王国，政治的要求仍然必须常常采取比喻的形式。虽然这样，工人合唱团的乐谱材料还有不少遭到了审查官的没收。1896年11月21日，在摩德林一场音乐会的前一天，勋伯格也遇到了这样的挫折④。这些工人合唱团经常不仅仅在政治上，而且在美学上也比那些可以比较的资产阶级的合唱团演唱更为重要的作品⑤。既然勋伯格同工人合唱团认真排练勃拉姆斯，那就完全符合约瑟夫·硕伊提出的要求的。对硕伊来说音乐和政治的关系还没有达到后来在大卫·约瑟夫·巴赫领导之下的社会民主艺术处那样彼此分离的程度。⑥

（三）

勋伯格有没有在作曲上为工人合唱团发挥力量？就他早期作品迄今为止所提供的情况来看好像是不曾有过。出乎意料之外的是作者1974年在纽约皮尔彭特·摩尔

---

① 无出版年份，J. 俊特出版社，德累斯顿。
② 载《新时代》，第16卷第2号，据施泰纳引文，第43页。
③ 瓦尔特·斯莫里安：《勋伯格在摩德林》，载《奥地利音乐杂志》，1974年4/5月号，第19页。
④ 同上书，第190页。
⑤ 关于1898年在摩德林的那些除夕庆祝会的节目有工人歌咏协会"自由思想"的，摩德林男声歌咏协会的，男歌协"胜利花冠"的，男歌协"和谐"的。至于像《爱斯基摩宝玉》《多瑙河畔之夜》《平湖市场的难得尔》《我们的施太尔女神》《闹恋爱的小伙子》《什么时候我能再见到我的女神》那样的曲目却是那些资产阶级的合唱团的节目。
⑥ 1904年硕伊逝世之后，巴赫接任工人报的音乐批评工作，他显然定下了不同于硕伊文化政策的方针。那些工人歌手最先还是反对他的想法的，即在音乐的人民教育中只看到音乐工作的单一的目的。参看科特兰——威尔纳，第51页及其以下。

根图书馆除了前引的那封信之外还发现了一份男声和吹奏乐器的残稿《路德维希·法乌作〈1849 年逃亡十四行诗组〉之一》[①] 日期注明是 1897 年 6 月 24 日。这是勋伯格上述政治—美学纲领直到今天唯一与世人相见的作曲的物证。这位曾经由勋伯格多次谱曲的歌词作家路德维希·法乌[②]是 1848 年民主符腾堡邦议会议员，在斯图加特的残骸议会强迫解散之后不得不逃亡到瑞士去。他被缺席判处 21 年徒刑。他那本《1849 年逃亡十四行诗组》共存诗 18 首，1889 年出了一个新版，勋伯格选来谱曲的是第 2 首：

> 天上没有月亮也没有星星，
> 放逐的自由蹑脚走遍州府，
> 坐着，蒙着头，身上披着丧服，
> 在它战士的山丘上哭诉衷情。

> "英雄们，你们身在清凉的坟茔，
> 在沙土底下睡得香，睡得熟，
> 睡到我挥动战斗的火炬，
> 唤醒你们与生人同上征程。

> 我选你们做咱们的旗手，
> 你们的花环总会再长新叶；
> 谁为自由献身，千古美名留。

> 你们是奉献给人民，不是遭劫：
> 你们像是陨石带血压他头，
> 谁敢妄以为你们已经死灭。"[③]

　　勋伯格这首片段的作品风格上还是倾向勃拉姆斯的。它体现了"从黑夜到光明"的发展过程，正如他给许多进步诗歌作为自由斗争的隐喻的基础一样，也就是作为从

---

　　① 这首残稿曾于 1977 年 9 月 24 日柏林举行纪念周期间由汉斯·艾斯勒合唱团（西柏林）首次公演。
　　② 这些曾经勋伯格谱曲的歌词都在札科摩·曼佐尼：《阿诺尔德·勋伯格，其人，其作品，其论著》一书中刊印了，米兰，1975 年版。
　　③ 路德维希·法乌：《诗集》，增订第 4 版，斯图加特 1889 年，第 278 页。

不自由的黑暗"走向太阳，走向自由"的道路在音乐上加以描绘。乐曲在一段缓慢的乐队引子之后开始唱出庄重的简单的合唱作为悲哀的表现。自由女神的致词（"英雄们…"）配合着以乐器模仿的小号的信号声中新出现的拍子和转调引向戏剧性的高扬：丧葬进行曲变成了自由的颂歌。

这部作品的片断的性质给勋伯格在工人运动中的特有的地位投射下一道光芒。前面引述过的那篇文章《我与政治的关系》里面这样说："还在我 25 岁之前，我已经发现我与工人之间的差别；接着我就理解了，我是资产阶级的一份子，于是从一切政治关系摆脱出来。我为我自己作为作曲家的发展大忙特忙，而且我确信，如果我为政治消磨掉我任何一点时间，我将永远无从获得我所发展的技术和美学的力量。"这一种对工人运动的背离，从他 1899 年起领导海里根施塔特资产阶级的"贝多芬"男声歌咏协会这一事实就已经可以认为是明确无误的了。在这个协会一篇关于一个夏天歌乐会的报道里面特别指出"来自当地官场和市民团体的听众"①。最晚是勋伯格一声去也到了柏林（1901 年），这一工作也就结束了。

附注：这篇稿子是根据《音乐理论杂志》1975 年第一期的一篇文章删节加工而成的。

译自《奥地利音乐杂志》1981 年第 2 期

原载《外国音乐参考资料》1982 年第 1 期

---

① 参看勋伯格纪念展览目录，维也纳 1974 年版，第 166 页。

妇女在音乐中的地位

——900 年间的女作曲家

〔西德〕布里吉特·侯夫特

"我们的女作曲家的名字可以使人舒适地写在玫瑰花瓣上，因此我们追踪她们每一位而且不错过任何一首妇女作品。因为一位姑娘为了音符能够忘掉兜帽和其他首饰，一定有更多十倍要求作曲的理由，不像我们只是为了名垂千古才这样干。"①

玫瑰花瓣这个诗意的字眼过去是，现在仍然是喜欢被人引用的。从他那优雅的结语每每使人体会到对"妇女作品"的兴趣和一定程度的深情——也许是舒曼对他日后的夫人克拉拉的一种敬意，她，如所周知，本人就是女作曲家。

显然不那么好听的，是批评家爱德华·汉斯力克 1884 年对女性的音乐创作的说法：

"关于女性的作品的大家熟悉的事实，能够超出中等的票友水平是少之又少的；它的内容往往是感他人之所感的，缺乏独立性的，形式是松懈的，软绵绵的。即使是其中最好的作品在音乐发展上也算不上一份，在它的进程中根本发挥不了哪怕是极微小的影响，而且同我们公众的音乐生活始终搭不上关系……那经常讨论的问题，妇女在音乐创作上弄不出任何一点像样的东西究竟原因何在，这里用不着重新提出来了。一切解答的企图至少有一点是确定了的，那就是所谓构成内容的，女性灵魂的原始力量的直接的感情无助于她们创作出什么音乐的东西……根据迄今的经验，我的浅见，妇女所缺乏的正是音乐的独创力，也就是说缺乏任何独立的音乐创作的天赋的嫁妆和根本条件。"②

---

① 罗伯特·舒曼，见《音乐新刊》，1836 年第四册。
② 爱德华·汉斯力克：《最近 15 年的音乐会、作曲家及演奏家。1870—1885，批评文集》，1886 年柏林版，第 444 页。

好像给人一点安慰似的，汉斯力克临末带着他特有的刻薄口吻补上一笔：

"一位天文学的权威最近提出了保证，一个人能活到1000岁，决不是不可能的，只是直到现在为止还没有发生而已。

我们可以有更大的权利去谈论有一天会有与男子并驾齐驱的伟大的独树一帜的女作曲家。不过直到现在为止还没有发生而已。"①

不妨假定，汉斯力克并不认识18世纪和继续退回去的各个时代的女作曲家的作品。涉及他同时代的妇女的音乐创作，他的眼光无论如何是受到成见的蒙蔽的。究竟是什么原因引起他对妇女的地位的考虑或者加以观察，究竟是在什么条件之下产生了那由他加以嘲骂的"中游地位"？

在西方音乐史上有一大批妇女，她们谱写了许多确实是值得听赏的音乐。说到她们之所以极度稀罕地取得决定性的、艺术的突破，过去若干世纪的女作曲家们今天之所以过分地被人忘记，即使是在我们时代作曲的妇女之所以还是部分地未曾受到适当的重视，据美国女音乐学家索菲·德令克的理解，那是应该追溯到西方世界以家长制为主导的社会结构，它的根源又应该向基督教去寻找。带着这个问题，索菲·德令克在她那部1955年出版的著作《妇女在音乐中的地位》里面提供了一个至少是值得思考的解释。

在欧洲以外的自然民族和文化民族中间过去有过而且现在还有为数众多的种族共同体和民族共同体，在这些共同体里面妇女作为音乐传统的守护人和监理人担任了重要的角色。音乐与舞蹈的结合又同那从属于节气和季节的生活上及劳动上的成果密切联系在一起，它伴随着一切重大的事件，它简直是人类成长和消逝的表现。

伴送一个宗族成员死亡的精工的哭诉和哀悼的歌唱——我们从圣经里面也知道有"哭丧妇"——不断发现新的变奏和音乐的表演，举例来说，那是妇女的事情。当然反面例子你也可以举个够，可是妇女在她所处的环境中的角色始终是统治的社会秩序的表现。在旧约的犹太族里面，最先一直是妇女承担了领袖的角色的，后来才逐步地过渡到家长制定向的社会制度，随之而来的是妇女从那作为宗教生活的中心的组成部分的音乐完全被排除出去了。类似的过程，根据索菲·德令克的叙述，也发生在古代希腊。这种在艺术生活上排斥妇女的程度竟然达到连希腊戏曲的女角也由男子扮演。

---

① 爱德华·汉斯力克：《最近15年的音乐会、作曲家及演奏家。1870—1885，批评文集》，1886年柏林版，第446页及其下页。

妇女与基督教

仇视妇女当初并不属于原始基督教的基本特征。古代以及初期基督教的作家的意见表明，妇女在这一时期的教堂音乐方面是积极参加的，同时却也开辟了不祥的发展的道路。事情的发生则是由于教义问题的分歧。原始基督教内部有一伙影响巨大的人物坚决相信，世界末日即将来临，末日审判宣告赏罚的日子已经逼近。在这种眼光底下子孙蕃衍已经毫无意义，此外，性欲却使肉体束缚在地面上。这种意识使得贞操和禁欲作为新的理想而出现。

"妇女，你是通向地狱的大门，你应该时时穿着，丧服和破衣裳出现，眼睛里充满眼泪和忏悔，好让男子们忘记，是你破坏了种族！"① 公元200年教父德尔图良这样大声咆哮。

另一个教父，克里门斯·封·亚力山大里亚，说法的严峻也毫不逊色："每一个妇女想到她是一个妇女的时候就应该充满羞愧！"②

公元四世纪劳第西亚宗教会议颁发了第一批有关妇女的祭司活动的决定性的改变的文告，它导致了妇女从积极的宗教生活中完全销声匿迹的结局。使徒保罗的名言"妇女应在教堂中保持沉默"也许扮演了一个不祥的角色。音乐活动对于妇女来说是完全禁止了。

教父哲罗姆这样说："上帝的少女面对各种乐器应该像耳聋了一样。她不需要知道，长笛、七弦琴和洋琴是为什么制造的。"③

引文引够了，谁要引用还能够随意引下去。在这样一个世界，妇女一开头就由于她罪恶的躯体注定是低人一等的，任何发展的可能性都是被剥夺了的，她精神力量和艺术才能当然不得不萎缩。

"妇女们不是带着女性的尊严，而是带着自我否定走上基督教的道路。"④ 从今以后就是这一种理解统治了基督教的西方世界。

中世纪初期的政治关系对于音乐文化的发展来说并不是有利的沃土。基督教的欧洲得从四面八方防御野蛮人的攻击，那些垒殿和设防城市是逐渐地才成为文明的

---

① 索菲·德令克：《妇女在音乐中的地位，一项社会学的研究》，1955年曲利希版，第106页。
② 同上书，第106页。
③ 同上书，第109页。
④ 同上书，第112页。

中心的。

大学和戏院还没有成立，科学和艺术只是在教堂和修道院的势力圈内进行活动。

当时女尼修道院给妇女的音乐活动提供了一种可能性。神秘派女修士梅希特希德·封·马格德伯格，她的诗歌和文章曾经影响过但丁，也曾为一些礼拜仪式的歌词谱曲，例如为她们自己的葬礼写过一部安魂曲。

那位神圣的希尔德加德·封·宾根（1098—1179），创办过两所修道院，作为教皇、皇帝和侯王的顾问，她属于德意志中世纪最有声望的人物，在一部手写本中流传下来的有 75 首拉丁文的，规定在修道院集会上使用的，配上旋律的诗歌是出自她的手笔。这两位妇女就她们时代而论当然是出类拔萃的个别现象而且无论如何不是典型性的。

在垒殿和城堡的交际生活上音乐开始承担重要的角色。普鲁旺斯的吟游诗人，北法兰西的恋歌诗人和德意志的恋情歌手的艺术构成了对妇女理想形象的狂热的崇拜，所谓理想是不符合现实的。妇女成为男性音乐的受动对象，她被提高为艺术女神，她启发男子去进行歌曲的创作。话虽这样说，普鲁旺斯的有些贵族妇女也在写诗和作曲。其中最著名的是德·迪亚伯爵夫人贝亚特里兹（12 世纪），我们接受过来的有她的五首歌词，其中一首配了音乐。

14 世纪开始的，从意大利起步的文艺复兴，一般被理解为古代文艺的再生，把音乐推进了一大步。在意大利那些明朗的、兴高采烈的宫殿里人们谈论着科学、艺术、文学和音乐的问题，妇女也被尽量地吸收进去。

文艺复兴作家巴尔达沙雷·卡斯蒂尔翁写的那本书《廷臣》作为指导高雅的言谈举止的交际学，曾为女士的指针做出如下规定："她必须在文学、音乐、绘画、舞蹈及接待宾客上下功夫。"① 一种包括多方面的教养是时代的理想。妇女们受到了鼓励，尽可能地学会多种乐器而且拜师学习唱歌。专业的女歌唱家第一次登上了舞台，从宫廷到宫廷的轮流转，为了参与要求极高的音乐的演出活动。牧歌，文艺复兴时期备受欢迎的乐种，往往是妇女创作的。

出生于著名的佛罗伦萨的贵族家庭的巴尔巴拉·斯特罗齐出版过一本四部合唱的牧歌集。劳拉·博维亚·曼图亚宫廷的女音乐家和女作曲家，出版过一本五部合唱的牧歌集。弗兰西斯加·卡奇尼，17 世纪最杰出的女作曲家之一，写过不少牧歌、合唱曲、芭蕾舞剧和一部歌剧，它在各个宫廷上演的时候，曾经博得了热烈的

---

① 依照德令克的引文，同上书，第 131 页。

喝彩。从16世纪起英格兰和法兰西的宫廷也成了音乐中心。

在德国和尼德兰，文艺复兴的精神要找到入口却是艰难的。1550年英格兰的公使向英王亨利八世汇报关于他的未来的第四位夫人安娜·封·克莱薇的情况，曾经带着责难的口吻说："她既不唱歌也不弹一种乐器，因为在德国，人们谴责这种事情而且认为这样做是会导致放荡的行为，如果大家闺秀是有教养的而且居然具有任何音乐知识的话。"① 上升的市民阶级才对音乐生活做出他逐步扩大的贡献。如果说音乐的实际活动长时期以来主要是限于家庭范围和私人组合之内，那么现在是开始了公开的音乐会的历史时代，每个人都可以经过入门交费的手续光临听赏。除了女歌唱家之外还有第一批职业女音乐家——女钢琴家和女小提琴家——登上了舞台，她们也常常是自己作曲。当然，音乐家的社会地位是相当低下的，人们都记得，当莫扎特在萨尔兹堡大主教那里当差的时候，按照宫廷等级制度他是同厨师，宫役和跟班并列的。

王侯的女票友和市民的职业女音乐家

在王侯的圈子里从事音乐艺术对妇女来说也可以认为是完全与身份相称的，正如成批的作曲的贵族妇女所证明的那样。弗里德里希大王，本身就是出色的音乐家，有两个作曲的姐妹。精神的，特别是音乐的兴趣使他同边防伯爵夫人威廉敏娜·封·拜罗伊特（1709—1758），他心爱的姐姐，关系特别亲密。在她的庇护之下，拜罗伊特宫廷有一段短时间发展成为德国音乐生活的中心。

那位当地出生的巴伐利亚公主玛丽亚·安东尼亚·瓦尔普基斯（1724—1780），萨克森的选帝侯爵夫人，作为女歌唱家和女作曲家；她的声名是远扬到德国之外的。她的歌剧《塔列斯特里》甚至于在伦敦上演。即使是地位比较低的贵族也有相当水平的女作曲家，例如巴尔巴拉·封·奥尔哈默（1758—1820），女钢琴家又是莫扎特的女学生。他曾经在一封信里写道："那个婆娘是一个讨厌的家伙——可是弹起琴来却使人狂喜。"② 莫扎特经常在音乐会上与她同台演出。她发表过10册钢琴变奏曲集，还谱写了不少德文歌曲。

曼海姆乐派的音乐空气培育出好几个杰出的才女。弗兰齐斯卡·列布伦

---

① 依照德令克的引文，同上书，第138页。

② 莫扎特，《书信和笔记》，全集本，威廉·A. 包尔及奥托·埃里希·多伊奇合编和注解，卷三，1993年卡塞尔版，第135页（1781年7月27日从维也纳致父亲的信）。

（1756—1791）出生于曼海姆，作曲家弗兰兹·丹齐的大姐姐。作为她当时最受称颂的女高音之一，1778 年她作为首席女主角应邀参加米兰斯卡拉歌剧院的开幕演出。在她同曼海姆的双簧管演奏家及作曲家路德维希·奥古斯特·列布伦结婚之后，她经常在音乐会上同她的丈夫一起登台演出。在巴黎她同他伴唱演奏会上纯粹乐器的声部。据当时的报导说，她的声音在速度和准确度上一点都没有落后于单簧管的地方。除此之外她还是一个熟练的女钢琴家。作为作曲家她先后发表过 12 首钢琴和小提琴奏鸣曲，受到了友好的欢迎而且不久就再版了。

那位稍为年轻一些的玛格莱特·丹齐（1768—1800），本姓马罕德，同样是女歌唱家，是弗兰齐斯卡·列布伦的弟媳妇，作曲家弗兰兹·丹齐的夫人。她从弗兰齐斯卡·列布伦学习。她的得名首先得感谢莫扎特歌剧人物的表演。她的作曲受到了莫扎特和她的丈夫弗兰兹·丹齐的影响。那些作品，如她的悼词所说，"完全是一种独特思考的与深刻感觉的灵魂的气息"。她仅仅活到 32 岁的时候即因肺结核病故。

突破的时代

19 世纪前半期，一个突破的时代，以并肩前来以至互相溶合的各种思潮如浪漫主义、（明净实用幽默而又略带鄙俗的）比得迈尔风格、先三月、革命为标志，产生了——特别是在文学上——一系列非凡的和天才的妇女形象。在个别情况之下这种摆脱社会秩序束缚的越轨行为是经历了怎样的战斗和惨痛的牺牲，人们可以参阅卡罗里娜·史莱格尔——谢令或凡妮·列瓦尔德的书信。话虽这样说，这一类例外现象在一定程度上是得到贵族及上升的市民阶级的宽容的。现在这一种"迁徙自由权"——只要能够这样说——也有利于女作曲家。

在他那份 1934 年创办的《音乐新刊》里面，这是一份在音乐批评领域开辟新路的杂志，罗伯特·舒曼也照顾到妇女的音乐创作——这完全是好意的。例如他鼓励和提拔那出生于波恩的约翰娜·金克尔（1810—1858）。那是一位顽强的人物，她不仅仅是一个有才华的女作曲家，而且作为音乐家和乐队指挥她也是远近闻名的，她还为改进女子音乐教育发表了非常明确中肯的意见。可惜的是这一位精力弥满的妇女，也同她某些同病相怜的女伴一样，做了个人境遇，这就是说家庭责任与艺术志愿的追求之间不可解决的矛盾的牺牲。她的丈夫，作家和历史学家葛特弗里德·金克尔，作为 1848 年革命党人不得不逃出德国。她跟他亡命英格兰，对贫穷和疾病的斗争决定了她扮演家庭主妇、一大群孩子的母亲和丈夫事业的合作者的角色。再没有时间留给她从事作曲和写作了，而对她处境的认识又使她陷入了辛辣的沮丧。关于她 1858 年的早死究竟是自杀还是意外事故，直到今天还是不明不白的。①

一个杰出的形象是歌曲女作曲家约瑟芬·朗格（1815—1880）。她出生于慕尼黑的一个音乐家庭，11 岁已经作为女歌唱家登台演唱。15 岁——她已经热衷于作曲——她认识了菲力克司·门德尔松·巴托尔第。"同这位音乐家的相遇"，她后来写道，"在我的气质上带来了彻底的转变。"② 从她那方面又给门德尔松留下了巨大的印象，他在 1831 年写道：

"她对我来说是我生平所见的最可爱的形象之一。你们不妨想想，一个温柔、娇小、苍白的姑娘，具有高贵然而并不算美的容貌，那么风趣和奇妙，以致你的视线很难转移到别处，而且所有她的动作和每一个字都充满了天才的奥秘。她有的是谱写歌曲的天赋，这样的东西我好像从来没有听到过，这是最美满的音乐的乐趣，也许是直到现在我才开始领略到的乐趣。只要她一坐到钢琴边上，开始弹一首歌，声音立刻就大不一样——整个音乐是出奇地来回荡漾，每一个音符里面都是最精微的、最深刻的感情。"③ 门德尔松的判断提醒了音乐世界的注意，不久约瑟芬·朗格就成为一个应接不暇的女歌唱家和女作曲家。约翰·勃拉姆斯和克拉拉·舒曼都很器重她而且对她的作品也同对她的命运一样表示出深切的关怀。

凡妮·亨塞尔（1805—1847），原姓门德尔松，出生于大资产阶级犹太人家庭，像她的著名的兄弟菲力克斯一样从极早的少年时代起就接受了极扎实的音乐教育。这种教育决不限于普普通通的钢琴课和唱歌课，而是也包括理论和作曲的研究。她很早已经开始作曲——主要是歌曲和钢琴音乐——这些东西，正如我们从书信中所知道的，受到她的兄弟极大的重视。姐弟俩对于音乐问题的活跃的交换意见根本就是经常进行的。菲力克斯定例向她报告他的工作而且总是迫切地期待她的评判。她的丈夫、柏林画家威廉·亨塞尔总是加强她的信心，鼓励她实现她的作曲意图。但是不得到她那么衷心系念着的兄弟的赞同，她什么也不愿意发表。最后她委托她的

---

① 参阅玛尔维达·封·迈森堡的描述：《一个女理想主义者的回忆录》，卷二，1927 年柏林版，第 122 页及下页。
② H. A. 柯斯特林：《约瑟芬·朗格生平纪略》，见《音乐演讲集》，保罗·格拉夫·瓦尔德济编印，第三册，1881 年莱比锡版，第 58 页。
③ 菲力克斯·门德尔松·巴托尔第：《1830—1847 年书信集》，保罗与卡尔·门德尔松·巴托尔第合编，第三版，1875 年莱比锡版，第 216 页。

母亲写信去征求菲力克斯的同意。他 1837 年 6 月 2 日的回信不仅在传记的角度上看是有意思的，而且也是投向作曲妇女的社会地位的一道光芒。

"你写信给我说到凡妮的新作，而且告诉我，要我劝说她拿出去发表。你向我夸奖她的新作品，好让我从心底里为之高兴而且认为这些作品是好的，出色的。老实说，那完全不必要，因为我知道这些作品是谁作的。

还有一点，我希望，我不用多说一句话，如果她决心出版这些作品，我当然会就力所能及为她创造机会，而且从她手上把一切麻烦接过来，免得她为此操心。

可是要我劝她出版什么那却是不可能的，因为这违反了我的见解和信念。我们从前已经多次讨论过这个问题而且我始终还是这同样的意见——我认为出版是严肃的事情（起码应该这样做）而且相信，如果一个人要想终身以作家的身份出现而且站定脚跟，他就应该这样做。

可是这样做就应该有一系列作品、一部接一部——光是一部或者两部，那从公众所能得到的只能是恼怒，要不然就将是送给朋友们的所谓稿本，这也是我不喜欢的。

说到捞一个著作家的资格，就我对她所了解的来说，他既没有这种兴趣也没有这种使命的自觉——就这一点说她是恰如其分的一个妇女，料理她的家务，既不想着公众，也不想着音乐世界，甚至于也不想着音乐，除非是完成了那个第一天职的时候。

这样一来付印云云只会是干扰了她，也正因为这样我根本不能对此表示友好。因此我不能劝告她——请原谅。如果她出自内心的冲动，或者逗亨塞尔喜欢决心这样做，那我，如上所述，随时准备给予她尽我所能的帮助，可是要我对我不认为是正确的事情加以鼓励，那我可做不到。"①

凡妮对那著名的兄弟的见解低头了，可是从她的书信里却流露出痛心和沮丧：

"亲爱的菲力克斯，这个冬天我完全没有谱写过一点东西……再说，那又有什么意义呢？公鸡可不会跟着叫，而且没有人跟着我的笛子来跳舞。"②

到了她早死的前一年她终于经过两个出版家的催逼用她自己的名字发表了她作品的一部选集。她在柏林的住宅成了社交的音乐生活的中心。她定期组织星期音乐会，她自己以钢琴家、歌唱家、合唱指挥或乐队指挥的身份积极参加活动。

---

① 菲力克斯·门德尔松·巴托尔第：《1830—1847 年书信集》，保罗与卡尔·门德尔松·巴托尔第合编，第三版，1875 年莱比锡版，第 88 页及下页。

② 塞巴斯蒂安·亨塞尔：《门德尔松一家，1729—1847 年》，卷二，1880 年柏林版，第 43 页及下页。

克拉拉·舒曼——在天才的阴影下？

克拉拉·舒曼（1819—1896），本姓维克，不妨称为音乐创作的妇女中间最出名的人物。她的罗曼忒克的恋爱故事和她那以命运的沉重打击为标志然而却又那么勇敢地加以克服的生活给她做出了直到今天仍然深受大众喜爱的保证。由她的父亲，著名的钢琴教育家弗里德里希·维克决定了她成为钢琴演奏家。他指导她的钢琴课业，还补上理论和作曲的研习。从神童发展成为钢琴家，作为一个小姑娘已经在整个欧洲赢得了声誉。她的父亲支持她作曲的尝试，首先是向钢琴音乐上伸手——也许倒不是因为他认为他的女儿是一个杰出的高才，而是因为演奏自己的作品更能加强这位青年演奏家的魅力——最后还有出自经济的考虑。

当时同是跟维克学习的有罗伯特·舒曼，他是作为作曲家与音乐作家赢得第一批桂冠的。随着时间的推移，克拉拉·维克与罗伯特·舒曼之间产生了互相的爱慕。然而维克却对这两个青年的结婚计划说出了一个不可挽回的不字。经过一场筋疲力尽的神经战之后随着克拉拉的成年才有可能通过法院的裁决强制作出了结婚的认可。迅速增长的新家庭迁到了莱比锡和德累斯顿，最后定居于杜塞尔多夫，就在那里舒曼灾难性的精神病爆发了出来，并因此于1856年病故于波恩的一家医院。克拉拉·舒曼年仅39岁，带着7个未成年的子女留了下来。她比她的丈夫多活了40年。

如果说克拉拉·舒曼结婚之后有时得遵守钢琴的禁令——因为舒曼作曲的时候钢琴会起干扰作用，她不能练习个够，还有她频繁的怀孕妨碍了她的演奏旅行——，那么现在恢复她的钢琴事业光从经济的原因上说也是非要不可的了。无休无止的旅行年代宣告开始了，而且一直延续到她的晚年。说到克拉拉·舒曼居然能够完全依靠自己的力量照管她本人和她的全家，她是不无自豪之感的。

她对作曲的关系是摇摆不定的，在她的书信和日记里面可以找到完全是互相矛盾的表白。"再没有比写点曲子然后自己听一听更快乐的了"[1]，1846年10月2日她记了下来。在另一处说法正相反："有一个时候我相信具有创作的才能，可是我是从这种想法退回来了，一个妇女不应该想到作曲——过去还不曾有过，难道我应该入选吗？"

---

① 柏托尔德·立茨曼：《克拉拉·舒曼，一个艺术家的生平。依据日记和书信》，卷二，1905年莱比锡版，第139页。

　　比对自己更少许可的是她对待其他作曲的妇女，她曾经不止一次地表明她的态度。可是她的自我怀疑并不能阻止她感觉委屈，如果她的作品得不到严肃的待遇以及以"女流作品"为理由受到不屑一顾地加以贬低的批评的话。

　　同罗伯特·舒曼的结婚，结婚之后一种竞争思想发展成为严重的问题，但也同样不能有助于加强她的自信。虽然舒曼也曾鼓励他的妻子去作曲——例如由于共同研究对位法产生了克拉拉的《钢琴序曲及赋格》作品第 16 号，夫妻合作谱写了吕凯尔特的《爱情的春天》，随后还有一套组歌出自克拉拉之手——，可是他两次三番毫不含糊地要她明白，对他的重要性来说她是处于次要地位的："多孩子，又有一个老在幻想的丈夫，又要作曲，那是凑不到一块的。"①

　　看到这样的背景就可以看到克拉拉·舒曼的音乐创作。它包括一些钢琴曲、歌曲、室内乐和一部钢琴协奏曲，统共不过 23 个作品号。在她丈夫逝世之后她再也没有作曲，从她音乐质量的角度看，这也许是值得惋惜的。

　　作曲的妇女，特别是比较早的时代的那些，过去是，现在还是遭到责难，说她们只是同那小型的编配和形式打交道，因为她们对待较大的场面显然是无能为力的。这里需要给予回答的是，当时的音乐课，难得有什么理论知识的传授，定例是限于唱歌和那通常适用于家庭音乐的乐器。关于作曲及配器的研究——为比较大型的作品的创作绝对必要的先决条件——是只有在例外情况之下才给妇女开门的。诸如此类的要求被认为是偏离正轨的，这需要大量个人的胆量和相当分量的自信，要对付不可避免的偏见和敌视，更不用说那几乎是决不可能的给写出来的作品上演的机会了。

　　19 世纪的后半期，亦即复辟和保守主义的时代，公众的意见对妇女的音乐创作是干脆拒绝的。谁胆敢去冲破那僵化的社会习惯，那几乎不可能指望取得承认和成功。

　　为事业的失败提供可悲的实例的是女作曲家路伊斯·阿道尔法·勒·波（1850—1927）的生活道路，这是她在她那本《一个女作曲家的生平回忆》里面描述的。那个在拉斯塔特出生的军官女儿——一个非常重视自己身份的家庭的惊人的矛盾现象——完全以音乐家职业为目标去接受教育。她的父亲显然相信，应该让一个受过良好教育的女儿的生活同公开的脚灯光中的生活结合起来——后来事实却证

---

　　①　柏托尔德·立茨曼：《克拉拉·舒曼，一个艺术家的生平。依据日记和书信》，1905 年莱比锡版，卷二，第 21 页。

明是一件痛心的错误。

她很早就开始作曲，还很年轻已经记上了作为钢琴家的美好的成绩。为了她的钢琴演奏达到完美的程度，她发愿要跟克拉拉·舒曼上课。她的自传为这次遇合写上了好几张纸而且描画出一幅准是加上主观渲染，然而无论如何完全是与备受颂扬的女钢琴家的通行印版大不相同的形象。现在两个坚强的人物碰在一起，显然一开头就是格格不入的。阿道尔法·勒·波描写当时 45 岁的克拉拉·舒曼是唠叨而又烦躁的，教育上则是首尾脱节的："要是舒曼夫人对我的要求一切都是合乎逻辑的话，那么她那不和善的脾性也许不致于妨碍我继续跟她学习，可是我获得的印象是，她似乎要故意把我压下去而且要破除我对我能力的信心。"[①] 她们那种不友好的交往语调逼得那个年轻的门徒流出了眼泪终于导致了精神的崩溃，那一段不愉快的插曲随之宣告结束。路伊斯·阿道尔法·勒·波谱写了不少钢琴曲、合唱曲、各种弦乐器的独奏曲、室内乐，同时也写过大型的管弦乐曲及一部题名为《路得记》的清唱剧。全部作品都出版了而且也演出了。评论是表示赞赏的而且——也许是意味着最高的恭维吧——反复对那彻头彻尾"非女性"的音乐表示惊奇（同时还要同音乐中那所谓典型"女性的"东西划清界线……）。

诸如此类的，虽然算是好意的表白已经开始苦恼着这位女作曲家，然而她还不得不忍受远为严峻的屈辱。例如那个可畏的维也纳批评家爱德华·汉斯力克就曾把满瓢恶毒的讥讽朝她泼过去。找音乐会组织者闹别扭的不断翻新的花招弄得她神魂颠倒，她疲乏，伤心而且怀恨。

为了希望得到较好的成绩的新开始，她同她的父母一道搬了几次家，结果她的期望还是得不到满足。每一次拒绝，每一次职业性的逆转都加强了她对周围世界的不信任。还不到 40 岁，她就完全撤退到她"自己的世界"。雄心勃勃的青年女将变成了独善其身的老处女。她照样继续作曲，此外还从事对前世纪的女作曲家的音乐科学的研究工作。可是她那1910 年出版的自传却以这样的表白结尾（在她逝世之前17 年！），说她已经埋葬了她音乐的愿望。

20 世纪

20 世纪产生的女作曲家的数字是那么大，大到你即使是想对其中最重要的那些

---

① 路伊斯·阿道尔法·勒·波：《一个女作曲家的回忆录》。1910 年巴登—巴登版，第49 页。

加以简短的介绍都成为不可能，更不用提特征的刻画了。因此只想提出三个名字作为代表，代表这里没有点名的全体女作曲家：1893年出生的莉莉·布朗热，法国作曲家恩尼斯特·布朗热和俄罗斯公主的女儿，在一个孕育音乐的环境中成长，5岁已经开始听讲和声学、管风琴、钢琴、大提琴和竖琴的功课，完全像她的姐姐娜迪亚那样学习。她的姐姐是作为理论家、指挥家、教育家及音乐作家赢得世界声誉的。童年一场疾病误诊的结果使得她对各种传染病的抵抗力都非常衰弱，因此几乎一辈子住在疗养院和疗养地。

她那渗入远东的——异国的因素的虔诚启发她去从事声乐——器乐配置的宗教作品，这些作品在她创作里面占有一个广大的位置。不顾她那持续恶化的健康情况她进巴黎音乐院攻读而且定下了争取罗马大奖的目标。这一场作曲比赛的严格要求是够吓人的：5天的锁院考试必须依照指定的主题写出一首赋格和一首钢琴及管弦乐队合奏的作品。6个进入缩小范围的决赛最优秀的候选人得再一次接受锁院考试，这次规定是一个月（！）的时限。指定的作品是一部包括独唱、合唱和管弦乐队的清唱剧。且不说精神的紧张，光是那肉体的折磨对莉莉·布朗热病弱的体质该是多么难受，已经是不难想象的了。1913年，勉强满20岁，她凭她的清唱剧《浮士德与海伦》获得了罗马大奖，虽然评委中间包括了像古斯塔夫·沙本提耶、加布里尔·福莱和卡米耶·圣桑那样一些以讨厌妇女出名的作曲家。这一次轰动的事件一下子就使得这位青年女作曲家进入国际名人的行列。她继续毫不费力地赢得多次作曲奖。音乐出版家拥到她周围，她的清唱剧多次上演而且受到批评界（其中包括德彪西）热烈的赞赏。正当这个时候她的健康情况却是越来越坏，她的创作展开了同死亡的赛跑。她的歌曲集《天上光辉的舞蹈》是采用弗兰西斯·札姆的诗篇写成的，对那两首圣咏的写定，她的姐姐娜迪亚曾经予以帮助。她狂热地在她唯一的歌剧《马来因公主》上面下功夫，剧中那个忧郁的主角简直与她化为一体。为这位比利时象征主义诗人摩利斯·梅特林克的诗剧谱曲是她心头的一件大事；可惜她没有完成的幸运。她死于1918年。

格拉芝娜·巴塞维支（1900—1969）继承了波兰音乐（也是作曲妇女）的伟大传统，她的生活道路铺满了奖赏和表彰，她从不缺乏对她的认可，她不仅仅属于20世纪波兰音乐的权威代表，那是不容争辩的。她在波兰已经结束的小提琴、钢琴和作曲的研习，到了巴黎又从娜迪亚·布朗热（作曲）和卡尔·弗莱什（小提琴）得到补益。作为小提琴家她在欧洲大多数国家举行过旅行音乐会。50年代她的音乐家行事归结为有利于作曲，当然也顺带从事教学工作：她在罗兹音乐院承担一个小提琴班的教学，兼教和声学和对位法，后来在华沙音乐院教授作曲。

她的同乡和同事布加斯拉夫·舍菲尔把她的创作分为四个时期，其中头三个时期是在新古典主义以至新巴洛克的轨道上运动的，虽然格拉芝娜·巴塞维支自己始终反对这种分类。第四时期和最后阶段她进行了音色等等的实验而且同波兰的和国际的先锋派接上头。她那范围广泛的、向多方面发展的作品实际上包括了所有品种，除了教堂音乐：歌剧、舞剧、交响乐及其他管弦乐作品、独奏协奏曲、室内乐及钢琴音乐、管弦乐歌曲及钢琴歌曲。作为小提琴家她优先为她的乐器写作：七部小提琴协奏曲、奏鸣曲及小提琴独奏的随想曲以及相当数目的小提琴及钢琴的杂曲。说到她为民间音乐成分的加工——她作品的另一个重要的特征——那么，像《玛佐夫舍舞曲》（1951 年）及《科利珊卡》（1952 年）那一类曲子可以说是例子。

那位 1899 年出生的奥地利女人格莱特·齐立茨 1926 年起定居柏林。13 岁她作为钢琴神童登台演出莫扎特的一首协奏曲，可是很早她就不再满足于那"简单的按键"[1] 而且开始在格拉茨研习理论和作曲——她 18 岁的时候已经结束了学习。在柏林她继续在法兰茨·施雷克尔的作曲班上攻读，不久即以自己的作品取得了成功，从此一直顺利地到了今天。即使是这样，正如她自己的自白所说，她的生活，作为自由创作的作曲家和钢琴家也并不是容易的。问起她音乐的风格手段，她在与乌尔苏拉·施图尔茨贝希尔的一次谈话中表示：

"我为我的乐曲所运用的手段，都是使我觉得适合某一特定的作品的。要是我想要发表我个人的意见，我就不可能把自己束缚在万应技术上面。我把今天所有摆在那里听候我们使唤的技巧都灵活运用到乐曲的表现所需要的地方去。我就是这样使用了四分之一音、十二音走句、半音升降的序列及其他类似的东西。"[2]

她谱写了除了歌剧之外的一切、声乐及器乐的形式和品种。她的音乐常常可以追溯到：音乐以外的启发和设计，如文学作品、绘画及幻景之类。例如那首小提琴和钢琴合奏的《受审判的茨冈人》前面就有她的一段内容提要，因此人们倾向于认为这是标题音乐。当然她自己是拒绝这一种标签的：

"对我来说非常重要的是，我的作品不要归属于标题音乐……我不画画，这只能损害音乐的趣味。我用音乐的手段表现灵魂的状态……如果有个别的听众听乐的时候自己驰骋他们的幻想，相信他听出了什么特定的东西，那我将为此感到高兴，

---

[1] 乌尔苏拉·施图尔茨贝希尔：《与女作曲家们的书斋谈话》，1971 年科隆版，第 129 页。
[2] 同上书，第 135 页。

至于是否符合我的形象，我是无所谓的。"①

正如女音乐学家夏娃·魏斯威勒所阐述，② 我们当代的作曲妇女的地位也是与各不相同的社会——文化的现状互相依存的。比较年轻的音乐传统的国家有如波兰、美利坚合众国及拉丁美洲各国对妇女来说是比德国或奥地利提供了较为有利的起步的条件，那边的女作曲家需要对付的是一份优势的（男性的）音乐遗产。话虽这样说，妇女的前进已经是声势浩大的，希望应该是有道理的，有一天将会做到，"消灭那陈旧的谬论，即在音乐创作上女性是注定写不出意义重大的东西的谬论"③。

译自德意志联邦共和国《音乐新刊》1982 年第 6/7 号
原载《外国音乐参考资料》1983 年 4—5 合刊

---

① 乌尔苏拉·施图尔茨贝希尔：《与女作曲家们的书斋谈话》，1971 年科隆版，第 133 页及其下页。
② 夏娃·魏斯威勒：《五百年间的女作曲家》，1981 年美因河畔法兰克福版，第 368 页及其下页。
③ 刊于 1894 年莱比锡《音乐周报》关于女作曲家色西尔·沙米那德一次音乐会的评论，引自《三百年间的女作曲家》（展览会目录）。

发声器官的构造和运动

H. 古兹曼

说起来也许一切看得见的生物都具有一种声音，连鱼类昆虫等等都在内。在任何一方面，原始的目的都是相同的，例如激动状态的表现，求偶的手段，危险的警告等等。发声器官在总的有机构成之内的位置是根本不同的，蚂蚁、蚱蜢、臭虱的发声机关在腿上，许多甲虫的发声楞边是在翅膀上，鱼类则在于腮盖骨和膘囊的气体的震动，响尾蛇的尾巴，鸟类的哨管以至哺乳动物的喉头，它总是一种特别的器官，可是也总是在所属的总机关范围之内才能够发生效用。

高度的训练是依组织的程度和生活方式有关的需要来决定的，这种高度的训练只有人类的发声器官能够达到。人类的声音之所以可能，又只有通过呼吸和调节才能够达到。

呼吸要完成的任务有两种，由于呼吸发生氧气向人体的输送。这一步骤是生命所必需，而且呼吸的进行是自动完成的。可是其次，呼吸的空气，主要还是呼出的，没有别的用途的空气却可以应用到发声方面去，任你说话也好，唱歌也好，这种呼吸也是自动进行的，可是也可以有意识的加以规律化，生命所必需的输送氧气的任务虽然可以顺带完成，比较起来却是放在次要的地位上去了。呼吸的进行程序是这样的，吸进的时候，横膈膜向下降落，同时由于肋骨升高，胸部便显著的胀大起来，于是在高压力之下的外部空气便冲入那还是贮藏着稀薄的空气的气囊，这就是说，冲入了肺部，以便造成一种平衡，呼气的发生则由于：

1. 肋骨的下降，而且由此造成容量的缩小。

2. 横膈膜的上升，空气的容量，在平静状态中跟每一次呼吸来回运动的所谓呼吸空气，大体上是很小的，只有半公升，如果努力的深吸还可以增加 1.5 公升的补充空气，如果再来一次同样努力的深呼，还可以再增加 1.5 公升的后备空气，合计起来便是 3.5 公升，这 3.5 公升称为呼吸量，此外还有一份 1 公升至 1.5 公升的剩余空气是经常保存着的，因为我们不能够把肺部造成真空。

由于呼吸在一定程度上是发声的前提，因此调节的任务就是注意发出来的声音保持恰好需要的音响的性格（韵母）。而且在适当的时间借助别种声音来间断或者混合起来（声母）。这种调节由于综合的器官（如口鼻之类）由于一切外表的语言肌肉（面颊、嘴唇、舌头），由于牙齿的位置，颌腮的位置以至颚盖的运用等等发挥它各种的功用，说话的、唱歌的如果调节得越准确，他便越会得到更好的了解。

如果说话的准确性是依据调节，那么，声音的高低便依据喉头本身的张弛关系，反之声音的强弱或大小，却是三者都有关系，第一位是呼吸，可是也依据喉头，而且也依据调节。

喉头在气管的上端，同时构成气管的一部分，它是由软骨造成的，可是这些软骨会跟着年龄的增长僵化起来，以至渐渐丧失它的伸缩性。

三种软骨，其中一种是双面的，一边一块的，构成了主要的喉头机关：

Ⅰ. 甲状软骨

Ⅱ. 环形软骨

Ⅲ. 杯状软骨

后一种是双面的。这三种软骨之间安上了四片双筋和一片单筋（图一）。实际上还有更多的软骨，尤其是更多的筋去进行发声的工作，不过别的那些筋主要的只是起着支持的作用，最重要的筋是：

图一喉头的侧面

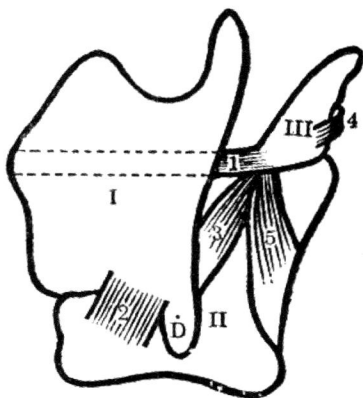

1. 甲状——杯状软骨筋或称发声筋。它是双边构造的，形成了实际的声唇（不

是声带），声唇从前面到后面横过喉头的中心，在甲状软骨的内部，约摸相当于我们喉核所在的一点，穿到声道和同一边的杯状软骨的外壁。如果发声筋收缩，声唇便变得短些，可是厚了一些而且有伸缩性。同时环形软骨便绕着中心点 D 转起来，环形软骨的底面也就向前翻过去。在发声筋上面，在向喉头内部安置的空的边沿上面绷着一条狭窄的、腱子一样的带子，观察的时候它是眩眼的白色，而且发出潮润的光彩。

2. 环形——甲状软骨筋。它从外面旁边，甲状软骨的底边到环形软骨，斜斜的从上面背后伸到底下前面，由于 1 项所叙述的环形软骨的旋转，它是根据本身的特性自然的脱开了，如果它收缩起来，它便把环形软骨的实际的环重新带到甲状软骨边上去，可是环形软骨的底盆又从甲状软骨向后面离远了，这样，现在收拢起来的、厚的、有伸缩性的发声筋才真的是绷了起来，因此，环形——甲状软骨筋才真是声唇的管制枢纽，以前，现在也还常常看到一种说法，认为甲状软骨在进行反复运动，环形软骨则是静止的，经过 X 光摄影的人类喉头的观察结果是确定了，两种软骨都能够反复运动，为什么一次是这种，然后又是那一种翻过来，则还没有确定的答案。

凭这两种运动，声唇是绷起来了，可是还没有从它那三角形至五角形的呼吸位置达到所谓声唇合拢，这还需要更多的筋。

3. 侧面环形——杯状软骨筋，简称侧面筋，它从那先前提到过的杯状软骨的筋肉孔道向底下前面伸到环形软骨边沿的中部，它造成那横剖面有如澳洲棱枪形的杯状软骨绕着它尖脚中心点 D 的旋转（图二）。通过这一种动作，从前面到那叫做杯状软骨的声道的声唇的那一部分才真的靠拢起来。

图二侧面筋的功用　　　　　　图三横轴筋的功用

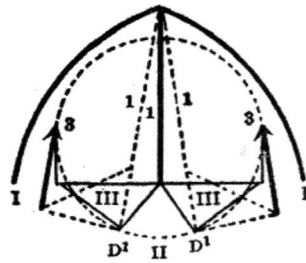

4. 横轴筋是完成最后的一件工作。它接合的时候，两片杯状软骨便紧密地合拢（图三）。这样一来，嗓门张开的那一部分也关起来了，两片声唇的居中软骨也连在一起。

现在说远一点，气流从嗓门给喷了出来，结果发出一个音，在音这方面关连到高低、性格、强弱等等的时候，总是要依赖别的各部分，大部分是已经提到过的那些条件，这就是：声唇的牵引，口的位置，气流的强度，同时也牵涉到综合器官如口鼻之类，尤其是颚盖的自然构造的形式，气管的长度和宽度，以至嗓门的底面以及声唇的那白色闪光的腱质的自由的边沿的长度和宽度。后面那两种因素是关系性别而且依从人体发育和成熟的变化。一个男子的喉头发育得那么快，在短时间内声唇可以增加三分之一的长度这就是出名的"变声"现象，这一变，声音整整降低了八度。

到现在为止，我们所讲的筋都是进行声唇的牵引以至合拢的，所谓关闭的工作。

5. 背后环形杯状软骨筋——简称背后筋，则反过来管理声唇的开启，它从前面已经提到过的筋肉孔道伸向后方的底下，同时就围住环形软骨的底板，如果它一收缩，它就把环绕 D 的杯状软骨向外面扭转，嗓门的张开的进行，使得 1—4 的筋恢复到原来的静止状态，它是在嗓门那边构成一个双脚的三角形，如果在深呼吸的时候，再加上 5 筋的收缩，那么，三角形就会变成五角形（图四）。

图四背后筋的功用

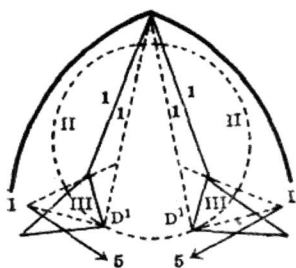

现在如果我们关上嗓门，接着从下面凭借呼出的气息去吹动紧张的声唇（吹气压力），那么，声唇的震动便产生一个音，这个音的高度主要是依从声唇的紧张程度决定的。当然，声唇的厚薄，它的长度和宽度，吹气压力，存在下面的气管的形式和长度，存在上面的口鼻的形式——这一切对于音的高度也担负着一种任务。我在这种关系中只想简单说明，根据最新的研究（略柏尔 Loebell）高的、尖的颚盖和宽的、短的声唇，规定男高音（音域约是 B——b¹）到女高音（b——b²）。反之，阔的、平的颚盖和长的、窄的声唇，便相当于男低音（E——e¹）到女低音（e——e¹）。除此之外，当然还有种种可能的过渡和规则的例外。说话的声音平常总是接近自然音域的底层边沿，男子是从 A 到 d，女子是从 a 到 d¹。

音的强度有一大部分是依赖横膈膜的压力的，可是横膈膜和声唇在牵连到音的强度和音的高度的时候，总有某种一定规律的互相相关性。在音的时值方面还得联系到口鼻器官支配的音响的性格，这些由米勒（J. Mueller）首先建立的定律（1939年），在喉头上力最的均衡律的名词之下最著名的定律，到了今天已经再没有充分的权威了，目前认为准确的结论如下：

a. 音的升高或降低同声唇的紧张和松弛一起进行（与米勒相一致）。

b. 在上升的吹气压力和声唇保持平衡时，音的高度下降，强度升高（米勒：音的升高和降低同吹气压力的提高和放松一起进行）。

c. 音的强度对吹气的强度保持直接的关系（与米勒一致）。与米勒定律第一条和第三条在任何情形都无可争辩的。同时，第二条却有特殊的说法。如果一个音响在它的大小、颜色、饱满和基音高度方面主观上令人感到美，那么，在一定程度上它便提出了一个最高标准，上面所举的第二条的法式便因此成立，如果这个最高标准受到侵犯，这就是说，作为规定得很和谐的个别成分的混合关系受到了破坏，在某一种意义上说，音响太大了、太高了、太尖了，那么，上面引用的（括号里面的）米勒定律第二条的本来形式便应该成立，同一条则应该被认为是病态的关系。

关于喉头和它的筋的神经调理只说下面那一点：主要是关于流走神经，即所谓第十脑神经的两枝。那是上面的和下面的喉头神经。上面的喉头神经对所有的喉头黏膜照顾得非常灵敏。另外又凭借一小枝机动地照顾着环形甲状软骨筋，其他一切喉头筋则机动地由下面的那一枝（又名循环神经）照顾着，对于喉头领域上的神经病理，最有权威的要算是"罗孙巴赫 – 薛门定律"（Rosenbach-Semon），假如关闭部分发生病状，那就是关于功用的毛病，如果是开启部分发生运动障碍的病状而且经过比较长久的延续以致更进一步发生关闭的障碍的毛病，那就是牵涉到器官的损害了。

刊于《西洋唱歌法译丛》上海万叶书店印行 1951 年 6 月 24 日